알기 쉬운

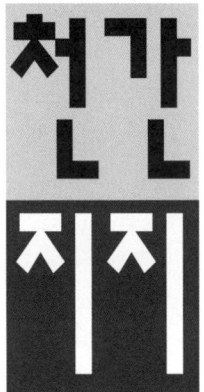

천간
지지

낭월 · 박주현

동학사

▶ 들어가는 말

　알기 쉬운 음양오행에 이어서 이번에는 '알기 쉬운 천간지지'라는 이름으로 이야기를 전개한다. 이 방면의 이야기는 대개의 교과서에서 매우 간단하게 처리하는 것이 보통이다. 그리고 또 어떻게 생각해보면 몇 쪽 정도로도 충분히 설명할 수 있는 간단한 이야기(?)를 괜히 너절하게 늘어놓았다는 힐책을 듣게 되는지도 모르겠다. 그러면서도 줄기차게 컴퓨터의 키보드를 두드리고 있는 이유는 어쨌든 좀더 상세하게 연구를 해보고 또 이러한 방식의 접근을 원하는 벗님도 계실 거라는 확신이 있기 때문이다.
　이미 서점에는 간단하게 공부하려면 할 수 있는 많은 교재들이 얼마든지 존재한다. 그래서 간단하게 요약된 책을 구해 읽어보고서 이해만 되면 금전적으로나 시간적으로나 모두 이익이 크겠다는 생각을 하게 되는 것이 보통 처음 공부를 하려는 사람들의 생각이다. 그러나 막상 책을 구해서 읽어나가다 보면 이것은 완전히 미로찾기를 하고 있는 것 같은 착각에 빠질 정도로 길이 흐릿해지는 경우가 왕왕 발생한다. 처음에는 요약된 내용으로 인해서 기억하기가 더욱 좋을 것 같았는데, 시간이 경과하면서 이것저것 정리할 것이 늘어나게 되면 오히려 애매해지는 결과가 되어버리는 것이다. 그리고 이것은 낭월이가 책을 의지해 공부하면서 직접 느낀 점이기도 하다. 내가 그렇게 느꼈다면 다른 분들도 그렇게 생각할 것이라고 믿어서 상세한 천간지지(天干地支)에 대한 안내서가 있었으면 좋겠다는 생각을 했었다.

어차피 골치 아픈 공부는 시작을 한 셈이고, 기왕에 시작을 했으면 어쨌든 끝장을 봐야 속이 시원할 것도 역시 분명한 사실이다. 이렇게 연구를 하시는데 그래도 품값은 나와야 할 것이라는 생각으로 하나하나 짚어가면서 세밀하게 관찰할 수 있는 데까지는 온 힘을 기울여서 살펴보도록 노력했다. 그냥 건성으로 천간지지를 외우기만 하는 것이 목적이라면 애초에 이 책은 인연이 아닌 것 같다. 오로지 천간지지를 제대로 이해하고 앞으로 자평명리학에 관한 한은 대낮에 물체를 보는 것처럼 명확하게 이해를 하고 싶다는 생각이 있으신 벗님을 위해서 이 교과서는 마련된 것이기 때문이다.

실은 이번의 원고는 시간이 좀 걸렸다. 사실 간단하게 생각하면 달리 생각할 것도 없을 것 같은 천간(天干)과 지지(地支)에 대한 이야기지만 여기에서 보다 심오한 천지자연의 이치를 읽을 수 있을 것만 같은 희망을 가지고 있기에 그렇게 쉽게 글을 쓸 수가 없었던 것이 솔직한 심정이다. 그리고 사실은 언제 돈을 벌게 되는지를 알아내는 길흉통변 등의 신기한 자료들은 오히려 진리를 찾고 싶은 사람에게는 지엽적인 내용일 것이다. 이렇게 가장 기초적인 작업에 속한다고 볼 수 있는 천간지지의 연구에서 뭔가 자연의 흐름을 읽어낼 수만 있다면 그 나머지는 저절로 진행될 수 있을 것이다.

다만 상세하게 설명한다고 한 것이 오히려 요약을 좋아하시는 성향을 갖고 계신 경우라면 번거롭게 여겨질는지도 모르지만 아마도 그러한 분들은 낭월이의 강의를 애초에 선택하지 않을 것이다.

이 낭월이의 사주강의에 동참하시는 벗님들이라면 다소 번거롭더라도 상세하게 설명해보라는 요구를 하고 계신 것으로 생각하기에 그렇게 정리를 해나가려고 했다. 천간지지의 주변에서 벌어지는 모든 상황은 참으로 중요하다고 생각하고 있으므로 가능한 한도 내에서 상세하게 연구를 해보고 싶어서 욕심을 좀 부려봤다.

음양오행의 공부가 시작이라고 한다면 이 천간지지는 핵심을 이루는 부분이 될 것이다. 사주를 본다는 것이 결국은 열 개의 천간(天干)과 열두 개의 지지(地支)가 서로 연관되어 있는 관계를 분석하여 결론을 내는 것에 불과하다고 보기 때문이다.

처음의 계획에서는 2권에다가 모든 신살에 대한 이야기까지를 넣어보려고 계획했었는데, 막상 정리를 하다 보니 그렇게 호락호락하지가 않았다. 그래서 신살에 관한 내용은 넣을 생각도 못하고 부득이 다음으로 넘겨야 할 모양이다. 그러다 보니까 오히려 내용은 간지에 대해서만 집중되어 깔끔한 기분이 들기도 한다. 모쪼록 이 한 권에 담긴 천간지지의 내용으로 보다 깊은 동양철학(東洋哲學)의 세계로 잠수하시게 되기를 기원한다.

丁丑年 계룡산 남녘 甘露寺에서
朗月 박주현 두손 모음

알기 쉬운 천간지지

차례

들어가는 말 · 5

제1부 간지 일반론 ——— 17

제1장 천간지지의 정의 ——— 30

간지의 음양 · 30
간지의 결합 · 32
사주 결합의 총 숫자는 과연 몇 개일까? · 36
쌍둥이의 사주는 어떤 차이가 있을까? · 40
사주학을 비방하는 사람이 가라사대 · 41
간지의 결합으로 알아볼 수 있는 것 · 44
간지학의 활용 · 50

제2장 십간의 특성 ——— 52

1. 선천수의 원리와 십간의 원형 · 54

一은 천지의 출발점이다 · 54
二는 열이 발생한다고 본다 · 56
三은 조절하기 위해 발생되는 기운이다 · 57

四는 三을 견제하는 브레이크다 · 58
五는 일차적인 통일을 의미한다 · 60
六은 비로소 물방울이 발생한다 · 62
七은 빛이 생겼다고 본다 · 62
八은 생명체가 발생한다고 본다 · 64
九는 결실이며 성장 억제의 작용을 한다 · 64
十은 토양이 생성된다고 본다 · 65

2. 후천수의 원리와 십간의 작용 · 67

甲은 삶의 시작이다 · 68
乙은 木이 굳어진 것이다 · 69
丙은 폭발력이 강한 성분이다 · 70
丁은 구체화된 열기라고 본다 · 71
戊에는 무성하다는 의미가 있다 · 71
己는 비로소 성장을 마친다 · 72
庚은 초벌수확기라고 본다 · 73
辛은 수확의 갈무리라고 본다 · 75
壬은 정신적인 승화라는 의미다 · 78
癸는 마무리에 해당한다 · 82

제3장 십이지지의 이해 —— 86

子는 동짓달에 해당한다 · 90
丑은 섣달에 해당한다 · 91
寅은 정월에 해당한다 · 92
卯는 2월에 해당한다 · 93
辰은 3월에 해당한다 · 94
巳는 4월에 해당한다 · 94
午는 5월에 해당한다 · 95
未는 6월에 해당한다 · 96
申은 7월에 해당한다 · 96
酉는 8월에 해당한다 · 97
戌은 9월에 해당한다 · 98

亥는 10월에 해당한다 · 98

제2부 십간 각론 ——— 103

제1장 갑목 ——— 107

첫번째 천간 甲의 의미 · 108
물질적인 관점 · 110 / 인간적인 관점 · 113
세계적인 관점 · 115 / 사주적인 관점 · 118

제2장 을목 ——— 120

두 번째 천간 乙의 의미 · 121
물질적인 관점 · 124 / 인간적인 관점 · 128
세계적인 관점 · 131 / 사주적인 관점 · 135

제3장 병화 ——— 137

세 번째 천간 丙의 의미 · 138
물질적인 관점 · 139 / 인간적인 관점 · 140
세계적인 관점 · 142 / 사주적인 관점 · 143

제4장 정화 ——— 146

네 번째 천간 丁의 의미 · 147
물질적인 관점 · 150 / 인간적인 관점 · 153
세계적인 관점 · 155 / 사주적인 관점 · 156

제5장 무토 ——— 160

다섯 번째 천간 戊의 의미 · 161
물질적인 관점 · 162 / 인간적인 관점 · 167
세계적인 관점 · 169 / 사주적인 관점 · 174

제6장 기토 —— 178

己土의 세 가지 의미 · 179
물질적인 관점 · 181 / 인간적인 관점 · 182
세계적인 관점 · 185 / 사주적인 관점 · 189

제7장 경금 —— 193

일곱 번째 천간 庚의 의미 · 194
물질적인 관점 · 196 / 인간적인 관점 · 200
세계적인 관점 · 202 / 사주적인 관점 · 204

제8장 신금 —— 208

여덟 번째 천간 辛의 의미 · 209
물질적인 관점 · 213 / 인간적인 관점 · 216
세계적인 관점 · 219 / 사주적인 관점 · 221

제9장 임수 —— 225

아홉째 천간 壬의 의미 · 226
물질적인 관점 · 228 / 인간적인 관점 · 231
세계적인 관점 · 233 / 사주적인 관점 · 235

제10장 계수 —— 238

열 번째 천간과 생리적인 癸의 의미 · 238
물질적인 관점 · 240 / 인간적인 관점 · 245
세계적인 관점 · 247 / 사주적인 관점 · 249
결론 · 250

제3부 십이지 각론 ——— 253

제0장 지지와 지장간의 관계 —— 257

절기에 대한 이해 · 258
지장간의 월률분야 · 262
지장간의 인원용사 · 276
지장간이 혼란스러운 이유 · 278

제1장 자수 ——281

상징성 · 281 / 이치적인 연구 · 283
지장간의 원리 · 287 / 계절적인 의미 · 290
오행의 상황판단 · 293

제2장 축토 —— 298

상징성 · 298 / 이치적인 연구 · 300
지장간의 원리 · 301 / 계절적인 의미 · 307
오행의 상황판단 · 309

제3장 인목 —— 313

상징성 · 314 / 이치적인 연구 · 314
지장간의 원리 · 316 / 계절적인 의미 · 318
오행의 상황판단 · 320

제4장 묘목 ——322

상징성 · 322 / 이치적인 연구 · 324
지장간의 원리 · 324 / 계절적인 의미 · 328
오행의 상황판단 · 330

제5장 진토 —— 332

상징성 · 332 / 이치적인 연구 · 335
지장간의 원리 · 337 / 계절적인 의미 · 343
오행의 상황판단 · 346

제6장 사화 —— 348

상징성 · 348 / 이치적인 연구 · 350
지장간의 원리 · 351 / 계절적인 의미 · 356
오행의 상황판단 · 359

제7장 오화 —— 362

상징성 · 363 / 이치적인 연구 · 367
지장간의 원리 · 368 / 계절적인 의미 · 371
오행의 상황판단 · 373

제8장 미토 —— 376

상징성 · 376 / 이치적인 연구 · 377
지징간의 원리 · 378 / 계절적인 의미 · 383
오행의 상황판단 · 387

제9장 신금 —— 389

상징성 · 389 / 이치적인 연구 · 391
지장간의 원리 · 391 / 계절적인 의미 · 396
오행의 상황판단 · 400

제10장 유금 —— 402

상징성 · 403 / 이치적인 연구 · 405
지장간의 원리 · 407 / 계절적인 의미 · 409

오행의 상황판단 · 412

제11장 술토 —— 414

상징성 · 415 / 이치적인 연구 · 416
지장간의 원리 · 418 / 계절적인 의미 · 422
오행의 상황판단 · 424

제12장 해수 —— 426

상징성 · 427 / 이치적인 연구 · 427
지장간의 원리 · 428 / 계절적인 의미 · 434
오행의 상황판단 · 438

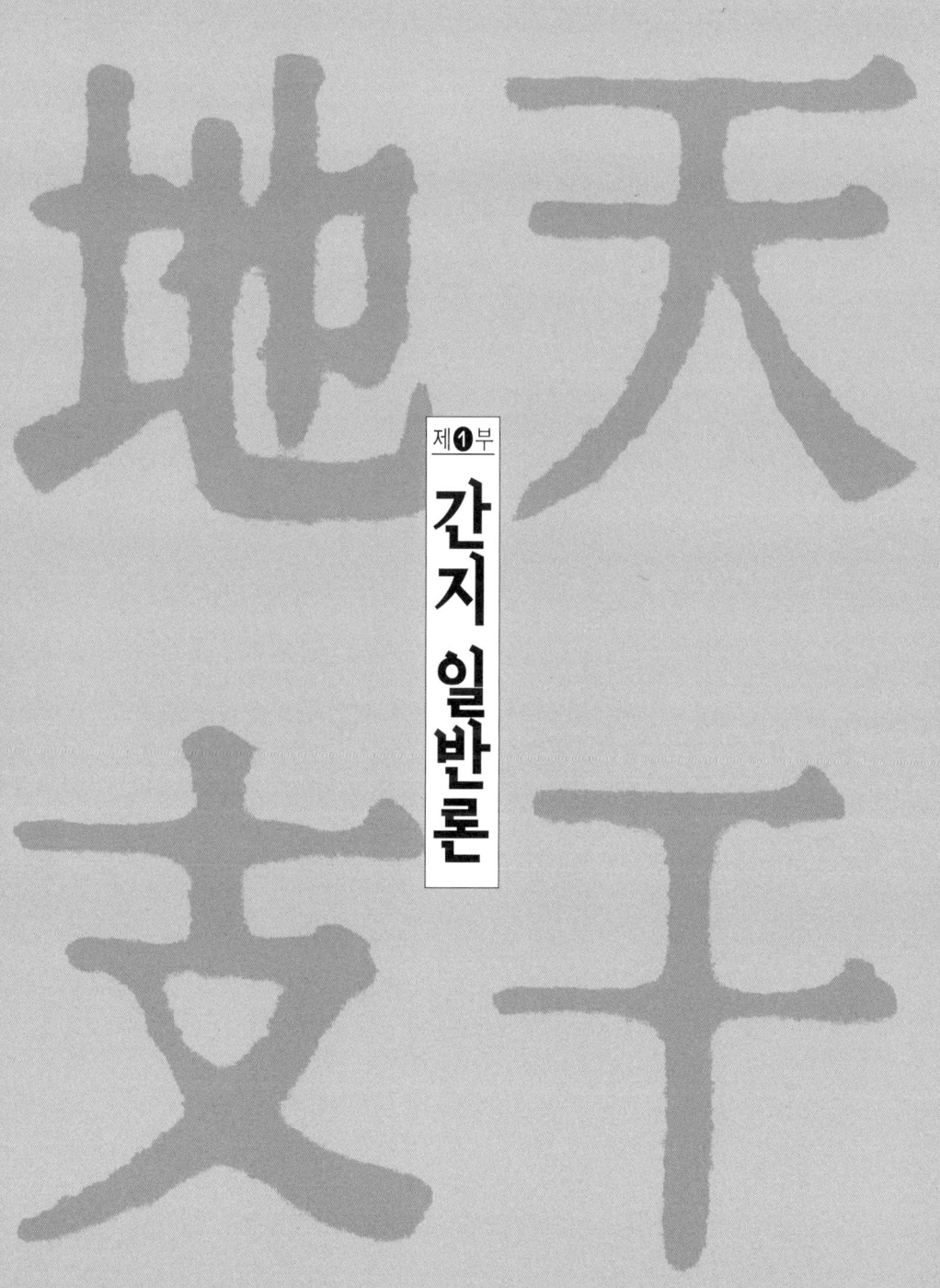

제 1 부
간지 일반론

앞으로는 어려운 과제로 인해 계속 머릿속이 복잡해질 텐데, 시작부터 어려운 이야기로 복잡하게 할 필요가 있을까 싶어서 우선 가벼운 마음으로 전해 내려오는 이야기나 한 편 풀어가면서 본론으로 들어가고자 한다.

이 이야기는 아득한 옛날 삼황오제가 등장을 한다는 황제(黃帝) 시절로 올라간다. 물론 이 내용이 사실인지 아닌지는 알 수 없지만, 신위(眞僞) 여부를 떠나서 그냥 재미로 한 번 읽어본다고 생각하길 바란다.

그리고 지나는 길에, 어렵다고 피하기만 했을 가능성이 매우 높은 팔괘도(八卦圖)에 대해서도 구경이나 하는 기분으로 설명해보겠다. 잠시 살펴보면서 상식을 넓히는 계기가 되길 바란다.

중국 천하의 첫머리에 언제나 등장하는 인물들이 있다. 그 이름은 삼황(三皇 - 伏羲, 神農, 黃帝)과 오제(五帝 - 少昊, 顓頊, 帝嚳, 堯, 舜)이다. 이들은 대를 이어가면서 중원을 다스렸다. 그들은 역사의 시작과 문명의 시작이라는 점에서 그 업적이 위대하여 그들로부터 역사는 시작된다고 인정받고 있다. 음양오행은 중국 철학의 뿌리라고 해도 과언이 아닐 정도로 중요한 사항이니 당연히 삼황오제 중에서 누군가는 음양오행과 연관되어 있을 것임을 상상하는 것은 어렵지 않을 것이다.

사전적(辭典的) 해석에서 복희씨는 고대 중국의 전설적인 왕이라고 한다. 당시의 백성들에게 그물을 만들어서 고기 잡는 방법과 사냥하는 방법을 가르쳤다고 한다. 한대(漢代)의 어느 역사책에서는 그의 어머니가 뇌택(雷澤)에서 거인의 발자국을 밟고서 그를 낳았다고 기록했다. 또 열자(列子)에는 그가 인면사신(人面蛇身), 즉 얼굴은 사람처럼 생겼고 몸은 뱀처럼 생겼다고 했고, 또 우수호미(牛首虎尾), 즉 머리가 소처럼 생겼고 꼬리는 호랑이처럼 생겼다고 적고 있다. 그리고 중국에서는 한국의 단군(檀君)과도 같은 존재로 보고 있다니 최초의 왕이라고 할 수 있겠다.

또한 복희라는 이름은 우리 역학자들에게는 상당히 친근한 이름이기도 한데, 가장 중요한 의미로 '복희(伏羲) 팔괘(八卦)'가 전하고 있기 때문이다. 이것이 주역(周易)의 두 가지 형태 중에서 그 원류에 해당하는 선천역(先天易) 또는 복희역(伏羲易)이라고 부르기도 하는 주역의 원형을 만들어놓았다는 것이다. 이런 설화로 미루어 추측하건대 역사적으로 증명된 사실이건 아니건 주역이라는 것이 이렇게 오랜 역사를 가지고 있다는 것만은 알 수 있겠다. 이 복희역이 나중에 문왕을 만나면서 현재 사용하는 복희 괘의 바탕이 된 것인데, 실은 문왕도 복희역에서 새로운 변화를 찾아냈을 것이므로 특히 주역에서는 복희씨가 시조격으로 존중된다.

여기에서 참고삼아 주역의 원형을 한 번 살펴보는 것도 좋겠다. 우리가 공부할 것은 명리학이지만, 주역의 기본형인 선천역과 후천역을 몰라서야, 역학(易學)이라면 모두 같은 것으로 알고 있는 이들에게 답변이 궁색할 것이기에 한 번 살펴보도록 하겠다.

선천 팔괘도(先天八卦圖)(伏羲)

兌 ☱	乾 ☰	巽 ☴
離 ☲		坎 ☵
震 ☳	坤 ☷	艮 ☶

　이 팔괘도는 이제 어디서나 흔히 볼 수 있는 그림이 되었을 것이다. 여기에서는 중심 축에서 건곤(乾坤)이 주재하고 있다는 점만 주시하면 된다. 모든 운행은 건곤의 관할하에서 진행되고 있기 때문이다. 즉 아버지와 어머니가 중심이 되어서 꾸려가는 세상이라고 보면 되겠고, 이것은 복희 시대를 이끌어간 자연법이라 할 수도 있겠다. 그러니까 이 괘상을 보면서 그 당시는 아버지가 주가 되고, 어머니가 종이 되어서 집안을 이끌어가던 시대였다고 보면 되겠다.

　물론 이렇게 해석하는 것은 순전히 낭월이 맘대로이다. 원칙적으로 해석을 한다면 굉장히 현학적(玄學的)이고 심오한 의미가 늘어 있을 것이고 따라서 정통으로 주역을 공부하신 선배님들이 이 글을 읽으신다면 아마도 '에끼~놈!' 하고 호통을 치실지 모르겠다.

　그렇지만 이렇게 생각해보는 것도 어디까지나 자유라는 점이 중요하다. 모든 철학의 접근 방향을 원리원칙대로만 이해하려고 한다면 접근하기가 상당히 어려울 것이다. 그리고 무엇보다도 아무리 쉽게 이해한다 해도 결국 그것 또한 일종의 철학일 수 있기 때문이다. 이렇게 자유로운 사고로 연구하고 궁리하는 것이 굳이 말한다면 '낭월식'인 셈이다.

　이렇게 선천팔괘의 그림을 보면서 아버지가 왕노릇을 하던 시대라

이해하고 또 다음 설명을 해본다.

후천 팔괘도(後天八卦圖)(文王)

☰ 乾	☵ 坎	☶ 艮
☱ 兌		☳ 震
☷ 坤	☲ 離	☴ 巽

　이번에는 뭐가 달라 보이는가? 그냥 대충 본다면 선천괘나 후천괘나 별로 차이점을 못 느낄 것이다. 비슷비슷한 모양들이 서로 돌아가면서 나열되어 있을 뿐이라고 생각하는 것이 일반적인 사람들의 시각이 아닐까 싶다.
　그럼 여기에서는 무엇을 눈여겨봐야 할 것인지를 설명하겠다. 이번에는 감리(坎離)를 눈여겨봐야 한다. 감리는 水火가 되는 까닭이다. 그렇다면 후천 시대(즉 현재의 상황)에는 물과 불이 관할하는 시대라는 이야기이다. 그리고 가족 중에서는 가운데 아들과 가운데 딸이 해당된다. 이 말은 또 무슨 의미일까? 얼핏 생각해봐도 이 시대에는 자식이 가정의 중심이었다는 의미가 될 것이다.
　사실 현실을 보면서 이것이 과연 허망한 생각은 아니라는 결론을 내리게 된다. 요즘 자식에게 모든 것을 걸고 있는 사람들이 너무 많다. 갈수록 이러한 것은 더욱 심화될 것이다. 자식이 많을 때에도 그러했는데, 이제는 하나 아니면 둘이다. 이렇게 되다 보니까 어머니의 모든 에너지는 그 자식에게 집중되어 있다. 그래서 그 부담감을 견디지 못한 아이들이 아파트에서 뛰어내리기도 하지만, 대부분의 어머니들은 자신의 자식은 그럴 리가 없다고 믿는다.

　지금은 시대가 그러한 시대이다. 그러므로 자식에게 온 정성을 기울이는 부모를 탓해봐야 아무 소용이 없다. 그냥 고개만 끄덕이면서 '그런가 보구나……' 하는 정도로 이해하면 될 것이다.

　그런데 한 가지 부언해야 할 것은 어떤 책에서는 이 그림의 모양이 거꾸로 되어 있는 경우가 있다는 점이다. 즉 이괘가 위로 가고 감괘가 아래로 되어 있는 그림을 말한다. 그렇다고 해도 결과는 똑같다. 그것은 관찰자가 어디에 있느냐 하는 차이점뿐이다. 이 그림은 남쪽에서 북쪽을 바라다본 것이다. 그러니까 반대로 되어 있는 그림을 만난다면 이번에는 내가 북쪽에서 남쪽을 향하고(왕이 된 것처럼) 관찰한다고 생각하면 혼동이 없을 것이다.

　그럼 이 두 가지면 충분하다고 봐야 할까? 모든 것은 삼세 번인데, 이렇게 두 개의 표만 보여주면 뭔가 아쉬운 생각이 들 수도 있겠다. 그러나 애석하게도 주역(周易)과 연관된 서적에서는 이 두 가지가 전부이다. 그러니까 더 이상 떼쓰지 말라고 해야 할 참이다. 그런데 한국에서 나온 어느 학자분이 그 문제의 세 번째 그림을 얻었다고 해서 가슴이 뭉클해지는 기분이 늘었던 석이 있나.

　그렇다면 이 그림은 언제 쓰일 그림일지 생각해봐야 하는데, 가장 일반적인 해석으로는 지축이 바로 서고 나면 사용될 그림이라고 하는 말이다. 즉 마지막 한 번의 변화가 있는데, 그 후에는 바로 이 새로운 제3의 그림대로 시대가 짜여질 것이라는 말이 나오고 있다. 이 시대를 일부 종교에서는 개벽이 일어난 후라고 하기도 하는데, 어쨌거나 그림이 있다는 것은 참으로 재미있는 일이다. 구경이나 한 번 해보도록 하자.

정역(正易) 팔괘도(一夫)

巽	坤	離
艮		兌
坎	乾	震

　여기에서는 여자가 위로 가고 남자가 아래로 가는 그림이 되어 있다. 여자라기보다는 어머니라고 해야 하겠다. 그러면 여성 상위 시대가 된다는 말이 아닌가? 어쨌든 지금도 알게 모르게 이러한 영향을 받고 있는 것은 아닌지 모르겠다. 점차로 여성의 위치가 강화되고 있는 것을 보면서 그러한 기분이 든다. 이 시대가 되면 태평성대라는 말이 뒤따라 다니는데, 현재 지구상에서 벌어지고 있는 여러 가지 일들을 관찰해볼 적에는 과연 태평성대가 될까 의구심이 든다. 그러나 알 수 없는 것이 또한 천지자연의 조화인지라 인연따라 구경이나 할 뿐이라 생각하고 있다.

　어쨌든 이렇게 많은 의미가 세 개의 그림 속에서 숨을 쉬고 있다 한다. 그리고 낭월이는 이러한 것을 깊이 있게 연구할 능력이 부족하다고 스스로 생각하고 있으므로 이 방면에 관심이 많으신 벗님이라면 책을 추천해드릴 테니 한 번 살펴보기 바란다. 정역에 대한 책으로는 아세아문화사에서 나온 『正易과 一夫』라는 책이 있다. 그리고 행림출판에서 나온 『宇宙變化의 原理』라는 책에도 이 부분에 대해서 의미심장한 이야기가 있으므로 살펴보기 바란다. 다시 한 번 요약해서 정리를 해본다.

　1. 복희역(伏羲易) - 건괘(乾卦)가 상(上)이 되고, 곤괘(坤卦)는 하

(下)가 되어서 좌우에 나머지 괘들을 거느리고 배포되어 있다. 여기에서는 천지자연의 원형에 대한 설명을 하고 있다. 다른 말로 한다면 우주의 체(體)가 된다고 봐도 될 것이다. 그야말로 하늘은 위에 있고 땅은 아래에 있는 형상을 설명하고 있다.

2. 문왕역(文王易) - 감괘(坎卦)가 상이 되고, 이괘(離卦)는 하가 되어서 이제는 천지(天地)를 바탕으로 삼아서 변화무쌍하게 발생한다는 의미를 나타내고 있다고 본다. 그 변화는 바로 대립 속에서 발전하는 현재의 상황을 나타내는데, 원래 물과 불은 서로 어우러질 수가 없는 형상이다. 이러한 것으로 세상이 이뤄졌다는 것을 표시함으로써 탈도 많고 시비도 많은 세상이라는 암시도 포함한다고 본다. 현재의 주역은 바로 이러한 형상을 담고 있다.

3. 일부역(一夫易) - 곤괘(坤卦)가 상이 되고, 건괘(乾卦)는 하가 되어서 처음의 복희괘에서 보였던 괘가 서로 뒤집혀서 나타나고 있다. 그런데 궁금한 것은 이 일부의 정역을 중국의 역학자들은 어떻게 생각하는지 모르겠다는 점이다. 조선시대의 학자에 의해서 발견된 것을 과연 다음의 형상으로써 인정해줄는지가 궁금하지만, 어쨌든 흥미있는 일이라고 생각된다.

이렇게 최초의 대왕이 이미 음양오행의 뿌리라고 할 수 있는 주역의 선천괘상을 만들어냈다는 것은 그만큼 역학의 뿌리가 깊다는 것을 의미한다고 봐서 나쁠 일은 없다고 하겠다. 그나저나 이야기가 너무 어려워진다고 책을 덮어버릴까봐 걱정이 태산이다. 가볍게 이야기한다고 해놓고서는 이거 나 자신도 무슨 소리를 하는지 모르는 상황이 되어버려서 난감하다. 얼른 방향전환을 해야 할 모양이다. 밑천이 들통나기 전에 말이다.

다음으로 나타나는 왕은 신농씨이다. 이 왕은 농사를 짓는 방법에 대해서 가르쳤다고 『맹자(孟子)』에 전한다고 하니까 처음(복희 시절)에는 사냥을 하다가 다음으로 농사를 지었다는 흐름이 서로 통한다고 생각된다. 신농씨의 모습은 간혹 한의원에 가보면 걸려 있는 경우가 있다. 신농씨의 가장 빛나는 유업이 한의학(漢醫學)의 시조라는 점인데, 농사를 가르치고 환자가 발생하면 약이 되는 풀을 먹여서 치료를 했다고 전해진다. 그래서 한의학은 이론적으로는 역학을 바탕에 두고 신농씨의 실험정신에 의해서 개발되었다고 보는 것이다. 물론 약을 먹어보면서 효력을 실험했다고 하니 아마 독초도 상당히 먹었으리라고 예상된다. 그래서 또한 성인으로서 존경받을 만하다는 생각이 든다.

마지막으로 황제(黃帝)가 등장을 한다. 황제는 기원전 3세기경부터 이름이 전해진다고 하는 것으로 봐서 비교적 역사에 나타나는 사람인 모양이다. 또한 한의학에서 매우 중요하게 여기는 책 중에 『황제내경(黃帝內經)』이라는 것이 있다. 여기에 보면 황제라는 이름이 나오고 상대방으로는 기백(岐伯)이라는 의성(醫聖)이 등장을 한다.

중요한 업적으로 기록되는 것 중에는 옷과 집을 짓는 방법을 가르쳤고, 의술을 더욱 발달시켰다는 점이다. 그래서 문화생활을 처음으로 시작하게 한 왕이라고 전해지는데, 도가(道家)에서도 노자(老子) 이전에 있었던 시조로 여긴다. 그리고 더욱 중요한 것은 치우(蚩尤)라고 하는 싸움꾼의 난을 정벌하여 다스린 공로가 인정이 된다. 그리고 보면 이미 황제의 시절에 전쟁이 발발했었다는 것을 알 수가 있는데, 이것은 삼황(三皇)의 흐름을 볼 적에 처음에는 사냥을 하던 수렵시대에서 농사를 짓는 농경시대로 전개되어서 어느 정도 부유한 생활을 누리게 되니 자연발생적으로 전쟁을 하게 되었다는 것으로 볼 수 있어 전쟁이란 참으로 인간이 살아가면서 피하기 어려운 과정이라는 생각이 든다.

이렇게 삼황에 대한 설명을 늘어놓고 있는 이유도 바로 치우와의 전쟁 이야기를 하려는 의도에서이다. 치우라고 하는 사람은 매우 대단한 능력을 갖고 있었던 사람인 모양이다. 그래서 탁록이라는 벌판에서 황제와 더불어 대단히 치열한 싸움을 벌였던가 보다. 그럼 이제부터 본론으로 들어가서 전설에 대한 이야기를 시작해보도록 하자.

탁록 벌판을 피로 물들인 전쟁

황제가 천하를 다스리고 있을 시절인데, 처음에는 혼자 다스려도 사람들이 순진하고 수도 별로 많지 않았기 때문에 천하가 편안하였다. 그런데 세월이 흘러가면서 인구도 늘어나고 잘 따르지 않는 무리들도 생기게 되자, 혼자서 모두를 감당하기에는 힘이 부족하다는 것을 느끼게 되었단다.

그러던 와중에 치우라고 하는 망나니가 호시탐탐 황제가 다스리는 천하를 건드려 전쟁을 일으키는데 이것이 그렇게 만만하지가 않았던 모양이다. 처음에는 그냥 활과 창으로 대항을 했지만, 그렇게 해서는 도저히 승산이 없다고 판단한 황제는 하늘에다가 기도를 하게 된다. 그러자 하늘에서 열 명의 전사들이 내려왔는데, 이름하여 갑을병정무기경신임계(甲乙丙丁戊己庚辛壬癸)의 전사들이다. 甲장군의 공격력과, 庚장군의 수비력, 壬장군의 지모와 丙장군의 용맹력 등등 사기 타고난 재능을 유감없이 발휘해서는 모두 황제를 도와주니 황제의 군사는 일시에 치우를 섬멸하고 태평천하를 만들었다. 이렇게 황제는 앓던 이를 뽑아버리고 다시 중국 천하는 태평시대가 전개되는데, 이때의 싸움으로 인해서 탁록은 피바다가 되었다는 말이 있는 것으로 봐서 얼마나 치열한 전쟁이었는지를 짐작케 한다.

여기에서 바로 중요한 십간(十干)이 등장을 하게 된다는 점에 주목을 해본다. 그 이전에는 단지 복희가 만들어놓았던 선천팔괘만 있었는데, 이렇게 십간을 얻어 역학의 세계가 일시에 대단한 발전을 하였던 것이다. 그리고 이 전사들의 특성을 살펴서 다시 황제가 연구하던 의학에 접목을 해본 결과 인체에서도 이와 같은 원리가 그대로 존재한다는 점을 알게 되어서 비로소 의학이 의학다워지게 되었던 것이다.

이렇게 하늘이 내려준 전사들을 연구했다고 하는데, 이것이 십천간(十天干)의 처음이라고 하면 되겠다.

그렇게 세상이 편안해지자 이번에는 가만히 있지를 못하는 전사들이 자기들끼리 싸움을 하는 일이 잦아졌다. 원래 전사라는 것은 싸움을 해야 신명이 나는 법인데, 도무지 좀이 쑤셔서 견딜 수가 없었더란다. 특히 丙장군은 시비를 걸고 싶어서 온몸이 근질근질했는데, 그렇게 촐싹대다가는 언제나 壬장군에게 야단을 맞고서야 수그러들었다. 하루는 자기들끼리 티격태격하다가 묘안을 내게 되었다. 이렇게 생산성 없는 소모전만 할 게 아니라 아내를 얻어서 가정을 꾸미고 바람직한 방향으로 힘을 쓰자는 것이었다. 그래서 황제를 찾아갔다.

"황제님, 우리에게도 사랑스런 짝을 구해주십시오."

황제가 생각해보니 과연 그들도 남자인데 어찌 여자를 보고 싶지 않겠는가 싶어서 여자를 골라보라고 했다. 그러나 그들이 어디 보통 사람들이었는가, 그들에게 보통의 여인네는 어울리지가 않았다. 그러한 사실을 깨달은 황제는 신통력으로 땅의 기운을 이용해서 열두 명의 여자를 만들었다고 한다. 그들의 이름은 자축인묘진사오미신유술해(子丑寅卯辰巳午未申酉戌亥)이다. 그 열두 명의 여자들을 각기 전사들과 짝을 지어서 싸움이 없게 만들었다고 한다.

그런데 여기에서 황제님은 결정적인 실수를 하신 모양이다. 여자도 열 명을 만들었으면 아무 탈이 없으련만 또 이 녀석들이 워낙 싸움쟁이들인지라 하나씩 차지를 하고서도 만족을 못 하고 나머지 임자가 없는 두 명의 여자들을 서로 차지하려고 또 싸움을 계속 하게 된 것이다.

이들은 甲장군이랑 子여인이랑 짝을 이루고 乙장군은 丑여인과 짝을 이루는 식으로 壬과 申이 짝이 되고, 癸와 酉가 짝이 되었다. 그런데 나머지 戌과 亥여인은 짝이 없었다. 이들은 자기들은 짝이 없다고 불평을 하면서 화를 내었다. 그리고 잘 사는 자매들에게 가서 이간질을 하고 시비를 붙게 만들자 그 피해가 결코 만만하지 않았던 것이다. 그래서 황제는 다시 돌아가면서 그 여인들을 소유하게 하였다. 그렇게 해서 불평이 없도록 만들었는데, 처음에는 甲장군이 둘을 차지했다가 다음에는 乙장군이 차지하는 식이었다고 하는데, 이것은 그냥 재미삼아서 만들어진 내용인 듯싶고, 그냥 10천간과 12지지가 만들어지게 되었다는 설명으로 할인해서 이해하면 충분할 듯싶다.

그렇게 해서 결국은 60쌍의 짝이 탄생하게 되었는데, 이것도 실은 각기 반복해서 차지하는 것이라기보다는 각기 고유한 특성을 가지고 있는 별개의 결합이라고 생각된다. 물론 그 내용에 대해서는 앞으로 전개될 것이니까 생략하겠지만, 앞의 짝짓기 내용은 나중에 공망(空亡)[1]이라는 것으로 남아 있다고 설명하기도 한다.

이러한 이야기가 책의 한쪽 모서리에서 보이기도 하는데, 결국 중요한 것은 황제 시절에 이미 천간지지(天干地支)에 대한 자료가 나왔다는 것이다. 그러면 이제 이러한 경위를 생각해봤으니 본격적으로 공부에 들어가도록 하겠다. 우선 천간의 원리를 배우도록 하는데, 전전이 하나하나 접근하여 가능하면 완전히 이해를 하도록 하는 것을 권한다. 어설프게 이해하면 결국에는 나중에 다시 해야 하고 또 혼란이 발생하기 때문이다.

---

[1] 공망은 하나의 신살로 대우를 하기도 한다. 갑자에서부터 계유까지의 간지(干支)에는 술해(戌亥)가 없는데, 이것은 빠져 있는 것이라고 해서 공망(空亡) 즉 공허하다는 의미로 사용하게 된다. 나중에 신살 항목에서 설명을 다시 한다.

제1장
천간지지의 정의

간지의 음양

이미 앞서 출간된 『음양오행』편에서 음양(陰陽)에 대해 신물(?)이 나도록 설명을 들었는데, 여기에서 다시 리바이벌된다고 불평을 하실지도 모르겠다. 그러나 삼라만상 중 음양의 원리를 떠나서 설명되는 것은 몇 가지 없을 것이다. 백 번 중복이 되더라도 이해를 위해서 도움이 된다면 얼마든지 반복해도 잘못될 것이 없다고 생각하는 낭월이다. 다소 중복되는 부분도 있겠지만 상세한 설명을 통해 철저하게 이해한다면 앞으로 하나하나 깨달아갈 적에 비로소 지금 고생한 보람이 있을 것을 확신한다.

세상과 자연 삼라만상 어디에서나 그 모습을 볼 수 있는 음양의 이치이니, 간지(干支)에서도 당연히 대입해서 나눌 수가 있을 것이다. 그리고 그 성질을 논한다면 천간(天干)은 양(陽)이 될 것이고, 지지(地支)는 음(陰)이 될 것이다. 그래서 천간을 양이라고 보고 지지를 음이라고 정의해보고 그에 준해서 간지의 형태를 살펴보도록 하겠다. 어차피 모든 삼라만상이 서로 상대가 되는 음양의 배합으로 이뤄져 있는 것인 바에야 당연히 그러한 형상을 간지에서도 얼마든지 찾아낼 수가 있기 때문이다.

천간의 형태

천간이 陽이라 전제하고 살펴볼 때 가장 기본적으로 나타나는 것이 천간은 하늘이라고 말하는 것이다. 즉, 하늘이라는 것은 땅을 덮어주는 것이므로 陽이라 말하게 되는 것이다. 또 천간은 기운의 덩어리라고 본다. 그래서 자유롭게 어디든지 활발하게 움직이는 성분도 되는 셈이니까 이러한 작용은 당연히 陽의 형태라고 할 수가 있겠다. 원래가 남자들은 방랑자의 기질이 있고, 여자는 안정하고 지키는 기질이 있다고 본다면 천간의 성분이 자유롭게 움직이면서 고정된 형태를 취하지 않는 것에서 陽으로서의 일관성이 있는 것으로 볼 수가 있겠다.

陽의 성분이나 천간의 성분이 모두 기체(氣體)의 형태를 갖고 있기 때문에 고정되는 것이 아니다. 실제로 사주를 보면서 천간들에게는 신속한 변화가 나타나는 것을 많이 본다. 그래서 사람의 성격을 판단할 적에도 일간(日干)[2]을 중심으로 해서 좌우에 있는 천간의 영향을 가장 많이 받고 있는 것으로 본다. 그리고 실제로 그렇게 나타나는 것을 보면서 역시 천간의 기운들은 활발하게 움직이고 있다는 것을 알 수가 있다. 이런 의미에서 천간을 양으로 보는 데 이의가 없다고 할 것이다.

지지의 형태

지지는 천간에 비해서 매우 느린 행동을 보인다. 그래서 지지는 그 속을 알기가 어려운데, 여자는 비밀이 많다는 것으로써도 이러한 성향을 짐작하게 한다. 가령 아무리 솔직한 여성이라 하더라도 남자보다는

---

[2] 그 사람이 태어난 날의 간지〔日柱〕중에서 천간을 말한다. 참고로 태어난 날의 지지는 일지(日支)라고 한다.

복잡하고, 이에 비해서 남자들은 아무리 복잡하다고 해도 여성 같지는 않은 것과도 통한다 하겠다.

　원래가 하늘에 비해서 땅은 복잡하게 생겼다. 화창한 봄날에 맑은 하늘의 모습은 티없는 깨끗함이 그대로 드러나는 데 반해서 땅은 여름에는 여름대로 겨울에는 겨울대로 변화무쌍하고 늘상 복잡하기만 하다. 그러한 성질 때문에 지지를 陰으로 보고 여자와도 비교가 되는 것이다. 그리고 무엇보다도 중요한 것은 지지에는 지장간(支藏干)[3]이라고 하는 것이 있는데 이것이 더욱 혼돈을 가중시키는 것도 지지가 복잡하다는 이유가 된다. 이렇게 복잡하므로 당연히 지지는 陰의 형태로 관찰을 하게 되는 것이다.

간지의 결합

　간지가 서로 혼합되어 있는 형태가 六十甲子이다. 이것은 혼자서 따로따로 존재할 수가 없고 한 천간에 한 지지가 결합된 형태로 존재한다. 그래서 음양배합이 또 한 번 이뤄진다고 하겠는데, 이것을 간지의 결합이라고 한다. 그리고 그 결합에서는 또한 각기 다른 차이점을 나타내는데, 역시 구체적인 내용들은 차차로 공부를 해가면서 이해하도록 하고, 여기에서는 간지의 결합이 다양하다는 것을 이해하는 것으로 충분하리라고 본다.

　각기 결합을 한 다음의 문제는 나중에 공부하도록 하고 우선 결합하는 각각의 형태에 대해서 이해를 해야겠다. 그래야 어떤 특징을 가지며 어떤 작용을 하는지 파악할 수 있기 때문이다. 나중에 공부를 해가면서도 느낄 문제겠지만 처음의 시작을 엉성하게 짜놓으면 결국 다시 기초

---

[3] 지지(地支)의 내부에는 상당히 복잡한 성분의 천간이 혼합되어서 섞여 있는데, 이것은 지지가 복잡하다는 것을 단적으로 보여주는 예라고 하겠다.

설계를 해야 하는 문제가 발생하므로 철저히 알아두자.

천간은 지지를 집으로 삼는다

이번에는 천간의 입장에서 지지를 어떻게 보고 있는가에 대해서 생각을 해보도록 한다. 우선 천간은 지지에서 받쳐주지 않는다면 홀로 존재한다는 것이 그리 만만하지가 않다. 그래서 지지는 천간의 뿌리가 되는 것으로 보는데, 이것은 사주를 연구할 적에 내내 기억하고 있어야 할 정도로 중요한 내용이다.

가령 나무라는 성분이 있다고 할 때 이 木이 천간에 있다면 그 뿌리는 지지에 두게 된다. 그리고 이 나무의 뿌리가 되는 성분은 같은 나무가 되든지, 아니면 나무를 생해주는 물이 될 것이다. 이렇게 자신의 뿌리가 지지에서 가까운 위치에 있을 경우 천간의 木은 마음이 홀가분하고 행동하는 것도 자유로울 것이다. 그렇게 되면 무슨 일을 하더라도 마음이 편안하니 언제나 자신의 역량을 발휘하게 되고 사회에서도 크게 성공을 거둘 수 있을 것이다.

그러나 만약에 木의 가까이에는 木을 극하는 金의 성분(申金이든 酉金이든 간에)이 많고, 나무의 뿌리가 되는 글자는 멀리 있거나 혹은 없다고 한다면 이 나무는 아무래도 자신의 역량을 발휘하기 어려운 환경에 처할 것이다. 따라서 천간으로서는 당연히 지지의 상황에 대해서 마음을 쓰지 않을 도리가 없는 것이다. 이렇기 때문에 천간은 지지의 동향에 대해서 매우 신경을 쓰게 되는데, 이러한 상황을 살핌으로써 '사주가 좋다' 혹은 '사주가 고생스럽겠다'는 설명을 할 수가 있는 것이다.

지지는 천간을 지붕으로 삼는다

천간만이 지지를 중요하게 생각하는 것은 아니다. 지지의 입장에서도 천간은 마찬가지로 중요한 사항이다. 가령 나무에 해당하는 木(寅木이든 卯木이든 간에)이 있다고 한다면 이 나무의 성분은 땅에 있기 때문에 언젠가는 천간에서 우뚝하게 자신의 면모를 드러내고 싶은 마음이 들 것이다. 이러한 상황에서 천간으로 甲乙木이 투출(透出)[4]되었으면 매우 바람직하다는 이야기를 한다. 그러나 천간에 이러한 木은 없고, 오히려 庚辛金이 나와 있다고 한다면 이러한 경우에는 투출되지 않았다고 말하며 지지자의 입장으로는 매우 억압을 받겠다는 이야기를 하게 된다. 이렇게 되면 사주가 어렵겠다고 말하는데, 물론 단편적인 예가 되겠지만, 이렇게 지지에서도 천간에 어떠한 글자가 있는가에 따라서 그 길흉화복의 차이가 달라진다는 말을 할 수 있는 것이다. 따라서 각기 천간과 지지의 입장에서 볼 적에, 서로를 얼마나 중요하게 생각하고 있는가를 짐작할 수가 있겠다.

결국 일의 성패는 천간지지가 어떻게 마음을 먹고 있는가에 따라서 결정이 된다고 해도 과언이 아니므로 간지의 각기 위치에 따른 이해를 잘 하고 있어야 한다는 것은 무엇보다도 중요하다고 하겠다.

상하좌우도 잘 살펴야 한다

이렇게 천간이 지지를 중요하게 생각하고 지지가 천간을 중요하게 여긴다는 것도 중요하지만 상하만 중요한 것이 아니라 좌우도 중요하다는 것을 말씀드려야 하겠다. 가령 甲木이라는 성분이 천간에 있다고 할 때 이 나무가 목마른 상황이라고 한다면 그 지지에는 물기가 있는 촉촉한 습지(濕地)가 나타나기를 원하게 될 것이다. 그런데 습지는 없고 메마른 고원만 있다고 한다면 이번에는 좌우에서라도 수분이 생기

---

[4] 지지에 있는 글자가 천간에도 나타나 있으면 지지에서 투출되었다고 말한다. 이때의 글자는 완전히 똑같아야 한다. 가령 지지의 장간(藏干)에 들어 있는 글자가 癸水일 때 천간에 있는 글자도 癸水일 경우에 한해서 '투출(透出)했다'고 말한다.

기를 원하게 될 것이다. 따라서 甲木의 주변에 壬水나 癸水가 있어서 水生木을 해주면 비록 지지에서 협조를 해주지 않는다고 해도, 좌우의 도움으로 인해서 능히 생명을 부지할 수가 있을 것이다.

상황이 바라는 대로 이렇게 전개되면 좋겠는데, 있으라는 물은 없고, 오히려 엉뚱한 글자가 있다면 완전히 기대가 실망으로 변하게 될 것이다. 그렇게 되면 길흉은 또 달라지게 되는 것인데, 가령 있기를 바라는 물은 없고, 오히려 나무를 못 자라게 하는 바위돌 같은(庚辛金) 것만 잔뜩 버티고 있다면 세상을 살아가기가 그리 만만치만은 않을 것이라는 것을 예견할 수 있다.

이렇게 되면 이 사주는 세상을 살아가는 데 애로가 많을 것으로 판단할 수 있다. 물론 설명은 간단하게 했지만, 그 주변에 어떤 글자가 있어야 가장 좋을 것이라고 판단하기 위해서는 상당한 연구가 필요하다. 실제로 그 사람의 학문이 깊고 얕음은 이 상황판단의 안목에 의해서 결정된다 해도 크게 틀린 말이 아닐 것이다. 말로야 단지 천간의 네 글자와 지지의 네 글자의 변화에 대해서만 판단할 수 있으면 좋은지 나쁜지에 대한 상황판단이 가능할 것으로 생각되지만, 실제로 사주의 결합은 상상치 못할 정도로 대단히 많다. 이렇게 많은 결합의 보는 상황에 대해서 일일이 풀이를 한다면 아마도 책으로 따져도 수만 권은 족히 되고도 남을 것이다. 그래서 최첨단의 컴퓨터로 프로그램을 짜더라도 100퍼센트 정확성을 기하는 프로그램이 만들어지기는 불가능할 것이다.

프로그램 이야기가 나왔으니 말이지만, 실제로 현재 시중에는 여러 종류의 사주 프로그램이 나와 있다. 그러나 그러한 프로그램들이 얼마나 정확한 답을 가지고 있을까에 대해서는 부정적이다. 앞으로 획기적인 인공지능을 갖고 있는 프로그램이 등장을 해서 그야말로 사람의 지능에 가깝게 궁리를(그것도 도인의 수준에서) 한다고 하면 또 모르겠거니와 그러기 전에는 단지 얼마나 가깝게 설명하는가 정도로 흥미를 갖는 수밖에 없을 것이다.

그러므로 혹시라도 컴퓨터 프로그램이 머리가 좋아져서 운명상담을 하러 오는 사람이 하나도 없으면 어쩌나 하는 염려는 아마도 한동안 하지 않아도 좋을 것이다. 참고로 사주에 대한 개수가 과연 몇 조(造)나 될 것인가를 생각해본다.

사주 결합의 총 숫자는 과연 몇 개일까?

우선 공식적으로 나올 수 있는 사주의 개수는 甲子年 甲子月 甲子日 甲子時를 시작이라고 한다면 그 끝은 癸亥年 癸亥月 癸亥日 癸亥時가 될 것이다. 이것은 천간의 열 개와 지지의 열두 개가 서로 결합을 한 결과 나타날 수 있는 개수이다. 물론 실제적으로는 약간의 차이가 있다. 여기에서 말하는 차이라는 것은 위의 기준으로 보면 매년 동짓달(대략 음력으로 11월경)이 출발점이 되는데, 이것은 아득한 옛날의 동짓날을 한 해의 시작으로 봤을 때의 이야기이기 때문이다. 지금은 이러한 기준이 나올 수가 없기 때문에 약간 틀리다고 하는 것이다. 그 연유는 지금은 입춘(立春)으로써 한 해의 시작을 삼는 사주학이 기준이 되고 있기 때문이다. 물론 이렇게 되기까지에는 수없이 많은 선배님들의 시행착오가 있었겠지만, 결국 사람의 운명시계는 입춘을 기점으로 출발을 하게 된다는 것이 현재의 정설이다. 그러면 甲子年에는 甲子月로 시작이 되는 것이 아니라, 丙寅月로 시작이 된다는 것을 알 수 있다. 이러한 연유로 해서 약간 달라지기는 했지만 결국 한 바퀴 돌아가는 데에 걸리는 시간은 같게 된다. 즉, 출발점이 약간 달라졌을 뿐이다. 이 점을 착오하지 않도록 분명히 알아두면 좋겠다. 그럼 다시 이야기로 돌아가자.

수치상으로만 이렇게 된다고 봤을 적에 그 개수는 하루에 12개의 사주가 나온다고 본다면(지지가 12개이므로) 열흘이면 120개가 되고 한

달은 30일이므로 360개가 되는 셈이다. 이것을 다시 12개월로 곱한다면 일 년에 나올 사주는 4320개가 된다. 즉 한 해에 태어나는 사주의 총 숫자는 4320개가 되는 것이다. 그리고 이것을 다시 60년(매년의 간지는 60년이 되어야 한 바퀴 돌아가므로)으로 곱하면 수치는 25만 9200이 된다. 보통 우리는 60세가 되면 환갑(還甲)이라고 해서 성대하게 잔치를 하는데, 이것도 알고 보면 매년의 흐름이 다시 제자리를 찾아왔다는 의미가 들어 있는 것이다.

얼핏 생각해보면 이렇게 따진 수치가 사주의 총 종류라고 생각할 수 있을 텐데, 얼마 전 대전에 있는 한 모임에서 강의를 하게 된 적이 있었다. 물론 명리학[5]을 연구하는 모임이다. 연구를 매우 열심히 하시는 교수님께서 다음과 같은 이야기를 하셨다.

"낭월스님, 명리학이 생성되는 종류가 60년 후에 다시 반복된다고 생각하셨지요?"

"예, 그렇게 생각했는데요."

"저도 그렇게 생각하고서 만세력[6]을 찾아봤는데, 60년 후에 돌아오는 사주가 실제로는 똑같지 않더라는 점을 발견했습니다."

그러면서 만세력을 펴서 보여주는데 실제로 완전히 똑같은 반복은 없는 것이었다. 여기에서 '완전히'라고 하는 말의 의미를 잘 생각해야 하는데, 그냥 글자 모양만 똑같아서는 같은 사주라고 할 수가 없다. 즉 실제로 상황을 비교해본다면, 서기 1924년 양력 2월 21일에 태어난 사람과, 1984년 2월 6일에 태어난 사람은 글자만 놓고서 본다면 똑같이

---

5) 명리학(命理學)은 목숨의 이치를 궁리한다는 의미가 된다. 그냥 사주학이라고 하지만, 사주학은 목숨이 붙어 있는 사람의 운명을 연구한다는 의미로 해석이 된다. 또다른 의미로는 운명의 원리를 연구하는 학문이라는 것으로도 볼 수가 있겠다.
6) 사주를 찾아보기 위해서는 반드시 필요한 책이다. 종류로는 만세력(萬歲曆), 천세력(千歲曆) 등이 있으나 실제로 하는 역할은 똑같고, 형태가 약간 다른데, 몇 년 몇 월 며칠은 무슨 간지(干支)에 해당한다는 것을 소상하게 적어놓은 자료이다.

된다. 이것을 도표로 나타내보겠다.

예1) 1924년 2월 21일 인시 출생	예2) 1984년 2월 6일 인시 출생
時 日 月 年	時 日 月 年
戊 庚 丙 甲	戊 庚 丙 甲
寅 午 寅 子	寅 午 寅 子
(입춘이 지나고 16일 만에 태어났다. 당령으로는 甲木이 된다.)	(입춘이 지나고 2일 만에 태어났다. 당령으로는 戊土가 된다.)

여기에서 당령이니 사령이니 하는 말은 나중에 배우게 될 것이고, 가장 중요하게 이해를 해야 할 것은 표면적으로는 사주형식이 완전히 똑같지만 실제로 내부적인 사정을 본다면 입춘(立春)[7]이 지나고 나서의 날짜가 서로 보름 정도 차이가 난다는 점이 있다. 이 차이는 실제로 사주를 감정할 적에 상당한 영향력을 미친다고 할 수 있다.

실제로 썰렁한 방에서 새우잠을 잔다고 할 때, 그래도 햇솜으로 만든 이불을 덮고 자는 것과, 낡은 담요 한 장으로 밤을 지내는 것과는 상당한 차이가 난다고 하면 이해가 될 것이다. 예1)에서는 木의 기운이 이미 만연했기 때문에 추위가 훨씬 적어졌다고 봐야 한다. 예2)의 사주는 물론 아직도 겨울의 기운이 그대로 남아 있는 상태가 된다.

이것은 실제로 매우 큰 차이가 있으므로 이렇게 따져본다면 표면적으로 같다고 해서 실제로도 같은 것으로 보면 절대 안 된다는 점을 염두에 두어야 하겠다. 이렇게 생각을 하다 보면 결국 같은 사주는 없다

---

[7] 일 년을 24개의 단위로 15일 간격으로 나눠서 봤다. 이것은 태양을 기준해서 발생한 것인데, 중요한 것은 음력이 아니라 양력이라는 점이다. 맨 처음에 시작되는 절기(節氣)는 바로 입춘이다.

고 봐야 할 것이다. 물론 어찌어찌 계산에 밝은 분이 완전히 입춘이 지나고 돌아온 날짜까지 똑같은 경우를 발견했다고 하더라도, 이미 많은 세월이 흘러버렸으니 천지의 기운이 또 전혀 다른 상황이 될 것이다. 그렇다면 똑같은 사주는 없다고 봐야 옳을 것이라는 말의 의미가 무엇인지 능히 짐작이 되시리라고 믿는다.

그렇다면 사주의 정확한 개수는 알 수가 없다고 해야 정답일 것이라는 이야기를 하면서 웃었다.

사주학은 태양력(太陽曆)을 쓴다

보통 사람들은 사주학은 음력을 사용한다고 생각하기 쉽다. 그래서 사주를 보려면 음력 생일을 모르면 볼 수 없는 것으로 생각하는 사람이 의외로 많다. 그러나 실제로는 전혀 그렇지 않다. 음력을 쓴다는 이야기는 초하루에 태어나면 어떻고, 보름날에 태어나면 어떻다고 하는 말이 있어야 음력을 쓰는 것이다. 그런데 사주를 연구해보면 그런 것은 전혀 없고, 오로지 절기만을 따지고 있다.

즉 입춘이 지난 후 며칠 만에 태어났느냐는 말이 그것을 증명한다. 따라서 양력을 쓰는 것도 아니라는 점을 분명히 알아두어야 하겠다. 오로지 자연의 시간인 태양력만을 고집하고 있는 것이다. 언젠가 양력도 오류가 있다는 이야기를 들었는데, 명리학을 연구하는 과정에서는 양력이나 음력과는 전혀 상관이 없다. 다만 절기가 지나고서 며칠 만에 태어났는가를 아는 것이 중요하고 양력이든 음력이든 알아야 날짜의 대입이 가능하기 때문에 따지는 것이다.

이렇게 다양한 사주의 종류 중에서도 또 문제가 되는 것이 한날 한시에 태어난 사람이다. 그러나 같은 순간에 태어났다 하더라도 각기 온도의 차이가 나는 곳에서 출생을 했을 것이다. 가령 부산에서 태어난 사람과 강릉에서 태어난 사람은 동시에 태어났더라도 시간은 비슷하지만, 실제로 주변의 온도는 차이가 나게 마련이다. 그리고 그 기후의 변화는 분명히 그 사람의 개인적인 운명의 시계를 가동시키는 데 변수(變數)로 작용할 것이다.

이러한 점만 보더라도 한날 한시에 같은 위치에서 태어난 것이 아니라면 그 차이는 분명이 있게 마련이라는 것이다. 기후 차이를 생각한 뒤라도 한날 한시에 태어난 사람은 과연 어떤 삶을 살게 될 것인가 하는 의문이 드는 것은 매우 자연스러운 발상이라고 생각된다.

쌍둥이의 사주는 어떤 차이가 있을까?

쌍둥이의 사주는 동시에 태어나는 것으로는 가장 유사한 환경이라고 하겠다. 보통 시간 차이를 논한다면 30분 이내일 것이고, 길어봐야 1시간을 넘기는 경우는 흔치 않을 것으로 볼 때, 매우 유사한 사주라는 점을 알 수가 있다. 그렇다면 쌍둥이의 운명은 어떻게 될 것인가에 대해 궁금증을 가지게 된다. 우선, 쌍둥이는 가장 유사한 환경에서 태어난 것이 분명하다. 그래서 그들은 살아가는 과정이 대체로 비슷하다. 두 사람의 차이라고 한다면 단지 약간의 시간차가 있다는 것뿐이다. 적어도 동시에 태어나지 않았다면 말이다.

이 시간상의 차이와 살아가면서의 경험 차이로 인해서 쌍둥이는 나이를 먹어갈수록 점차로 서로 달라져간다. 즉 환경이 처음에는 완전히 똑같다고 해도 틀린 말이 아니다. 기껏해야 누가 먼저 어머니의 젖을 먹느냐가 중요할 뿐 대체적으로 쌍둥이를 기르는 어머니는 동일한 환경을 제공하는 것으로 알고 있다. 이렇게 매우 유사한 환경에서 자라나게 되는 것도 사주가 닮았기 때문이라는 설명이 타당성이 있을 것이다.

그러나 자라나면서 점차로 차이가 난다. 다만 같은 일에 종사하여 함께 노래를 부른다든지 하는 사람들은 상당 부분에서 나중까지 함께 유사한 환경을 누리고 있는 경우도 있지만, 대개는 결혼을 하면서 서로의 흐름이 달라진다. 그 이유는 이미 개인적인 삶에서 가정이라고 하는 테두리가 발생하였기 때문이라고 보는데, 즉 배우자의 운명이 간섭을 일으킨다고 보는 것이다. 그래서 가장 큰 차이가 난다고 보는 것이고, 이 점에 대해서도 사주가 비슷한데 어째서 각기 다른 배우자를 얻었느냐고 떼(?)를 쓴다면 '그야 이름이 다르잖아요?'라고 얼버무릴 참이다. 그렇지만 실제로 사주풀이를 해보면서 완전하게 100퍼센트 사주대로 살아가는 사람은 없다고 생각된다. 대체로 비슷하게 살기는 하지만, 각기의 개인차에 의해서 다소 차이가 나게 마련이다. 즉 개인적인 환경에서 오는 문제가 있다고 보는 것이다.

이렇게 약간의 차이는 있지만 대체적인 것은 서로 비슷하다고 보는데, 가령 형이 아파서 수술을 하였으면 동생은 감기라도 걸려서 고생을 하게 되더라는 이야기를 쌍둥이를 둔 어머니로부터 들으면서 대체로는 그런 정도인가 하는 생각을 하고 있다.

어쨌든 이론을 위한 이론은 피하고 싶다. 사주팔자를 연구한다는 것은 이론적으로도 타당성이 있어야 하지만 실제로는 이론보다 현실적인 비중을 더 크게 두는 학문이다. 이론적으로는 설명이 되지 않더라도 실제로 누구에게서든지 그렇게 나타난다면 이론보다는 실제를 우선해서 채용해야 한다는 현실주의에 가깝다고 본다. 그리고 지금은 이론적으로 설명이 되지 않지만, 언젠가는 그러한 상황이 이론적으로 설명이 될 것이라는 희망을 가지고 연구에 임하는 것이 명리학자다운 마음가짐일 것으로 생각한다.

사주학을 비방하는 사람이 가라사대

흔히 사주를 비방하거나 믿지 못하는 사람들은 같은 시간에 태어난 사람이 한 사람은 농사를 짓고 또 한 사람은 대통령을 하는 것은 어째서 그러냐고 비웃는 투로 말하기도 한다.

　사람의 운명을 결정하는 것에는 상당히 많은 요소가 내재되어 있다. 그 중에서도 출생환경은 매우 중요한 비중을 차지하게 되는데, 같은 시간에 서로 다른 환경에서 태어났다고 한다면 그 사람의 성장 과정도 분명히 차이가 날 것임을 알 수 있다. 그리고 그러한 차이점에 대해서 사주학으로 설명을 완벽하게 하라고 요구하는 것에는 상당히 배타적인 마음이 서려 있다는 것을 느낄 수가 있는데, 그래서 반대를 위한 시비에는 별로 마음을 기울일 생각이 없다. 그렇지만 실제로 이러한 의문점으로 인해서 궁금한 경우가 있으니 다음의 몇 가지 비교를 통해서 과연 무엇이 같고 무엇이 다른지를 이해해보도록 하자.

　여기에서 편의상 부잣집에서 태어난 남자를 복돌이로 보고, 가난한 집에서 태어난 사람을 촌돌이로 한다.

출생 모년 모월 모일 모시에 서울의 부잣집에서 한 사내아이(복돌이)가 태어났고, 논산의 한 농촌 가난한 집에서도 한 사내아이(촌돌이)가 태어났다. 이 두 사람은 각기 태어난 환경은 다르지만, 모두 부모님의 사랑을 받으면서 태어났다는 점에서는 동일하다.

성장 복돌이는 개인교사를 들여가면서 열심히 공부해 최고 학부에 진학을 했고, 주변으로부터 대단히 많은 축하인사를 받았다. 그래서 기분이 매우 좋았다. 같은 해에 촌돌이는 가정교사는 못 들였지만 열심히 공부를 해서 원하는 대학교에 입학을 했고, 주변 사람들로부터 개천에서 용 났다고 축하를 받으면서 기분이 매우 좋았다. 두 사람이 각기 들어간 대학은 달라도 자신이 원하는 바가 성취되어서 즐겁기는 마찬가지였다.

결혼 복돌이는 명문대를 나오고 연구원으로서 명성을 얻게 되었다. 또 자신에게 어울리는 멋진 여성을 만나서 모양나게 결혼을 하고 멋진 아파트에 살림집을 꾸미고 매우 만족한 결혼생활을 시작했다. 그리고 같은 해에 촌돌이도 소박하지만 성실한 여성을 만나 결혼을 하였다. 비록 전셋집이지만 보금자리를 꾸미고 새로운 살림을 시작했다. 두 사람이 꾸민 보금자리는 차이가 났지만, 행복감은 똑같았다.

대충 이러한 식으로 설명을 드리면 이미 눈치가 빠른 벗님은 알아챌 것이다. 비록 물질적인 풍요나 외부 여건은 차이가 있어도 그 마음에 느끼는 감정은 비슷하게 된다는 것을 말이다. 예전에 이성계가 자신이 왕이 되어서 자신과 똑같은 사주로 태어난 사람은 무엇을 하고 있을까 하는 궁금증이 발동해서 전국에 수배를 내려서 같은 사주로 태어난 사람을 찾아내었다.

"너는 언제 태어났느냐?"

"예, 모년 모월 모일 모시에 태어났습니다."

"나도 그와 같으니라. 그런데 나는 작년에 왕이 되었는데, 너는 작년에 무엇을 했느냐?"

"예, 소생은 작년에 두 통 치던 벌이 식구가 많이 늘어서 열세 통으로 늘어났습니다. 벌이 한 통 늘어나면 그만큼 수입이 늘어나는 것이니 작년에는 굉장히 운이 좋았습지요."

이러한 일화가 전하고 있다. 사실인지는 알 수가 없지만, 이 이야기는 실감이 난다. 실제로 낭월이도 이렇게 생각을 하고 있기 때문이다. 살아가면서 느끼는 희로애락에 의해서 자신 스스로가 좋고 나쁘고를 결정한다고 보는 것이다. 그래서 외부적으로 벌어들이는 돈은 각기 차이가 있겠지만, 실제로 느끼는 기쁨은 두 사람이 같을 것으로 보는 것이다. 다른 이야기로 한다면 한 사람은 대법관을 하면서 치욕을 느낀다고 술회를 할 적에, 또 다른 사람은 장사가 잘 안 되어서 빚쟁이들의 빚 독촉에 어디로 달아나고 싶은 심정이 들 수 있는 것이다. 그러니 상황은 달라도 두 사람이 느끼는 감정은 크게 다르지 않을 것으로 생각할 수 있다.

만약에 위와 같은 설명에도 사주는 믿을 게 되지 못한다고 한다면 할 수 없는 것이고 대부분의 사람들이 나이를 먹어가면서 운명의 작용이 있는 것 같다는 생각을 하게 되는 것을 보면서 역시 스스로 살아봐야 한다는 생각이 든다.

간지의 결합으로 알아볼 수 있는 것

흔히 사주팔자로써 무엇을 알 수가 있느냐는 질문을 많이 한다. 그러한 질문에 대한 대답은 개인적인 것에 대해서 모든 것을 망라한다고 말해준다. 물론 여기에는 명리학을 연구하는 학자의 자존심을 건드린 것에 대한 반발도 어느 정도 포함되어 있다고 해야 하겠다. 이미 음양오행을 거쳐서 천간지지의 원리에 대해서 공부하고자 마음을 먹은 벗님으로서는 참으로 사주학의 한계에 대해서 궁금한 마음을 금할 수가 없을 것이다. 어느 책에서는 사주학으로 100퍼센트 개인의 운명을 알 수 있다고 하는데, 실제로 상담을 다녀보면 고수님들이 봐주는데도 실제로는 대단히 많은 차이가 있다는 것을 알게 된다. 그렇다면 과연 어디까지가 정답이고 어디까지가 가능한 것인지에 대해서 의문을 갖게 되는 것이 당연한 이치이다.

사주를 통해 개인적인 운명작용에 대해서는 상당 부분 예견이 가능하다고 생각한다. 그러한 것을 좀더 구체적으로 설명해본다면 대충 다음의 정도가 될 것이다.

심리적인 구조를 파악한다

그 사람이 어떠한 마음을 먹고 살아갈 것인가를 알 수 있다. 실제로 고통을 당하거나 행복을 얻는 것에도 마음가짐이 원인이 되게 마련이다. 분수를 지키면 행복해지기 쉽고 분수를 어기면 고통을 얻게 될 가능성이 많다고 본다. 그런데 이렇게 분수를 지키는가 아닌가는 이미 사주의 형상으로써 상당 부분 판가름이 난다고 본다. 그리고 시작을 중시하는 사람인지 마무리를 중시하는 사람인지도 생각해볼 수 있고, 재물욕이 강한지 명예욕이 강한지 자존심만 강한지도 사주의 형상을 보면 상당 부분까지 이해를 할 수가 있다고 본다. 물론 그 깊이에 대해서는 각자의 연구가 얼마나 정미롭게 진행되고 있는가에 따라서 상당한 차이가 있을 것이다. 같은 달리기 선수라도 자신의 기록은 노력한 것과 천부적인 재질과의 결합에서 결정이 나는 것처럼 말이다.

사회적인 지위를 알 수 있다

사주를 보고 그 사람이 상등급에 속하는 사람인지 아닌지를 궁리할 수 있다. 그리고 살아가면서 어려운 지경에 처할 적마다 도와주는 사람이 있을 것인지, 또는 설상가상으로 고난만 따르게 될 것인지도 짐작할 수가 있다. 이것은 도를 통한 사람도 벗어날 수가 없다. 가령 사업하는 사람이 사업을 망해먹을 운이라고 한다면 같은 사주의 도인도 사업이 망한다. 그러면 뭐하러 도를 닦느냐고 물을지도 모르겠는데, 이 책을 읽으시는 벗님은 이러한 질문을 하시지 말기를 기대해본다.

도를 닦은 사람[8]이 그렇지 않은 사람과 비교해서 다른 것이 뭐냐고 묻는다면 도를 닦고 마음을 닦는 사람은 흉운이 왔을 적에도 그 마음속까지는 고통을 받지 않는다는 것이다. 즉 고통으로부터 자유로워진

---

8) 도를 닦는다는 것은 자신의 타고난 업력(業力)의 사슬을 벗어나서 자유로워지는 것으로 본다. 불교에서 말하는 해탈(解脫)도 같은 의미로 볼 수 있겠다.

다는 의미가 되겠는데, 교통사고를 당해서 수술을 받았다고 할 경우를 가정해보자. 마음수행을 하지 않은 사람은 이렇게 말할 것이다.

"왜 하필이면 그 놈의 차가 그때 튀어나오느냐 말이야! 그때 그 차가 나오지만 않았더라도 내가 사고를 당하지는 않았을 거 아냐! 재수가 옴 붙어서 이렇게 억울하게 돈은 돈대로 없애고, 일은 일대로 못하고 몸은 몸대로 상했으니 정말 분통이 터져서 죽겠네!"

아마도 이렇게 화를 내고 있을 것이 뻔하다고 생각하는데 벗님의 생각은 어떠신지 모르겠다. 그렇다면 마음수행을 한 사람은 어떻게 생각할까?

"내가 조금만 주의를 했더라면 이 정도로 다치지는 않았을 텐데, 마음을 어디에 두고 있었기에 그렇게 방심했는지 모르겠군. 그래도 이만하기 다행이지, 만약에 그 사람이 조금만 더 과속을 했더라면 나는 지금쯤 숨을 쉴 수도 없었을 텐데, 그 사람 많이 놀랐겠는걸. 건강이 회복될 때까지 조용하게 휴식이나 취해야겠군."

이렇게 나올 것이다. 여기에서 그 차이점이 극명하게 드러난다. 한 사람은 마음이 강한 분노에 싸여 있고, 또 한 사람은 편안하게 지내고 있다는 점이다. 운세가 불길해서 교통사고를 당한 것은 피할 수가 없겠지만, 같은 결과를 놓고서도 이렇게 두 사람의 마음은 천국과 지옥을 헤매고 있다는 것이 그 차이점이라고 생각된다. 도를 닦는다는 것은 이러한 차이점이 아닐까?

직업의 적성을 알아볼 수 있다

그 사람의 기본적인 마음을 헤아릴 수 있다면 무엇을 하면 적성에 맞을는지도 파악할 수 있을 것이다. 사람은 누구나 자신이 하고 싶은 일에 종사하고 싶어한다. 그래서 무엇이 자신에게 맞는지를 알아보기 위해서 이런저런 일들을 해보게 되는데, 자신의 적성을 바로 알고 있다면 그 시행 착오를 줄일 수도 있겠다. 즉 그 사람의 마음구조를 파악해서 잘 지도를 해준다면 아마도 많은 시간을 벌 수가 있을 것이다. 가령 장사에 어울리는 사람이라면 구태여 명문대만을 고집할 필요가 없을 것이다. 그 시간에 뭔가 자신이 원하는 일을 하는 것이 훨씬 자신의 능력을 살리는 방향이 되겠기 때문이다.

또 유통사업 쪽에 어울리는 사람이라고 한다면 공장을 설립하느라고 자금을 투자할 필요가 없을 것이다. 그 돈으로 좋은 자리에 가게를 마련한다면 같은 자금을 투자해서 자신이 원하는 방향으로 진행하는 일이 더욱 수월하고 효과적일 것이다. 어디 그뿐인가. 학교만 해도 그렇다. 자신의 적성을 제대로 알지 못해 의과대학에서 공과대학으로 이리저리 옮겨다니면서 막대한 교육비와 젊음을 낭비하고 있는 사람도 많이 보았다. 이 또한 자신의 타고난 적성을 잘 몰라서 겪는 일이라고 생각할 때 미리 사주에 타고난 성격적인 적성을 파악한다면 필시 얻을 것이 많으리라고 생각한다.

일의 시작과 마무리 시기를 파악한다

사람은 누구든지 일을 해야 살 수 있다. 그 일이 스스로 원해서든 원치 않든 간에 무슨 일인가는 해야 하는 것이다. 그런데 기왕에 일을 함에 있어 언제 시작을 하는 것이 좋을 것인가를 파악하면 작전을 짜는 데 매우 유용할 것이다. 그냥 돈이 있다고 해서 아무 때나 아무것이나 마구 시작을 하기보다는 자신이 타고난 운명의 시계는 지금 어느 계절인가를 살펴가면서 진퇴(進退)의 시기를 관찰하는 것은 참으로 지혜로운 일이라고 생각된다.

사람의 성격에 따라서는 이렇게 미리부터 겁만 내고 있다고 너무 나약한 것이 아니냐고 할 수도 있겠지만, 이것은 나약과는 다르다. 즉 나약한 사람은 때가 와도 자신의 일을 추진하지 못하지만 지혜로운 사람은 자신이 일을 할 시기라고 생각이 되면 즉시 능력을 발휘할 수 있기 때문이다.

실제로 몇 년 전에 사업을 하면 어떻겠는가를 물어왔던 사람이 얼마 전에 다시 찾아온 적이 있었다. 낭월이는 이미 그 사람에 대해서 잊어버렸는데, 그 사람이 스스로 자신을 소개했다.

"스님은 저를 기억하지 못하시겠지만, 저는 5년 전에 스님께 찾아왔던 사람입니다. 스님을 뵙고 나서 사업을 시작한 후에 왕창 망하고 이렇게 빈털터리가 되었습니다."

이런 이야기를 들으면 사주를 보는 사람은 약간 뜨끔하게 마련이다. 혹시라도 사주를 잘못 해석하고서 오답을 일러줘 망한 것은 아닌가 하는 생각이 들기 때문이다.

"그래요? 그때 제가 사업을 하시라고 권했던가 보군요."

"그게 아닙니다. 사업을 하고 싶겠는데, 지금의 운세로 봐서 장차 5년은 지나고 나서 시작하는 게 좋아 보인다면서 그동안은 책이나 보면서 편안하게 지내라는 이야기를 해주셨지요."

"그런데 왜 사업을 시작하셨어요?"

"그때만 해도 스님의 말씀을 다 믿을 수가 없었습니다. 사람이 나이는 먹어가는데 5년이라는 긴 시간을 그냥 허송세월한다는 것이 참으로 어리석다는 생각을 하게 되었던 것이지요. 그런데 지금 생각해보니 그냥 책이나 보면서 사주공부라도 할걸. 그랬으면 돈은 돈대로 남고, 공부를 많이 해서 제가 살아가는 데 많은 도움이 됐을 텐데. 후회막급이더군요. 그때 스님의 말씀을 들었어야 하는 건데 말입니다."

이렇게 말하는 사람이 있었다. 이 이야기를 듣고서 기다린다는 것이 과연 비겁하고 어리석은 것인가 의문이 들었다. 결국 자신이 일을 할 운이 아니라고 판단된다면 그 시간은 내공을 쌓는 기회로 삼는 것이 가장 현명한 일이라는 것을 확인해봤다. 밖으로 일이 잘 되지 않을 때에는 안으로 일을 하는 시기라고 본다. 안으로 일을 한다는 것은 바로 마음을 닦으라는 이야기다. 천하의 강태공도 때가 이르지 않았음을 판단하고서 낚시질로 세월을 보냈는데, 하물며 보통의 사람들이야 자신의 운세를 어찌 벗어날 수가 있을 것인가.

요즘은 '명예퇴직'의 공포가 모든 직장인들을 불안하게 만들고 있다고 한다. 오늘은 좋은 직장이라고 남들이 부러워하지만 내일 쫓겨나게 되지 않는다는 보장이 없다는 것이다. 그러니 세상을 산다는 것이 이처럼 불안한 것이다. 이런 마당에서 만약 자신의 운명을 대충이라도 파악할 수 있다면 이 사람은 훨씬 마음 편히 직장생활을 할 수 있을 것이다. 아마도 그만둘 운이 되면 그만둘 것이다. 그러나 마음만은 편안하게 그 시기를 기다릴 수가 있을 것이고 또 미리 자신이 퇴직할 시기를 알고서 퇴직금으로 무엇을 언제 시작하겠다는 계획을 세울 수도 있을 것이다. 이러한 것을 보고서 과연 비겁하고 나약하다고 말할 사람이 있을까?

배우자의 인연을 알 수 있다

세상을 살기가 힘들다고 하지만, 그 중에서도 배우자와의 인연은 참으로 여러 가지 면에서 만만치 않다. 가정이 가족단위로 줄어든 상황이기 때문에 두 사람의 인연은 한 사람의 삶에서 그 영향력이 더욱 커질 수밖에 없다고 보겠는데, 그러한 인연을 사주팔자를 통해서 알 수 있다고 한다면 아마도 많은 관심이 생길 것이다. 그리고 이것은 실제로 감정을 하면서도 매우 큰 비중을 차지한다. 배우자를 잘못 만나서 신세를 망치는 사람도 있고, 팔자를 고치는 사람도 있는 것이 현실이다.

말로는 열쇠 3개를 준비하는 신부가 가장 멋진 아내라는 말도 있지만, 과연 그럴까는 좀더 생각을 해봐야 한다. 명리학자가 생각하는 아내는 남편이 하는 일에 적극 협조를 해주는 아내가 아마도 가장 멋진 아내가 아닐까 싶다. 그러한 아내에 대해서 자신의 사주를 통해 미리 감을 잡을 수 있다면 괜한 허욕을 부리지도 않을 것이고, 아내에게 만족하게 될 가능성도 상대적으로 커지므로 가정을 지키는 데 유익한 방법이 될 수도 있다고 본다.

이것은 여성의 입장에서도 마찬가지다. 괜히 백마 탄 왕자만 생각하다가 자신의 남편이 그에 못 미친다고 생각해서 실망하기보다는 사주를 통해서 스스로의 배우자 그릇을 판단하게 된다면 다시 마음을 고쳐먹을 테니 이것도 역시 큰 수확이라 하겠다. 중요한 것은 만족을 알게 해주는 것이다. 모든 것은 자신이 만들어놓은 사주에 의해서 정해지는 것인데, 자신의 인연을 무시하고 헛된 망상을 일으키는 사람에게는 그것이 어리석은 환상을 쫓는 욕심이라는 것을 일러줘야 하겠기 때문이다.

개인적 문제야 자신이 책임을 진다고 하지만, 이미 가정이라는 것이 생기면 그렇게 호락호락하지가 않은 것이다. 거기에다가 자식이라도 생긴다든지 하면 더욱 심각해진다.

따라서 이러한 암시를 미리 읽을 수 있는 도구가 있다면 아마도 자신의 삶을 설계하는 데 상당히 많은 도움을 받을 수 있을 것이다. 결국 사주팔자를 연구하게 되면, 무엇보다도 자신의 주제를 파악하게 되므로 활용할 만한 가치가 충분하다고 생각된다.

간지학(干支學-명리학)의 활용

이렇게 상황을 이야기하면 마치 명리학이 만능인 것처럼 보일지도 모르겠다. 그러나 절대로 만능은 아니다. 다만 보다 자신의 삶에 충실하고 싶은 사람이라면 알고 사는 것과 모르고 되는 대로 사는 것과는 많은 차이가 있다는 것이다. 그리고 자신의 단 한 번뿐인 소중한 삶을 위해서 좋은 도구로 활용한다면 아마도 지혜로운 삶을 살 수 있을 것이다. 그리고 더욱 중요한 것은 자신의 삶의 방향에도 유용하게 쓰겠지만, 나아가서는 가족이나 이웃들에게도 활용할 수 있다는 점이다. 물론 벗님이 이미 프로로 뛰겠다는 결심을 했다면 보다 더 많은 사람들에게 안내자로서 등불 역할을 수행하게 될 것은 두말할 것도 없다. 다만 이러한 경우에는 더욱 정밀하게 연구를 해서 오차가 없도록 노력을 해야 할 것이다. 자칫 남의 중요한 삶을 구렁텅이로 몰아갈 가능성도 전혀 없다고는 못 하겠기 때문이다.

가령 흉운인데 잘못된 판단을 내려서 길운이라고 예언을 했다면 그 사람은 벗님의 조언으로 인해서 매우 큰 타격을 입게 될 것이다. 이러한 과오는 법적인 책임은 없다고 해도 도의적인 책임은 상당히 느껴야 할 것이다. 이렇게 된다면 그야말로 '혹세무민(惑世誣民)'을 하는 꼴이니 남도 속이고 자신도 속는 것이다. 참으로 간단하게 생각할 수만은 없는 것이다.

이것이 천간지지로 어우러지는 사주팔자로 알 수 있는 상황 판단의 여러 가지 면이다. 글자의 수로야 천간 열 자와 지지 열두 자일 뿐인데 이들이 서로 만나는 과정에서 벌어지는 온갖 상황들은 가히 인생의 드라마라고 할 만하다. 가벼운 생각으로 덤벼들지만 않는다면 일 년 정도의 연구면 아마도 상당한 부분에까지 도달할 것이라 믿는다. 물론 스스로 타고난 재능에 의해서 약간의 차이는 있겠지만, 누구나 연구를 하면 가능하리라는 것이 그동안 연구생들을 지도해보면서 느낀 생각이다. 부디 이러한 점에 유의를 하면서 앞으로 전개될 천간과 지지의 상황을 잘 음미하시도록 하고 이만 간지에 대한 여러 이야기들을 줄인다.

제2장
십간의 특성

앞에서 간지를 함께 놓고서 서로 결합이 되는 관계에서 벌어지는 이야기들을 살펴봤다. 이번에는 천간만의 상황에 대해서 살펴보도록 하겠는데, 이 또한 몇 가지의 분류를 통해서 상세히 연구를 하게 될 것이다. 그러기 위해서는 무엇보다도 각각의 특성을 알아야 하겠는데, 아마도 생각보다는 상당히 만만치 않을 것이다. 지금부터 그 십천간의 각기 특이한 구조에 대해서 함께 생각을 해보자.

    십간은 단지 열 종류로 구성이 되어 있으니 얼핏 생각해보면 간단할 것 같다. 그러나 실제로 연구를 해가면서 느끼는 것은 참으로 간단하면서도 복잡하다는 것이다. 이들은 서로 견제를 하기도 하고, 결합을 하기도 한다. 지지에 대해서도 앞으로 공부를 하겠지만, 실제로 이 열 개의 천간 구조만 잘 이해한다면 지지에 대해서도 이미 절반은 얻은 것이나 다름없다. 그만큼 천간은 사주 연구의 기본이 되는 것이다. 이미 나와 있는 상당수의 사주 계통 학문에서는 이 부분을 불과 한두 쪽으로 간단하게 처리한 경우가 많은데 참으로 아쉬운 점이다.

    사주명리학에서는 이 십간의 내용이 중요하고도 또 중요하기 때문에 좀더 상세하게 설명을 하기로 한다.

五行	甲	乙	丙	丁	戊	己	庚	辛	壬	癸
五行	陽木	陰木	陽火	陰火	陽土	陰土	陽金	陰金	陽水	陰水
物質	나무	풀	태양	촛불	산악	벌판	바위	보석	강	샘
先天	3	8	7	2	5	10	9	4	1	6
後天	1	2	3	4	5	6	7	8	9	10

우선 위의 표로써 간단하게나마 십간의 특성을 살펴보도록 한다. 자연적인 현상을 빌어서 십간을 설명할 수도 있고, 인공적인 구조를 빌어서 설명할 수도 있겠는데, 중요한 것은 어떤 사물에다가 십간을 대입했다고 하더라도 그것이 전체를 다 설명한 것은 아니라는 점이다. 비교적 그렇게 대입해서 설명을 하는 것이 그래도 근사하기 때문에 어떤 사물로 설명하는 것으로 이해해야 한다. 왕왕 명리학을 연구하는 사람이 庚金을 바위라고만 이해를 하고 있어 다른 것으로 연결시킬 엄두를 못내는 융통성 없는 경우를 보기 때문이다. 어디까지나 상징적으로 빌어온 용어라는 점을 염두에 두면서 접근을 하도록 하면 어떤 상황에서든 유연한 사고방식을 갖게 되고, 이렇게 유연하게 생각할 적에 비로소 다른 어떤 것으로도 변화가 가능할 것이다.

원래 연구나 발명을 하는 사람들은 사고력이 유연하게 마련이다. 고정된 어떤 틀에서 벗어나지 못하면 영원히 새로운 물건을 만들 발상은 하지 못할 것이다. 이렇게 모든 의미와 연결돼 있는 십간을 이해하면서 '甲 = 나무'라고만 인식을 하고 있다면 여기에서 청춘이라든지 젊음, 또는 추진력 등으로 전개되는 사고방식은 좀 어렵게 느껴질지도 모른다. 그러니까 우선 고정되어 있는 사고를 유연하게 한 다음에 폭넓은 시각을 갖도록 하자.

1. 선천수의 원리와 십간의 원형

앞의 표에서도 볼 수 있듯이 숫자에는 선천수(先天數)의 원리와 후천수(後天數)의 원리가 있다. 처음으로 역학에 입문을 하신 벗님은 이러한 것에 대해서도 혼동이 될 가능성이 많다. 그래서 여기에 대해 낭월이가 혼자서 궁리해본 것을 정리하기로 한다. 기존의 사상이 아니므로 다소 불합리한 점도 있겠지만, 그래도 일단 발상의 전환은 될 것으로 생각해서 한번 설명을 해보도록 하겠다.

一은 천지의 출발점이다

1은 처음이다. 어떤 숫자든지 1부터 시작을 하는 것은 우리가 익히 그렇게 사용하고 있기 때문에 이견이 없겠는데, 실은 0부터 시작을 해야 한다는 말도 있다. 그러나 0이란 무(無)라는 의미이니 일단 1로 출발을 한다는 것이 가장 자연스럽지 않을까 싶다. 그리고 '숫자의 철학'[9]은 또 어떻게 전개되는 것인지도 음미해보는 것이 나름대로 의미가 있을 것이다.

낭월이는 복잡해지는 숫자에는 흥미가 없지만 이렇게 간단한 1에서 10까지의 숫자에는 대단히 흥미가 많다. 비록 머리는 둔하지만 열 개의 숫자 정도는 감당을 할 수 있노라고 생각해서일까? 그런데 연구를 하면 할수록 열 개의 숫자조차도 잘 알고 있다고 말하기가 조심스럽다. 그리고 무엇이든지 이 열 가지의 원리 속에다 가둬보려고 노력도 많이 하는 편이다. 그러다 결국은 스스로 이 숫자 10까지도 다 감당하지 못

---

[9] 자연의 모습은 삼라만상(森羅萬象) 어디에도 있다고 본다. 그러한 현상을 숫자로써 설명하는 것을 이렇게 불러본다.

하겠다는 생각으로 결론을 내게 되지만…….

우선 1은 천지창조(天地創造)의 시작이라고 할 수 있다. 그리고 그 의미는 앞의 표에서 보듯이 壬水이다. 즉 陽水라는 말이다. 陽水를 어떻게 이해할 것인가, 다섯 가지의 양은 모두 기(氣)에 가까울 것이다. 다시 말씀을 드린다면 '甲丙戊庚壬'은 모두 오행의 기(氣)에 속한다고 보자는 것이다. 그리고 '乙丁己辛癸'는 모두 오행의 질(質)로 보는 것이 좋겠다는 생각이다. 이것은 단지 음양으로만 나눠볼 적에 그렇다는 이야기인데, 아마도 가장 원형적인 설명이 될 것이다.

그러면 선천수에서의 1이라는 숫자가 의미하는 것은 무엇일까? 아마도 태초에 이 허공 중에는 아무것도 없었을 것이다. 그러다가 水의 기운이 발생했을 것으로 추리를 해본다. 즉 공(空)에서 1이라고 하는 숫자가 나왔다고 보는 것이다. 텅 비어 있는 허공 중에 무엇인가 水氣라고 할 만한 것이 발생을 했다. 마치 허공에 점을 하나 찍는 것과도 비슷한 형상이다. 그곳에서 뭔가 사건의 시작이 일어나는 것이다. 이 우주의 맨 처음은 그렇게 시작되었을 것이다. 이것을 수소(水素)라고 하는 원소로써 설명을 할 수도 있을 것인데 이는 수소의 원자번호가 1일 뿐만 아니라 그 원소의 이름에 물 수(水)라는 글자가 있기 때문이다. 그렇게 물의 원소가 발생함으로써 매우 차가운 기운이 발생하게 된다. 즉 水의 기운을 차갑다고 보는 것이다. 마치 한겨울에 눈이 덮인 벌판을 걸어갈 적에 드넓은 썰렁한 벌판에서 윙윙대며 몰아치는 바람을 홀로 느끼는 그런 기분을 가져본다. 혹독한 냉기로 壬水를 느껴보고 싶은 것이다. 이것이 선천수에서 느껴지는 숫자 1의 의미이다.

실제로 지상에서 몇백 미터 상공의 온도는 지상이 여름이건 겨울이건 상관없이 영하 몇십 도이다. 일상 30도를 오르내리는 한여름에도 비행기의 계기판에는 바깥 온도가 영하 50도라고 나타난다. 과학자들이야 이 냉기를 어떻게 느낄지 모르겠지만, 낭월이는 이러한 공간을 선천수로는 1이 되고 십간으로는 壬水가 되는 것으로 느낀다. 이것이 명리연구가 혹은 역학자가 보는 안목이 될 것이다.

二는 열(熱)이 발생한다고 본다

차가운 공기가 서서히 움직이기 시작한다. 이 움직임이 처음에는 미미하지만 시간이 경과할수록 빨라진다. 마치 롤러코스트가 처음에는 천천히 고리에 매달려서 올라가지만 일단 가속이 붙으면 사람의 혼을 빼놓을 듯이 치닫는 것과도 흡사하다. 이렇게 급속도로 움직이게 되면 그 작용으로 인해서 열이 발생하게 되는 것이다. 숫자 2는 이러한 원리에 의해서 발생한 것으로 이해하자.

한 가지의 예를 든다면 겨울에 추위가 심해지면 처음에는 바짝 움츠러든다. 그러다가는 급기야 손발이 떨리고 등줄기가 떨리며 나중에는 이가 따다닥거리며 소리를 낸다. 이것을 느끼면서 태초의 우주가 어둠 속에서 진동을 일으키고 있던 과정도 이와 같지 않았을까 이해를 해보는 것이다. 한참을 그렇게 진행하면 급기야 손발에 땀이 난다. 이렇게 온몸이 사시나무처럼 떨리는 것 자체가 추위로부터 얼어붙는 것을 방지하려고 열을 내어 냉기(冷氣)를 몰아내기 위한 자체적인 운동이라는 것은 이미 알려진 사실이다. 이렇게 우리 일상의 하나하나에서 천지자연의 모습을 읽어낼 적에 비로소 이 공부를 하는 쾌감이 느껴지는 것이다.

이렇게 발생된 것은 열(熱)이다. 이 열은 얼어붙는 추위로부터 발생이 된 것이니 또 다른 말로 한다면 '음극즉양생(陰極卽陽生)'이라는 말로도 할 수가 있을 것이다. 음이 극에 달하면 양의 기운이 발생한다는 음양원리가 그대로 적용되는 장면이기도 하다. 선천수에서 바라보는 2라는 숫자는 이렇게 해서 발생하는 것이다. 그리고 십간에서 丁火는 또

陰火로서 불의 질(質)이라는 원리에도 그대로 부합이 되는 것이다. 열은 아무래도 불의 질에 해당한다는 생각이 들어서이다.

三은 조절하기 위해 발생되는 기운이다

이미 1과 2가 발생한 연유에 대해서 이해를 해봤다. 다음으로는 3에 대한 원리를 생각해보는데, 이 3도 역시 어느 날 갑자기 하늘에서 뚝 떨어진 것이 아니라 1을 거치고 2를 거치면서 자연스럽게 발생한 것이라고 봐야 할 것이다. 그렇다면 3이 발생한 연유는 무엇일까? 벗님 스스로도 한 번 생각을 해보시는 것이 학문 발전에 좋지 않을까 싶다. 이미 약간의 자료를 드렸으니 그것을 바탕으로 3이 갖는 의미를 생각해보셨으면 좋겠다. 암시는 앞에 나와 있다. 甲木에 해당하고, 陽木에도 해당하며 木氣라는 말로도 설명할 수가 있다는 점을 이미 앞의 자료들에서 추출할 수가 있는 것이니 이 정도의 자료로써 다음의 원리에 대해서 궁리를 한다면 이미 명리가로서의 성공할 소질이 보인다고 하겠다.

3의 의미는 1, 2가 만들어낸 자식일 가능성이 매우 높다는 생각을 해본다. 지독한 냉기와 후끈후끈한 열기가 합쳐시면 그 둘의 중간에 해당하는 따스한 성분을 만들어낼 가능성이 높다. 이 성분을 木氣라 하고 싶은 것이다. 왜냐하면 3은 陽木이기 때문이다. 陽木은 木의 기라고 이미 앞에서 했기 때문인데, 이것이 그대로 적용되는 것이다. 그러면 어떤 구조로 생겼을까? 아마도 여기에서 이미 산소(酸素)라고 하는 것이 생기지 않았을까 하는 생각을 해본다.

그러면 앞에서 열에 해당하는 원소를 찾아야 하는데, 불이라는 것이 생기기 위해서 필수불가결한 요소가 바로 산소이다. 즉 산소가 없는 곳에서는 불도 일어나지 않는다. 우리가 숨쉬는 공기 중에는 순수 산소가 20퍼센트 정도밖에 없다. 20퍼센트의 산소만으로도 세상에는 불이 넘쳐

나게 많다. 특히 쇠를 자르거나 녹일 만큼의 강한 불이 필요할 때는 바로 산소가 이용된다. 즉 산소용접기라는 것인데 이것은 100퍼센트의 순수 산소를 이용해서 불의 기운을 높여 쇠를 녹이고 자를 정도로 강하게 하는 것이다.

또한 3을 산소라고 생각하게 된 연유는 甲에서 느껴지는 것이 생명력이라는 점이다. 산소는 생명체들에게 있어 없어서는 안 될 중요한 성분이다. 또한 甲은 왕성한 생명력이 넘치는 분위기를 갖고 있다. 그런 점에서 이 둘은 매우 유사하다. 불도 산소가 없이는 살아날 방법이 없고, 물도 산소가 없으면 죽어 있는 것이라고 한다. 요즘은 수질검사를 할 때 물 속에 포함된 산소의 양에 따라서 물의 등급을 매긴다고 한다. 물론 그 밖에도 많은 종류의 성분을 검사하겠지만, 가장 간단한 방법으로 물 속에 얼마만큼의 산소가 있느냐에 따라서 물고기가 살 수 있는가 없는가가 결정난다고 하는 점에서는 긴 말이 필요없을 것 같다.

그렇다면 물의 기운인 1과 불의 열기인 2가 모여서 할 수 있는 것이라고는 최우선적으로 산소를 만드는 것이 될 것이다. 이렇게 서로의 필요에 의해서 필연적으로 만들어진 숫자가 3이고, 십간으로는 甲이 되는 것이다. 이것은 생명력을 의미하고, 음과 양이 서로의 생존을 위해서는 절대로 필요불가결(必要不可缺)의 존재라는 것을 알 수가 있는 것이다.

四는 三을 견제하는 브레이크다

1, 2, 3이 생겨나게 되었다면 자연히 다음으로는 4가 만들어지게 되어 있다. 그러면 이 4의 목적은 무엇이 되겠는가를 파악해보는 것이 중요하겠는데, 가장 큰 목적은 3의 발산(發散)하는 성분을 제어하는 구조라고 이해를 해본다. 너무 막무가내로 뻗어나가기만 해서는 응축이 되지 않는다. 1의 壬水나 2의 丁火가 3의 甲木을 만들어낼 적에 자신들이

목적하는 바가 있어서다. 그런데 속도 모르는 이 아들녀석이 천방지축 자기 마음 내키는 대로 뛰어다닌다면 부모가 봤을 때 참으로 심란할 것이다. 그래서 이 녀석의 행동에 브레이크 역할을 할 글자가 당연히 필요하게 되었을 것이라는 상상을 하는 것은 그렇게 어렵지 않다.

그리고 마구 발산하는 성분을 제어하려면 상당히 강력한 기능을 하는 장치가 아니고서는 어려울 것 또한 불을 보듯 뻔한 일이다. 그래서 이번에는 金의 질(質)에 해당하는 辛金이 이 역할을 맡게 되는 것이다. 만약 이 역할을 金의 기운인 庚金에게 맡긴다고 생각해보라 어떤 일이 발생할 것인가.

낭월이가 생각하기에는 이 역할을 金氣인 庚金에게 맡기지 않은 이유는 어린 자식을 죽여버릴까봐 걱정이 되어서라고 본다. 같은 기운끼리는 서로 대립을 하게 된다. 원래 눈과 눈이 부딪치게 되면 불이 튀게 되어 있다. 링 위에 오른 권투선수는 주심이 소개를 하는 동안 내내 서로의 눈을 바라다보면서 이미 일차적인 싸움(?)을 진행하고 있는 셈이다. 이것을 일러 '눈싸움에 이겨야 시합이 잘 풀린다' 는 말로 대신하더라만, 이것을 甲木과 庚金에게 그대로 대입을 시켜도 전혀 틀리지 않는다. 그리고 이 눈싸움에서부디 벌써 甲木이 초죽음이 된다는 것은 너무나 뻔하다. 우리는 이미 음양오행편에서 金剋木의 이치를 배웠기 때문이다. 더구나 양 대 양(陽對陽)으로 부딪쳤을 경우라면 더 이상 설명하고 말고 할 필요도 없을 것이다.

이러한 것을 뻔히 알고 있는 1과 2와 3은 어리석게 庚金을 만들 까닭이 없는 것이다. 그래서 너무나도 당연히 辛金인 4를 내세워서 甲木이 천방지축으로 돌아다니는 것만 제어하도록 하고, 자신의 본래 성분인 성장에너지는 그대로 보존을 하려고 한 것이다. 이러한 작전에 의해서 필연적으로 4라는 숫자는 등장을 하게 되었다고 추리해본다. 이 눈싸움은 남녀의 눈싸움과도 서로 통한다고 보겠다. 남녀의 눈빛이 서로 맞부딪치면 스파크가 이는 것은 같지만 그 결과는 전혀 딴판으로 돌아간다. 상대방을 죽이는 작용이 아니라 오히려 상대방에게 살맛이 나도록 환희를 불러일으키는 도화선이 되는 것이니 말이다.

말괄량이 아가씨가 천방지축으로 날뛰고 다니다가 어느 날 멋진 왕자를 발견하고는 한순간에 다소곳해지는 것이다. 그제야 비로소 여성다워진다고 보는데, 金이 木을 극하므로 金을 왕자라고 하는 위치에 놓고 설명하는 것일 뿐이지만 혹 머리 나쁜 어떤 분은 甲木이 양인데 어째서 여자냐고 떼를 쓸지도 모르겠다. 부디 그런 일은 없기를 바라면서 두 사람이 눈을 맞추고서 즐거워하는 모습이나 상상해보도록 하자.

五는 일차적인 통일을 의미한다

이렇게 서로서로 필요에 의해서 발생한 두 개의 무리(1,2와 3,4)는 각기 자신의 목적으로 진행을 하게 될 것은 뻔하다. 처음에 3木을 발생시킨 1水와 2火의 의도와는 또 다르게 3木은 자기의 의도대로 4金과 어울려서 자신의 목적수행을 하려고 할 뿐이다. 결국 서로 남의 간섭은 받지 않으려고 버티게 되어서 그동안 노력을 했던 바와는 다른, 원하지 않는 결과가 발생한 셈이다. 이러한 상황에서 넷은 뭔가 화합을 해야 한다는 필요성을 느꼈을 것이고, 그에 의해서 어떤 조약을 만들게 된다. 이 조약은 무슨 일이 있더라도 '서로를 믿어야 한다'를 제일 원칙으로 했다고 가정하자.

다시 의인화시켜서 관찰을 해보도록 하자. 남자가 혼자 있을 적에는 '옆구리가 시리다'는 말을 한다. 즉 1水의 현상이라고 보는 것이다. 그러다가 2火를 만나게 되면 옆구리가 따스했을 것이다. 그렇게 얼마간 행복하게 살다보면 둘만이 있기에는 뭔가 허전하다는 것을 느끼게 될 것이고, 그래서 자연스럽게 자식을 얻고 싶어할 것이다. 그래서 둘 사이에는 예쁜 딸이 생겨났다. 이에 부모는 딸이 귀엽고 예뻐서 어찌할 줄을 모르게 되고 세월이 흐르게 된다. 3木의 작용은 그렇게 희망을 주는 역할이었던 것이다.

그러다가 3木도 어느 날 문득 자신이 부모에게 어리광만 피우는 나이는 지났다는 생각을 하게 될 것이고, 비로소 옆구리가 시린 남자 4金을 발견하게 되는 것이다. 1水와 2火는 원하지 않았던 대목이겠지만, 이미 3木이 발생했다면 4金이 찾아오는 것은 어쩔 수가 없는 일이다. 그래서 3木이 자신의 짝을 찾게 되어 사위를 보게 된 것이다. 이로 인해서 두 쌍이 탄생하게 되었는데, 이게 비극의 시작이 되는 셈이다. 서로는 자신의 생각대로만 행동을 하기 때문에 항상 마찰이 끊이지 않았던 것이다. 이 마찰이 급기야 가정을 파단으로 몰고 갈 지경에 이르게 되자, 서로는 다시 냉정하게 뭔가 화합할 방법을 강구하게 된다.

그래서 등장한 것이 서로는 믿음을 가지고 살아가야 한다는 공동운명체(共同運命體)라는 것을 공통적으로 인식하게 되었던 것이다. 그래서 서로의 의사를 양보하고 상대의 의견을 존중하는 분위기가 싹트게 되었는데, 이것이 바로 5土인 戊土가 발생하게 되는 이유라고 보는 것이다. 즉 통일(統)이 되는 셈인데 이렇게 해서 1, 2, 3, 4, 5가 생겨나게 된 것이다. 일차적으로 통일을 본 천지자연에는 뭔가 좋은 일이 생길 것만 같은 기운이 감돌았다. 1은 1대로 2는 2대로 자신의 일을 하면서 서로의 목적에 도움을 주는 상부상조의 기운이 감돌았던 것이다. 戊土의 역할은 바로 서로를 단결되게 해주는 역할이었던 것이다.

'그만들 해유'이 한 마디로써 많은 가족들은 불화에서 벗어나 화목해질 수 있는 것이다. 원래 土라는 것의 기본 특성이 중화(中和)였기 때문에 이 역할을 수행하기에 적절했던 것이다. 그리고 陽土라고 하는 성분에서 믿음이라는 무형적인 기운도 느낄 수 있다. 이러한 이유로 5土는 자신의 자리에서 중요한 역할을 수행하게 되었던 것이다.

六은 비로소 물방울이 발생한다

6은 뭐라고 했는가? 천간으로 볼 적에는 癸水가 된다고 했다. 그렇다면 물의 질(質)이 되는 셈이고, 물의 질이라고 하는 것은 물방울을 말한다. 이 물방울은 점차로 커져서 시내가 되고 더욱 오랜 시간을 흐르면서 강물, 바닷물이 될 수 있을 것이다. 어쨌든 중요한 것은 대기에 물질이라고 할 만한 어떤 사물이 발생한 것이다. 이렇게 또 많은 시간이 흘러간다. 여기까지 오는 데 걸린 시간은 이루 말로 설명할 수 없을 정도의 많은 시간이 걸렸을 것이다. 한열(寒熱)이 왕래하고, 발산과 응축을 반복하면서 서로 견제하다 보니 자연적으로 물이 발생하게 되었던 것이다.

처음에는 가스와 같은 형태로 존재하다가 차차로 응고되어 물방울의 모양으로 되어갔으리라 추측할 수 있다. 이것은 스스로 응고하려는 성분을 발생시켰을 것이고 그래서 계속 덩치가 커져갔을 것이다. 이러한 사실은 어차피 추측만 할 뿐 마땅한 증거가 없다. 이렇게 오랜 시간이 또 흘러갔다.

七은 빛이 생겼다고 본다

그렇게 오랜 시간이 경과하면서 물이 출렁거리다가는 묘한 성분을 발생시킨다. 즉 빛이라는 것을 만들어낸 것이다. 벗님은 또 낭월이가 무슨 사기를 치려고 하는가 생각할 것이다.

물이 발생하면서 2火인 丁火는 상당히 괴롭게 된 것이다. 자꾸 물이 끼여들어서 열을 냉각시키려고 하는 것이다. 원래가 丁火와 癸水는 음대 음(陰對陰)으로써 丁火를 극하게끔 구조가 되어 있기 때문이다. 이렇게 극제를 받으면 자구책을 도모하게 되는데, 자꾸만 극을 받던 열이 마침내 빛이라는 것을 만들어낸 것이다. 원래 물이 운동을 해서 열을 만들면 그 열을 이용해서 전기를 만드는 것이다. 물론 약간의 원리는 다를지 모르지만, 열에서 빛이 나온다는 생각을 해보는 것이다.

그런데 교정을 봐주시던 스님께서 하시는 말씀이 '현대 과학으로는 빛과 열이 동시에 발생한다고 되어 있기 때문에 이것은 말이 되지 않는 이야긴데요……?' 라면서 의혹을 제기하셨다. 그래서 또 한참의 토론을 거쳤는데, 과학적이지 않을지 몰라도 어디까지나 낭월이가 혼자서 자유롭게 생각을 해본다는 점에 만족을 하고 그냥 밀고 나갈 참이다. 혹 벗님이 이보다 더욱 명확한 이치를 대입시켜주신다면 낭월이는 즉시 항복하고 두 손과 두 발을 모두 들겠다.

바둑을 두는 사람에게도 이런 면이 있다고 생각한다. 가령 바둑을 두어 나가다가 대마가 죽음의 구렁텅이로 몰리게 되면 열을 팍팍 받게 된다. 한 수 한 수가 모두 죽는 수와 연관이 된다면 참으로 열받을 일이다. 이 상황을 극복하고자 무진장 고심을 하게 되는데, 실은 이렇게 열을 받음으로써 실력이 늘고, 또 돌파구가 보이게 되는 것이다. 이른바 '묘수(妙手)'라는 것이 등장하는 것이다. 자신은 함정에서 빠져나오면서 상대방에게는 도리어 치명타를 줄 수가 있는 것이 묘수다. 이때의 머릿속에는 500와트 정도의 밝은 전등불이 켜지는 순간이다. 일순간에 온갖 고민들이 해결되어버리는 것이다. 그런데 묘한 것은 이렇게 열을 받지 않으면 빛이 발생하지 않는다는 것이다. 그리고 열을 받기 위해서는 상대방으로부터 압박을 받아야 가능하다는 점을 주시하였는데, 이론적으로 어떨지 몰라도 한 번 정도 생각해볼 만하다고 여겨진다. 따라서 2火인 丁火는 불의 質인 열 성질을 가진다. 기본적으로 質은 氣보다 구체적인 성질이기 때문에 무겁다. 따라서 불의 氣인 丙火보다 불의 質인 丁火가 무겁다고 할 수 있겠다.

八은 생명체가 발생한다고 본다

생명체가 생겼다고 말을 하면 다른 성분들은 생명체가 아니라는 의미가 될 것 같아 다소 마음에 걸린다. 큰 의미로 본다면 어느 것 하나 생명체가 아닌 것이 없다고 봐야 옳겠으나 여기서 말하는 생명체라는 것은 우리 육안으로 봐서 스스로 번식하고 성장하는 형태의 생명체를 말하는 것이다. 즉 동식물이라는 말로 할 수 있는 형태의 생명체를 말한다고 하면 더욱 이해가 쉬울지도 모르겠다.

이러한 생명체가 7까지는 존재하지 않았던 것이다. 당연하겠지만 존재를 할 수도 없었다. 빛이 생겨나기 전까지는 생명체가 존재할 수 없었기 때문이다. 그러던 것이 빛이 생겨나고 오랫동안 시간이 경과하자 비로소 생명체라고 할 만한 초기의 단세포 생물체가 발생하게 되었던 것이라고 생각된다.

이렇게 해서 생겨난 생명체는 아마도 단세포의 플랑크톤류였을 것이다. 물론 이들은 식물성이었을 것이다. 그렇게 생명체의 역사가 시작되어 물길을 따라 흘러다니면서 부단히도 자신의 종족을 번식해 나갔을 것이다. 그리고 모든 생명체의 고향은 바다라는 이야기도 여기에 접목되면서 일리가 있다는 생각이 든다. 그렇게 해서 또 많은 시간이 흘러갔다. 그동안에도 생명체가 생겨났다가는 없어지고 또 다시 생기면서 오랜 시간에 걸쳐 진화해가면서 점차로 식물과 같은 형태를 발생시키게 되었을 것이다.

九는 결실이며 성장 억제의 작용을 한다

무엇이든지 그렇겠지만 마구 성장만 해가지고는 되는 일이 없다. 적절한 제재가 있어야만 할 것이다. 그래서 이번에는 생명체의 성장 억제를 위해서 9金이 등장을 한다. 이름하여 庚金이 되고 또 형상으로써는 金氣라고 할 것이다. 이미 앞에서 木 기운을 억압하기 위해서 金質인 辛金이 발생했다고 하였으니 이번에는 구체적인 생명체인 木質을 위해서는 金氣가 등장하는 것이 가장 자연스러운 자연법칙이라 생각된다.

다시 말하면 金 기운은 木質을 다스리는 데 충분한 역할을 하겠기 때문이다. 가령 여기에서 실제적으로 辛金이 등장을 한다고 한다면 연약한 木質은 이내 죽어버리고 말 것이다. 따라서 그냥 金 기운만으로도 木質을 제하는 것이 정도가 충분하다는 결론이다. 金 기운은 木의 성장을 억제해 마디를 만들면서 성장속도를 조절하여 성장을 해가게 될 것이지만, 바로 金質이 부딪쳐온다면 木은 그대로 죽어버리게 될 것이고 이렇게 되는 것은 천지자연이 원하는 바가 아닐 것으로 생각된다. 서로는 역시 음양이 다르게 극제를 해야 유정하게 융화가 된다고 하는 음양법이 그대로 존재한다는 것을 확인하는 것이기도 하다. 그런데 약간 아쉬운 점은 그렇다면 4金의 형태가 어떤 물질로 되어 있어야 하는데, 이 점에 대해서 선뜻 신통한 생각이 떠오르지 않는다는 점이다. 이 부분은 벗님께서 완성시켜주시기를 기대해본다.

╋은 토양이 생성된다고 본다

사실 천지간에 물만 가득했는데 어떻게 흙이라고 하는 성분이 생겼는지 선뜻 이해가 되지 않는다. 그런데 그 실마리를 9金의 작용에서 찾아보면 어떤 답이 나오지 않을까 싶다.

9金은 金 기운으로 생명체를 강화시키고 이미 약화된 생명체는 죽여버리게 된다. 그래서 점차로 대양에는 이들의 시체가 쌓여가게 되는 것이다. 그렇게 오랫동안 이러한 작용이 반복되게 되면 이렇게 쌓인 시체들은 산을 이루고 들을 이루게 되는 것이니 이것이 바로 대륙(大陸)이

라고 떼를 써볼 참이다.

　실제로 산호섬을 보면 역시 산호초가 자라서 죽고, 그래서 또 쌓이고 해서 생긴 섬이라고 한다. 그렇다면 이렇게 생각하는 낭월이의 이야기가 전혀 황당하다고만 할 것은 아니라는 생각이다. 또 석유를 생각해봐도 짐작이 가는 부분이 있다. 석유가 동물이 죽어서 생긴 것이라는 정도는 누구나 알고 있을 것이다. 그렇다면 이 동물은 단지 맘모스나 공룡이 죽은 것이라고 생각할 것이냐. 아마도 오래 전에 초창기의 많은 생명체들이 죽어서 쌓인 것에서 발생한 것으로 생각한다고 해서 크게 잘못될 것은 아닐 것이다.

　이렇게 해서 생성된 육지에는 비로소 육지의 생명체가 발생하게 될 것이고, 또한 그러기 위해서는 수없이 많은 세월이 흘러갔을 것이다. 이렇게 생긴 육지를 10土 즉 己土라고 말하게 되고, 이것은 土質이라고 말하게 되는 것이다. 이렇게 해서 10土라는 것은 마지막으로 세상의 기본적인 형태가 이뤄진 것이니 비로소 지구라는 형태가 생겼다고 말을 하게 되는 것이다. 그리고 완전한 별로써 그 구조를 갖추게 된 것이라고 생각하게 되었다. 이것이 선천수의 완성이라고 보는 것이다.

　선천수라는 숫자에 대해서 보통 벗님들께 물어보면 그냥 어물어물 넘어가기가 일쑤다. 그러나 근본이 되는 사항이므로 그 원리를 생각하는 노력을 기울여야 선천수의 의미를 보다 구체적으로 이해하게 될 것이다. 아직 연구기간이 길지 않은 벗님들을 위해 연구심에 기름이나 좀 부어보려고 작심을 하고서 잠시의 궁리를 보여드렸다. 앞으로 계속 연구가 쌓여가면서 낭월이보다 훨씬 탁월한 안목으로 관찰하시게 되기를 바라면서 선천수의 원리에 대한 설명을 줄인다.

2. 후천수의 원리와 십간의 작용

그러면 이번에는 이와 공존하는 의미가 있기도 한 후천수(後天數)에 대해서도 한 번 생각을 해보자. 이미 짐작이 되신 벗님도 계시겠지만, 후천수는 선천수에 대해서 음과 양처럼 대립되는 관계라고 보면 되겠다. 아마도 어느 것이 양이냐고 따진다면 후천수가 양이라고 대답하고 싶다. 그 이유는 선천수에서 후천수가 나왔기 때문이다. 즉 음에서 양이 나온다는 이치가 적용된다. 태초에 1에서 2가 나온 것이나, 물에서 불이 나온 것이나, 여자에게서 남자가 나온 것이나, 어느 것을 살펴봐도 음에서 양이 나왔다는 것을 읽을 수가 있다. 이런 현상들을 근거로 선후천수에 대해서도 연결시켜보기로 한다.

선천수에서 이미 지구가 완성되었다고 한다면 후천수의 의미는 지구를 발판으로 해서 인간이 살아간다는 의미가 될 것이다. 즉 인간은 만물의 영장이기 때문에 인간이 생겨나서야 비로소 이 우주의 천지인(天地人)이 완성되는 것이기 때문이다. 그리고 이 이치는 현재의 오행상생법(五行相生法)의 원리에 그대로 접목된다는 점에서 우리는 이 후천수의 원리에 의해서 운명의 영향을 받고 살아간다 할 수 있다.

다만 어디를 출발점으로 할 것인가에 대해서는 학자간에 혹은 학문간에 약간의 이견이 있을 수 있겠다는 점은 시인을 하도록 하자. 무슨 말인가 하면, 물(정자와 난자의 결합시기)을 생명체의 시작으로 볼 것인가, 아니면 나무(탄생 이후)를 생명체의 시작으로 볼 것인가 하는 것에 대해서 약간의 이견이 있기 때문이다. 사주명리학에서는 사람이 태어나서 호흡을 시작하면서부터 사람으로써 대접을 해주고 있는 형편이므로 후자를 택하도록 한다. 그리고 현재의 오행론이 木으로부터 출발을 한다는 것과도 완전하게 일치한다는 점에서 다른 의견을 참고하지 않아도 될 것으로 여겨진다. 그래서 이러한 오행관을 가지고 후천수에 따르는 의미를 도입해서 설명해보도록 한다.

甲은 삶의 시작이다

이미 숫자로의 1, 2, 3, 4, 5는 충분히 논했으므로 이번에는 십간의 이름으로써 제목을 써가면서 설명해보도록 하겠다. 지구가 완성된 후 어느 시기에서인가, 인간의 삶이 시작되었을 것이다. 여기부터 후천수의 시작도 있게 된다. 후천수는 인간이 자연의 이치가 흐르는 것을 읽어낸 원리라고 할 수 있기 때문이다. 인간은 이 후천수의 흐름에 의거해서 삶을 살아간다고 보면 되는 것이다. 그래서 맨 앞에 있는 甲木(선천에서는 3번째에 있었다)이 인간의 탄생을 대표하는 것이다. 그러면 어째서 甲木이 1번으로 이동을 하게 되었는가? 우선 생명력이라고 하는 성분이기 때문이다. 그리고 木氣라는 것도 간과할 수 없는 성분이다. 처음에 아기를 낳으면 기지개를 한 번 할 때마다 자라는 듯하다. 목욕을 시켜줄 때마다 크기가 다르게 느껴지기도 한다. 이렇게 마구 자라나는 것은 金의 기운을 전혀 받지 않은 상태에서 성장하고 있는 것이라 하겠고, 아직은 기의 덩어리라고 보는 것도 타당하겠다.

특히 동물의 경우 방금 모태에서 떨어진 망아지가 스스로 일어나 걸으려고 몸부림 치는 것을 보면서 甲木의 성분이 발동하고 있는 것으로 여겨진다. 하긴 살벌한 생존경쟁에서 우물쭈물하고 있다가는 어느 천적에게 먹혀버릴지도 모르기 때문에 부지런히 일어나서 걸어야 할 것이다. 그런 위험성에서 조금은 벗어난 듯한 인간은 부지런히 먹고 자고 하면서 木의 기운을 받아 자라난다. 그야말로 갓난아기의 특권이라고 하겠다.

乙은 木이 굳어진 것이다

이번에는 乙을 살펴보자. 乙은 木이 단단해지는 것으로 이해를 해보고 또한 木質이라는 말을 그대로 적용시켜보도록 한다. 만지면 터질 것만 같은 연약한 아기의 피부도 점차로 탄력을 얻어간다. 그리고 머리의 숨구멍도 점차로 굳어져가는 것이다. 숨구멍은 어째서 뱃속에서 굳어지지 않고 밖으로 나온 다음에 굳어지는 것일까에 대해서 생각해보신 적이 있는지 모르겠다. 이 숨구멍은 머리의 뼈가 덜 굳어져 있는 상태를 말한다는 것은 이미 알고 계실 것이다. 그런데 다른 동물은 이미 뱃속에서 다 굳어지는데 유독 사람만은 밖으로 나와서 굳어지는가에 대한 설명을 한 번 정도 해보는 것도 사유에 유용할 듯싶다.

그 이유는 아마도 이 천지의 기운을 뱃속에서 절반만 받고 나와서 나머지의 절반을 채우라고 그렇게 된 것이 아닌가 생각된다. 굳어진 것에는 입력이 되지 않는다. 부드러운 것일수록 쉽게 입력이 된다. 따라서 머리가 굳어지기 전에 많은 정보를 입력하면 보다 높은 교육효과를 기대할 수 있을 것이다. 실제로 5세 이전에 이미 자신의 주변은 모두 정리가 되어버린다는 말이 있다. 즉 더 이상은 큰 발전이 없다는 이야기다. 그래서 뭐든지 조기교육, 그것도 3세나 4세 이전에 해야 한다는 이야기를 한다.

또 한 가지는 태어나면서 바로 뛰어다닐 필요가 없다는 것이 인간의 특징이다. 동물들은 낳자마자 바로 뛰어야 한다. 그런데 머리뼈가 덜 굳어져 있다면 자칫 골이 흔들릴지도 모른다. 그러나 인간은 다르다. 태어나면서 안정된 환경이 보장되기 때문에 천천히 굳어져도 된다. 그리고 인간은 다른 동물의 새끼에 비해서 머리가 훨씬 크다고 한다. 이렇게 큰 머리가 뱃속에서 모두 성장할 경우에 태어나는 과정이 매우 어럽게 될 것이라는 점이다. 이것은 삼신할미도 원하는 바가 아니기 때문에 뱃속에서는 대강 급한 대로만 성장을 하고 나머지는 태어나서 완성되면 산모도 안정되고 아기도 편안하게 된다는 점이 기가 막힌 각본이라는 생각이 든다.

이렇게 점차로 굳어지는 것이 乙木의 기운이라고 보는 것이다. 그리고 굳어진다고는 해도 완전히 딱딱해지는 것은 아니다. 그렇게 서서히 굳어지면서 계속 자라고 있다는 것이 더 어울리는 말이다. 이것은 결국 10세 이전의 성장기에 해당할 것이다. 그리고 甲木의 기운은 5세 이전에 영향이 크고, 乙木은 10세 이전에 작용한다고 보자. 그리고 木氣가 먼저 자라고 이어서 木質이 성장한다는 의미도 포함된다. 이렇게 큰 변화의 과정을 거치고 나서는 비로소 木의 사업을 마치고 火에게 그 바통을 넘긴다.

丙은 폭발력이 강한 성분이다

그러면 丙火가 다음 공사를 이어받아 진행하게 된다. 즉 乙木이 단단하게 해준 상태에서 丙火가 이어받아야 계속 성장 발전을 할 수 있다. 乙木이 甲木 다음에 있는 것은 甲木이 그대로 丙火를 만나게 되면 모조리 폭발해버릴 가능성이 매우 높기 때문이다. 그래서 乙木으로 어느 정도 형태를 굳힌 다음에 丙火에게 넘겨줘야 丙火가 또 다시 이어서 계승 발전을 시키게 되는 것이다. 그러면 丙火는 자신의 특성인 불 같은 순발력을 발휘해 세상에서 원하는 것은 무엇이든지 얻을 것만 같은 기분이 들도록 만들어준다. 이것이 10대 무렵이라고 하겠다. 이때에는 무엇이든지 이뤄질 것만 같은 마음으로 전진만을 한다.

이러한 시기는 그야말로 火氣가 충만한 시절이다. 그래서 남들에게 굽힐 줄도 모른다. 자신만이 가장 잘났다고 우쭐대는 모습이 참으로 귀엽다는 말을 해야 할지 건방지다고 해야 할지 모를 지경이다. 이쯤되면 공자님과도 한판 붙어보고 싶은 기분이 든다. 공자면 공자지 별것이 있겠느냐고 생각하는 지경에 도달하면 丙火 특성으로는 그 정점에 도달해 있다고 봐도 좋을 것이다.

丁은 구체화된 열기(熱氣)라고 본다

이렇게 폭발력에 가까운 시기를 넘기고 나면 이제는 火氣에서 火質로 기준점이 넘어간다. 그래서 이번에는 열기(熱氣)가 발생하게 되는 시기라고 하겠다. 그래서 마음만 앞서가는 것이 아니라 행동도 활발하게 움직이는 것으로 본다. 이때는 10대 후반에서 20대 중반까지 해당한다고 보는 시기인데, 자신의 타고난 재능을 남들에게 인정받아서 명실공히 특별한 사람이라는 확인을 받고 싶어서 노력을 한다. 뭔가 구체적이고 물질적인 형태로 남기고 싶어하는 마음이라고 생각하면 어울릴 듯하다. 이것이 陰火의 특성인 丁火의 몫이라고 생각된다.

戊에는 무성하다는 의미가 있다

무성하다는 말은 丁火의 열기로써 가꿔놓은 결실이 서서히 익어가는 과정을 말하는데, 아직은 결실이라고 말하기에는 상당히 이른 감이 있는 시기다. 뭔가 구체적으로 안정을 취하기는 해야겠는데, 그것이 손에 잡힐 것도 같고 잡히지 않을 것도 같은 묘한 상황이라고 본다. 그래서 결실에 대한 계획만 무성하게 전개되고 구체화되지는 않은 시기라고 말하면 적절할 듯싶다.

사람으로 치면 20대 후반에서 30대 중반까지가 여기에 해당할 것으로 생각된다. 이러한 시기에는 여러 방면에서 보다 활발하게 자신의 능력을 시험하고 결실을 거두고 싶은 마음에 상당히 분주하다고 생각된다. 부분적으로는 어른이 된 것도 같고 아직은 어른이라고 보기에는 다소 설익은 맛이 있는 것도 이 무렵이라고 보겠다. 이렇게 설익은 어른과 같은 기분이 드는 것은 그래도 명색이 戊土라고 하는 특성을 갖고 있기 때문이다. 土는 자신의 성취욕은 가지고 있으면서도 남을 무시하는 마음이 상당히 수그러들고 안정된 쪽으로 진행되는 성분이다. 그래서 천방지축으로 날뛰던 火의 형태와는 근본적으로 많은 차이점이 있지만, 아직은 성장을 하고 있는 시기라고 본다.

己는 비로소 성장을 마친다

구체적으로 성장을 마치는 시기다. 戊土에서 약간 설익은 맛이 있는 것도 여기에서는 없어지고 결실만을 향해서 일로 매진하게 되는 시기라고 보면 적절하겠다. 인생으로 치면 상당히 폭넓은 시기로서 보통은 30대에서 50대까지가 여기에 해당한다고 보겠다. 한 가지의 길로 달려온 사람이라면 이 무렵에 대충 사회적으로 인정을 받게 된다고 보면 적절하다. 낭월이는 40대 초반인데, 나름대로 연구해온 명리학이 머릿속에서 정리가 되는 것을 느끼면서 이 시기야말로 己土에 해당하는 결실이 이루어지는 시기라는 생각을 해본다. 이것을 사회적으로 반드시 완전한 결실이라고 하진 못한다 하더라도 자신 나름대로의 삶에서 일단 정리가 된다는 의미가 더 크다고 생각된다.

따라서 참으로 인생의 황금기에 해당하는 것이라고 본다. 이 己土가 인생의 가장 중요한 부분을 차지하고 있는 이유는 무엇일까? 아마도 여러 가지의 이유가 있겠지만 그 중에서도 이 땅이 바로 土質에 해당하기 때문이 아닐까 싶다. 土質에 해당하는 별에서 살기 때문에 土質에 해당하는 시기가 그 결실의 시기가 되어 중요하게 의미지어진 듯하다.

누구나 이 시기에는 시간이 어떻게 흘러가는지도 모른다. 그리고 아직도 결실다운 결실을 거두지 못한다고 하면 매우 불안해질 것이다. 남들은 제각기 자신의 영역을 구축하고 있는데, 아직도 백수라고 하는 언저리에서 배회하고 있는 사람이라면 아무래도 뭔가 잘못된 己土의 시기라고 봐야 하겠다. 그래서 그런지 이 시기의 사람들은 항상 결실에 대한 집착이 대단히 강하다.

직장에서 20, 30년을 보낸 사람도 이때에는 냉정해진다. 어떻게 보면 냉정해진다기보다는 심각해진다고 봐야 할 것도 같다. 자신이 일생을 몸담고 살아야 할 직장을 재평가해보는 것이기 때문이다. 이 시기에는 과연 나머지 인생을 여기에 투자해도 아무런 후회 없이 결실을 얻게 될 것인가에 대해서 매우 고심을 한다. 그래서 직업의 변동이 가장 심각한 시기라고 하겠다. 섣불리 아무것이나 새로운 것을 시작하기에는 다소 늦은 감이 들기 때문이다. 그렇지만 그대로 진행했을 경우에 원하는 바의 계산이 나오지 않는다면 그냥 이끌려갈 수만도 없는 상황이다. 참으로 진퇴양난의 지경에 처하는 경우이다. 어쨌든 참으로 중요한 시기임에는 틀림이 없다.

庚은 초벌수확기라고 본다

이번에는 수확으로 향하는 시기라고 하겠다. 서서히 결실을 맺을 준비가 되어가는 시기라고 보는 것인데 그 중에서도 첫수확에 해당한다고 본다. 이것은 결실의 기운, 즉 金氣에 해당하는 시기이기 때문이다. 대강의 결실을 예상해서 통계도 산출해보고, 뭔가 아직은 기회가 있다고 생각해서 새로운 방향모색도 가능한 것이 이 무렵인데, 인생으로 친다면 50대가 되지 않을까 싶다. 이제 새로운 일을 시작한다는 것은 다소 늦은 감이 있다고 본다. 가능하면 그냥 자신이 해오던 일에 대해서 결실을 맺어보고 싶은 시기이기도 하다. 그러면서도 일말의 아쉬움이 남는 묘한 시기라고 하겠다.

아마 후회도 가장 많은 시기일 것이다. 과거를 돌이켜보면서 그때 바로 방향전환을 했어야 했는데 하는 생각에 술 마시고 고뇌하는 순간도 적지 않을 것이다. 낭월이가 아직 살아보지 않은 부분이어서 명확하게 말씀을 드릴 수는 없겠으나, 남들의 살아가는 모습을 보면서 미루어 짐작하는 것으로 정답을 삼아야 할 것 같다. 庚金의 시기에 해당하는 사람들은 자신이 잘한 것에 대해서는 별로 감동이 없는 것 같고, 오히려 잘못하고 실수한 것들에 대한 미련이 더욱 많은 것같이 느껴진다. 그 이유를 생각해볼 적에 庚金이 甲木을 찍어 누르는 작용이 있어서가 아닐까 싶다. 甲木을 찍어 누른다는 것을 이해하려면 앞의 甲木에 해당하는 항목을 다시 들춰보면 짐작이 될 것이다.

甲木은 비로소 생명력이 시작되어 첫걸음마를 하고 있는 상황이라 보았는데, 庚金은 그러한 상황을 거부하는 형태로 구성이 되어 있다. 그렇다면 庚金에 해당하는 사람들은 생산적인 마음보다는 회의적(懷疑的)인 생각이 더욱 많아질 것이 당연하다. 이 시기를 삶의 갱년기(更年期)라고 할 수 있을 것이다. 미래지향적인 甲木의 기운을 제거시켜버리는 庚金의 존재는 잘 해보자는 생각과는 너무 어울리지 않는다. 그래서 회의감으로 그 작용이 나타나게 되는 것이고, 이러한 시기에는 그렇게 목숨을 걸고 희망을 가지던 세속의 삶에서 벗어나고 싶은 허무한 마음으로 인해 절간으로 들어가서 수도나 하고 싶은 마음이 드는 사람도 많은 모양이다. 특히 정년퇴임을 하게 되었다면 더욱 그러한 생각이 간절할 것이다. 이제껏 열심히 뛰어봤지만 결국은 부처님의 손바닥을 벗어나지 못했다는 생각이 들면서 꽤나 거창하게 여겼던 자기 자신이 갑자기 왜소하게 느껴질 수도 있다. 甲木이 생명력이었는데, 그러한 생명력이 한계에 다다른 시기라고 한다면 허무감과 상실감이 지배적인 기운이 될 것이다. 나이 50을 넘기면서는 이제 바라다보이는 것은 죽음뿐이고, 그 죽음의 저쪽은 또 어떠한 형상을 하고 있을 것인가에 대한 일말의 두려움과 종교에 의지하여 삶을 마무리하고 싶은 생각이 나는 것은 어쩌면 지극히 당연한 것으로 본다.

辛은 수확의 갈무리라고 본다

이제는 허무감에 젖어서 세월만 보낼 수도 없다. 막연하게 정신적으로 느껴졌던 허무감이랄지 어떤 결실에 대한 준비의 마음이 본격적으로 육체에도 다가온다. 즉 이 시기는 육체에 대한 마무리를 알리는 시기다. 흔히 환갑(還甲)이라고 말하는데, 연주(年柱)[10]가 다시 자신의 연주와 똑같은 글자를 갖고 있는 해를 만났다는 의미이다. 따라서 이 무렵에는 육체적으로도 마무리를 해야 하는 시기라고 본다. 庚의 시기를 정신적인 마무리로 본다면 이번에는 육체적으로 결실을 맺어야 하는 시기라고 하겠다. 이것은 물질적인 결실도 포함된다. 나이 60이면 결실을 준비할 수 있어야 하는데, 만약 이 나이가 되어서도 사회활동을 활발히 하며 자신의 목적을 향해서 시킬 줄 모르고 나아가는 사람이라면 아무래도 무리하고 있을 가능성이 많다고 하겠다. 그룹의 총회장 같은 사람도 나이가 이쯤되면 자신의 재산이나 육체적인 방향에서 서서히 정리를 해둬야 할 것이다. 물론 스스로야 자신의 건강을 믿을지 모르지만 육체의 수명은 믿고 싶다고 해서 그렇게 되는 것이 아니다. 그리고 정리를 해둠으로써 얻어지는 것도 적지 않을 것이다.

우선 자신이 일생을 바쳐 일궈온 터전에 대해서 상황 판단을 해야 한

---

10) 사주의 연월일시(年月日時)에서 연에 해당하는 것을 말하는데, 이것은 매년 한 간지(干支)씩 진행을 해서 한바퀴 돌아오는 데 걸리는 시간이 60년이다. 그래서 다시 처음으로 돌아오면 환갑이라고 하게 된다.

다. 그래서 자식들에게 물려줄 것은 무엇인가 정리하고, 부인에게도 자신이 없을 경우를 대비해서 살아갈 수 있도록 배려를 해야 할 것이다. 그냥 오로지 '몇백 년이나 살 것처럼' 잔뜩 욕심을 부리다가는 과로한 업무로 인해서 뇌졸중(腦卒中)과 같은 질환이 발생할 수 있고 그로 인해 반신불수가 되거나 불행히도 사망하게 되면 그 이후에 벌어질 일은 너무나도 끔찍한 것이다. 재산이 많았다면 재산 싸움으로 연일 신문지상에 이야깃거리를 제공할 것이고, 가장인 자신이 생계를 책임지고 있었다면 남은 가족이 살아가기가 막막할 것이다. 자신이 결실을 스스로 거둬들이지 못하면 이렇게 아무 상관이 없는 세인들에게까지 가정의 부정적인 면을 보여주는 일도 발생하는 것이다. 실제로 이러한 사람들도 적지 않은 것이 현실이다.

따라서 이 시기에는 모든 것을 미련 없이 정리해야 한다. 삶에 대한 것은 이제 모두 마무리되었다고 생각해야 할 것이다. 오로지 이 시기에는 정리를 잘하는 사람이 훌륭한 사람이라고 생각된다.

세상의 법칙도 자연의 법칙을 응용하고 있기에 나이 60을 넘기면 사회에서 일할 시기는 넘었다고 판단하고 편안하게 가정에서 쉬도록 배려를 하는 의미에서 정년퇴임이라는 제도가 있는 것이다. 그리고 지금까지 일한 대가로 쉬는 데 보태 쓸 수 있도록 퇴직금도 두둑하게 나온다. 그래서 직장에서 금의환향한 辛金은 비로소 자신만의 시간을 위해서 나머지를 보내게 되는 선물을 받은 셈이 되는 것이다. 이렇게 판단을 했다면 자연의 의도를 바로 이해한 것으로 간주하고 싶다. 그런데 실제로는 어떤가? 퇴직을 하면 우선 불만을 갖게 되는 것이 아마도 사람의 마음일 것이다.

'아직은 얼마든지 더 일을 할 수가 있는데, 내팽개쳐버리다니 너무 억울하다. 나도 뭔가 일을 할 수 있다는 것을 보여주고 싶다.'

이런 생각은 어쩌면 삶에 대한 지나친 욕심이다. 떠날 때 떠날 줄 아는 사람의 뒷모습이 아름다운 것이다.

그러나 이때 받은 퇴직금으로 새로운 사업을 시작하고자 하는 사람은 아마도 辛金의 시기를 戊土의 시기로 착각했을 가능성이 농후하다. 여기에서부터 다시 새로운 고뇌가 전개되는 것이다. 그리고 이것은 자연의 흐름에 비추어 어리석은 판단이라 할 것이다.

乙木이 쭈욱쭈욱 늘어나는 생명력이라고 한다면 그 乙木을 정면으로 쳐버리는 것이 辛金이다. 이러한 소식을 이해하게 된다면 틀림없이 뭔가 달라졌다는 것을 판단할 것도 같은데, 실제로는 전혀 그렇지가 못한 모양이다. 육체의 수명이 이제 내일을 장담할 수 없게 되어간다는 것을 머릿속으로는 느끼면서도 실제로 그러한 일이 자신의 몸에서도 전개되고 있다는 것에 대해서는 짐짓 부정을 하고 싶은 마음이 드는 것이다. 참으로 인간적인 마음이지만, 실제로 매우 안타까운 생각이기도 하다.

사실 이 시기가 되면 흔히들 말한다. '어제 다르고 오늘 다르다.' 이렇게 체력에 대해 실감을 하면서도 만회를 해보려고 안간힘을 쓰는 것이 사람이다. 누구나 젊은 시절에는, 불로초를 구하고 불사약을 찾았다는 진시황에 대해서 비웃었을 것이건만 죽음이 자신에게 다가오면 그러한 약을 구하고 싶은 마음이 생길 것이다. 세상을 바로 볼 수 있는 경지에 오른 도인 정도는 모든 것을 자연의 섭리로 인정하고서 받아들이겠지만, 보통의 세간에서 하고 싶은 것을 다 못해보고 늙어버린 사람으로서는 많은 아쉬움이 남게 되고, 그러던 와중에 거금을 손에 쥐었으니 이것을 가지고서 한번 일을 벌여보고 싶은 생각이 드는 것은 어쩌면 너무도 당연한 일일는지도 모른다.

그러면 그 결과로 예측되어지는 것은 무엇일까? 쉽게 떠오르는 것이 말 같지 않은 현실이고 그 결과로 따라오는 실패의 그림자일 것이다. 물론 개인적인 운세(運勢)의 영향은 어느 정도 있겠지만, 전반적으로 이렇게 뒤늦은 분발력이 성공할 가능성은 매우 약하다. 설령 무척 운이 좋아서 상당한 재산을 늘렸다고 해도 그렇게 하기 위해서 지출된 자신의 에너지는 고갈이 되어간다. 한마디로 말해서 이때는 조용하게 자신의 삶에 대한 정리를 할 때이지 새롭게 시작할 시기는 아니라는 점이다. 이것이 낭월이가 보는 辛金의 시기이다.

壬은 정신적인 승화(昇華)라는 의미다

흔히 하는 말이 '육체에 대한 욕망을 끊으면 정신적인 자유로움이 전개된다'고 한다. 부처님도 아마 이러한 형태의 말씀을 하셨을 것이다. 육체의 속박은 아무래도 영혼을 자유롭지 못하게 하는 것이다. 그래서 오온(五蘊)[11]으로부터 벗어나지 못하면 해탈을 얻을 수가 없다는 의미의 말씀을 하셨다고 본다. 실제로 이 육체의 유혹이라는 것은 매우 끈질기고도 매력적이다. 과연 얼마나 오온의 위력이 대단한 것인지 한번 생각을 해보자.

안식(眼識)의 위력(威力)

눈이라고 하는 것은 모든 정보를 받아들이도록 되어 있는 것이다. 그리고 그 정보는 색깔(色)이라는 형식을 빌려서 뇌 속으로 전달된다. 그러니까 눈으로는 달다 쓰다, 또는 부드럽다 껄끄럽다 하는 등등의 것을 느낄 수 없고, 단지 색깔로써만 감지가 가능한 것이다. 그런데 이 눈도 모든 생명체가 다 같은 것은 아니라고 한다. 사람이 보는 것을 벌이 보면 또 다르게 보이고, 인간과 가장 가까운 동물인 개도 근본적인 색깔을 구분할 수 없다. 그런 의미에서 사람의 눈 또한 각자 그 속에 들어

---

11) 다섯 가지의 쌓임(蘊)을 말하는데, 눈, 귀, 코, 혓바닥, 몸의 촉감을 통해서 경험이 쌓여 이것은 좋은 것, 저것은 나쁜 것이라는 관념이 발생하여 그로부터 끄달림을 받는 것을 말한다.

있는 주인공이 누구인가에 따라서 또 달라지는 것이니 '제 눈에 안경'이라고 하는 말이 그런 의미의 말이라고 하겠다.

눈에 비치는 것으로 아름다움과 추한 것을 구별한다. 눈을 위해서 등장한 유혹물로는 텔레비전이 있다. 컴퓨터의 모니터도 같은 이치로 받아들인다. 극장의 영화도 마찬가지일 것이다. 이러한 종류들은 모두 눈의 반응을 최우선적으로 고려해서 만들어진다. 영상(映像)은 그렇게도 대단한 매력을 가지고 있는 것이다. 그리고 여행을 하는 사람도 대부분 시각의 만족을 최우선으로 한다. 눈에 들어온 정보가 100퍼센트 정확한 것도 아닌데, 사람은 자신의 눈으로 본 것에 대해서는 신뢰를 하는 면이 강하다. 특히 마술사의 손끝에서 태어나는 비둘기를 보면서 참으로 대단한 혼동에 빠지는 것도 왕왕 경험을 했을 것이다. 언젠가 〈세기의 마술〉이라고 하는 프로그램에서 데이비드 커퍼필드라는 유명한 젊은이가 전개하는 마술은 참으로 볼만했다. 만리장성을 그대로 통과하고, 비행기를 많은 사람들이 보고 있는 상황에서 없애버리는 등 그의 손에서 온전히 존재하는 것은 아무것도 없게 느껴질 정도로 착각하게 하는 대단한 능력을 지녔던 사람이었다. 그러나 이러한 것들도 모두 눈의 착각을 통한 혼동이라고 하겠다.

이것도 선악(善惡)으로 나눌 수는 있겠지만, 결과는 모두 같다. 어차피 오온으로 쌓여간다는 점이다. 포르노 비디오를 보건, 김밥을 팔아서 학교에 희사한 뉴스의 화면을 보건 간에 이러한 것들이 쌓인다는 것은 변함이 없는 것이다. 그래서 좋은 것만을 보도록 하는 것도 큰 의미에서는 잘못된 것이다. 보아서 어떤 가치를 가지게 되는 것보다 보지 않는 것이 가장 남는 장사인 셈이다. 그러면 장님이 가장 탁월한가 하는 질문을 하실는지도 모르겠으나, 그것보다는 눈이 있으면서도 스스로 보는 것에서 해방되는 것이 참된 해탈이라고 할 수 있다. 적어도 눈을 통해서 보는 것으로부터는 자유로울 수가 있을 것이다.

이 정도를 가지고서 무슨 위력씩이나 거론하느냐고 하실 벗님이 계실는지도 모르겠는데, 실은 대단히 중요한 점이 있다. 즉 자신이 보지 않은 것은 믿지 않으려고 한다면 바로 그것이 내 생각의 한계가 될 것이기 때문이다. 이것을 사소한 것에 적용시킨다면 별것도 아니라고 할 수 있겠으나, 우주적으로 방향 전환을 해본다면 참으로 대단한 차이를 발생시킨다. 가령 지구 위에서 벌어지는, 그것도 눈에 보이는 것만이 존재하는 구체적인 세상이고, 그 나머지 지구 외에서 일어나는 것은 실재하지 않는 허상이라고 생각을 해본다면 부처님의 우주관은 전혀 허무맹랑한 이야기가 될 것이 뻔하다. 현대에서도 그런 가치관이라면 부처님의 우주관을 믿기 어려울 텐데 하물며 2천여 년 전이라고 한다면 이것은 일고의 가치도 없는 것이다.

그런데 과연 실제로는 어떤가? 현재의 우주과학은 석가모니의 깨달음에 의한 관찰력을 매우 존중하고 있는 분위기라고 한다. 우주는 삼천대천 세계[12]의 규모로 짜여져 있다고 하는데, 이것을 육안(肉眼)으로 보이지 않는다는 이유로 무시해버린다면 세상에 대한 지혜 가운데 너무도 많은 것을 잃게 될 것이다. 따라서 보이지 않는다고 믿지 않는다는 것은 위험한 발상이다. 한 예로 이 땅에 영혼이라고 하는 성분이 존재할지도 모른다는 생각을, 보이지 않는다는 이유 하나만으로 무시해버리는 태도는 어쩌면 결함투성이인 눈을 너무 믿고 있기 때문은 아닐지.

눈에 보이지 않는 것은 믿지 못하겠다는 것은 반대로 생각하면 눈의 역할이 그만큼 크다는 것이고 그 결과 스스로를 틀 속으로 가둬버리는

---

12) 삼천대천 세계(三千大千世界)는 우주의 형상을 설명한 것이다. 태양계를 일세계라고 보고, 이러한 태양계가 3천 개 모여서 일 소천계를 형성한다고 했다. 또 이 소천계가 3천 개 모여서 일 중천계를 이루고, 이 중천계가 또 3천이 모여서 일 대천계를 이루고 있다고 한다. 이러한 하나의 대천계가 3천 개 있다는 것이 우주의 실상이라고 말한다는 것이다. 상상을 초월한 대단히 넓은 허공 중의 세계라고만 생각해볼 뿐이다. 단지 하나의 천국과 지옥만이 있는 것은 아닌 모양이다.

속박이 될 수도 있다는 것이다. 그러나 우리는 이미 여기에서 한 발자국 벗어나 눈에 보이지 않는 우주의 흐름을 읽어보려 노력하고 있다는 점에서 적어도 오온으로부터 자유로워질 수 있는 가능성은 갖고 있다.

눈에 관한 생각을 통해 그 나머지 귀나 코 또는 혀에 대해서도 미루어 생각해볼 수 있을 것으로 본다. 특히 촉감에 의한 것도 그 위력이 대단한데, 이것은 아마도 성욕(性慾)에 관한 분야에서 대단히 탁월한 능력을 발휘하게 될 것으로 본다. 육체적 쾌락이라는 것은 전적으로 촉감에 의지하는 것이기 때문이다. 성적 쾌감이라는 것도 처음에는 인간을 번성하게 하려는 종족번식의 결과만 위해 추구되었겠지만 신이 선물한 성욕의 촉감은 이제 단순한 종족번식을 위한 것이 아닌 그 자체가 목적이 되어 성(性)이 상업화되는 세상이 되었다. 이 모두가 촉감이 강한 힘을 가졌기 때문일 것이다.

이러한 감각들은 하나하나가 독립되어 작용한다기보다 서로가 서로의 작용을 돕는 역할을 한다. 시각적으로도 자극을 시키고, 후각(嗅覺)적으로도 자극을 더해줄 수 있다. 그리고 소리로도 뭔가 영향력이 있을 것이다. 그런데 이 중 가장 강한 자극은 촉각이다. 이러한 촉각의 즐거움을 위해서 온갖 죄악(즉 성범죄)을 저지르고 일생을 어두운 감옥 속에서 보내는 사람도 없지 않으니 이 촉감에 의한 부작용도 적지 않다고 봐야겠다. 중요한 것은 이러한 모든 작용들이 자유로워지는 데에는 걸림돌이 된다는 점이다. 스스로 이러한 육욕(肉慾)의 노예가 되어버린 사람도 있다고 한다면 그 촉감이 좋든 나쁘든 간에 그것이 자신을 얽어매는 기능임에는 분명하다. 비록 불교와는 상관이 없다고 하더라도 잠시 이에 대한 생각을 해볼 필요는 있지 않을까 싶다.

이러한 몇 가지의 예를 통해서 생각해봤지만, 육체의 감각에 관심이 살아 있는 한은 아무래도 정신적으로 자유로워진다는 것이 그리 만만하지 않다.

그러나 이제 나이 70을 바라다보면서 육체에 대한 유혹을 상당히 뿌리친 상태라고 본다면 서서히 영혼의 자유로움에 대해서 생각을 해볼 수 있는 시기라고 본다. 이렇게 중요한 시기에 만약 사업을 벌였다면 어찌 자신의 영혼을 되돌아볼 여유가 있을 것인가.

그러나 자유라는 것이 그렇게 말처럼 쉬운 것만은 아닌 모양이다. 이 나이가 되도록 육체적 감각에서 자유롭지 못하다면 이 영혼은 육체를 떠나더라도 아마 자유롭지 못할 것으로 미루어 짐작된다. 그래서 이렇게 壬水에 해당하는 나이가 되면 영혼의 자유에 대해 생각할줄 아는 삶이 되어야 하겠다. 壬水는 원래가 그 취상(取象)을 할 적에, '강물'이라고 본다. 강물이라고 하는 것은 자유롭고 유연하게 흐름에 따라서 진행하는 것이 특징이다. 일관성 있다는 것도 포함되어야 할 특징이다. 가령 같은 물이라도 빗물은 일관성이 없다고 할 수 있으니 강물만의 특징으로 일관성을 꼽을 수 있겠다.

실제로 늘그막에 유연한 사고방식을 갖고 있는 사람의 성품은 아름답다. 늙어서도 육체에 집착해 갖은 애를 쓰고 있다면 오히려 추해 보이는 것도 자연법칙에 순응하지 못하는 것에 대한 꾸지람이라고 볼 수 있겠다. 이때의 할 일은 뭐니뭐니 해도 자신의 삶을 조용히 관조하면서 정리하는 일일 것이다. 이럴 즈음에는 운동을 해도 산책을 하는 정도가 좋을 것이다. 무리하게 조깅이라도 한다면 심장에 무리가 갈 가능성이 매우 높을 것이다. 정신적인 정리의 시기로 본다.

癸는 마무리에 해당한다

이렇게 흘러 흘러서 癸水까지 오면 인생은 마무리된다. 유종의 미를 거두는 것이다. 여기에서는 살면서 돈을 많이 벌었든, 지위가 높았든 가난하게 살았든 아무 상관이 없다. 그냥 자신의 삶에 대해서 마무리를 하기만 하면 되는 것이다. 그러나 이러한 삶의 마무리도 아무나 할 수 있는 것은 아니다. 좀더 살아보려고 아등바등하는 모습은 흔히 볼 수 있는 장면이다. 자연에 순응하면서 초연하게 자신의 삶을 받아들이는 사람은 아마도 만 명에 한 사람도 어려울 것이다. 그만큼 사람이 살아가는 모습이 십간의 흐름에 역행하지 않는가 반성하게 된다.

癸水의 특징 중 하나는 생동감(生動感)이다. 축 늘어져 있는 상태가 아니라 약동하는 움직임이 그 가운데에 전개되고 있다 해야 옳을 것이다. 이러한 것은 정신력이 상당히 구체적으로 응집되었을 때 가능할 것이다. 그렇게 자신의 모든 일생의 경험을 한 덩어리의 기(氣) 에너지로 응집시켜서 활기 있게 마무리한다면 이 영혼은 틀림없이 다음 생의 흐름도 자연스럽게 될 것이다. 서산대사의 한 말씀이 떠오른다. 어느 객이 대사에게 질문을 던졌다고 한다.

"스님, 도인(道人)의 삶은 어떠합니까?"

"배 고프면 밥 먹고, 졸리면 잠자는 것이라네~!"

"에구, 그야 누구나 하고 있는 것인뎁쇼. 좀더 화끈한 뭐가 없을까요?"

"모르는 소리 말게나, 누구나 하고 있지만 실은 자고 싶을 적에 자지 못하고, 웃고 싶을 적에 웃지도 못한다네, 더구나 먹고 싶을 적에 먹을 수도 없지. 이것은 아무나 되는 것이 아니라네. 자네는 과연 왕이 옆에 있다면 잠이 온다고 해서 잠들 수가 있겠는가? 그리고 초상집에서 노래를 부르고 싶다고 해서 노래가 나오겠는가? 그러나 도인은 그렇게 할 수가 있는 것이네. 이게 도인의 삶이라네. 허허허!"

이러한 대화를 나눴다고 하는데, 단순하다면 참으로 단순한 이야기가 가끔 머릿속에 남아서 맴도는 경우가 많다. 과연 도인의 삶은 그렇겠다는 공감을 갖게 되지만, 역시 다 안다고 하는 것은 무리인 듯싶고,

대충 윤곽만이라도 아련하게 짐작하는 정도라고 보겠는데, 여기에서 도인의 이야기를 드리는 이유는 이렇게 그 마음이 정리되어야 비로소 참다운 癸水의 영역에 도달한 것이 아닌가 하는 생각이 들어서다. 壬水가 자연스러운 흐름에 따라가는 분위기의 강물이었다면, 이제 癸水의 분위기는 오히려 전혀 예측 불허가 될지도 모른다.

때로는 이슬비가 되어 속삭이듯 내리기도 하고, 그러다가 또 언젠가는 마구 휘몰아치는 폭풍우가 되어서 집이건 다리건 앞에 걸리는 것은 모조리 부숴버리는 무서운 수마(水魔)가 되기도 한다. 그런가 하면 바위에서 졸졸 흐르는 약수가 되어 목마른 등산객의 갈증을 풀어주기도 하고, 때로는 보이는 듯 보이지 않는 안개가 되어 온 산천을 뒤덮어버리기도 한다. 이렇게 다양한 표정을 갖고 있는 것이 癸水라 할 수 있으니 이것이야말로 도인이 아니고 무엇이겠는가 싶은 생각이 드는 것이다.

이것은 또 다른 의미로 생각해본다면 한평생의 마무리를 각자 살아온 과정대로 멋지게 처리한다는 것으로 이해를 해봐도 상관없을 듯싶다. 즉 일생을 자연의 이치를 궁구하면서 멋지게 살아온 사람은 뭔가 자유로운 곳으로 승화가 되겠지만, 시궁창과도 같은 삶을 살았다고 한다면 그의 癸水는 아마도 썩은 물이 될 것이다. 결국 이 시기의 물은 각자 어떠한 삶을 살아왔느냐에 따라서 각기 다른 모습으로 나타난다는 결론이다. 시궁창물처럼 살아왔다면 아마도 다음에 도착할 곳의 풍경도 어렴풋이 떠오를 수 있겠다.

어디에 있든지 자연의 섭리에 따르고 살아왔다면 결국은 바다로 모여드는 물처럼 하나가 되어서 커다란 바다에서 넘실거리며 자신이 지나온 길을 즐겁게 이야기할 수 있을 것이다. 중요한 것은 언제 어디를 거쳐오든지 그 마음에 속박만 없다면 자유로운 마무리를 할 수 있을 것이다. 癸水의 의미는 바로 그러한 것이 아닐까 생각된다.

이렇게 일평생을 십간의 특성에 대입해서 이해해보았다. 아마도 대개의 사람은 간지가 상징하는 형태로 살아가는 것이 가장 아름다운 모습일 것이라는 것에 공감할 것이다. 그렇지만 여기에도 당연히 이견이 있는 분이 계시리라고 생각된다. 다만 이렇게 설명을 해볼 수도 있다는 정도로 이해하시면 될 것이다. 중요한 것은 십간의 순서와 사람이 살아가는 모습이 너무나도 흡사하게 배열되어 있다는 점이고, 그 점에 착안(着眼)하다 보니 이러한 풀이가 된 듯싶다.

좀더 부연 설명을 한다면 만약에 50세에 세상을 떠난다고 한다면 이 사람에게는 金水의 기운이 부족하다고 봐야 할 것이다. 결실이 되지 않은 상태이기 때문에 완전한 영혼으로 진화를 하는 데 상당한 걸림돌이 될 수도 있다. 더구나 20대에 세상을 떠난다면 이것은 더욱 심각한 문제라고 생각된다. 그야말로 木火의 기운만 간직한 채로 허공을 떠돌 테니 말이다. 결실이 되지 못한 영혼은 저세상으로 이동하는 데에도 많은 문제를 갖고 있을 것 같아서 해본 생각이다.

낭월이는 어느 것 하나라도 소홀하게 넘기지 않으려고 항상 주의깊게 관찰을 하지만 안목의 한계를 느끼는 경우가 많다. 그래서 오늘도 자연의 참 소식을 바로 알고자 이렇게 주변의 상황을 관찰하면서 배워가고 있는 것으로 생각한다. 지혜가 뛰어난 도인들은 한순간에 그 모든 의심을 풀어버리고 빈 배처럼 자유롭게 노닌다고 하는데…….

제3장
십이지지의 이해

　십간이 양적(陽的)인 면에서의 모습이라고 한다면 십이지는 음적(陰的)인 면으로서의 한 모습이라고 할 수 있다. 열두 개의 각기 다른 특성에 대해서는 십간과 함께 뒤에서 다시 상세하게 다뤄볼 것이다. 다만 여기에서는 전체적인 상황을 한 자리에 모아놓고 음미해보는 정도로 살펴보고자 한다. 사주팔자(四柱八字)를 연구할 적에 참고하는 흐름은 두 가지가 있다. 이 두 가지는 나름대로의 단위라고 할 수도 있겠는데, 그 하나는 10진수의 개념이고 또 하나는 12진수의 개념이다. 눈치가 빠르신 벗님은 이미 감을 잡으셨겠지만, 십진수는 십간의 의미로 해석을 해보고, 또 십간에 비중을 많이 두고 있는 것이고, 십이진수는 십이지에 비중을 많이 두고 있다는 것도 짐작이 될 것이다. 그렇다면 이것은 어느 위치에서 특성을 풀이한 것인지에 대해서 사주표를 하나 보면서 살펴보자.

시(時) 時柱	일(日) 日柱	월(月) 月柱	연(年) 年柱
丁 巳	戊 午	丙 子	己 未
시주는 12진수가 적용된다. 그래서 월주와 같이 地支에 비중이 크다.	일주는 10진수가 적용된다. 비중은 당연히 天干에 있게 된다.	월주는 12진수가 적용된다. 그리고 비중도 月支에 더 크게 둔다.	연주는 10진수가 적용된다. 아울러서 年干에 비중을 더 두게 된다.

이상과 같은 표를 통해 사주에서는 나름대로 더욱 비중을 크게 두는 것이 있다는 점을 이해하게 된다. 年과 日은 천간에 더 큰 비중을 두고, 月과 時는 지지에 중점을 두고 있다. 이렇게 두 개의 큰 흐름을 가지고 각기 또 세부적인 영향에 대해 적용을 시키게 되는데, 이것은 실제적으로 본격적인 사주풀이를 할 때는 관찰할 겨를이 없다. 그래서 이렇게 개론적인 설명을 하는 장에서 잠시 이해를 해보도록 하는 것이다.

다시 약간 부연설명을 한다면 연주(年柱)에서 일주(日柱)가 나온다는 이야기를 할 수가 있겠다. 하루하루가 모여서 일 년이 된다는 의미와도 서로 통한다고 하겠는데, 결국 매일매일의 간지가 모여서 일 년이라는 흐름을 조성하게 되는 것이다. 우리는 일상적으로 30일 단위로 매일을 적용하고 있는데, 간지학(干支學) 특히 기문둔갑(奇門遁甲)에서는 60일(60甲子)을 한 주기로 보고 이것을 다시 곱하기 3(상원, 중원, 하원)으로 해서 180일을 하나 만들어놓고는 이것을 양둔(陽遁)이라 부르고, 또 다시 나머지 180일도 이와 같은 요령으로 하나의 덩어리를 만든 다음 음둔(陰遁)이라고 한다. 이렇게 정해진 것이 일 년으로 종합하게 되는 것이다. 여기에는 12개월이라고 하는 개념은 약한 편이다. 즉 일 년이 만들어지는 과정을 보면 하루[日]의 개념이 기본이라는 점을 알 수 있다. 그래서 360일이 일 년이 되는 것이다. 그리고 일 년의 시작은 양둔으로부터 적용을 시키는데, 이 시기는 동지(冬至)를 전후해서 시작된다. 그리고 음둔의 시작은 하지(夏至)의 주변에서 적용된다. 이렇게 하는 것은 하지부터 음의 계절로 접어들고 동지부터는 양의 계절이 시작된다는 의미이기도 하다. 명리학을 연구하는 과정에서는 양둔이니 음둔이니 하는 말을 사용할 기회는 전혀 없을 것이다. 이러한 형식을 매우 중요하게 여기는 학문은 기문둔갑(奇門遁甲)의 형식을 취하는 학문들이다.

아마도 주의력이 상당하신 벗님이라면 상량보라든지 전통적인 일을 기록하는 곳에서 이러한 형식의 표시가 되어 있는 것을 관찰하였을 것이다. 상식의 차원에서 잠시 부연설명을 드려봤다. 상원갑자 중원갑자 하면서 표시를 하는데, 이것은 연주(年柱)에서도 적용되고 모든 것에서 적용하고 있다. 시(時)를 말할 적에도 60시간(지지로써의 시간을 말하므로 현재 시간으로는 120시간이 됨)마다 한 甲子가 지나가게 되는데, 이것을 날짜로 환산하면 5일마다 한 甲子의 시(時)가 돌아가게 되어 있다.

추가로 매년의 기준은 양둔은 없고 음둔만 있다는 점이다. 그래서 연을 표기할 적에는 그냥 상원(上元)이라고 하게 되면 180년 중에서 맨 처음 시작되는 甲子의 60년에 해당한다는 점을 알 수가 있다. 상원갑자라는 한 마디로 180년의 사이가 벌어지므로 연대 추정에도 상당히 편리하지 않을까 싶다.

다음으로 월주(月柱)와 시주(時柱)는 지지를 중시한다는 것에 대해 약간 언급하도록 하겠다. 시를 구분할 때 어떤 식으로 하는가를 한 번 생각해보면 짐작이 되는 면이 있을 것이다. 즉 시를 구분할 때 子時니, 丑時니 하는 것으로 구분하는 것을 아실 것이다. 이것만 보아도 지지를 중요하게 여긴다는 것이 명백해진다. 그렇다면 월주는 또 어떻겠는가?

월주는 매월의 상황을 기본으로 한다. 즉 계절의 감각이 개입된다는 이야기인데, 계절은 매월의 지지에 항상 고정되어서 읽혀지도록 되어 있다. 즉 巳午未월이라고 하면 여름철로 고정되어 있고, 亥子丑월이라고 하면 겨울철로 고정되어 있다는 것을 말한다. 이것도 지지를 바탕으로 하는 증거가 되고 있는 것이고 월은 역시 시와 마찬가지로 5년마다 한 바퀴 돌도록 되어 있다. 즉 시가 5일마다 한 바퀴 돈다면 월은 5년마다 제자리를 찾아오는 셈이니 역시 서로 통한다고 봐야 하겠다. 그리고 실제로 사주를 볼 적에도 이 둘은 지지를 더 큰 비중으로 관찰하게 된다는 점도 말씀드릴 수 있겠다.

그렇다면 십이지지의 형태는 어떻게 생겼을까? 천간은 인생에 비유해보았는데, 지지는 어떠한 비유를 통해서 이해하면 좋을 것인지 생각해본다. 고래로 이에 대한 설명은 다양하게 있어 왔는데, 역시 지지의 본색(本色)은 매월의 계절을 읽는 것이므로 계절에 대입하는 것이 가장 이치에 합당하다고 생각된다.

그런데 계절을 통한 이해는 지역 차이가 심하다. 이 점이 명리를 연구하는 사람이라면 느끼는 갈등이 될 것이다. 왜냐면 한반도 안에서야 그런대로 대충 비슷한 상황이 필리핀이나 모스크바, 또는 적도 이남으로 방향을 바꿔놓고 생각해보면 참으로 어디에 방향을 맞추어 접근해야 할지 근심이 된다. 적도의 남부에서는 계절이 북반구와는 정반대로 돌아간다. 북반구가 여름이면 남반구는 겨울이다. 이렇게 상반되는 계절을 놓고서 亥子丑월은 겨울이라고만 고집할 수는 없을 것이다.

물론 동양 삼국에서는 이러한 문제로 갈등을 일으킬 필요는 없다고 본다. 일본이나 중국이나 한국에서는 약간의 온도 차이가 있겠지만 모두 엇비슷한 춘하추동(春夏秋冬)을 가지고 있기 때문에 그대로 적용시키면 되리라고 본다. 그러나 같은 북반구라 하더라도 태국은 계절 개념

제1부 간지 일반론 **89**

이 또 다르다. 그곳에서는 일 년이 3계절로 되어 있기 때문에 이러한 곳에서는 계절에 대한 인식을 또 다르게 해야 할 것이다. 태국 사람의 사주를 보면서 그냥 한국에서처럼 亥子丑월 생이면 겨울이라고 간주한 다면 실수를 하게 될 것이다. 따라서 그 사람의 출생지 환경을 생각하지 않고서는 올바른 풀이가 곤란할 것이다. 이러한 지역차가 있다는 점을 일단 이해하고서 우선은 한국을 기준해서 이해를 해보도록 한다.

子는 동짓달에 해당한다

子라는 글자 하나를 놓고서도 온갖 방향에서 관찰해볼 수 있겠는데, 상세한 연구는 다음 장에서 해보도록 하고 여기에서는 우선 대략적인 관점에서의 단순한 계절에 대해서만 이해를 해보도록 한다. 요즘의 신세대는 보통 동짓달이라는 용어에 익숙하지 않은 듯하다.

동짓달은 음력으로 11월을 말한다. 子가 시작인데 왜 1월이 아닌 11월인가. 음력 11월은 가장 깊은 겨울로 이렇게 모두가 잠들어 있는 한겨울에 이미 새로운 기운이 시작되고 있다는 속 깊은 이치가 그 속에 깃들어 있기 때문이다. 가령 하루의 시작은 새벽이 아니라 자정(子正)이라는 점을 생각해봐도 느껴질 것이다. 그러고 보면 일 년의 시작이 子月이라는 점과 하루의 시작이 子時라는 점은 일치하고 있다. 이렇게 월과 시는 서로 깊은 관계가 있다. 이 점을 이해하고 나면 비로소 월지와 시지가 어째서 중요한 비중을 갖게 되는지 이해하게 될 것이다.

그리고 정확하게 월을 구분하고자 하면 음력(陰曆)도 양력(陽曆)도 아닌 절기력(節氣曆)에 의지한다는 것도 반드시 알아두어야 할 중요 사항이라고 말씀을 드리겠다. 그리고 이러한 것을 이해하기 위해서 도표를 하나 살펴보자.

地支	子	丑	寅	卯	辰	巳	午	未	申	酉	戌	亥
陰曆	11	12	1	2	3	4	5	6	7	8	9	10
陽曆	12	1	2	3	4	5	6	7	8	9	10	11
節入	大雪	小寒	立春	驚蟄	淸明	立夏	亡種	小暑	立秋	白露	寒露	立冬
季節	冬		春			夏			秋			冬

위의 표를 보아서 알겠지만, 우리 명리연구가는 사용하는 역(曆)이 3개 이상이다. 보통은 양력만을 사용하고 시골 어르신들은 음력도 함께 사용한다. 그렇지만 명리연구가를 비롯한 역학자들은 절기도 꼼꼼히 따져야 한다.

어쨌거나, 위의 표 중에서 가장 중요한 것은 세 번째 줄에 있는 절입(節入)이라고 하는 항목이다. 음력이든 양력이든 상관없이 이 절입일의 시간이 그 달의 지지가 가동되는 시발점이기 때문이다. 그리고 앞으로 이에 대한 상세한 설명을 추가할 것이므로 대강 이러한 형식으로 子라고 하는 것이 대입된다는 정도만 이해하도록 하자.

표은 섣달에 해당한다

'동지섣달 긴긴 밤을 한 허리를 베어내어 옷장 속에 구비구비 넣었다……' 라는 시구를 보면서 그 긴 밤이 얼마나 외로웠으면 밤의 허리를 베어내는 생각을 했을까 싶다. 요즘의 여인들이야 보고 싶으면 그냥 택시라도 불러 타고 찾아가련만 예전의 여인들은 그렇지를 못했던 모양이다. 그런데 이렇게 간단한 사연 속에서도 낭월이는 뭔가 심상치 않은 자연의 섭리를 발견하곤 한다. 그리고 '난센스'라고 혼자 웃어버릴 때도 많지만 말이다. 무슨 이야기를 하려는지 짐작이라도 해보시고 다음 줄로 눈을 돌리는 것도 나쁘지 않을 것이다.

우선 제일 먼저 떠오르는 것은 밤이 길다는 것이다. 이것은 겨울의 모습이기도 하겠지만 子의 모습이기도 하다. 그만큼 한밤중의 형상을 지울 수가 없다는 의미이다. 그리고 님을 기다린다는 것도 그렇다. 겨울이 깊어가면 온기가 떨어진다. 이미 음의 기운이 너무나 강해졌다는 것이다. 그러니 당연히 양에 대한 그리움이 간절해질 수밖에 더 있겠는가? 그래서 이러한 시구는 자연히 오래 공감될 수밖에 없다. 자연의 섭리를 담고 있는 것은 많은 사람들의 공감을 얻으므로 오래 전해지는 것이 당연한 이치이다.

그리고 기다리고 있다는 것은 겨울의 모습이다. 겨울에는 그렇게 기다리는 것이 능사이다. 달리 무슨 재주를 부릴 필요가 없는 것이다. 산천의 모든 기운이 휴식을 취하고 있는 마당에 혼자서 설치고 다니다가는 추위에 얼어죽기 십상이다. 그저 긴긴 겨울은 화롯불에 고구마라도 구워 먹으면서 기다리는 것이 가장 지혜로운 자연의 섭리이다. 이것을 사람에게 적용시킨다면 그 사람의 운세가 겨울에 해당할 정도로 춥고 배고플 경우에는 천상 기다리도록 권유를 할 때가 많다. 달리 수단을 부려봐야 오히려 자신이 궁지에 몰리는 결과만 돌아올 암시가 있는 바에야 움직이라고 권할 마음이 없게 된다. 우선은 갑갑하겠지만 기다림을 배우는 것도 자신의 삶에서 손해라고만 생각할 것도 없다. 어쨌거나 丑의 의미는 그렇게 느껴진다.

寅은 정월에 해당한다

정월(正月)이나 1월이나 같은 말이다. 이때는 삼라만상이 기지개를 켜고 생기(生氣)를 받아들이고 있는 시기에 해당한다. 드디어 기다림은 끝이 난 셈이다. 이제부터는 스스로 찾아 나설 때라고 본다. 그래서 정월에는 새로운 계획이 난무한다. 가장 최우선적으로 활기를 띠는 곳은 운명상담소이다. 올 한 해의 운수(運數)를 묻기 위해서 철학원을 찾게 되는 심리가 가장 활발한 시기가 바로 정월이다. 그리고 보면 나중에 벗님도 명리공부를 다 마치고 본격적인 프로로 데뷔할 적에는 대목철이 될 것이다. 그리고 희망이 샘솟는 달이기도 하다. 이렇게 자신의 한 해 운세를 묻기 위해서 찾아오는 것만 봐도 능히 짐작이 될 일이라고 여겨진다.

앞의 십간을 설명하면서 인생을 대입해봤는데, 여기에서도 생물의 일생으로 상황 설명을 할 수가 있을 것이다. 단지 여기에서는 인간에게만 국한시키지 않고 이 땅 위에서 숨쉬고 살아가는 모든 생명체에 해당한다는 것이 다르다면 다른 점이라고 하겠다. 寅이라는 구조는 그렇게 생명의 시작처럼 생겼다. 일단 이렇게 기억해둠으로써 나중에 보다 세밀하게 이해할 때 많은 참고가 될 것이다. 아울러서 寅月은 봄의 시작을 알리는 계절이라고 한다. 물론 寅時는 새벽을 알리는 시간이기도 하다.

卯는 2월에 해당한다

卯月이 되면 절기로는 경칩에 해당한다. 이 시기가 되면 땅 속에서 잠자고 있던 개구리들이 잠에서 깨어난다. 동면에 들어 있던 파충류들이 잠을 깰 정도라면 땅 속에서는 이미 봄의 기운이 무르익어 있다는 말로 이해를 해도 될 것 같다. 寅月에서 기지개를 켜고 있었다면 卯月에서는 활동이 활발하게 진행된다고 봐도 좋겠다.

이러한 정황을 종합해서 볼 적에 卯라고 하는 글자에는 활력이 넘친다고 볼 수 있고, 이 성분은 특히 木의 분야에서 강력한 힘을 발휘한다고 추리된다. 즉 봄에 가장 기운을 내는 것은 나무의 성분을 가지고 있는 산천초목이라는 점에서 착안을 하는 것이다. 그래서 卯月에는 木의 기운이 왕성하게 된다는 결론을 내리게 되고, 따라서 卯가 갖는 의미는 왕성한 木이 된다.

辰은 3월에 해당한다

辰月은 청명(淸明)으로부터 출발한다. 청명에는 하늘이 맑고 밝다는 의미가 있다. 실제로 음력 3월이 되면 포근한 대지에서 낮잠을 즐기고 싶은 유혹이 절로 들게 마련이다. 이러한 따뜻한 기운이 사람의 행동을 느긋하게 하는데 이것은 土의 성분으로 추리를 해볼 수 있겠다. 실제로 辰은 土에 해당하고 있는데, 土의 역할에서는 나무의 뿌리를 잡아주는 기능이 최우선에 놓인다. 木이 가장 왕성한 기운을 받으면서(卯月) 성장한 후에는 그 뿌리를 잡아주는 土가 견실하게 작용을 해야 안전하게 성장할 수 있다는 추리를 하면서 辰月은 나무 뿌리를 배양해주는 토양이 주체가 된다는 설명을 하게 된다.

巳는 4월에 해당한다

巳月은 이미 봄과 인연을 매듭짓고 여름으로 전개되어가고 있다. 그래서 계절은 입하(立夏)라 이름하고 있다. 입하라는 것은 여름이 시작되었다는 것을 의미하며 일 년의 절기를 살펴보면 입(立)자가 들어가 있는 것이 네 가지가 있다. 입춘(立春), 입하(立夏), 입추(立秋), 입동(立冬)이 그것이다. 이렇게 이름만 봐도 사계절(四季節)이 시작된다는 의미임을 알 수가 있는 것이다.

앞의 계절인 봄에서 이미 木의 기운을 듬뿍 받은 상태의 대기(大氣)는 그 기운을 열기로 만들어내게 된다. 이것은 여름이 시작되는 예고편이 될 것이다. 즉 巳月은 봄이 물러가고 여름이 시작되는 시기인 것이다. 그리고 청명의 기운을 이어서 강화시킨 셈이므로 더욱 밝은 빛이 감돌게 되는데, 이것은 이미 불의 성분이 무르익은 것으로 봐서 여름은 불의 계절이라고 하는 것과 그대로 직결시켜서 생각해볼 수도 있다.

午는 5월에 해당한다

午月은 五月과 서로 발음도 같다. 午月은 망종(亡種)의 계절로부터 시작이 된다. 이때는 여름도 이미 한여름에 와 있다고 보는데, 실제로 우리가 체감(體感)할 적에는 아직 한여름으로 인식되지는 않는다. 따라서 午를 한여름으로 인식하는 데 공감이 안 될 수도 있다. 이것은 전반적으로 모든 절기(節氣)에 그대로 해당되는 말이기도 한데, 원래 절기라고 하는 것은 천지(天地) 자연(自然)의 이치를 그대로 드러낸 것이지 우리가 느끼는 부분을 표시해놓은 것이 아니라는 점이 중요하다. 따라서 그 조짐만 드러나도 자연은 변화하므로 우리가 체감하는 계절보다는 한 템포 빠르다. 실제로 낮이 가장 길게 되는 하지(夏至)도 이 午月에 속해 있다. 낮이 가장 긴데 어째서 가장 덥지 않을까 하는 생각과 일맥상통한다고 할 것이다.

이때 비록 온도는 최고가 아닐지 몰라도 이미 천지의 기운은 가장 왕성한 火의 기운을 포함하고 있다고 본다. 그리고 이것은 누가 생각을 해도 하자가 없을 것이다. 자연의 모습에서는 그때가 가장 채광(採光)률이 좋은 시기라고 하는 것은 느낄 수 있을 것이다. 그래서 이 午月을 가장 열기가 많은 계절로 간주하고 불의 계절이라 본다. 또한 木이 가장 왕성한 계절이 卯月이었던 것처럼 이렇게 불이 왕성한 계절은 午月이 되는 것이다. 물론 이에 대한 상세한 이야기는 다음에 각론으로 들어가서 설명을 해보도록 하겠다.

未는 6월에 해당한다

　실은 이 未月의 정체가 항상 아리송하게 느껴진다. 이미 해의 길이가 짧아져가고 있는 데도 불구하고 온도계는 더욱 높아져만 가고 있으니 말이다. 한의학을 연구하시는 분들은 여기에 도달해서는 또 하나의 계절을 대입하기도 한다. 이른바 장하(長夏)라고 하는 것이다. 또 하나의 여름을 이야기하는 것이다. 가장 더운 계절이라는 의미에서 이때에는 삼복(三伏)이라는 특징적인 날들을 삽입시켜두고 있다. 이 삼복은 金이 마구 녹아내린다는 의미로써 이에 대한 이야기도 후에 설명드리겠다.

　어쨌거나 未月은 징그럽게도 덥다. 어디에 있어도 땀이 송글송글 맺히고, 더위를 피할 곳은 오로지 시원한 물 속뿐이다. 그래서 모든 휴가철은 이 未月을 전후해서 잡혀 있다. 그리고 이렇게 더운 이유를 나름대로 생각해볼 적에는 복사열(輻射熱)의 개념을 가지고 이해를 해보기로 한다. 즉 午月의 열기가 대기와 땅 등에 담겨 있다가 다시 발산하게 되어서 체감 온도가 매우 높아진다는 이치이다.

　결국 未月은 강한 더위의 의미를 갖고 있는 계절이라고 생각되고, 이렇게 저장하는 성분은 역시 土에 해당한다고 봐서 未土를 이해하도록 해본다. 그리고 절기로는 소서(小暑)에 해당하는데 비로소 더위를 논하고 있는 것으로 보아 체감 온도를 따르지는 않지만 이와도 무관하지 않다고 생각된다.

申은 7월에 해당한다

　申月이 되면 이미 자연의 기운은 가을로 접어든다. 그래서 입추(立秋)라고 하는 계절이 전개되는 상황이다. 그렇지만 아직도 기온은 여전히 30도를 오르내리는 폭염이 지속되고 있다. 그래서 얼핏 생각하기에는 절기가 실제와 많은 오차를 가지고 있는 것이라고 생각하기도 쉬운데, 원래 사립(四立)의 시기 즉 처음 시작은 어수선하게 진행되는 것이 실체라고 해야 하겠다. 여기에서 사립(四立)이라는 것은 춘하추동(春夏秋冬)에 입(立)자를 앞에 붙인 것을 말한다. 그래서 7월에 해당하는 申月도 실은 이렇게 더운 중에 가을의 기운이 시작되는 것으로 이해를 하고, 가을은 삼라만상이 결실을 거두고 갈무리하는 계절이라고 봐서 金의 계절이라고 본다. 다만 아직은 완전하게 여물지 않은 결실의 전 단계로 생각하고 이제 가을이 시작되었다는 의미에서 입추라고 하는 계절이 되었다는 점을 이해해본다.

酉는 8월에 해당한다

酉月이 되면 완연하게 결실의 분위기로 접어든다. 절기로는 백로(白露), 이미 이슬이 하얗게 맺힌다는 의미이다.

공기의 흐름이 바뀌고 새벽에 찬 기운이 밀려들면서 이슬이 맺히기 시작하는 것이다. 이때가 되면 산천의 모든 초목은 삶의 마무리를 해야 하는 시기이고 냉정한 계절이 된다. 추석(秋夕)도 이 계절에 해당하고, 수확이 본격적으로 진행된다. 가을 중에서도 가장 본격적인 가을이 되는 셈인데, 이것은 앞에서 봤듯이 卯, 午와 더불어서 같은 흐름을 가지고 있다. 즉 해당하는 계절의 가장 왕성한 기운을 가지고 있다는 의미이다. 앞의 申月이 金의 시대가 시작되는 초기라고 한다면 여기에서는 본격적으로 강력해진 金의 기운 앞에 산천초목은 맥없이 스러지는 상황을 볼 수 있다.

다음의 절기는 추분(秋分)이다. 절기는 보름에 한 번씩 진행한다. 酉月의 시작은 백로에서 되고 본격적인 흐름은 보름 후에 있는 추분이 담당을 한다고 보면 되겠다. 추분이 있다면 당연히 춘분(春分)도 있겠는데, 실제로 춘분은 卯月이 본격적으로 가동되는 경칩 다음에 있는 것이다. 이때는 밤과 낮의 길이가 똑같다. 또한 동지는 밤이 가장 긴 시기이고 하지는 낮의 길이가 가장 긴 날이다. 이것을 이분(二分), 이지(二至)라는 말로 대신하기도 한다.

戌은 9월에 해당한다

이미 낙엽이 지고 싸늘한 계절이 되어가는 상황이 戌月의 시작이다. 한로(寒露)라는 절기의 이름에서도 썰렁함이 느껴진다. 이슬이 차가워졌다는 이야기다. 백로에서는 이슬이 맺히기 시작하고 한로에서는 그 이슬에서 냉기운이 느껴지는 것이다. 그리고 이어서 15일 후에는 바로 상강(霜降)이라는 것이 대기하고 있어서 더욱 썰렁하다. 상강은 그야말로 서리가 내린다는 이야기이다.

서리가 내리면 산천초목은 모두 한 해의 삶을 마무리하게 된다. 이렇게도 계절은 냉정한 것이다. 개개인의 사정상으로는 아직 서리를 맞으면 곤란한 경우도 있겠으나 그러한 것에 마음을 기울이지 않는다. 이것은 또한 金 기운의 마무리이기도 하다. 원래가 金 기운은 그렇게 냉정한 것이기 때문이다. 이제 그 모든 것은 땅으로 돌아간다. 그래서 戌月도 土에 해당하는 계절이 되는가 보다.

亥는 10월에 해당한다

亥月은 겨울의 시작을 알리는 달이다. 입동(立冬)이 바로 亥月의 시작이기 때문이다. 그리고 보다 중요한 것은 한 해의 삶이 마무리된다는 점이기도 하다. 亥月은 그래서 여러 가지로 마무리를 암시하는 계절이라고 생각된다. 亥月이 되면 입동과 더불어 소설(小雪)이 기다리고 있기도 하다. 소설은 바로 눈이 내린다는 의미가 될 것이고, 그렇게 해서 이 파란만장한 대지에 백설이 난무(亂舞)하는 겨울로 들어가게 되는 것이다. 뭔가 쓸쓸한 감상을 넘어서 장엄함이 도사리고 있는 것도 같다. 亥月의 의미는 그래서 단순히 한 해의 마무리라는 의미나, 한 계절의 시작이라는 의미보다도 더 큰 그 무엇을 생각하게 하는 그런 계절이라고 느껴진다.

 마무리라는 것이 그렇게 간단하지는 않을 것이기에 아직 정리가 안 된 사정도 있으련만, 그렇게 스스로 준비가 되어 있든 없든 간에 막은 내리게 되어 있다. 亥月은 그러한 의미를 갖고 있다. 극장에서 막이 내린 다음에도 조용히 줄거리를 생각하면서 어떤 마무리를 해야 할지를 생각하면서 선뜻 자리를 털고 일어나지 못하는 사람이 있는가 하면 또 대다수의 사람은 다음의 스케줄을 위해서 막이 내려가자마자 자리를 박차고 밖으로 빠져나간다. 그렇게 분주하게 사는 사람도 역시 하나의 삶이겠지만, 이렇게 조용한 매듭의 위치에 멈춰 서서 자신이 과연 일생을 어떻게 살아왔는가에 대해 심사숙고해보는 시간이 주어진다면 참으로 감사해야 할 것이다.

 실로 수없이 많은 사람들이 자신의 삶을 산다고 부산을 떨다가는 결실이 무엇인지도 모른 채 중간 중간에서 탈락되어갔던 장면도 떠오른다. 봄에 죽은 사람도 있고, 여름에 죽은 사람도 있다. 그리고 결실을 바로 눈앞에 두고 떠나간 사람도 있다. 따라서 이렇게 모든 것을 마무리한 다음에 조용히 자신이 연기한 삶을 되돌아볼 수 있는 자리에까지 걸어온 것은 신의 축복이라 해도 과언이 아닐 것이다. 이렇게 되었을 때 비로소 다음의 대본을 받을 준비가 되어 있는 것이라고 생각된다.

 '다음에는 또 어떤 씨앗을 통해서 새로운 삶을 경험해볼 것인가?' 하는 생각에 다시 한 번 멋지게 살아볼 용기도 갖게 되는 것이리라. 그렇게 삶의 마무리를 멋지게 한 사람은 다시 새로운 시작도 멋지게 할 마음 자세가 되어 있을 것이다. 10월이라는 계절, 亥月이라는 계절은 그렇게 많은 생각을 하게 되는 시기임이 분명하다. 그리고 이것은 누구나 느끼고 있는 것이라고 믿는다.

亥月은 바닷물이나 강물을 의미한다. 그렇게 흘러서 모여드는 집합장소라는 의미가 있는 것이다. 일생을 흘러 흘러서 자신의 길을 거쳐 큰 바다로 흘러든다. 그렇다면 亥月은 해월(海月)과도 연관이 있어 보인다. 묘하게도 한국어에서는 발음이 똑같다. 그리고 亥의 그 의미 중에도 바다라는 의미가 포함되어 있다. 그리고 물에 해당하기도 한다. 이러한 여러 가지는 서로 분리되지 않은 어떤 의미를 내포하면서 자신의 실체를 읽어주기 바라는 마음으로 기다리고 있었는지 모른다. 마침내 여정을 마치고 조용히 대기하고 있는 분위기가 亥를 보면서 느껴지는 소감이다.

보통 사람들은 10월이 되면 책을 가까이 하게 된다고 한다. 이른바 독서의 계절, 등화가친(燈火可親)의 계절인 셈인데, 그 이유 중에 하나는 자신이 허둥지둥 살아온 삶에 뭔가 실속이 없었다는 깨달음이 생겼고, 그래서 다른 사람들은 어떠한 삶을 살아왔는지에 잠시 눈을 돌려보는 여유를 얻게 되기 때문이 아닐까? 그렇게 여유가 생긴다는 것도 바로 삶에 대해서 되돌아본다는 시간이기 때문일 것이다. 그렇게 시간을 보내는 것은 다시 子月이라고 하는 새로운 시작을 잉태하는 계절이 다음에 있기에 더욱더 의미가 크다고 할 것이다.

이렇게 12개의 월을 대입해서 지지의 의미를 살펴본다. 자연의 현상을 살피는데 무엇인들 힌트가 되지 않겠는가만, 이 십이지지에 의한 계절을 살피는 방법은 그 중에서 가장 이해가 빠르고 자연적인 방법으로써 매우 효과적이라고 생각되어서 설명을 간단하게나마 하였다. 단편적으로 절기를 대입해서 설명하였으니 이해에 도움이 되었으면 한다.

좀더 상세하게 살펴보는 것은 각론에서 하도록 하고, 이 정도로 십간과 십이지에 대한 맛보기를 마치고 본격적으로 간지에 대한 구체적인 공부에 진입하도록 하자.

제❷부
십간 각론

앞서 천간지지에 대한 일반적인 개념 정도를 살펴보았다. 이제부터는 보다 구체적으로 간지의 여러 가지에 대해서 관찰해보도록 하겠는데, 사주팔자라는 것이 이 22자의 간지로써 모든 것을 나타내기 때문에 생각보다 많은 정보를 함축하고 있는 셈이다. 쉽고 단순하게 볼 수 없기에 처음 공부하시는 입장에서는 매우 골치 아프게 느껴질지도 모르겠다. 여기에서 낭부를 느끼고 싶은 것은 그러한 복잡성을 힌끼번에 풀어놓고서 고민하지 말고, 그냥 단순히 하나하나 주어진 자료대로만 연구를 하라는 것이다.

만약 甲木의 모든 것에 대해 완전히 뿌리를 뽑아버리겠다는 생각으로 덤벼들면 제풀에 지쳐 나가떨어지게 될 가능성이 많아 드리는 말씀이다. 예전에 영어공부를 하는 사람이 영어사전을 한 장씩 찢어내면서 외웠다고 하는데, 그 이야기를 들으면서 '세상에 그보다 미련하게 공부하는 사람이 있을까' 하는 생각을 했던 적이 있다. 어느 스님이 그렇게 공부하셨다고 이야기해주셨는데, 그러한 방식은 참으로 미련한 방법이라고 생각된다. 이 역학공부는 그렇게 해서 끝을 잡을 수 없다는 것을 미리 알아야 한다.

　모든 우주의 실상은 자신의 안목만큼만 보인다는 것이다. 즉 자연은 언제나 자신의 모습을 보여주고 있지만 관찰자는 자신의 안목만큼만 깨닫게 된다는 것을 생각해볼 적에 어제 생각한 甲木이 오늘 생각해보면 또 다른 모습으로 나타난다고 할 수 있는 것이다. 이렇게 그 실체는 앞으로도 계속 자신의 안목만큼씩 크게 보인다는 점을 안다면 한꺼번에 甲木의 모든 것을 파악하려고 한다는 것은 너무나 미련한 공부 방법이라는 것을 깨달을 것이다.
　앞에서 간단하게 간지의 개론 형태를 빌어서 설명드린 것도, 우선 자신의 안목으로 이해를 하고, 어느 정도 시간이 흐른 뒤 다음에 다시 접근할 적에는 좀더 수월하게 깊은 곳으로 진입하게 된다는 효과를 기대할 수 있다. 항상 전체에서 부분적으로 좁혀 나가는 것이 이해를 위한 지름길일 것이다. 이러한 연구 형태를 이해하고 천천히 윤곽잡기에 마음을 기울이다 보면 머지않아서 본모습이 눈에 들어올 것이고, 그렇게만 되면 공부는 이미 상당한 목적지에 도달해 있을 것이라고 믿는다.

제1장
갑목

甲木의 사전적인 의미를 찾아보면 몇 가지의 뜻이 나타난다. 그 의미를 우선 생각해보자. 가장 먼저 눈에 띄는 것은 ① '첫번째 천간 갑'이라는 점이다. 이것은 이미 알고 있는 대로 甲 乙 丙 丁……을 따지려면 가장 첫 글자라는 의미가 된다. 그래서 아무 도움이 되지 않는 것으로 생각하고 다른 의미를 찾아본다.

② '첫째 갑'이라는 말도 앞의 의미에서 변형된 것이라고 생각된다. ③ '시작할 갑' ④ '첫째갈 갑' 등은 같은 의미로써 역시 맨 처음을 나타내고 있다고 보면 되겠고, ⑤ '껍질 갑' ⑥ '껍데기 갑' 등은 좀 다른 의미의 뜻으로 보인다. 껍질은 과일의 껍질 등을 의미하고, 껍데기에는 거북의 껍질에 대한 의미가 있다고 적혀 있다. 거북이나 게 등을 갑각류(甲殼類)라고 하는 것만 봐도 이 글자가 어떻게 쓰이고 있는지 짐작이 된다.

다음으로 ⑦ '갑옷 갑'이 나온다. 이 갑옷도 껍질 갑에서 변형된 것이라는 점이 미루어 짐작된다. ⑧ '손톱 갑'이라는 의미도 갑옷과 연계되어서 상상이 충분히 되리라고 본다. 대략 사전적인 의미는 이 정도로 나타나 있는데, 크게 분류를 해보면 처음이라는 의미와 갑옷의 형태를 나타내고 있다고 보겠다.

그러면 맨 처음에 나타난 의미인 '첫번째 천간 갑'에 대한 의미가 우리의 목적이 될 것이다. 현재 우리는 이러한 의미를 배우기 위해서 甲이라는 글자를 들고 나왔기 때문이다.

첫번째 천간 甲의 의미

甲의 글자를 이해하기 위해 사전에서 배울 수 있는 것은 맨 처음에 있다는 것과 일등을 의미하는 뜻이 그 속에 들어 있다는 점이다. 그래서 甲의 영향을 가장 많이 받고 있는 사람에게는 맨 처음이라는 의미가 포함되어 있느냐 하는 궁금증이 생길 수 있다. 그래서 실제로 과연 그와 같은 뜻이 있는지를 관찰해보았는데, 과연 甲의 기운을 많이 받은 사람은 선두를 탐하는 성분이 많다는 것을 누차 확인할 수 있었다.

이미『왕초보사주학』에서 십간에 대한 설명을 하면서도 말씀드렸지만, 甲에 해당하는 사람의 심성에는 최우선의 자리를 매우 탐하는 형상이 두드러진다. 그래서 뒤처지는 것은 생각하기도 싫어하고, 언제나 선두에 나서려는 마음이 강하다는 것을 확인하게 된다. 마음뿐만 아니라 실제 행동으로도 그렇게 나타나는 것을 보는데, 자연의 사물에서 甲木의 형상으로 설명되는 구조를 보면서 그렇게 느낄 수가 있다.

가령 소나무, 낙엽송, 느티나무 또는 여타의 다년생 나무는 모두 甲木에 배속시켜서 설명할 수 있다. 이 중에서 소나무를 예로 들어본다면, 이 나무는 주변에 높은 나무가 있으면 자신도 덩달아서 높아지기를 원한다. 숲이 우거진 곳의 소나무를 관찰해보면 능히 짐작이 된다. 서로 질세라 마구 위로만 뻗어올라가는 것이다. 그래서 모두 죽죽 뻗은 모양이라 보기도 좋은데, 이러한 형상을 보면서 단지 그냥 보기 좋다고만 할 게 아니라 과연 어째서 그렇게 생겼는지 관찰해보는 것이 연구하는 사람의 몫이라고 생각된다.

 나무가 빽빽한 숲 속에서는 옆으로 자랄 공간이 없으므로 천상 위로만 벋어가는 것을 가지고 낭월이가 너무 호들갑스럽게 부산떤다고 탓하고 싶으신 벗님은 약간 관찰력이 부족하신 것 같다. 만약 위로 뻗어 올라가는 것이 甲木만의 특성이 아니라고 한다면 乙木은 어째서 밀도가 아무리 높아도 위로 마구 자라지 않느냐고 질문을 드린다면 뭐라고 하실지 궁금하다. 그냥 乙木이라고 할 게 아니라, 논의 벼나 밭의 콩이라고 구체적으로 예를 들어보자. 콩은 적절한 시기가 되면 위로 자라는 것을 멈추고 결실을 위해 준비한다. 물은 자연의 상태에서는 결코 위로 올라가지 않는다. 단지 분수와 같은 경우처럼 상당한 압력이 주어졌을 경우에 한해서 위로 솟구치는데, 이것은 지하수를 개발하는 경우에서도 볼 수 있는 사례라고 하겠다. 이 경우에는 단지 압력의 힘을 빌어 약간 솟아오르는 것이 전부다. 이것도 다시 압력이 소진되면 제자리로 돌아가서 아래로 향하게 되는데 그것을 물은 아래로 흐르는 성분이라 정의한다.

 이 나머지의 경우에는 甲木처럼 위로만 올라가는 사례를 찾아볼 수가 없다. 그래서 위로 올라가는 성향은 甲木만의 득성이라고 이해할 수 있는 것이다. 어찌 보면 너무나 당연한 것처럼 보이지만, 그런 특성을 갖는 데에는 그만한 이치가 그 속에 내재(內在)되어 있다는 전제하에 연구하는 것이 학자의 자세라고 생각된다. 이것은 마치 '사과가 어째서 땅으로 떨어지는가?' 하는 의문을 갖는 뉴턴과 완전히 동격으로 출발하는 셈이다. 나무가 위로만 올라가는 성질을 보면서 그 관찰력이 확대되면 이 성분을 부여받은 사람은 항상 앞서기를 좋아하고 뒤처지기는 싫어하며 미래를 바라다보면서 희망적으로 나아가는 성향으로 작용한다는 것을 미루어 짐작하게 되는 것이다.

물질적(物質的)인 관점

물질적인 관점에서 甲木을 이해하려면 이미 앞에서 말씀드렸듯이 소나무를 연상하는 것이 가장 근사치라고 생각된다. 그리고 아울러서 온갖 종류의 거목(巨木)들도 역시 甲木의 물질적인 관점으로 봐서 크게 벗어나지 않는다고 생각된다. 그러나 이렇게만 추리한다면 너무 단순하다는 생각이 들어 좀더 확대해서 살펴볼 수 없을까 하고 관찰하게 된다. 그러자니 앞의 사전적인 의미에서도 처음의 뜻을 확대해석하면 상당히 넓은 범위까지 접목이 가능했던 것이 기억난다. 그럼 함께 좀더 관찰을 해보도록 하자.

우선 전봇대를 떠올릴 수 있을는지 모르겠다. 전봇대는 그 재료가 시멘트이다. 그래서 이것은 오행에서 볼 때 金의 성분으로 관찰을 하는 것이 원칙이다. 그러나 여기에서 甲木을 떠올리는 것은 그 용도(用度)적인 관점으로 살펴본 것이다. 그냥 오로지 물질적인 관점에서만 관찰해야 할 필요는 없다. 그 용도에서 관찰을 해보는 것도 역시 같은 자연관찰법이라고 할 수 있기 때문이다. 이러한 관점에서 관찰을 하다 보면 전기 드릴도 甲木이라는 이야기를 할 수 있다. 얼마 전에 명리학을 배우겠다고 찾아온 청년이 있었는데, 부지런하게 움직이는 친구인지라 전기 드릴을 가지고 이런저런 작업을 많이 했다. 그래서 문득 질문을 던졌다.

"봐라, 그 드릴은 십간이 뭐겠노?"
"드릴 말입니까?"
"그래 한 번 생각해보거라, 아마도 하루는 궁리를 해야 할끼다. 하하하!"
"그게 뭐 어렵습니까? 金이지요."

"내 그럴 줄 알았다. 땡이다 땡."

"그럼 金이 아니라는 말입니까? 순전히 쇠를 이용해서 만든 것인데요."

"그래 체(體)가 金인 것은 분명하다. 그리고 내가 체(體)를 물었다면 너무나 쉬운 문제지. 내가 물은 것은 용(用)을 물었던 것이다."

"그래요?"

그렇게 궁리하는 것을 보고 들어와서 다른 일을 보느라고 잊어버리고 말았다. 다음 날 아침에 비로소 이 친구가 질문을 던지는 것이다.

"스님, 드릴은 아마도 火인 것 같습니다."

"왜?"

"속에는 모터가 있어서 전기를 먹고 열을 내면서 돌아가고 있어서 火라고 생각을 했습니다."

"그렇나? 그래도 정답이라고는 못 하겠다. 좀더 궁리를 해봐라."

일단 자신이 하루종일 생각한 것이 정답이라는 말을 못 듣자 좀더 궁리를 하더니 다시 방으로 찾아왔다.

"스님, 드릴은 甲木이라고 생각을 했습니다. 맞습니까?"

"그래 정답이다. 연구 많이 했네, 근데 어째서 甲木인지도 설명을 해야 완전한 정답이제."

"처음에는 모터에만 신경을 쓰느라고 火라 생각했었습니다. 그런데 그 돌리는 목적이 무엇인가를 생각하게 되었고, 그러다가 문득 맨끝의 돌아가는 부분을 관찰하게 되었습니다. 그렇게 회전을 하면서 돌아가는 것은 왕초보에서 설명하신 자동차의 액셀러레이터와 같다고 생각이 되었습니다. 그리고 앞으로 나가는 성분인 甲木의 특성과 연결이 되어서 甲木이라고 봐야 하지 않을까 하는 생각을 하게 되었습니다."

"그랬구만, 내 생각도 그러허이! 잘 했네."

이러한 대화를 나눴던 기억이 난다. 물론 낭월이의 생각이 완전히 옳다고 할 수만은 없을 것이다. 그러나 이러한 방식으로 십간을 연구한다고 하는 요령을 전달하는 의미로써는 상당한 효과가 있었으리라고 생각된다. 적어도 탈무드에서 말하는 '고기 잡는 그물'을 준 셈은 되었다고 할 것이다. 물고기 한 마리만 던져주는 선생은 자격 미달이라고 늘상 생각을 하고 있다. 그래서 부족한 역량이지만 보다 근본적인 문제를 깨우치게 하는 데 뭔가 도움이 되고 싶은 욕심이 있다. 그러나 항상 마음뿐이라는 것을 절감하게 된다.

　甲木에 해당하는 또 다른 성분을 관찰하면 회오리바람도 떠오른다. 소용돌이치면서 하늘로 치솟는 돌풍이 자동차나 집들을 날려버리는 장면은 텔레비전에서 본 적이 있다. 그 녀석이 하는 행동을 보면서 甲木과 닮았다는 생각을 해봤다. 그리고 이것은 전적으로 드릴의 끝 부분과 서로 통한다는 것도 발견된다. 그대로 한 그루의 나무처럼 느껴지기도 한다. 순식간에 생겨났다가 없어지는 것이지만, 그 위력은 참으로 대단하다. 그 행태(行態)를 봐서 甲木이라고 추리를 하는 것이다.

　이 정도의 이야기를 해드렸으니, 가구나 뗏목, 목선, 장작, 대들보, 기둥 등등도 甲木이라는 것은 더 말할 필요가 없다. 그리고 로켓도 甲木이라고 생각된다. 그러나 로켓에 탑재된 미사일은 甲木이라고 못할 것이다. 그것은 또 다른 목적이 있기 때문이다. 이런 식으로 활발하게 추리를 하기 바란다. 고정되어 있는 안목으로 관찰을 하기보다는 유연한 관점에서 그 바탕이 되는 성분과 작용하는 성분으로 나눠서 알뜰살뜰 연구하다 보면 깊은 이치에 접근을 할 수가 있지 않을까 싶다.

　그러나 이렇게 시각적으로 보이는 것만이 甲木의 전부는 아니다. 어찌 생각해보면 보이지는 않지만 그 기본적인 바탕에 흐르는 기운이 木氣 성분인 경우 더욱 甲木다운 것인지도 모르겠다. 이 甲木의 기운이 강하다고 느껴지는 성분을 받은 사람들은 대체로 미래로 나아가는 성향이 상당히 강하게 마련인데, 이러한 것은 나무의 특성을 이해하면 더욱 이해하기 쉬울 것이다.

가령 소나무를 甲木이라 했지만, 실제로 소나무에는 乙木의 성분도 포함되어 있다. 즉 乙木에 대해 이해해보면 알겠지만, 소나무의 딱딱한 목질부는 甲木보다 乙木의 성향과 흡사하다고 느껴질 것이다. 이러한 관점에서 그냥 덩치가 크다고 해서 甲木으로 분류한다는 것은 약간 미흡한 감이 있다.

그리고 乙木으로 분류하게 될 화초라든지 일년초도 성장을 하는 부분은 甲木과 별반 차이가 없다는 것을 생각해볼 때 한 그루의 나무에도 甲木과 乙木의 성분이 모두 포함되어 있다고 봐야 옳겠고, 그러기 위해서는 木氣와 木質로 구분해보는 것이 보다 의미심장한 관찰이 될 것이다. 이 점을 잘 이해하면서 甲木에 대해 관찰한다면 보다 깊은 사유(思惟)가 될 것이라는 말을 추가하면서 다음으로 넘어간다.

인간적(人間的)인 관점

이번에는 범위를 인간으로 좁혀 생각해보도록 하자. 우선 가정으로 봐서는 가장(家長)이 甲木이다. 가장은 그 집안을 떠받치고 있는 기둥 역할이다. 가장이 흔들리면 집안 전체가 안정되지 않는다. 그래서 가장을 甲木이라고 연결시켜보는 것이다. 그리고 가장은 추진력이기도 하다. 가장이 병들어 누워 있으면 그 가정은 활기를 잃어버린다. 이러한 형편이 되면 우리 명리가의 안목으로 평가한다면 甲木이 병들어 있는 가정이라고 하면 될 것이다. 甲木은 그렇게 생기운을 돋우는 매우 중요한 역할이 되는 것이다.

관점을 바꿔서 국가(國家)를 중심으로 놓고 살펴본다면 당연히 최고 통치권자가 甲木이다. 언제나 甲木이 중심이 되어 일을 추진하기 때문이다. 이것은 선두(先頭)라고 하는 의미에서도 연결이 된다. 그리고 민주사회에서는 가장 표를 많이 얻은 사람이 대통령이 된다는 것과도 연관이 있다. 그 표를 가장 많이 얻기 위해서는 가장 많은 희망을 주었다는 말도 되기 때문이다. 왜냐하면 대통령 선거는 희망의 선거이기 때문이다.

대통령이 잘 나와서 보다 살기 좋은 내 가정을 원하는 희망이 투표할 의욕을 만들기 때문이다. 더군다나 대통령 중심제로 운영되고 있는 현재의 상황에서 甲木의 역할은 더욱 중요하게 작용하는 것이다. 만약 대통령이 희망을 주지 못하고 전보다 더욱 못살게 되었다고 국민이 불평을 한다면 이미 甲木으로서의 역할을 제대로 수행하지 못했다고 봐도 좋을 것이다. 그러면 국민은 또 다른 甲木을 내세우고 싶어질 것이다. 이것은 당연한 민심이기도 하다. 왜냐하면 희망이 없어진 나라에서는 살기가 싫기 때문이다.

그 나라의 국민이 삶에 얼마 만한 희망을 가지고 있느냐 하는 기준을 삼는 것이 투표율이다. 대통령 후보가 몇 명이 나오든 모두가 기대를 걸 수 없는 그 나물에 그 밥인 똑같은 사람들뿐이라면 투표하러 갈 의욕이 나지 않을 것이다. 그러면 그 나라는 위험을 알리는 신호등이 반짝이는 것이다. 실제로 희망이 없는 나라는 발전이 어렵다.

그야말로 강력한 甲木이 나와서 어떤 어려운 상황에서도 이겨나갈 희망을 주고 국민이 마음 편하게 자신의 생업에 종사하면서 살아갈 분위기를 만들어준다면 그것이 진정한 甲木의 역할이 될 것이다. 그러나 실은 甲木이 혼자서 모든 일을 하는 것은 아니다. 주변에서 다른 아홉 개의 천간이 어떻게 보조를 잘 해주느냐 하는 것도 매우 중요한 변수로 작용하고 있는 것은 당연할 것이다. 이러한 이치를 명리학에서는 중화(中和)[13]라 하고, 사주가 한쪽으로 치우친 것이 문제가 아니라 그러한 상태에서 어떻게 조절해 중화로 이끌어가느냐 하는 점이 더욱 중요한 일일 것이다. 甲木의 가장 큰 특징은 희망이라고 봐야겠다. 그런 의미에서 스포츠 중계를 보느라 하던 일도 멈추고 조마조마해하다가 끝내 지게 되면 분통이 터져서 울어버리는 경우라든지, 우리 축구의 문제점인 처음에는 기선을 제압하다가도 마지막에 마무리를 못해서 지고 마는 경우 등도 역시 甲木의 성분이라고 이해를 하면 되겠다.

세계적(世界的)인 관점

세계지도를 놓고서 십간이 어떻게 작용하게 될지를 궁리해본다. 물론 이 생각이 정답이라고 할 수는 없겠지만 대체적으로라도 뭔가 유사성이 있다면 십간의 이해를 돕는다는 의미에서 충분히 검토해볼 가치가 있다고 판단되기에 한 번 접근을 해보고 싶은 것이다.

우선 甲木에 해당하는 나라는 한국이다. 언제나 관찰을 할 때는 나에게서 가까운 것부터 찾아가는 것이 기본이라고 하겠는데, 甲木에 가장 근접한 것이 한국이라고 생각되는 것은 이미 오래 전부터였다. 어째서 그런가에 대한 의견을 말씀드린다면, 가장 먼저 이야기할 수 있는 것이 우리가 세계를 지배하게 될 것이기(?) 때문이다. 이러한 이야기들은 근래에 발간된 많은 서적들을 통해서 익히 보신 적이 있으실 것이다. 과연 어째서 그렇겠느냐는 점에 대해서는 충분한 설명을 하고 있지 않지만(실은 여러 가지의 설명이 있지만 정확한 근거가 없음) 여기저기에서 민족우월론이 상당히 구체적으로 나타나고 있는 것을 액면 그대로 믿는다면 분명히 한국은 甲木이 되어서 세계의 기둥이 될 것으로 생각된다.

이렇게 말씀을 드리니까 우선 고개를 갸웃갸웃 하시는 벗님의 모습

---

13) 치우치지 않은 조화(調和)스러운 상태를 말하는데, 중용(中庸)이나, 중도(中道)나 대자유인(大自由人)과 같은 의미로 쓰인다. 오행의 균형이 적절해서 한쪽으로 기울지 않는 상태를 이르는 말이기도 하다.

이 떠오른다. 그렇다면 믿기지 않는 대로 그냥 두고 넘어가면 그만이다. 결과적으로 나쁘지 않은 상황 설정이므로 좋은 게 좋다는 정도로만 받아들이고 구태여 시비를 걸 것까지는 없다고 생각된다.

우선 甲木의 특성 중 한 가지는 급하다는 점이다. 실제로 우리 민족은 어지간히도 급하다. 그 점에서 세계적으로도 이미 인정받은 것이 있다. '코리안＝빨리빨리'라는 트레이드 마크이다. 빨리라는 것은 아무리 할인을 해서 생각해보더라도 미래지향적이지 과거안주형은 아니다. 줄을 서는 데에도 새치기라는 것이 늘상 존재한다. 가만히 서 있는 사람이 화가 나거나 말거나 자신의 상황이 급하다 싶으면 즉시 결행한다. 물론 공중도덕에 대한 개념이 없는 사람이나 그렇게 하지 교양 있는 사람은 그렇지 않다는 말씀을 하고 싶을 것이다. 그러나 실제로 누구나 그러한 마음을 가지고 있다는 것을 늘상 확인하고 있는 낭월이다.

또 병원에서도 인맥이나 학연을 앞세워 줄서서 기다리고 있는 사람들의 틈새를 비집고 끼여들어간다. 특히 주말의 고속도로에서는 새치기 행태가 더욱더 두드러진다. 무엇보다도 갓길이라는 이름으로 정해진 길을 기가 막히게 빠져나가는 것을 보면서 역시 한국인은 甲木이라는 생각을 하게 된다. 이것의 선악(善惡)을 논하자는 것은 아니다. 범법이고 위법이고를 논하자는 것은 더더욱 아니다. 오직 그러한 일이 생기는 것에서 바로 甲木의 특성을 읽을 수 있다는 생각이 중요하다고 하겠다.

이러한 특징을 보아 우리 민족은 甲木의 기운이 가장 강한 민족이라고 결론을 지어보는 것이다. 이것이 나쁘다는 것은 아니다. 실제로 자연의 섭리에서는 좋고 나쁜 것이 없다고 봐야 올바른 판단이 될 것이다. 이 甲木은 희망적으로 미래를 보고 있다는 점에서 매우 우수한 능력이라 하겠고, 항상 생기가 넘친다는 점에서도 매력적이다. 앞을 보고 달린다는 점에서 남보다 먼저 도달할 수 있는 것이므로 유리한 것도 많을 것이다.

甲木의 기운이 한국인 속에 스며 있다는 증거물로 가장 먼저 서낭당의 당나무〔堂神〕가 떠오른다. 어느 동네를 가든지 그 동네의 가장 뛰어난 명당에는 사당이 자리하며 주민과 애환을 함께 하고 있다. 오래 된 마을일수록 이러한 분위기는 더욱 강하다. 어린아이들은 엄숙하고도 웅장하게 온 마을을 지키는 해묵은 거목을 보면서 자랐고, 그 나무 아래에서 잠자고 또 뛰놀면서 성장을 하게 된다. 그러다 보니까 자연스럽게 나무의 에너지가 몸과 마음 속으로 스며들었을 것이다.

따라서 어려서부터 큰 甲木의 에너지를 공급받으면서 자라온 사람의 몸 속에는 甲木의 기운이 배어들게 마련이라는 생각에, 절대로 그렇지 않다고 반대표를 던지진 못할 것이다. 그냥 단지 동네에 있었기만 했다면 또 이야기는 다르다. 그러나 그 나무에 기도를 하고 온갖 소망을 빌어가면서 성장했던 것이다. 더욱이 이것이 하루이틀도 아니고, 한두 해도 아닌, 적어도 수천 년간을 그렇게 해왔다고 한다면 과연 영향이 없겠느냐는 생각이다. 따라서 이것은 마침내 하나의 민족성으로 자리를 잡게 되는 것이다.

다른 의미로 甲木의 성질은 희망을 버리지 않는 민족이 되었다는 것이다. 따라서 세상을 다스리는 으뜸 민족이 될 것이다. 그렇게 수없이 많은 침략을 당했어도 끝까지 자신의 민족성을 지켜내고 있는 것도 甲木만의 특성이라고 볼 수 있겠다. 앞으로 한국인들이 세계를 지배하게 될 것이라는 이야기들이 괜히 나온 것만은 아닐 것이다. 이러한 점은 장점이라고 봐도 되겠다. 어쨌든 한민족 최고주의는 甲木에서 나온 부산물이라는 점을 중시해보고, 이것이 결국 일등 국민을 만들 것이라는 희망을 품어본다. 그렇지만 늘상 실속이 없다. 원래 일등은 그렇게 실속이 없는 모양이다. 잔치만 벌여놓고 정작 주인은 굶고 있는 형상이라고나 할까? 이제는 실속을 함께 겸비하는 요령도 갖추게 되었으면 좋겠다는 기대를 해본다. 그 이유는 乙木의 항목으로 넘어가서 이해하게 된다.

사주적(四柱的)인 관점

이미 인간의 관점에서 희망(希望)이라는 점이 이야기되었고, 이것은 심리적인 영향 때문이라는 것을 충분히 짐작할 것이다. 그래서 최우선적으로 甲木에게 '희망의 마음'이라는 이름을 부여하게 된다. 그리고 이어서 미래지향적으로 추진하는 성분이라는 것도 부여하게 되고, 왕성한 활동력에 해당하는 성분도 가지고 있는 심리구조라 할 수 있다. 한 마디로 요약을 한다면 십간의 최우선에 놓여 있다는 것이 결코 우연이 아니고 참으로 甲木의 특성에 잘 맞춰서 그 자리에 배치한 것이라고 감탄해보기도 여러 번이다.

甲木으로 태어난 사람에게서는 항상 넘치는 생동감이 느껴진다. 그래서 여러 사람이 모인 자리에서도 분위기를 잘 이끌어 인기가 높다. 그런데 자칫 잘못하면 대중의 분위기를 자신의 기분대로 이끌려는 성향으로 인해서 마찰을 일으킬 수도 있다는 점에 유의해야겠다.

그러나 또한 상당한 숫자가 반대를 하면 갑자기 기가 꺾여버리는 점도 甲木의 특징이다. 즉 분위기에 살고 죽는 기분파라는 말을 적용할 수 있는 상황이다. 甲木으로 태어난 사람은 좌절감도 금방 느끼는 특징을 갖는다. 그 이유를 생각해본다면 甲木은 자라기도 잘 자라지만 한번 꺾이면 그만큼 재생의 시간이 너무 많이 걸린다는 점에서 추리해낸 결론이다.

누군가가 옆에서 서두르는 것만 잘 잡아준다면 크게 성공할 수 있는 잠재력 있는 사람이라 생각되고, 또 말보다 실천이 앞서는 부지런한 사람일 것이다. 그런데 사주의 주변에서 극하는 성분이 너무 많으면 오히려 甲木의 음적(陰的)인 면인 좌절하는 기운이 강하게 나타나게 되므로 이런 때에는 불의 성분으로 金을 녹여버리고 기운을 내야 하는데, 불기운도 없는 사주라면 비관주의자가 될 가능성이 높다고 하겠다.

또한 불기운이 너무 많으면 이번에는 속 빈 강정의 형태가 드러나게 된다. 그야말로 행동은 하지 않으면서 말로만 세상의 모든 일을 다 하려는 듯이 큰소리 뻥뻥 치는 실속 없는 허황된 사람이 될 가능성이 많다고 하겠다. 이런 때에는 주변에서 강력한 물기운이 불기운을 제어해야 하는데, 그렇게만 되면 오히려 상냥한 사람으로 차분히 자신의 능력을 발휘하게 될 것으로 생각해본다.

제2장
을목

　우선 사전 속에서 乙木에 대한 항목을 찾아보도록 한다. 이미 짐작으로라도 알 수 있는 의미는 ① '두 번째 천간 을'이라고 하는 것이다. 그리고 여기에서 파생된 의미로써 ② '둘째 을'이라고 하는 것이 있다. ③ '굽을 을'이라고 하는 항목에서는 식물의 싹이 구불구불 자라나오는 모양이라고 하는 의미도 있다. 이렇게 구불구불하다는 것이 다른 곳에서 응용이 되면 ④ '생선창자 을'이라고 하는 의미도 가지게 된다. 그리고 전혀 의미 없이 쓰이는 용도도 있는데, ⑤ '아무개 을'이라고 하는 것이다. 이것은 甲木에 있어서도 해당이 되는데, 아마도 사람을 지칭할 때 그냥 갑, 을, 병, 정…… 의 순으로 정하기도 하는 것에서 나온 용법이라고 생각된다. 일례로서 시나리오를 보면 '행인1, 행인2' 혹은 '손님 갑, 손님 을' 등으로 표기하는 것이 그와 같은 용법이라 하겠다. 그리고 마지막으로 나오는 의미는 전혀 황당하게 느껴지는 ⑥ '을골 을'이라고 하는 뜻이다. 이게 무슨 의미인지 짐작도 되지 않을 것이다. 설명에 의하면 범의 앞가슴 부근에 乙자 모양의 뼈가 있다고 한다. 이 뼈를 몸에 지니면 벼슬을 하는 사람은 위엄(威嚴)이 서고, 벼슬을 하지 않는 사람은 남에게 미움을 받지 않는다고 하니 아마도 일종의 부적인 모양이다.

 부적이라고 하니 또 乙자와 연관되어 생각나는 것이 있다. '을척(乙尺)'이라고 하는 것이 있다는데, 이 물건의 생긴 모양이 乙자처럼 생겨서는 기가 막힌 신통술을 부리는 모양이다. 구부정하게 생긴 것인데 이 것은 버드나무가 많은 숲 속에서 구한다고 한다. 이것을 구하려면 까마귀 고기를 가지고 고묘(古墓―오래 된 무덤)에 제사를 지내고서 번개와 천둥이 칠 적에 버드나무 숲에서 잘 관찰하게 되면 보인다고 하는데, 이것을 잘라 손에 들게 되면 무엇이든 자신이 마음먹은 대로 얻을 수 있는 매력적인 물건이라고 한다. 물론 전설상의 물건이지만, 이것의 이름이 바로 을척이어서 한 번 생각해봤다. 그런데 과연 이러한 것이 있다면 좋기는 하겠다. 이 이야기는 아마도 한참 인기를 끌었던 소설 『단(丹)』에서 읽었던 것으로 기억이 되는데, 그러한 것을 얻을 수 있다면 얼마나 좋을까 하는 환상을 품었던 사람도 많았을 것이다. 대충 이 정도의 의미를 갖고 있는 것이 乙木이다.

두 번째 천간 乙의 의미

 스포츠 경기에서는 첫번째와 두 번째의 의미가 대단히 다르게 나타난다. 그야말로 색깔이 다르고 연금이 다르기 때문이다. 그래서 기를 쓰고 1등을 하려는 것이다. 2등은 이미 그 대우가 하늘과 땅 차이로 벌어지기 때문이다. 따라서 乙木은 이미 甲木을 따라잡기에는 역부족이다. 그래서 언제까지나 다리를 뻗고 통곡이나 하고 있어야 하는 숙명이라고 체념할지도 모르겠다. 그런데 과연 어떨까? 두 번째라고 하는 것의 의미가 억울하기만 한 것일까 하는 생각을 해보자. 항상 냉정하게 관찰자가 되어야만 실체를 바로 응시할 수 있는 것이다. 본인들의 입장이 되던가, 이해 관계에 얽히게 되면 아무래도 냉정한 눈으로 관찰하기는 힘들 것이다.
　이것은 골동품을 감정하는 사람에게서 들은 이야기이다. 수없이 많은 골동품 사이에서 진짜를 가려내는 것이 그들의 직업이다. 그러므로 가짜를 진짜라고 가려낸다면 명성이 하루아침에 땅에 떨어지는 것은 너무나 분명하다. 따라서 가짜를 가짜로 알아보는 안목은 참으로 중요한 프로의 생명력이라고 하겠는데, 이것이 그렇게 말처럼 쉽지가 않은 모양이다. 가장 중요한 것은 많이 보는 것이다. 많이 보는 자만이 올바른 판단을 할 수가 있는 것이라고 한다. 그리고 다음으로 중요한 것은 욕심을 버려야 한다는 점이다. 욕심이 발동을 해버리면 벌써 60퍼센트 이상은 속은 것이라고 한다. 어느 물건을 보고서 좋다는 감정이 들어가면 그 감정은 중단해야 한다고 한다. 선입견이 그렇게 중요하다는 이야기인데, 가짜를 가려내지 못하면 실격이기 때문이다.
　그런 면에서 우리 운명감정가도 다를 바가 없다고 본다. 그 사람의 운명에 대해서 실체를 가려내야만 한다. 틀린 안목으로 엉뚱한 답변을 해줘서는 이미 상담자로서의 자격미달인 것이다. 그런데 실제로 사주를 대하면서 냉정해지기는 그리 쉬운 일이 아니다. 냉정하게 관찰을 해야만 정답을 내게 되는데도 실제적으로는 선입견이 작용하는 경우가 흔히 있다. 따라서 운명감정시에 이 선입견을 제어한다는 것이 가장 어려운 장애물로 다가오게 된다.
　상담자의 차림새가 사주와 어울리지 않을 경우에는 더욱더 선입견 때문에 혼동을 하게 되고, 자칫 감정 자체가 엉망이 될 가능성이 농후하다고 하겠다. 예를 들면, 사주를 봐서는 단정한 귀부인의 행색이 느껴지는데 실제로 앞에 앉아 있는 본인은 화류계 같은 모습일 경우 혼동을 일으키지 않는 것이 오히려 이상하다고 할 수 있을 것이다. 이런 경우가 가끔 있는데, 공부를 하는 입장에서 가능하면 사주 자체에 중점을 두고서 연구를 하려고 하지만, 앞에 있는 사람의 행색이 전혀 고려되지 않기란 여간 어려운 일이 아니라고 느껴진다. 그래서 골동품 감정가의 마음을 이해하게 되는 것이다.

비록 그렇기는 하지만 그래도 최대한으로 마음을 모아서 흔들리지 않게 하고 사주감정에 임하도록 하는 것이 가장 중요한 프로정신이라고 생각된다. 프로라고 해서 100퍼센트일 수는 없는 것이다. 다만 그에 가까이 다가가려고 최선을 다한다는 것이 중요하다.

乙木은 두 번째에 있으니까 나름대로 뭔가 그 목적하는 바가 따로 있을 것이다. 甲木이 금메달을 노리고 1등을 할 때 乙木은 은메달을 따려고 그 자리에 있는 것은 아닐 것이다.

앞만 쳐다보고 일직선으로 달려가면 甲木인데, 乙木은 그냥 달리기만 해서는 실속이 없다는 생각을 한다는 점이다. 그래서 1등은 못 하더라도 실속이 있는 일을 하겠다는 생각을 하게 되는 것이고, 이것이 바로 1등을 하지 않은 대가로 얻은 결과라는 것이다.

예를 들어 1등에게는 은메달과 최우수 선수라는 인정서를 주고, 2등에게는 금메달과 함께 2등이라는 이름을 부여한다면 선택이 확실해진다. 바로 이러한 경우에 甲木은 두 번 생각을 할 것도 없이 은메달을 쟁취하려고 최선을 다할 것이고, 乙木은 넝예보나는 실속을 취하기 위해서 1등은 甲木에게 양보를 할 것이다. 이것은 능력이 부족해서가 아니라 실속을 중시하기 때문이다. 여기에서 결론을 낸다면, 乙木은 앞서려는 성분과 뒤지지 않으려는 노력을 하는 것은 분명하지만, 그러는 와중에서도 실리라는 문제에 상당한 비중을 둔다는 점이다.

이것을 乙木이 두 번째 천간이라고 하는 이유로 접목시켜보는 것이다. 흔히 열두 동물이 달리기를 한다는 식으로 십이지지에 대한 우화를 만들었는데, 십간에 대해서는 전혀 그러한 이야기가 없다. 십간에는 동물적인 개념도 없으니까 당연하다는 생각을 해보는데, 그래서 오히려 이해하기가 약간 어렵다고 느낄지도 모르겠다. 그러나 또 한편으로 생각해보면 오히려 이러한 선입견이 되는 사물이 없기 때문에 올바른 이해를 하는 데 도움이 될 수도 있겠다. 어쨌거나 '두 번째 천간 을'이라고 하는 의미는 이 정도로 이해를 해보고 다음으로 넘어간다.

물질적인 관점

물질적으로 乙木은 甲木이 陽木이라고 한 것에 반해 陰木이라고 보는 견해가 지배적이다. 陰木의 형태가 물질로 나타난 경우는 주로 일년생 초목(草木)들이 그러니까 벼, 보리, 콩, 당근, 옥수수, 감자, 배추 등등 우리 주변에서 언제나 접할 수 있는 채소류가 모두 乙木에 속한다고 이해하면 되겠다. 이러한 종류의 陰木들은 위로만 자라나는 甲木과 비교해서 선명하게 차이가 드러난다. 즉, 바로 결실을 중요시한다는 점이다. 甲木은 봄이나 겨울이나 틈만 나면 성장을 하는 게 주목적이겠지만, 乙木은 다르다. 일단 계절에 적응해서 결실을 염두에 두고 있다는 점이다. 소위 말하는 '실속위주'인 셈이다. 乙木은 비록 甲木에 비해서 키는 작지만 키만 자라는 甲木을 결코 부러워하지 않는다.

작은 고추가 맵다는 말에 힘을 주는 경우도 乙木이다. 외부적으로 보이는 것보다는 실속이 중요하다는 것이 乙木의 관점이라고 이해해본다. 실제로 콩을 보고 있으면 한창 열기가 후끈후끈한 늦여름철에 이미 자신의 실속을 챙겨 콩꼬투리를 상당히 많이 매달고 있는 것을 볼 수 있다. 그리고 우리 인간은 이러한 乙木을 먹어야만 살아갈 수가 있는 것이므로 陰木의 실속이 인간을 구제한다는 말을 해도 되겠다.

채식(菜食)이 건강에 좋다는 이야기는 많이 알고 있는 사실이다. 육식을 하면 건강이 나빠질 가능성이 높다는 이야기인데, 한때는 육식이 부(富)의 상징처럼 보였고, 도시락 반찬으로도 인기가 좋았던 적이 있었다. 그런데 어느 사이에 비만은 공포(恐怖)의 대명사처럼 되어버린 듯하다. 그러한 기류(氣流)를 타고서 장사하는 사람들도, 이제는 당근 즙이니 섬유소니 하면서 식물성 사업 쪽으로 관심을 기울이고 있는 모양이다.

　이러한 것들도 역시 고기만 먹고는 살 수가 없다는 깨달음에서 나온 것이고 다시 乙木의 위대성을 느끼게 하는 부분이다. 사실 고기를 먹고 나서의 포만감보다는 야채를 먹고 나서의 산뜻한 기분이 훨씬 즐거운 것으로 느껴진다. 그래서 乙木의 향기로움에 감사를 하게 되는 것이다. 물론 甲木은 과일을 제공해준다. 그 과일도 야채 못지않게 중요하지만, 그보다는 乙木에서 생산된 곡식이 더욱 중요하고 맛이 좋은 것이니까 인간과 乙木은 떼려야 뗄 수가 없는 셈이다.

　또 한 가지의 乙木이 있다. 이른바 '덩굴성 식물'이 그것이다. 칡, 등(藤), 머루, 다래 등을 이르는 것인데, 이것이 일반적인 乙木과 다른 점은 다년생이라는 점이다. 그러면 甲木으로 쳐주면 될 것 아니냐고 하겠는데, 甲木으로 치기에는 또 솟아오르는 힘이 없다. 따라서 이 덩굴성 식물도 乙木으로 분류하게 되었는데, 실제로 甲木을 못살게 친친 감고 올라가는 것을 보면서 과연 乙木이라는 생각이 든다. 그래서 고인의 이러한 관찰력은 이치에 합낭하다고 생각된다.

　그러나 이 덩굴성 식물들은 결실을 중시한다고 보기에는 모호한 점이 있다. 단지 생김새가 맥없이 생겨 바닥에서 기고 있기 때문에 乙木이라고 분류하는 셈이다. 그리고 乙木의 성질 자체가 하늘로 올라가는 성분이 부족하고 바닥에 머물기 때문에 덩굴의 특성을 가지고 있다고 하겠다. 또한 덩굴성 식물로 다년초에 해당하는 것은 더덕(藥名＝沙蔘), 마(藥名＝山藥)와 같은 근채류가 있다. 이러한 것을 별도로 생각해보는 것은 매년 식물의 줄기는 말라죽고 뿌리만 살았다가 다시 새로운 싹이 나와서 자라는 모습이 일년초와 닮았기 때문인데, 칡이나 등은 그 줄기에서 그대로 다음 해에 잎이 나오기 때문에 약간 다르다고 볼 수 있다.

　이 외에도 또 하나의 별종(別種)이라고 생각되는 乙木이 있다. 즉 대나무를 말한다. 어느 날인가 이 대나무의 성질을 놓고서 궁리하다 보니 과연 甲木인지 乙木인지를 확실하게 분류하기가 어려웠다. 벗님께서 이 문제에 대해서 혹 심사숙고해보지 않았다면 한 번 이번 기회에 어째서 대나무가 乙木인지를 규명해보시기 바란다. 아마도 성질 급한 벗님이라면 그런 분류가 사주보는 데 무슨 도움이 되느냐고 호통을 치실지도 모르겠으나, 실은 이렇게 주위에 있는 사물들을 관찰하면서 잘 이해하는 것이 사람의 사주를 보면서 이해하는 데에도 분명한 도움이 되는 것이다.

　그러면 그 연유를 생각해보자. 우선 대나무가 가지는 乙木의 특징 중의 하나는 수명에 있다. 대나무의 수명이 얼마라고 생각하시는가? 아마도 대충 따져서 10년에서 15년 정도 사는 모양이다. 여기에서 특징은 몇 년을 사느냐보다 대나무는 십몇 년을 살다가 한 번 꽃을 피우면 죽는다는 점이다. 甲木은 꽃이 핀다고 해서 죽는 것이 없기 때문에 일단 乙木의 영역으로 보게 되는 것이다. 이렇게 추리를 하면 되는 것이다. 식물학적으로 학자님들이야 어떻게 평가를 내리든지 간에 우리 명리학자는 이 정도로 대나무의 특성을 고려해서 분류하면 될 것이다.

　또 하나 특징은 속이 마디를 만들면서 비어 있다는 점이다. 甲木은 속이 빈 것(마디를 만들면서)이 없는 것으로 안다. 오로지 乙木에서 그 유형을 찾을 수 있는데, 줄기와 잎을 관찰해볼 적에 갈대가 가장 대나무와 유사하다. 갈대는 뿌리마저도 대나무의 뿌리를 닮았다. 그 모양을 일부러 캐서 확인했던 기억이 난다. 그리고 갈대는 누가 보더라도 乙木이라고 하겠다. 또 유사한 것으로는 억새도 갈대와 많이 닮았고, 밀이나 보리 또는 벼의 줄기도 대나무와 닮은 점이 많다고 하겠다. 이들도 모두 마디가 있고 줄기의 속이 비어 있다. 이렇게 유사성을 찾아보면 대체로 그 모습이 어디에 속해 있는지를 알 수 있다고 본다.

대단히 죄송하지만 乙木에 속하는 또 다른 별종이 있으니 이야기를 안 드릴 수가 없겠다. 무엇이 또 있는지 한 번 궁리를 해보시는 것도 좋겠다. 그러나 잠시 생각을 해보고서도 도저히 감이 잡히지 않는다면 생머리 고생시키지 말고 다음을 읽어보자.

乙木의 또 다른 형태로 말씀드릴 것은 바로 해조류(海藻類)이다. 즉 미역, 다시마, 김, 파래, 청각, 바닷말, 나문재, 진질이(사리 때[14] 뿌리를 캐서 씹으면 달콤한 물이 나옴), 우뭇가사리 등등의 많은 바다 식물들이 이에 해당하겠다. 이들은 성질도 특이해서 그 짜디짠 바닷물 속에서 잘도 살고 있다. 하긴 원래 식물의 고향이 바다라고 했으니 어쩌면 고향을 지키고 있는 충신들이라고 할 수도 있겠다. 보통 식물은 물에 담가놓으면 죽어버리게 되는데, 해조류의 경우는 물에서 꺼내놓으면 죽어버리니까 乙木의 영역은 참으로 다양하다는 생각을 해본다.

이렇게 해조류까지 들고 나와서 설명을 드리는 이유는 그렇게 다양한 관찰을 통해서 십간의 형태를 이해해보라는 점도 있고, 또 남들과 논쟁을 할 적에 혹 乙木은 물이 많으면 죽어버린다고 떼를 쓰시지 말라는 점도 포함된다. 그렇게 떼를 쓰다가 상대방이 해조류를 들고 나와서 따지면 얼마나 할말이 궁하겠는가를 생각해보라. 아무것도 아닌 것 같지만 생각이 깊지 않으면 이러한 봉변(?)을 당하는 일도 있을 것이다. 어쨌든 많이 생각하고 깊이 생각한 학자는 좀더 새로운 것을 발견하게 된다는 점은 분명하다.

그러면 이렇게 다양한 乙木의 형태에서 우리는 무엇을 느낄 수 있을까? 그냥 종류만 나열하고 끝을 맺어서는 실속이 없을 것이다. 이렇게

---

14) 조수의 양에 따라서 사리와 조금으로 나뉜다. 수량의 이동이 많은 상태를 사리 때라 하고 보름사리와 그믐사리가 있다. 이때에는 평소에 보이지 않는 깊은 바닥이 드러난다.

다양한 이유는 무엇인가를 필히 궁리해봐야 하는데, 그 첫째의 이유는 '실속'이라는 점으로 생각된다. 실속이 중요하기 때문에 어떠한 환경이 되더라도 살아남을 수 있다고 보는 것이다. 산이면 산, 들이면 들, 물이면 물 어디든지 살아남을 수 있는 것이 乙木이다. 그리고 이것을 확대 해석하면 둘째로 왕성한 생명력이 떠오른다. 생명력은 환경적응력으로도 해석이 가능할 것이다. 어디에 내놔도 죽지 않고 살아남을 수 있는 성질이기 때문이다. 그렇다면 乙木의 특성을 받은 사람의 경우도 이렇게 끈질긴 생명력을 가지고 있다고 생각할 수 있다. 이 점이 바로 우리가 다양하게 乙木의 형태를 살펴 얻게 되는 이익일 것이다.

　실제로 농사를 짓던 논밭을 2, 3년 묵히게 되면 즉시에 乙木들이 차지해버린다. 그 왕성한 잡초들의 생명력은 참으로 대단하다. 또 산꼭대기에는 甲木들이 자랄 수 없는 환경이 되는데 그렇게 되면 그곳에 살아남을 식물은 당연히 乙木이다. 높은 고원에서는 숲이 형성되기 어려운 이유가 甲木의 생명력은 乙木만큼 끈질기지 못하다는 점이다. 그뿐인가? 웅덩이를 만들어놓으면 즉시 이끼들이 점령해 파릇파릇하게 성장을 한다. 어디든지 틈만 보이면 파고들어서 뿌리를 내리는 乙木은 참으로 대단한 생명력을 지녔다. 이 정도의 설명이라면 아마도 乙木의 물질적인 형태는 충분히 이해가 되었을 것으로 여겨진다.

인간적인 관점

　이미 물질적인 乙木을 통해서 상당히 많은 乙木을 이해하게 되었다. 그럼 그러한 에너지를 사람이 이어받았다고 한다면 과연 어떠한 성격을 가졌을까. 무엇보다도 乙木으로 태어난 사람은 현실적인 안목이 탁월하다. 그리고 이러한 이야기는 이미 『왕초보사주학』의 입문편에서도 상당 부분 힌트를 드렸다. 당시에 글을 쓰면서 乙木의 현실적인 면을 부각시키려 하다 보니 다소 수전노적인 느낌을 갖게 했다는 생각도 든다. 그리고 그러한 내용으로 인해 신경 쓰였던 벗님들께는 글이라는 것의 단점이라고 널리 이해해주기를 바라는 마음이었다. 그리고 그러한 내용으로 인해 상당히 많은 비난의 화살이 날아올지도 모른다는 생각을 했었는데, 다행히도 대다수의 벗님들은 그 속뜻을 잘 이해하셨든지 아니면 별수없는 헛소리라고 넘어갔든지 어쨌든 상당히 타당성이 있다는 반응을 보여주셨다.

다시 본론으로 들어와서 乙木의 형태를 사람에 대입해서 설명하도록 하겠다. 乙木의 스타일은 미래지향적(木)이면서도 실리적(乙)인 형태를 띠게 될 것으로 생각된다. 이러한 형태라면 돈을 벌어서 부자가 되고 싶지만 투기나 도박을 해서 벌려고는 하지 않는 성분이다. 그러한 것은 너무나 위험하기 때문이다. 그리고 사실 놀음해서 돈 벌었다는 사람 없다는 말에서도 그 결과가 짐작된다. 결국 놀음판에 나온 돈은 자리를 제공해준 사람에게로 다 들어가게 되어 있다고 한다. 그러니 乙木이 도박에 참가하여 호락호락하게 돈을 빼앗길 리는 만무하다는 생각을 해본다.

乙木의 성향을 띠는 사람은 언제나 실속을 최우선으로 생각한다. 보통 사람들은 모양새를 중시하는 경우도 많은데, 乙木은 모양에는 크게 비중을 두지 않고 오히려 실질적인 이해관계를 중시하기 때문에 이 일을 추진했을 경우에 마지막으로 돌아오는 결과는 어떻겠느냐는 점에 많은 생각을 한다. 이 점이 같은 나무이면서도 甲木과의 두드러지는 차이점이라고 보겠다.

그러나 乙木도 나무인 것은 분명하다. 정확히는 나무라고 말하기보다는 木의 성분이라고 해야겠는데, 木은 일반적으로 희망이라는 성분을 특징으로 한다. 이러한 영향으로 乙木도 희망적인 방향으로 진행하는 성분을 지녔음을 알 수 있다. 이러한 점에서 볼 때 가정적으로는 막내딸이 가장 어울리지 않을까 하는 생각을 해본다. 막내딸은 항상 자신의 이로운 것에 대해서 생각이 많음을 본다. 실제로 여러 명의 형제가 있는 가정에서 자녀들의 특성을 파악해보면 각기 독특한 위치가 있다는 것을 느낄 수 있다. 가령 장녀라면 우리 속담에서도 '살림 밑천'이라는 부제를 달아두고 있는 것만 봐도 알 수 있다.

甲木인 가장과도 가장 친밀한 관계를 유지하고 있는 것이 막내딸인데, 甲木이 乙木을 좋아하는 것은 미래지향적이면서도 실속을 챙기는 것이 귀여워서일 것이다. 용돈을 타내려고 애교를 부리는 것도 대부분 막내딸이다. 어떻게 하면 아버지의 주머니에서 지폐가 나온다는 것을 이미 파악하고 있는 것이다. 즉 자신이 필요한 만큼의 용돈을 타내기 위해서는 어떻게 봉사를 해야 한다는 것에 대해서 이미 통달을 했다고 본다. 甲木은 귀찮지만 자신의 목적을 위해 최선의 봉사를 하는 막내딸이 귀여워서 차마 찡그리지 못하고 또 돈이 나가는 것이다.

이렇게 비유를 해봤는데 실제로는 약간의 차이가 있다 하더라도 이야기 속의 막내딸이 취하는 행동을 보면서 乙木의 특성을 이해한다면 충분하리라고 본다.

그러면 이번에는 국가적인 관점으로 살펴보자. 앞에서 甲木을 대통령과 비교해 설명하였는데, 이번 乙木은 재정경제원 장관으로 비유를 해볼까 한다. 온 국민은 대통령의 통치력에 의지를 하지만 또 중요하게 생각하는 것 중에 하나는 경제의 안정이다. 그래서 보다 편안하고 행복한 삶을 누릴 수 있게 되기를 기대한다. 그런데 만약 경제가 흔들려서 국민들이 매우 불안해진다면 보나 마나 재경원 장관은 문책을 당할 것이다. 乙木이 가지는 그 희망은 구체적으로 경제적인 풍요를 암시하기 때문이다. 가정도 마찬가지겠지만, 돈이 잘 들어올 적에는 사람들이 희망을 가지고 어디 휴가라도 가볼까 꿈꾸게 된다.

그런데 경제가 어렵고 월급도 제때에 나온다는 보장이 없이 지체되고 수금도 잘 되지 않으면 희망은 삽시간에 사라져버린다. 그리고 암울한 기분이 들어서 술이나 마시면서 세상을 비난하며 살맛이 나지 않는다고 넋두리를 하게 된다. 이것이 바로 乙木이 손상을 당한 상태이다. 경제적인 안정이 보장되지 않는다면 아무래도 나라는 혼란에 빠질 가능성이 높다.

사람의 희망이라는 것이 이렇게도 중요한 것이다. 그리고 그 희망도 그냥 단순히 구름을 잡는 분위기의 甲木 영역에 있던 선거유세적 희망이 아니라 구체적이고 분명한 희망에 더욱 비중을 많이 두는 것도 당연한 것이다. 가장 실질적이면서도 희망을 가져볼 만한 국가적 기관은 국가이익이라는 목적을 가진 재경원이 될 것이다. 물론 그 산하에 있는 모든 금융관계의 기관들도 포함된다고 하겠다. 역시 무엇이 이로운지 해로운지를 경제적으로 가장 명확하게 판단하여 담보를 잡고 돈을 빌려주는 은행도 乙木이라고 생각할 수 있다. 돈을 빌려주면서 희망도 주지만 만약에 대출자가 돈을 갚지 못하게 되면 은행은 도산되고 말 것이기 때문에 그러한 경우를 대비해서 담보를 잡아놓는다. 물론 잡을 적에는 형식적이라는 말을 하지만 만약에 갚지 못하면 그 담보물은 빼앗기게 된다. 아니 엄밀히 말하면 빼앗기는 것은 아니다. 돈대신 받아가는 셈이니까 말이다.

이러한 의미를 종합해서 乙木은 국가적으로 금융을 담당한다고 보는 것이다.

세계적인 관점

앞에서 甲木에 해당하는 지역을 한국으로 놓고 살펴보았다. 그렇다면 乙木에 해당하는 나라는 어디를 생각할 수 있을까? 거듭 말씀드리지만 이러한 관찰을 하는 데 무슨 공식이 있는 것은 아니다. 다만 그 나라의 국민성이랄지 그러한 것에서 십간적인 특성이 느껴진다면 그렇게 연결시켜놓고서 이해해보는 것이다.

그렇다면 乙木에 가장 가까운 나라는 어느 나라일까? 우선 그동안 설명을 한 것으로 봐서 경제관념이 매우 뛰어난 민족성이어야 하겠다. 그래서 손해를 볼 일은 절대로 하지 않아야 하겠고, 나아가서 甲木에 기대어서 하늘로 올라가는 덩굴성 식물이 생각난다면 한국에 기대어서 돈벌이를 하려고 하는 곳이라면 더욱 좋다고 생각해본다. 그런 조건으로 연결을 시켜보려고 하니까 가장 자연스럽게 다가오는 나라는 일본이다.

"음, 일본…… 뭔가 느낌이 온다."

일본인들의 상술(商術)은 이미 중국을 능가하는 것으로 판정이 난 지 오래다. 그렇지만 그냥 돈을 빼앗지는 않는다. 스스로 돈을 내어놓게끔 물건을 만드는 것이다. 전후(戰後), 폐허의 잿더미에서 일으킨 눈부신 경제성장은 이러한 특성이 작용한 것으로 생각해도 전혀 이견이 없을 것이다. 이미 세계적으로도 일본인들의 경제적 능력은 인정받고 있다. 실제로 일본 제품을 써보면 뭔가 느낌이 다르다. 가볍고 견고하고 오래 쓸 수 있다. 이것이 무기라면 무기일 것이다. 물건이 탁월하게 그 성능에서 차이가 난다면 이것은 애국에 호소해서 될 일이 아니다. 단단하고 확실하게 만들어진 제품에는 시골 무지렁이라도 호감을 보일 수밖에 없는 것이니 이것도 아마 일종의 천심(天心)일 것이다.

여기에서 하고 싶은 이야기는 바로 이러한 상품전략이다. 돈을 벌려면 어떻게 해야 한다는 것을 너무도 잘 알고 있는 것이 일본인들의 대표적인 능력이다. 그런 능력을 바탕으로 전후 폐허의 국가를 다시 경제대국으로 일으켜 세우기 위해서 온갖 노력을 기울인 결과 현재의 일본이 된 것이다.

한국인들은 체통이라는 것을 떨쳐버릴 수 없으니 돈벌이 때문에 체면을 무시하고 달려들 수 없는 것이다. 물론 속마음이야 어쨌든 간에 말이다.

모양 사납지 않은 한도 내에서 돈을 벌어오라고 할지는 모르겠지만, 모양을 구겨가면서까지 돈에 매달리지는 못할 것이다. 이것만 봐도 甲木다운 자존심이 느껴진다. 그렇다고 경제적 이익이 있다면 무슨 일이나 다하는 일본 사람을 탓할 수는 없는 일이다.

이러한 몇 가지의 정황으로 볼 때 역시 일본은 乙木의 성향이 강하다는 생각이 든다. 그렇게 신속하게 앞서가면서도 착실하게 경제적 기반을 다진 것은 결코 한두 사람의 마음만으로는 쉽지 않았을 것이다. 그리고 또 다른 관점도 있다.

乙木은 2등을 한다고 했는데, 이 점도 역시 일본인들에게서 나타나는 특징이라고 생각된다. 미국에서 최첨단의 어떤 기술을 개발하면 일본은 그 기술을 사들이는 모양이다. 제품을 개발하는 1등은 놓쳤지만 2등이 되어 저렴한 가격을 내세워 순식간에 1등을 따라잡아버리는 것이다. 또 다른 방법으로 한국에서 만든 1등 상품은 그대로 둔다. 그러고서 자신들도 2등 상품을 만든다. 김치나 고추장이 그런 부류에 속할 것이다. 한국에서 만들어진 것이 고유전통을 지킨 것이라면 일본인들은 적당한 기술을 발휘해 실속 있게 만들어서 외국인들에게 장사를 하는 것으로 돈을 벌면 충분한 것이다. 한국에서 만든 것은 한국인에게 먹혀들겠지만, 외국인들은 오히려 일본에서 만들어진 김치를 좋아할는지도 모른다. 그래서 결국 한국 것을 팔면서도 돈은 일본이 챙기는 결과가 되는 것이다. 이러한 것을 보면서 일본에게 乙木이라는 칭호를 주지 않을 수가 없다.

또 있다. 일본 사람들은 대나무를 좋아한다고 한다. 어디나 대나무를 심어놓고 가꾼다고 한다. 그리고 소나무도 乙木처럼 화분에 심어서 감상을 한다. 이러한 것도 乙木을 좋아하는 것으로 보고 역시 나름대로 乙木적인 특성이라고 하겠다. 예전에 난초가게를 자주 들른 적이 있었는데 당시에 난초는 모두 일본에서 수입을 하여 판매되고 있었다. 역시 乙木적인 특성일까? 그네들이 한국에 있을 적에 저지른 일 중에 한 가지 의미심장하게 들었던 이야기가 있다. 한국의 산야를 돌아다니면서 난초를 채취해 일본으로 보냈다는 것이다. 그 중에서는 참으로 귀한 상등품들이 많았다고 전해진다. 결국 상등품 난초가 모조리 일본으로 옮겨지고 이 땅에서는 사라져갔다는 것이다.

그리고 더욱 놀라운 것은 그렇게 품종이 좋은 난초를 캐어낸 자리에다가는 기름을 붓고서 불을 질렀다고 한다. 난초는 캐어내도 그 깊은 땅 속에 뿌리의 일부가 있어서 시간이 경과하면 다시 싹이 올라온다고 한다. 그러니까 그것이 올라오지 못하고 죽어버리도록 불을 질렀다는 것이다. 그야말로 완전한 궤멸(潰滅)을 시킨 것이다. 나중에라도 품종이 좋은 난초가 한국 땅에 등장하지 못하게 하겠다는 악랄한 계획성에 혀를 내두르게 된다.

이 정도의 행동을 할 만한 사람이라면 아마도 골동품이나 뭔가 돈이 될 만하다고 여겨진 것은 눈에 띄는 대로 실어갔을 것이다. 뭐든지 자신의 손아귀에 넣을 수 있는 환경에서라면 못할 짓이 없었기 때문이다. 이러한 몇 가지의 정황을 봐서라도 일본은 표면적으로는 전쟁에 졌지만 내부적으로는 대단한 실속을 차렸다고 봐도 좋을 것 같다. 물론 우리는 역사학을 연구하는 것이 아니므로 단지 특성에 대해서만 이해를 하면 충분하다고 생각되고, 이러한 것들을 보면서 乙木의 특성으로 이해를 하는 것이다.

사주적인 관점

　乙木의 특징을 가진 사람은 실리에 밝은 마음을 갖고 있는 사람이라는 점에서 충실한 사람이라고 본다. 그리고 모질고 악독한 마음이 없다. 그야말로 자신의 일은 스스로 알아서 처리하고 남에게 의존하지 않는 마음이라고 하면 적절할 듯싶다. 생활력이 강하고 모든 일에 최선을 다하는 모습은 매우 돋보이는 장면이기도 하다. 다만 치밀하게 작용하는 점에서는 인간미가 다소 떨어진다고 하는 점이 단점이겠으나, 이러한 것은 현대적인 생활패턴에서 볼 때 오히려 남들에게 부담을 주지 않는 편안한 사람으로 느껴지기 때문에 구태여 단점이라고 말을 할 것은 아니라고 여겨진다.

　서두르는 듯하지만 두 발은 땅 위를 딛고 있는 것이다. 이것은 甲木이 약간 들뜬다 싶게 서두르는 점과 비교해볼 때 분명히 장점으로 보여질 수 있다. 예의바르고 자신의 위치를 분명히 파악하고 있는 乙木에게는 웬만하게 깐깐한 사람이 아니고서는 시비거리를 찾아내기가 그리 쉽지 않을 것이다. 다만 너무 완벽하려고 하는 마음에서 스스로 부담감을 가질 가능성도 있겠는데, 특히 관살이 옆에서 영향을 주고 있다면 아마도 긴장감이 상당하지 않을까 싶다. 그렇게 되면 정신적인 스트레스를 상당히 받게 되겠는데, 긴장을 풀어주는 방법도 강구해봐야겠다.

　때로는 털털한 마음으로 모든 사물을 있는 그대로 바라다보는 자유로움이 정신건강에 참으로 유익할 수 있다. 이런 사람은 유럽지역에 있다는 나체촌에 들어가서 일주일 정도 생활하고 오는 것이 좋지 않을까 싶다. 그러한 곳에서 모든 가식을 벗어버리고 있는 그대로를 관찰하게 된다면 상당히 편안해지는 마음을 느끼게 될 것이다. 물론 일간 주변에 관살(官殺) 대신 식상이 있다면 전혀 이런 염려는 할 필요가 없을 것이다. 능동적으로 자신의 목적을 향해서 스스로 신축성(伸縮成) 있게 대처할 것이기 때문이다. 다만 이러한 불기운이 너무 넘친다면 오히려 정신질환을 염려해야 할는지도 모르겠다. 그래서 약한 乙木이라면 자신의 중심을 잘 잡고 살아가는 것이 무엇보다도 중요하겠고, 공연히 앞만 쳐다보고서 허욕을 낸다면 신경이 허약해질 것이고, 그 틈바구니를 못된 귀신들이 파고들 가능성[15]도 있어 보인다.

특히 영기운이 있는 사람들 가운데는 신약(身弱)[16]한 乙木을 자주 볼 수 있다. 이 이야기는 乙木의 기운을 가진 사람은 정신관리를 매우 잘해야 한다는 암시로 남는데, 중화를 이루고 있거나 신왕(身旺)한 상태에서 기운이 잘 유통되어 흐른다면 전혀 걱정을 할 일이 아니라고 생각된다.

---

15) 귀신들은 사람의 심장에 안주를 하는 모양이다. 그리고 심장까지 파고드는 경로는 신경계를 의지한다는 생각을 해본다. 그러므로 목(木)이 허하고 화(火)도 허하다면 아무래도 귀신에게 시달림을 받을 수 있는 조짐이 된다고 볼 수 있겠다.
16) 사주명식을 종합적으로 판단했을 적에 내는 결론 중 한 기준인데, 가령 을목(乙木)을 생조해주는 수목(水木)이 부족하고 반대로 화토(火土)나 극하는 금(金)이 많다면 신약하다는 판단을 한다.

제3장
병화

丙火는 또 어떤 의미가 있을 것인가? 우선 사전에서 찾아보는 丙火의 의미는 비교적 간단한 편이다. 첫째로 ① '셋째 천간 병'이 최우선으로 자리하고 있다는 것은 이미 보지 않아도 능히 짐작이 가는 대목이다. 그리고 바로 붙어서 '남녘 병'이라는 것이 있는데, 남쪽의 의미가 있다는 뜻이다. 여기에서 남쪽의 의미가 등장하는 것은 남쪽 방향이 불의 방향이 되고 丙火는 이미 불이기 때문에 그러한 방향까지 책임을 지고 있는 모양이나. 그런데 남쪽에다가 丙火를 배속시켰으면 동쪽에다가 甲木을 집어넣었을 법도 한데, 甲에서는 그러한 이야기가 없었다. 허긴 甲木은 의미가 하도 많아서 달리 동쪽 갑이라는 말은 하지 않아도 충분했던가 보다.

다음으로 이미 세 번째 천간이라고 하는 의미에서 확장된 것으로 ② '셋째 병'이라는 의미가 있다. ③ '불 병'은 불이라는 의미로써 이미 丙火라는 제목에서 충분히 짐작하였던 것이니 丙火의 항목은 내용이 단순하다고 하겠다. 여기에서는 불이라는 의미를 잘 이해한다면 공부가 될 것으로 생각하고 잠시 가다듬어본다.

세 번째 천간 丙의 의미

丙火는 천간에서 세 번째의 위치를 차지하고 있다. 그럼 이제부터 세 번째라고 하는 것에 대한 의미를 관찰해보기로 하자.

첫번째의 甲木 기운을 받아놓고, 두 번째의 乙木 기운도 충분히 얻었다. 그러면 연료는 충분하게 저장된 셈이다. 이제는 폭발을 하는 출력만이 기대된다. 그래서 세 번째에 있는 이 글자는 폭발하는 성분으로 구성이 되어 있다고 보는 것이다. 그리고 이렇게 폭발하는 성분에게 우리는 불이라고 하는 의미를 부여해본다. 특히 불 중에서도 가장 폭발력이 강한 성분인 陽火라는 의미가 추가된다.

속담에 '먹은 놈이 싼다'는 말이 있다. 뇌물사건으로 나라가 어수선하고 은행장이든 고위 공직자든 가리지 않고 마구 잡혀가는 장면을 보면서 그러한 말들을 한다. 그러나 아무리 사정 한파가 거세도 청렴결백한 사람은 두려울 것이 없다. 그렇지만 그러한 관리가 과연 얼마나 되는지는 잘 모르겠다. 이렇게 산중에서 자연의 이치나 궁리하고 살아가는 사람에게는 크게 와닿지 않는 이야기지만 세상에서 남과 어울려 살아가는 사람들은 연일 그러한 소용돌이 속에서 자신의 본모습을 지키기가 버거운 일이라는 이야기도 들린다.

이야기가 또 엉뚱한 곳으로 가버렸나 보다. 丙火의 성분은 그렇게 木의 기운을 받았으므로 좋든 싫든 상관없이 폭발을 해야 한다는 이야기를 하기 위함이다. 그 과정에서 적절하게 에너지를 받았다면(木으로부터) 아름답게 타오르는 불꽃이 될 것이고, 너무 과다하게 받았다면 핵폭발이 될지도 모른다. 그리고 대단히 미약하게 받은 경우에는 불이 붙지도 못하고 꺼져버리는 아쉬운 불발탄이 될 것 같다. 어쨌든 木의 상황에 의해서 결과가 달라지겠지만 丙火는 먹은 만큼 폭발한다는 것을 이해하면 되겠고, 따라서 전혀 힘이 축적되지 못한 丙火는 폭발할 힘도 없다고 보면 되겠다. 그래서 적절하게 세 번째의 자리에 있어야 할 이유가 있는 것으로 생각해본다.

물질적인 관점

물질로 관찰이 가능한 丙火의 유형으로는 쉽게 빛을 떠올릴 수 있다. 광선이라고 부를 수 있겠는데, 실제로 많은 명리서(命理書)에서도 丙火에 가장 어울리는 성분은 태양(太陽)이라고 비유를 들고 있다. 그러나 다시 살펴보면 그 비유는 정확하지 못한 것 같다. 태양은 빛과 열을 동시에 갖고 있는 성분으로 빛이라고 부르기보다는 그냥 火라고 해야 할 듯하다. 작열하는 태양이라고 말을 할 적에는 분명히 열기(熱氣)의 의미가 포함되기 때문이다. 그런데 실제로 빛과 열은 같은 성분은 아니다. 즉 겨울의 태양 같은 경우 빛이 시원치 않아서 열기가 없느냐는 질문을 한다면 그렇지 않다고 이야기해야 하기 때문이다. 이러한 정황까지도 모두 이해를 하고서 '丙火는 태양(太陽)이다'라는 이야기를 한다면 비로소 올바르게 말을 한 것으로 받아들이게 된다.

다음으로 丙火와 유사한 성분을 갖고 있는 것으로는 반딧불이 있겠다. 반딧불의 형광물질은 열감(熱感)은 전혀 없고 그냥 빛만 있는 것을 볼 적에 이것은 비록 연약한 빛이지만 丙火라고 봐도 되겠다는 생각을 해본다. 옛말에 형설지공(螢雪之功)이라는 것도 반딧불의 빛을 의미하는 것이지 열감과는 전혀 상관이 없는 것이다. 이러한 의미에서는 야명주(夜明珠)도 해당이 되겠다. 실제로 야명주를 본 적은 없는데 흔히 무협지 등에서 동굴 속으로 들어가면 야명주가 굉장한 빛을 내고 있더라는 이야기를 어렵지 않게 읽을 수가 있다. 뭔가 빛을 내는 것들은 모두 丙火라고 생각해본다.

그리고 또 다른 성분으로는 도깨비불이 있다. 경상도 말로는 '토찝

이 불'이라고 하기도 한다. 혹 벗님께서도 도깨비불을 보신 적이 있는지 모르겠는데, 멀리서 파르스름한 청록색의 빛을 띠다가는 가까이 다가오면서 점차로 약해져 없어지는 것을 말한다.

요즘이야 형광등이 가장 대표적인 丙火라고 보면 되겠고, 브라운관의 영상을 만드는 빛도 역시 丙火라고 하면 되겠는데, 백열등은 아무래도 혼합적이라고 해야 할 것 같다. 왜냐면 열기도 상당하기 때문이다. 이것을 더 확대해서 생각해보면 엑스레이 광선도 丙火라 해야겠다. 역시 뜨겁지 않기 때문이다. 요즘은 MRI라고 하는 자기공명촬영장치가 있어서 신체의 내부를 잘도 살핀다고 하는데 우리가 살필 적에는 마찬가지인 丙火로 보면 되겠다. 이렇게 첨단시설에 이용되는 원리는 보통 광학(光學)이라고 부르는 모양이다. 아마도 적외선이나 자외선도 모두 丙火의 영역일 것이다. 어쨌든 우리는 빛에 해당하는 부분을 일러서 물질적인 관점에서의 丙火로 관찰을 하면 충분하리라고 생각해본다.

인간적인 관점

이제 가정적인 관점에서 丙火의 역할을 생각해본다. 가정에서 가장 밝고 명랑한 위치에 있는 사람은 막내아들이 아닐까 싶다. 부모님은 언제나 자신의 편이고, 형과 누나들도 모두 자신의 말 한마디면 꼼짝도 못 한다는 장점을 가지고 있다. 그래서 천방지축으로 날뛰기도 하고 철이 없기도 하다. 이러한 상황에서 丙火를 이해해보고자 한다.

丙火는 그래서 가장 눈에 띄는 성분이다. 언제나 자기 위에 어른이 없다고 생각할 수도 있겠다. 갖고 싶은 것은 다 가져야 속이 시원하고, 하고 싶은 것은 모두 다 해야 되는 것이 丙火라고 할 수 있다. 귀한 막내아들이 아니고서는 이러한 특권(?)이 주어질 것 같지가 않다. 그렇다고 해서 모든 막내들이 이렇게 특권을 받고 있다고 할 수는 없겠지만…… 그래도 비교적 보호(甲乙木의)를 받으면서 자기 마음대로 할 수 있을 것이다. 또한 이러한 성분의 특성은 상당히 산만한 형태로 나타날 것이다. 丙火를 빛이라고 전제할 때 가장 분산력이 좋은 특징이 있는 성분이다.

막내는 산만하다. 해야 할 것도 많고 보고 싶은 것도 많다. 다른 형제들이라고 해서 산만하지 않았겠느냐만 유난히 막내에게 이렇게 평가를 내리는 것은 다른 사람들은 이미 다 자랐기 때문이다. 그래서 자신들이 어려서 그랬다는 것은 까맣게 잊어버리고 막내의 부산함만 탓하게 될 것이다. 개구리 올챙이 적 시절을 기억하지 못한다고 하는 말처럼 자신의 어린 시절 산만함에 대해서는 이미 잊어버린 지 오래일 것이다.

사회적으로 관찰을 해본다면 丙火를 닮았다고 생각되는 사람은 아마도 초등학교 학생들이 아닐까 싶다. 초등학교에 다니는 나이는 대략 일곱 살에서 열세 살 정도가 된다. 이 시기에 해당하는 학생들은 대표적인 특징을 들자면 산만함일 것이다. 그래서 초등학교에서 교편을 잡으려면 산만한 것에 대해서는 어느 정도 무뎌져야 하고 다스리는 방법도 나름대로 통달해야 할 것이다. 그러지 못하면 엉망진창이 되어버린 교실에서 혼자서 울고 싶을지도 모른다. 참으로 어디로 튈는지 도무지 종잡을 수 없다고 해야 할 것이다.

학교에서야 그렇다고 치고 일단 집으로 돌아와서는 어머니와 또 전쟁을 벌이게 된다. 어머니로서도 참으로 처치하기 곤란한 녀석이 막내아들이다. 웬만하면 원하는 것을 다 들어주고 싶은데, 이 녀석이 여기저기 막무가내로 떼를 쓴다면 참으로 난처하게 될 것은 뻔한 일이다. 그래서 여러 가지 방법을 동원해보지만 참으로 뾰족한 해결법이 나오지 않는 것이 또한 난처하게 만드는 것이다. 초등학생이나 막내아들이나 이러한 의미에서는 완전히 동격이라고 하겠는데, 그래서 자신이 원하는 것이 이뤄지지 않아서 떼를 쓰면 으레 듣는 말이 있다.

"넌 막둥이처럼 떼만 쓰고 있으면 다 된다고 생각하니?"

세계적인 관점

다시 눈을 크게 뜨고서 지구를 살펴본다. 丙火에 해당하는 지역은 어느 곳이 될 것인가를 생각해보자. 역시 가장 빛이 많은 고장을 丙火의 기운이 많을 것으로 추리하는 것이 자연스러울 것이다. 그래서 떠오르는 지역은 아프리카 주위가 되지 않을까 싶다. 적도 주변인 관계로 가장 왕성한 빛을 가지고 있다. 그래서 丙火의 성분으로 보는데, 과연 그곳에 살고 있는 사람들의 심리상태에서는 丙火를 느낄 수 있을까.

대다수 흑인들의 내부에는 이러한 丙火다운 정열이 있는 모양이다. 화려하게 치장을 하는 것도 그렇거니와 어디에서나 리듬에 맞춰 몸을 움직이고 긍정적으로 살아가는 모습이 떠오르기 때문이다. 丙火의 대표적인 특징은 단순함이라고 할 때 아프리카의 원주민의 삶이 도시문명 속에 사는 도시인의 삶보다는 단순하다고 생각하는 것에 큰 거부감은 느끼지 않을 것이다. 느끼는 대로 춤추고 노래하고 먹고 마시면서 살아가는 것에서 막내아들의 걱정 없음과 단순함도 슬며시 보이는 듯하다.

그들의 행동에서 세상을 단순하게 생각하는 것을 느낄 수 있다. 이들에게 문명사회의 복잡다단한 생활 속에서 살아가라고 한다면 아마 십리 밖으로 도망을 치고 말 것이다. 또 다른 특징으로 오늘이 중요하고 내일에 대해서는 크게 고민을 하지 않는 특징을 가졌다. 불의 폭발력을 생각해보면 먼 미래에 대한 준비는 참으로 어울리지 않는다. 오직 지금 이 순간만이 있을 뿐이다. 이러한 점에서 막내아들과 공통점이 있지 않을까 싶다. 즉 막둥이도 뭔가 자신이 하고 싶은 것이 있으면 어머니의 지갑 사정은 전혀 고려하지 않고 요구만 하게 되니까 말이다. 즉 내일이 없다는 것이다. 어머니의 사정이야 전기세, 전화세에다가 또 빌려 쓴 돈까지…… 머리가 터질 것 같겠지만 막내아들은 그러한 것을 이해할 수 없는 것이니 이런 점에서 아프리카 원주민이 사는 모양과 닮은 점이 있다고 본다.

사주적인 관점

사주에서도 丙火에 해당하는 사람들은 대체적으로 단순, 명확, 화끈하다. 일단 목적이 정해지면 저돌적으로 목표를 향해서 달려나가고, 또 웬만한 일은 단숨에 끝장을 내버릴 정도로 과감하기도 하다. 봉사·희생정신도 강하지만, 그렇게 되는 것은 일단 자신의 마음에 부합되고 난 다음의 일이다. 즉 마음이 내키지 않으면 어떤 일도 용납하지 않는 점이 또한 특징이라고 하겠다. 반면 일단 맘에 들기만 하면 모든 것이 다 좋다. 그래서 아랫사람의 입장에서 본다면 눈치를 많이 보아야 하는 주인이 되기도 한다. 어디로 튈지를 미리 알아야 점수를 딸 수 있는데, 그 방법을 찾기가 그리 만만치 않기 때문이다. 오로지 丙火의 성분을 잘 이해하고 있어야만 가능하겠는데, 이러한 소식을 잘 모르고 있는 직원은 아무래도 자신의 사장이 갈팡질팡 중심을 잡을 수 없는 사람이라고 군소리를 늘어놓기가 일쑤일 것이다. 그렇게 되면 아무래도 총애를 받기는 어려울 듯싶다. 따라서 丙火를 이해하게 되면 또한 그렇게 다루기가 편안한 상전이 없는 것이다. 즉 자신의 안목이 어느 정도인가에 따라서 직장생활이 편안할 수도 있고, 연일 스트레스 그 자체일 수도 있겠다.

이러한 丙火의 기운이 너무 강하게 넘치는 사람이라면 아무래도 싸움을 몰고 다닐 가능성도 높다 하겠다. 적천수에서는 丙火의 기운이 강한 사람을 올려놓고서 호랑이 잡으러 갔다가 물려 죽은 사람이라고 소개한 사주가 하나 있다. 문제의 그 사주는 辛巳 甲午 丙子 甲午에 태어난 사람이다.

時	日	月	年	맹렬하고 또 격한 성품의 소유자였는데, 어려서 부모를 잃고 형수 손에 자랐다. 기골이 장대하고 힘도 장사였다. 무술 익히기를 좋아하고 방탕하게 사는 것을 아무도 말릴 수 없었다. 나중에 호랑이를 잡으러 갔다가 호랑이에게 물려 죽었다.
甲午	丙子	甲午	辛巳	
木火	火水	木火	金火	

이러한 설명이 붙어 있는 사람이다. 맹렬한 丙火의 성분이 나쁘게 작용한 예라고 생각된다. 너무 지나친 丙火의 기운을 가지면 넘치는 에너지를 주체하지 못하는가 보다. 적절하게 조절할 수 있으면 좋으련만, 그렇게 조절을 하려면 촉촉한 습토(濕土)가 있어줘야 하는데 애석하게도 전혀 그러한 성분의 土가 없으니 달리 도리가 없기도 하겠다.

또 이와 반대로 火의 기운이 너무 허약한 사람은 어떻게 할 것인가도 생각해보자. 불의 기운이 너무나 허약하다면 아무래도 생각만 가득하고 실행은 하지 못하는 사람이 되기 쉽다. 그러면 내성적이고 열등감이 가득한 사람으로 나타날 가능성이 매우 높겠는데, 이러한 사람은 내면적으로는 뭐든지 자신의 뜻대로 하고 싶지만 현실이 그렇게 받쳐주지 않으므로 이로 인해서 굉장한 스트레스를 받을 수 있다.

그렇게 되면 스스로 자신의 신경을 바글바글 태워서 재로 만들 가능성이 농후하다. 이러한 결과는 당연히 정신병으로 나타날 것이다. 너무 지나치게 폭발을 해도 문제지만 이렇게 내부적으로 스며들기만 해도 참 큰 일이다. 그래서 가장 좋은 것은 치우치지 않는 것이라고 하겠지만, 세상 사람들의 사주팔자 중 그렇게 중화(中和)만을 이루고 있는 경우는 그야말로 가뭄에 콩 나듯 하고, 기울고 치우친 사주가 우후죽순

(雨後竹筍)과도 같이 많으니 이것이 또한 인생살이의 본래 모습이 아닌가 싶기는 하다.

이러한 대목에 어울리는 사주가 있을까 싶어서 적천수를 뒤적여보니 다음과 같은 사주가 눈에 띈다. 한 번 살펴보자.

時	日	月	年	年干에서부터 水生木 木生火 火生土로 흘러가니 벼슬하는 집안에서 태어났고, 어려서는 공부도 잘 해서 벼슬을 했으나, 金의 운을 만나자 올바른 법을 준수하지 못하고서 범법 행위를 하여 가장 필요한 月干의 乙木이 깨어지니 극형을 받아서 죽고 말았다.
己	丙	乙	癸	
丑	子	丑	卯	
土土	火水	木土	水木	

이렇게 생긴 사주인데 안타깝게도 이 丙火가 겨울에 태어나서 매우 약하다고 하는 말을 한다. 반대로 앞의 사주는 여름에 태어나서 매우 강한 불이 되었던 것이다. 물론 설명을 이렇게 했다고 해서 겨울에 태어난 丙火에 해당하는 벗님은 고민을 하실 필요가 없다. 단지 이것은 하나의 예문일 뿐이다. 이러한 상황을 이해하기 위해서는 보다 상세한 설명을 드려야겠으나, 여기에서는 그러한 구체적인 상황을 설명하는 장이 아니므로 후일을 기약하기로 하고, 단지 같은 丙火라 하더라도 상황에 따라서 많은 차이가 날 수밖에 없다는 정도만 인식하면 충분하리라고 생각되어서 보여드렸다.

그럼 이 정도로써 丙火에 대한 설명을 마무리해본다. 다각적으로 관점을 달리하면서 실제적인 모든 상황에서 나타날 수 있는 丙火의 처지를 관찰하는 것이 공부에 도움이 되리라고 생각한다. 그러니까 이러한 자료를 바탕으로 삼고, 주변에서 무엇이 丙火와 닮았는지를 늘 관찰하는 눈으로 공부해 나간다면 보다 빠른 시간에 음양오행의 이치에 대해서 감을 잡을 수 있으리라 믿는다.

제4장
정화

 우선 丁火를 이해하기 위해서 자전(字典)을 찾았다. 丙火는 비교적 간단한 내용이었는데, 丁火는 그리 만만하지가 않아 보인다. 자전에 나열된 순서대로 설명을 옮겨본다.

 가장 처음에 있는 의미는 보나 마나 ① '넷째 천간 정'이다. 다음으로 보이는 것은 ② '왕성할 정'이다. 평소에 丁火를 촛불로 이해하셨다면 이러한 의미에서는 약간 혼동이 되지 않을까 싶다. ③ '장정 정'은 이미 우리가 알고 있는 대로 성년이 된 남자를 말한다. 그리고 병정(兵丁)이라는 말에서도 장정이라는 의미가 포함되어 있음을 알 수 있다.

 ④ '일꾼 정, 또는 하인 정'이라는 말도 있다. 이것은 앞의 장정에 이어서 젊은 남자에게 일 시키는 암시라고 생각된다. ⑤ '당할 정'이라는 의미는 얼른 이해가 되지 않는데, 특히 적천수를 보면 중간중간에 정간(丁艱)이라는 말이 나온다. 이것은 부모의 상을 당했다는 의미인데, 이 경우에도 당한다는 의미로 쓰이는 것이다. ⑥ '벌목 소리 정'은 나무를 찍는 소리라는데, 대충 짐작컨대 역시 일꾼 정에서 확대된 것이 아닌가 싶다. ⑦ '말뚝 박는 소리 정'도 벌목 소리 정에서 파생된 의미로 이해를 해보자.

⑧ '바둑 두는 소리 정'의 경우도 아마 중국의 발음상 이 글자는 바둑을 둘 적에 나는 소리와 많이 닮았던 모양이다. ⑨ '거문고 타는 소리 정'은 현악기를 타는 소리에서 응용된 것 같다. ⑪ '물방울 소리 정'은 아무래도 바둑 두는 소리와 연관성이 있을 것으로 생각되고, ⑫ '문 두드리는 소리 정'을 보면서 중국 사람의 발음에 정을 그렇게 부르는 모양이다. ⑬ '옥소리 정'이라는 것도 역시 같은 의미로 해석이 가능하겠고, 특히 자전에 추가된 말은 '고무래 정'이라고 되어 있는 것은 잘못된 것이라는 교정까지 붙어 있다. 그렇다면 적어도 벗님은 이 글자를 고무래 정으로 부르지는 말아야 하겠다.

이렇게 많은 의미가 있다고 할지 모르지만 사주를 보는데 쓰이는 글자라야 단지 22자 뿐인데, 그 중 절반도 되지 않는 천간이라도 바로 알고 있다면 아마도 자신이 앞으로 한없이 많이 다뤄야 할 글자에 대한 참고사항은 되지 않을까 싶은 생각으로 나열해보는 것이다.

네 번째 천간 丁의 의미

앞의 丙火에 해당하는 항목에서 陽火를 '빛'이라는 의미로 설명해봤다. 그렇다면 이 陰火에 대해서는 뭐라고 해야 가장 합당하게 접근 방법이 될까? 여러 가지 상황이 스쳐 지나간다. 그러나 무엇보다도 우선 네 번째 천간의 의미를 생각해보고서 다음으로 넘어가도록 한다.

네 번째라고 하는 것은 세 번째의 다음이라는 이야기가 된다. 그러면 세 번째는 빛이라고 했으니까 네 번째는 열(熱)이 되어야 합당할 듯싶다. 빛이 계속 에너지를 모으면 그곳에서 열이 발생한다. 이러한 이치를 보여주는 것으로 '돋보기로 종이 불 붙이기'라는 실험이 있다. 누구나 한 번쯤은 실습을 해봤음직하다. 빛을 모았다는 것 뿐인데 열이 발생한다는 것은 명리를 연구하는 사람으로서 그리 간단하게 볼 수만도 없는 오묘한 자연현상이다. 여기에 네 번째 丁火가 있는 이치가 담겨져 있으니 말이다.

물론 이러한 것을 가볍게 스치고 넘어가면 그 또한 그만이다. 그렇지만 눈 밝은 수행자는 그렇게 사소해 보이는 것에서도 우주가 살아서 움직이는 광대무변한 진리를 읽을 수 있을 것이다. 그러고 보니, 며칠 전에 역학동호회(易學同好會)의 한 게시판(명리마당)에서 읽은 글이 떠오른다. 최초의 창설시기부터 함께 활동을 해오던 벗인데, 읽어볼 가치가 있다고 생각이 되어서 그대로 옮겨보도록 하겠다.

세상 모든 것에는 이면이 있다

신문을 보니, 『보이지 않는 권력자』라는 책이 나왔더군.

혹자는 앱솔루트 파워 같은 영화를 떠올릴지도 몰라.

하나 그 책은 미생물에 관한 책이었지. 내가 미생물학과에 입학한 지도 어언 10년이 가까워지는데, 그간 내가 느낀 점을 한 마디로 요약한 것 같은 책제목이었어.

사람들은 모르지. 이 세상 모든 곳에서 벌어지는 모든 사건들에서 미생물들이 얼마나 중요한 일들을 하는지.

인생의 가장 근간이 되는 먹는 것에 대해서 한 번 생각해볼까? 김치나 된장 등 각종 발효식품을 만드는 데에서부터 각종 먹거리들을 썩게 만들어서 못 먹게 하는 일들이 모두 미생물이 저지르는 짓들이야. 입에서부터 항문까지 곳곳마다 필요한 미생물들이 존재하지 않는다면 사람들은 먹을 것 하나 제대로 소화하지 못하지. 그러나 사람들은 이런 걸 몰라.

내가 시나리오 공부를 할 때, 스승님께서 가장 강조하신 것이 바로 '이면'이란 것이지. 모든 사건, 모든 사람들에는 다 이면이 있다. 모름지기 작가라면 이 이면에 주목을 해야만 한다고 하셨지. 사실 드라마나 영화를 볼 때, 이면을 이해하고 쓴 작품과 눈에 보이는 것만 가지고 쓴 작품과는 정말 천양지차라는 것을 느끼곤 해.

그때부터였을 거야. 내가 접하는 사람이나 사건들 뒤의 이면을 이해하기 위해서 각별한 노력을 기울이기 시작했던 것은.

이렇게 살다 보니, 자연이나 인간이나 모두 보이지 않는 무형의 것이 정말로 중요하다는 생각이 들었어.

왜 갑자기 이런 이야기를 중얼거리느냐구? 사람들이 번민하는 것들 중에서 그 이면을 모르기 때문에 그 정도가 더욱 심해지는 것이 많다는 생각이 들어서 그러는 거야. 그런 경험들 해보았을 거야. 자기는 알고 있는 사실을 전혀 모른 채 그 문제로 고민하는 사람을 바라보면서 느끼는 감정.

신이 존재한다면, 신들도 인간을 바라보면서 그런 감정을 느낄까? 어쨌거나, 어떤 일을 당했거나 어떤 사람을 바라볼 때 그 뒤에 숨겨진 것들을 다양하게 상상해보는 나의 버릇은 나의 감정이 격해지는 것을 가라앉히는 데 도움이 되었던 것 같아.

한 가지 중요한 것은 사람은 자기의 성향에 따라서 이면을 추론하려는 경향이 있다는 거야. 비관적인 사람은 항상 비관적으로만 유추하고, 낙관적인 사람은 항상 낙관적으로만 유추를 하지. 전자인 사람은 좀 고치는 게 좋을 것 같아.

본인도 피곤하지만 주위 사람들도 상당히 피곤하거든. 난 이런 식으로도 해봤어. 일단 이면을 추측하기 시작할 때는 매우 낙관적인 방면으로 한 다섯 가지 경우 정도를 상상해보는 거야. 익숙해진 다음에는 세상이 100배는 더 즐거워질 거야. 후후후!

노변정담이나 명리마당에 올라오는 글들을 읽고 있노라면, 힘겨워하는 글들도 종종 눈에 띄곤 하지. 가만히 그 이면을 상상해봐. 혹 알아? 지금의 힘든 일들이 엄청난 기쁨의 전주곡이 될지. 그렇진 않더라도 이렇게까지 고민할 일이 아닐 수도 있다는 걸 알게 될지도 몰라.

　언제인가. 이면 뒤에 또 이면이 있고, 그 이면 뒤에도 또 다른 이면이 존재한다는 걸 알게 되면 아마도 새로운 인생을 시작할 수 있을 거라 생각해.

　이러한 내용이 담겨 있었는데, 읽어보면 볼수록 맛이 배어나오는, 그야말로 미생물학(微生物學)을 전공한 전문가답게 깊고도 미세한 관찰력이 느껴지는 내용이었다. 이 글을 보면 이면에 대한 의미를 제대로 파악하고 있는 것 같다. 언제나 겸손하게 세상의 이치를 궁리하는 모습이 보였는데, 이러한 멋진 통찰력의 힌트를 제공해준 것이 참 고맙고 잠시 깊은 생각을 해보게 되었던 글이라서 소개해봤다.

　우리가 丁火를 관찰할 적에도 마찬가지다. 미생물이 보이지는 않지만 무한한 힘을 가진 것처럼, 비록 직접적으로 볼 수 없다 해도 세심하게 관찰을 한다면 보다 깊은 곳의 이치까지도 관찰자의 시야에 비춰질 가능성이 매우 높을 거라는 생각이 든다. 앞으로도 항상 이러한 마음가짐으로 십간의 이치를 잘 궁구해서 많은 힌트를 찾아내기 바란다.

물질적인 관점

　이미 앞서도 말했듯이 열(熱)에 해당하는 부분은 모두 丁火라고 생각을 해보도록 하겠다. 가장 가까이에 있는 물질 중에서는 인체가 있다. 사람의 몸에서 가장 온기를 느끼게 하는 것이 무엇일까? 아마도 심장(心臟)일 것이다. 심장은 쉬지 않고 뛰면서 항상 열을 만들어낸다. 그리고 시인들의 노래를 들어봐도 심장은 그렇게 따스하다고 말한다. 가슴이 따스하다는 말 속에는 심장의 의미도 들어 있는 것 같다.

　또 이 심장이 멎어버리면 온몸이 식어지는 것을 봐도 틀림없는 이야기라고 생각된다. 그렇다면 심장을 丁火라고 부르는 암시가 어딘가에 있을 법하다. 그래서 자료를 뒤적여보니 한의학에서 '心臟=丁火'로 연결을 지어놓고 있었다. 당연하겠지만, 심장의 열기와 丁火는 그대로 연결되어 있는 것으로 선인들께서는 읽으셨던 모양이다. 이러한 자료를 보면서 더욱 분명하게 심장이 丁火라는 것을 확인해본다. 특히 심장은 오장육부(五臟六腑)에서 오장(五臟)에 해당되고, 오장은 인체를 움직이는 기관이라는 의미도 되겠는데, 그것은 바로 보이지 않지만 막강한 위력을 발휘하는 대단한 실세라고 말할 수 있다. 그래서 보이지 않지만 활동을 줄기차게 한다는 미생물(微生物)의 이야기가 공감이 되는 것인가 보다.

이러한 丁火는 또 다른 의미에서 용광로에 연결시킬 수 있다. 흔히 용광로를 丁火라고 말한다. 용광로는 굉장히 강력한 고열(高熱)을 가지고 있다. 그런 의미에서 열의 대명사로 쓰인다. 따라서 이 부분에서 丁火를 끌어다가 넣고 있는 것도 같은 맥락일 것이다.

용광로는 빛과 전혀 관계가 없어 보인다. 오로지 열이 필요해서 만들어진 물건이라고 할 수 있다. 따라서 용광로는 丁火가 분명하다고 보는데, 또 나른 형태로는 불 때는 아궁이나, 모든 전열기(電熱器)가 丁火의 원리로 응용된다고 이해하면 되겠다.

이것을 확대해서 생각해보면 전기라는 것은 그대로 火로 보면 되겠다는 생각이 든다. 그 작용하는 상황에 따라서 빛을 쓰는 형광등이나 조명기구는 丙火로 보고, 열을 쓰는 난로나 밥솥 등은 丁火로 보면 되겠다. 이렇게 따지다 보면 모터는 또 어디에 집어넣어야 할지가 고민이다. 이 녀석은 움직이는 것이 주목적이므로 丙火에다가 집어넣어보자. 丙火가 사방으로 분산되는 에너지라고 한다면 그러한 성질이 일정한 방향으로 응용하는 것으로 이해하면 되겠다는 생각이다. 그러면 냉장고는 어떻겠느냐고 하는 의문이 나와야 참다운 학자의 안목일 것이다.

과연 냉장고는 어디에 집어넣으면 좋을까? 한 번 스스로 생각을 해보시기 바란다. 혹 성급하게 냉장고는 오행이 水라는 의견을 제시할지도 모르겠다. 그 의견이 완전히 틀리다는 말씀은 못 드리겠지만, 그보다 냉장고는 열의 이면이다. 즉 열을 내는 반대쪽에서 냉기운이 가동되는 것이기 때문에 丁火라고 생각을 해본다. 주로 이런 식이다.

또 다른 물질로는 끓는 물도 丁火라고 생각해본다. 아니, 정확히 말한다면 끓는 물 속에 있는 뜨거운 에너지가 丁火라고 해야 하겠지만…… 그 이유를 생각해보자.

우선 맹물을 한 주전자 가스레인지에 올려놓고서 불을 당겨보자. 그러면 물의 온도는 서서히 올라가게 될 것이다. 그 물의 온도가 올라가는 이유는 무엇일까? "그야 당연히 불을 때니까 물이 끓는 것이지 무슨 이유가 또 필요하담……" 이렇게 말한다면 그것이 정답이다. 그러나 보다 재미있게 생각을 해보자. 우선 물의 성분 속으로 무엇인가가 들어와서 물은 끓게 되었을 것이다. 그 무엇은 어디서 왔을까를 생각하게 되는데, 그것이 온 곳은 바로 가스레인지 안의 가스와 결합하여 나온 열에너지이다. 즉 가스가 타오르면서 열을 만들어내고 이것은 丁火이다. 이 丁火는 바로 위에 있는 주전자로도 스며들고 주방의 공간으로도 분산이 될 것이다. 그리고 그 주전자 속으로 들어간 丁火는 점차로 시간이 경과하면서 늘어나게 된다. 그 늘어나는 비중은 가스레인지의 화력이 강한 것과 비례한다. 즉 불이 약하면 천천히 끓을 것이고, 불이 강하면 급하게 끓게 될 것이다.

만약 물 속에 또 다른 성분(예를 든다면 기름)을 섞어버린다면 끓는 온도는 또 달라지겠지만, 그냥 순수한 보통의 물은 섭씨 100도 정도로 열을 받으면 끓어서 기체가 된다. 이미 알고 계신 이야기를 호들갑스럽게 이야기했는데, 이유는 혹 丁火가 불 속에만 있다고 고집을 부릴지도 모른다는 생각이 들어서이다. 그러니까 끓는 물 속에는 그만큼의 丁火

가 함께 있다고 이해를 하자는 것이다. 이러한 것을 보고 수화기제(水火旣濟)[17]라는 말을 생각한다면 그분은 이미 이러한 수준을 졸업했다고 봐도 충분하겠다.

이 물 속의 丁火 에너지는 물과 잘 어울린다. 빛은 물과 잘 어울리지 못하는데, 열은 잘 어울리는 것 같다. 丁火는 물과 결합할 수가 있지만, 丙火는 물과 전혀 결합할 수 없다는 법칙이 존재[18]하는 것만 봐도 물 속의 열기는 丁火라는 생각이 든다. 같은 의미로 끓는 물만이 아니라 따스한 물도 丁火가 일부 포함되어 있다고 볼 수 있겠다. 중요한 것은 고정관념(丁火=불)을 버리는 것이, 보다 넓은 안목으로 진행하는 데 도움이 되겠다는 것이다. 그리고 물에서 丁火를 완전히 빼버리면 얼음이 될 것이다. 즉 물이라고 하는 것에는 이미 丁火가 일부분 녹아 있다고 보는 것이다. 그래야 우리가 마실 수 있는 음료수가 되는 것이다. 만약 열이 없이 차가운 물의 성분만 있다면 딱딱하게 굳어서 도저히 마실 수 없을 것이다. 어떤가? 이렇게 궁리를 하는 것이야말로 사물을 보다 재미있게 관찰하는 것이 아닐까?

인간적인 관점

丁火의 특성을 이제 인간에게 접목시켜봐야 할 것이다. 이미 인체에 대해서는 연관을 시켜봤지만, 그것은 어디까지나 부분적인 것일 뿐이다. 인간에게 丁火를 접목시킨다면 또 어떻게 나타날 것인가를 생각해 본다.

---

17) 물과 불이 잘 어우러져서 아름다운 창조를 한다는 의미로 쓰인다. 그리고 이것이 변해서 가장 조화로운 유통을 암시하기도 한다. 인체에서는 심장(丁火)기능과 신장(癸水)기능이 조화를 이뤄서 기운이 잘 흐르는 것을 말하기도 한다.
18) 오운(五運)에서 정임합목(丁壬合木)이라는 공식이 있다. 나중에 천간(天干)합에 대해서 공부하게 된다. 정과 임이 만나면 서로 합을 하게 된다는 의미 정도로만 이해를 하자.

앞에서 연구한 대로 우선 가정적인 관계에서 丁火의 입장을 관찰해 보자. 우선 丁火는 가장 따스한 성분을 가지고 있는 것으로, 맏딸이 아닐까 싶다. 맏딸은 항상 생각이 깊다. 그리고 언제나 어머니 대신으로 가족을 돌보는 따스한 마음을 가지고 있다. 그래서 살림밑천이라는 말도 생긴 것이 아닐까 싶다.

집안의 분위기를 화목하게 이끄는 따스한 마음씨는 丁火만의 자랑이며 또한 장녀라야만 가능한 상황일 것이다.

이러한 관점에서 본다면 방송인으로 이상벽씨나 황인용씨 같은 분들이 丁火에 해당하지 않을까 싶다. 남의 아픈 곳, 가려운 곳을 잘도 찾아서 토닥거려주는 성품을 보면서 그러한 생각이 든다. 주로 편안하게 해주는 데 특기를 보이는 것은 역시 장녀의 몫인데 그런 역할을 잘도 하고 계시는구나 하는 생각을 해본다.

그러면 국가기관에서는 어느 부분이 丁火가 될 것인가도 생각을 해보자. 아무래도 마음이 추운 사람들에게 포근한 의미를 부여하는 곳이라야겠는데, 이러한 기관은 행정공무원들이 아닐까 싶다. 읍면동 사무소에서 언제나 친절한 모습으로 민원을 해결해주고 국민과의 대화를 통해서 일을 봐주는 하급공무원들이 바로 丁火에 해당한다고 생각된다. 이들은 국민들의 손발이 되어 원하는 일이 잘 되도록 돌봐주는 것이 목적이다 보니 항상 국민의 편에 서고 그래서 또한 우리의 삶이 편안하게 되는 것이다.

가끔 논산시청에 볼일이 있어서 나가보면 참으로 편안하다는 생각이 든다. 요즘은 예전 같지 않다. 예전에 한 번씩 일을 보러 가면 그 딱딱함과 불친절함으로 '관청이라는 곳은 높고 위엄이 있는 자리'라는 생각을 했었는데 최근에는 남의 편의를 보아주는 丁火의 몫을 잘 하고 있다는 생각이 든다. 군림하려고 하는 순간부터 불화의 싹은 자라고 있는 것이다. 이렇게 봉사행정을 실천하는 공무원이 있는 상황이 되어야 비로소 돋보이는 관리도 나올 것이다. 그래서 정이 간다.

　이렇게 잠시 짬을 내어서 논산시를 칭찬해본다. 물론 마음에 와닿는 따스한 느낌이 들어서이다. 다른 곳의 관청에서도 이렇게만 해준다면 거리감이 없을 거란 생각이다. 혹 그렇지 않은 곳이 있다면 어서 빨리 丁火의 가슴을 가지는 방법부터 먼저 배우고 그 자리에 앉아주기를 기대해본다. 사람은 다 같은 것이다. 대단히 더 잘난 사람도 없고, 그렇다고 엄청 못난 사람도 없다고 본다. 누구나 포근한 눈길로 살펴주면 편안한 것이고, 도끼눈을 뜨고 있으면 불안해지는 것은 인지상정일 것이다. 이러한 것에 마음을 기울이는 행정기관이 된다면 아마도 이 나라는 더욱 부드럽고 가정적인 나라가 될 것이 틀림없다. 혹 그러면 기강이 무너진다고 걱정을 하시는 분도 계실는지 모르겠지만, 이러한 염려는 그야말로 쓸데없는 근심이다.

세계적인 관점

　다시 눈을 크게 뜨고서 지구 쪽을 응시해보자. 서로 감싸주는 나라는 어느 곳일까를 찾기 위해서다. 그리고 그러한 곳을 찾는 눈은 유럽을 보면서 서서히 멈출 자리를 찾는다. 아무래도 丁火를 닮은 나라는 프랑스가 아닐까 싶다. 직접 가보지 않아서 확언할 수 없지만 물론 서기로 따져서 1998년 현재의 느낌을 기준해서 드리는 말씀이다.

　유럽은 프랑스를 중심으로 EEC(European Economic Community)를 구성하여 하나가 되고 있다. 모두 자기 목소리를 내고 남을 생각지 않는다면 모두 같이 잘 사는 커다란 공동체가 될 수는 없었을 것이다. 남을 배려해준다는 느낌이 들어서 살기에 편안한 나라라는 생각이 드는 것이다.

　TV 화면에서 가끔 보면 지나가는 행인들이 몽마르트르 언덕 같은 데에서 자신의 작품을 발표하는 사람들에게 관심어린 눈길을 보내주면서 한가하게 거니는 모습을 보면 더욱 그러한 기운을 느낀다.

그러나 세상을 사노라면 어찌 모든 사람들이 전부 따스한 마음으로만 살 수 있겠는가 싶기도 하다. 때로는 분노도 하고, 또 때로는 사기를 칠 경우도 있으리라고 생각된다. 그렇지만 기본적으로 주변에 대해서 따스한 마음씨를 가진 사람이 많다면 역시 그러한 느낌은 나타나지 않을까 싶은 것이다. 우리도 이기적인 자기 제일주의(甲木 특징)에서 벗어나 이렇게 함께 사는 사람들의 분위기를 갖게 되기를 고대해본다.

사주적인 관점

丁火의 사주를 가지고 태어난 사람은 丁火의 영향을 받아서 항상 남의 입장을 고려하고 그의 편에 서서 살펴보려는 포근한 마음씨를 소유하게 된다. 물론 국민성에 영향은 받겠지만 기본적으로 태어나면서 그러한 기운을 받고 태어나기 때문에 자신의 특성에는 큰 변함이 없을 것으로 본다. 그렇다면 유럽에서 태어나는 사람들은 丁火가 많고 한국에서 태어나는 사람들은 甲木이 많을까? 그렇지만 사주를 볼 적에는 대체로 같은 정도의 수인 듯하다.

이러한 성품은 그냥 감싸주기만 하는 것이 아니라 때로는 잘못된 것을 바로잡아주기도 한다. 丁火도 역시 불은 불이다. 누군가가 건드리면 폭발하는 성분도 들어 있는 것이 사실이다. 다만 丙火는 건드리지 않아도 폭발하는 것과 비교한다면 丁火는 건드리지 않으면 얌전하다는 말을 할 수 있을 것이다. 그야말로 신사라는 말이다. 예의바르고 차분하다는 말도 가능하다. 남의 입장을 잘 고려해주는 성분으로 인해서 자신이 약간의 손해를 보는 경우도 있다. 그래도 상대방이 즐거우면 마음이 편안해지는 성분이 깃들어 있다고 본다.

그런데 이러한 성분이 지나치게 과열되어 있다면 아마도 丙火의 성분이라고 판단하게 될 것이다. 원래 열기가 과열되면 빛도 많이 발생하는 것이다. 모닥불을 피우고 놀 때 장작을 듬뿍 집어넣고 불을 피우면 주변이 상당히 밝아진다. 이것을 보고 느끼는 것은 丁火도 세력이 강하면 빛이 많이 난다는 것이다. 그래서 이러한 사람은 성품도 괄괄하고 불의를 보고서는 참지 못하는 성분으로 나타나기도 한다.

　반면에 같은 丁火라도 불이 약한 경우에는 늘상 마음만 있고 행동이 따르지 않는 상황이 발생하겠다. 즉 남의 아픈 곳을 만져주고 싶지만, 그렇게 하려니까 피곤해서 나부터 지치게 되는 꼴이라고나 할까. 이러한 경우에는 그냥 속으로만 생각하고 막상 행동으로는 나타나지 않는다. 약한 불은 남의 가슴을 데워주기에 열기가 부족해서이다. 이렇게 되면 열기를 북돋아줄 연료가 필요하게 되고, 그래서 나무가 있는가를 찾게 되는 것이다. 이러한 상황에 처한 사람은 자칫 너무 나뭇단에 집착한 나머지 나무의 노예가 될 가능성도 있다.

　실제로 약한 丁火 중에서는 접신(接神)이 되는 경우를 많이 본다. 흔히 말하는 무당사주가 바로 이러한 상황을 의미한다.

　뭐는지 약하면 남의 지배를 받게 된다. 사주에 있어서도 예외는 아니어서 이렇게 불이 약하면 물을 만났을 적에 자칫 꺼져버리게 되므로 그 마음에는 늘상 근심이 도사리게 되고, 이로 인해서 어쩔 수 없이 약한 불은 나무의 지배를 받게 된다.

　또한 무당이라는 것도 생각해보면 남에게 따스한 말을 해주는 직업이라고 할 수 있겠다. 요즘은 인식이 잘못되어서 돈만 알고 있는 사람으로 생각되기도 하는데, 원래의 무당은 동네에서 뭔가 잘 풀리지 않고, 꼬여드는 사람들이 하소연을 하러 찾아가던 곳이다. 자신은 마음이 추우면서도 찾아오는 사람에게는 희망과 용기를 주는 역할을 잘도 수행하게 되었던 것이다. 역시 丁火에게 가장 어울리는 일이겠는데, 문제는 丁火가 약하기 때문에 조상영혼의 도움을 받는다는 점이 다르다고 하겠다.

그런데 이렇게 말씀을 드린다고 해서 약한 丁火는 모두 무당이라고 판단하면 곤란하다. 역시 등급에 따라서 자신이 종사하는 일은 분명 다르게 마련이다.

사실 낭월이도 무당에 대해 별로 긍정적이지 못한 선입관을 가졌었는데 세상을 살아가면서 이러한 생각이 달라졌다. 그 결과 현재 낭월이가 생각하는 무당이라는 단어의 느낌은 '무당＝딱한 운명＝감싸주자'는 쪽으로 전개되고 있다. 명리학을 연구하다 보면 세상의 모든 부류에 대해서 이해하는 마음이 생긴다는 점이 묘하다. 심지어는 사기를 치는 사람의 마음도 사주팔자에 나와 있으니 이것을 보면서 그 사람을 비난할 수만도 없는 것이 아마도 연구하는 사람의 마음일 것이다.

예전에는 올바른 사람과 바르지 못한 사람에 대해서 어떤 기준이 있었다. 그런데 요즈음에는 전혀 기준이 없다. 법관은 올바른 사람이고, 강도는 나쁜 사람이라는 판단도 꼭 그렇지만은 않다는 쪽으로 가고 있다. 바뀐다고 해서 판사는 도둑이고, 강도는 임꺽정이라는 것은 물론 더욱 아니다. 다만 그들도 나름대로 그들의 운명이 작용하고 있다는 점을 이해하게 되는 것이다. 그래서 개개인의 운명에 대해서 생각할 뿐이지 표면적으로 나타나는 결과만을 놓고서 왈가왈부하는 것에는 반대를 하게 된다. 즉 무슨 일이든지 사주를 놓고 생각해보면 그들의 입장을 헤아릴 수 있다는 이야기다. 특히 몸을 파는 여자들의 사주를 보면 더욱 그러한 생각이 든다. 너무나 세파에 시달리는 사주를 보면서 여기에도 사람이 살아가는 숨결이 있구나 하는 생각을 하게 되면 부도덕한 여자들이라고 비난할 수가 없게 된다.

더욱이 남의 두 번째 부인이 되어서 살아가는 젊은 여자를 보면서 역시 팔자의 사슬로 인해 갈등을 겪으며 살고 있다는 가련한 마음이 앞서게 될 뿐, 남의 가정을 파괴하고 있다는 비난만 할 수 없는 것이다. 그래서 누구든 자신이 타고난 업력(業力)의 무게로 온몸이 지쳐 있다는 생각이 먼저 들게 되는 것이고, 이러한 생각이 들면 세상에서 비난받아야 할 사람은 아무도 없다고 해도 과언이 아닐 것이다. 명리학을 공부한 지 10여 년 만에 겨우 생각하는 것이 이렇게 도덕(道德)에 대해서도 불분명해지고, 윤리(倫理)에 대해서도 애매해지는 것이라면 문제라 할지 모르겠다. 그리고 죄악(罪惡)에 대한 생각도 그렇게 협오스럽지 않아진다. 어쩌면 불감증이라고 해야 할지도 모르겠으나, 결코 그렇게 생각되지는 않는다. 오로지 생각되는 것은 '죄는 미워하되 사람은 미워하지 말라' 는 한 마디가 참으로 명언이라는 마음뿐이다.

제5장
무토

戊土에 대해서 사전을 찾아보면 아주 간단하게 나와 있는데 단지 '다섯째 천간 무' 한 가지뿐이다. 아무래도 丁火에 대한 의미의 설명이 너무 많다 보니 미안해진 자전이 간단하게 한 가지만 올린 모양이다. 그래도 설명은 다소 긴 편인데, 특히 오경(五更)이라는 말이 나온다. 여기에서 오경이라는 것은 인시(寅時)를 말하는데, 인시는 새벽 3시경에서 5시경을 말한다. 그래서 '오경 戊'라는 추가되는 의미가 있고, 다시 무야(戊夜)라는 말을 얻어내게 된다. 이것을 추리해서 살펴보게 되면 삼경은 병야(丙夜)라 부르고, 초경은 갑야(甲夜)가 된다는 것도 알 수가 있겠다. 그렇다면 초경부터 오경 즉 새벽까지의 순서에다 甲乙丙丁戊의 천간을 대입시켰다는 것을 간단히 알 수가 있겠는데, 별 의미는 없는 것으로 보인다.

어쨌든 간단한 의미라서 기억하기에는 좋은 셈이다. 그렇다면 우리의 목적인 戊土에 무슨 뜻이 있는지 파고들어보도록 하자.

다섯 번째 천간 戊의 의미

土 중에 陽에 해당하는 것이 戊土라는 것은 알겠는데, 陽土의 의미를 어디에서 찾아야 할까를 생각해보면 막막한 감이 없지 않다. 土의 체감 온도가 영 감이 잡히지 않기도 하거니와, 또 한편으로는 너무 많은 의미가 있어서 어느 것을 취하고 어느 것을 버려야 할지 구분하기가 어렵기 때문이다. 우선 다섯 번째의 의미부터 찾아보고 생각해보도록 하자.

이미 앞에서 木火의 과정을 넘어왔다. 그렇다면 다음으로는 土에 대한 연결을 도모해야 할 상황이다. 火 기운은 열기로써 어느 정도 마무리한 상태라 보고 다섯 번째 기운의 특징을 살펴야겠다. 여기에서의 중요 의미는 종합해야 한다는 것이다. 甲乙丙丁의 형상들이 이제는 일차적으로 통일해야 할 상황이 된 것이다. 그 이유는 계속 그냥 이대로 분화되는 진행을 하다가는 모두가 결국 따로 놀게 될지도 모르기 때문이다. 즉 木火의 성분은 각각 상황은 다르겠지만 근본적인 구조는 밖으로 향해 있는 의식체계이기 때문이다. 이렇게 밖으로만 향해 있으면 내부는 허해지게 마련이다. 따라서 이제는 이러한 성분들이 밖으로 향하는 것에 대해서 묶어둬야 할 필요를 느끼게 된다.

이러한 의미를 가지고 결합하는 성분으로써의 임무를 부여받은 글자가 바로 다섯 번째의 戊土가 되었던 것이다. 이 戊土가 맡은 일은 甲乙丙丁의 성분들을 분산되지 않게 하는 역할이다. 그렇다면 과연 그렇게 해야 할 필요가 있었을까?

木의 음양에 의해서 발생한 기운과 성질, 火의 음양으로 인해서 발생한 빛과 열, 이러한 성분들은 자칫 과열로 치닫기 십상이고 그렇게 되면 폭발해버리고 말게 될 것이 명약관화(明若觀火)한 일이기 때문이다. 그래서 용의주도한 신명께서는 戊土라는 土 기운을 그곳에서다 집어넣어서 서로 넘치지 않게끔 조정한 것 같다. 다섯 번째로 있어야 하는 성분이 바로 서로를 흩어지지 않게 해주는 역할이라고 할 때 쉽게 연상되는 것으로는 두부를 만들 적에 끓는 콩물에 간수를 뿌리는 것이다.

이러한 성분을 土氣라고 불렀으면 어떨까 싶다. 土 기운은 그렇게 대충 얽어서 흩어지지 않게 하는 것이 기본 목적이다. 즉 戊土의 의미는 木火의 기운이 서로 충돌되지 않고 폭발하지 않도록 잡아주는 것이라고 정리할 수 있다. 즉 조절(調節)이 목적인 것이다. 그리고 결국 戊土는 그 자리에서 빠진다. 자신의 목소리는 없는 것이다. 이것을 일러 촉매(觸媒)라고 하는 이름을 부여하는 모양이다. 이러한 다섯 번째의 위치는 스스로 어떤 의미를 갖고 있는 것보다는 앞의 네 가지 성분이 서로 자신의 몫을 하는 데 있어서 차질이 없도록 하는 일에 신경을 쓰게 되는 것이다. 그리고 이것은 土의 기본적인 역할에도 어울리는 작용이다. 원래가 土라는 성분은 결합하고 조절해주는 역할이기 때문이다. 그래서 戊土가 거(居)하는 위치도 중앙이다. 중앙에 있어야 다른 성분들이 질투를 하지 않는다. 어느 한 곳에 치우쳤으면 시기와 질투를 받게 되어서 마음이 편안하지 않다. 원래가 중용(中庸)을 중시하는 戊土에게는 너무나 당연한 자리매김이라 하겠다.

물질적인 관점

이번에는 물질적인 관점에서 戊土의 성분을 찾아보자. 우선 土 중에서도 陽土라고 한다면 아무래도 높은 산을 떠올리는 것이 가장 보편적인 접근 방법이겠다. 그렇다면 일단 산에 올라가봐야 하겠는데, 산도 막상 자세히 살펴보면 그 모양이 각양각색이라는 것을 알게 된다. 우선 높은 태산도 있고, 낮은 언덕도 있다. 그런가 하면 평평한 운동장도 戊土의 영역으로 간주한다. 메마른 땅도 있고, 습기가 많은 땅도 있다. 산이라고는 하지만 각기 처해 있는 환경은 다 다르다고 봐야겠다. 이러한 형태를 모두 戊土라는 범주에 넣어본다.

　산에서 느껴지는 것은 높은 곳에서 내려다보면서 사물을 살필 수 있다는 특징이다. 즉 나무가 아무리 크다고 해도 산보다 높지는 못하고, 불이 아무리 이글거린다고 해도 산을 태워버리지는 못한다. 여기에서 '산불은 어떻게 하려고 이렇게 말을 할까?' 하는 생각을 떠올리신 벗님은 약간 관찰력이 부족하다고 하겠다. 산불은 '산의 나무에 불이 붙음'이라고 해야 맞을 것이다. 즉 산불은 나무에 불이 붙어서 타는 것일 뿐 산 자체와는 아무 상관이 없는 것이다. 아니 오히려 산불이 남으로써 토양에는 대단한 거름이 되는 셈이기도 하고, 土에게 생기운을 불어넣어주는 작용도 한다고 볼 수 있다.

　즉 숲 속에 나무들이 빽빽하게 엉겨 있으면 흙 속으로 공기가 들어가지 않아 오히려 土는 생기를 잃어버리게 될 것이다. 그렇게 되면 土의 본래 사명인 중화의 작용, 또는 조절하는 작용이 억압을 당하게 될 것이고 이렇게 되면 土의 사명을 다할 수 없기 때문에 오히려 산불이 일어남으로써 木質을 불태워 토양에 거름도 만들고 공기도 통하게 하는 일석이조의 역할을 수행하게끔 한다는 긍정적인 의미를 생각해봤다.

　따라서 자연상태에서 木이 과다하면 자연발생적으로 불이 생기는 것은 너무나 당연하다. 흔히 불이 나면 등산객들을 의심에 찬 눈초리로 감시하고, 기도 정성을 올리는 할머니에게 시비를 건다. 불씨를 남기지 않았느냐는 뜻일 게다. 그렇지만 그 원인은 불씨에 있는 것이 아니라, 나무가 너무 왕성한 것에서 찾아야 할 것이다. 나무가 없다면 불이 날래야 날 도리가 없기 때문이다. 土에는 불을 붙일 수 없기 때문이다.

　우리 속담에 '물이 고이면 고기가 생긴다'는 말이 있다. 이 말은 약간만 수정을 하면 '숲이 우거지면 산불이 발생한다'로 바뀐다. 그리고 자연이치에 가장 어울린다는 결론을 내리는 데 많은 지식을 필요로 하는 것도 아니다. 결국 나무가 우거지면 불이 발생하게 되는 간단한 이치가 있는 것처럼 불이 발생하면 土 기운도 왕성해진다는 것을 어렵지 않게 추측할 수 있다.

또 다른 관점에서 생각을 해보자. 산이라는 것으로만 戊土를 이해한다면 세상은 참으로 간단할 것이지만, 실은 그렇게 만만치 않은 것이 늘상 도사리고 있게 마련이다. 戊土를 이해하면서 놓치기 쉬운 것이 土氣라는 것을 어떻게 이해하는가의 문제이다. 土는 중화 작용을 해주는 성분이 강한 것으로 되어 있는데, 이 土가 陽土일 경우라면 아마도 木氣나 화광(火光)처럼 土氣의 작용이 있을 것으로 생각된다. 물론 이것은 형이상학적으로 관찰을 해보자는 이야기도 된다.

戊土의 본질을 '중화지기(中和之氣)'로 생각해본다. 중화의 기운이라는 것은 모든 삼라만상이 한 곳으로 치우치는 것을 방지하고 균형을 이루게 하는 작용을 말하려는 것이다. 오상(五常)[19]에서는 이를 일러 신(信)으로 표하기도 하는데, 믿음이라는 것은 그렇게 중화 기운을 가질 적에 가능하다고 본다. 어느 한쪽으로 치우쳐 있다면 아무도 그의 말을 믿으려 하지 않기 때문이다. 정치를 하는 사람도 그렇고 학생운동을 하는 사람도 마찬가지인데, 그들은 대체로 중용의 기운이 고갈되어 있는 것처럼 보인다.

즉 어느 한쪽으로 많이 치우쳐 보인다는 것이다. 물론 개개인의 내면세계를 살펴본다면 또 다른 중용성이 보일지도 모르지만, 매스컴만으로 관찰한다면 전혀 중용의 개념이 없다. 그들의 주장을 들어보면 스스로도 한 곳으로 치우쳐 자신은 옳고 남들은 그르다는 기본 사고방식을 가지고 있는 것 같다. 아무렴 이 산골의 낭월이도 생각해보면 알 수 있는 것을 배울 만큼 배우고 생각할 만큼 생각한 사람들이 모른다는 것은 말도 되지 않을 것이다. 그런데도 어째서 중용의 모습이 나타

---

19) 오상(五常)은 인의예지신(仁義禮智信)인데 이것을 木-仁, 火-禮, 土-信, 金-義, 水-智로 연결해서 오행에 배치시키는 것이다.

나지 않을까 하는 점이 관심사인데, 이것도 조금만 생각해보면 이해가 되는 점이다.

즉 이렇게 중용의 뜻을 다 알고 있으면서도 그렇게 할 수가 없는 것은 바로 상대방이 그렇게 하지 않기 때문이다. 자신은 이미 어떻게 하는 것이 중립적인 방향에서 나라와 국민을 위하는 것인지를 모두 파악했다. 그럼에도 불구하고 그렇게 할 수 없는 것은 상대방의 목적이 나를 거꾸러뜨리는 것이기 때문이다. 그래서 일단 스스로 목적하는 바를 얻은 다음에 비로소 중립적인 관점에서 원만한 정치를 하려는 것이다.

그런데 문제는 상대방도 그렇게 생각한다는 것이다. 그래서 일단 중립의 원칙은 보류하고 상대방으로부터 자신의 기득권을 획득하는 것이 목적이 되어버렸는데, 실은 이 목적이 바로 결과이니 참으로 딱한 문제이다. 결국 한쪽에 치우친 생각으로는 아무것도 이룰 수 없다. 그래서 戊土의 기운은 이미 증발되어버린 것처럼 보이는 것이다. 그렇다면 어떻게 해야 할 것인가? 이것에 대한 답은 이미 나와 있는 셈이다. 모두 자기만의 욕심을 양보하고 순수하게 국민을 위하고 나라를 위해서 행동해야 한다는 것이다. 그러나 아무도 여기에 반대하지 않으면서 또한 동의를 할 마음이 없다. 그렇게 하다가는 자칫 자신이 가신 영역마저도 상대방에게 빼앗길지도 모른다는 불안감이 그렇게 선뜻 자신의 얻은 바를 내어놓게 하지 못하는 모양이다.

바로 여기에서 戊土의 역할이 필요하게 되는 것인데, 만약 戊土의 역할이 제대로 발휘된다고 하면, 이 나라도 상당히 살기가 좋은 나라가 될 것이다. 현재의 한국은 중화의 개념이 없어 보인다. 물론 戊土의 영향이 완전히 사라질 수는 없다. 적어도 9일이 지나면 戊日이 다가오고, 아홉 달이 지나면 또한 戊月이 다가오게 마련이니까. 물론 10년에 한 번은 戊年도 있다. 이렇게 골고루 돌아가는 기운을 받고 있는 사람이기에 없어진 것은 아니다. 다만 보다 큰 욕심으로 인해서 느끼지 못할 뿐이다. 이런 이야기가 떠오른다.

같은 동네에 굉장히 미워하는 두 사람이 있었다. 이들은 언제나 만나면 으르렁거리고 마주 보지도 않았는데, 하루는 장보러 가느라고 배를 타게 되었다고 한다. 물론 재수가 없으려니까 그랬겠지만, 배가 가라앉게 되었다고 한다. 배 안에서도 두 사람은 서로 멀리 떨어져 있으려고 앞과 뒤에 붙어 있었다. 앞에 있던 사람이 삿대를 든 선원에게 물었다.
"배가 가라앉으면 어디부터 가라앉는 거유?"
"그야 기관이 뒤에 있으니까 무거운 곳에서부터 가라앉게 되겠지요. 그렇지만 죽는 것은 마찬가진데 그것을 가려서 뭘 하겠소."
"그래도 저 녀석이 나보다 먼저 죽을 거 아니요? 그게 보고 싶다는 겁니다."
뒤에 앉은 사람도 키를 잡고 있는 사람에게 물었다.
"보쇼, 배가 가라앉으면 어디부터 가라앉소?"
"그야 달리는 속도가 있으니까 앞부터 가라앉겠지요. 하지만 죽기는 매일반이라오."
"그럼 다행이구랴. 저 녀석이 나보다 먼저 죽는다니 얼마나 고소할지 생각만 해봐도 신이 절로 나는구만."

두 사람에게는 戊土의 성분은 하나도 없을 것이라는 결론이다. 우리는 이 두 사람을 보고서 참으로 어리석은 사람이라고 쉽게 말해버릴 것이다. 그러나 우리 자신은 과연 이러한 마음을 갖고 있지 않을까? 스스로 잘 관찰해보기 바란다. 아마도 어느 구석엔가는 이 두 사람의 어리석음처럼 자신의 목적을 위해서는 모든 것이 끝장인 죽음조차도 두려워하지 않는 구석이 숨어 있을지도 모른다.

실은 정치하는 분들이 서로를 못 잡아먹어서 으르렁거리는 것을 보면서도 막상 내 자신에게 그러한 일을 준다면 역시 같을 것이라 생각이 들어서 비난만 할 수도 없다. 다만 스스로 그러한 이기심을 버리고 戊土의 중화지기를 얻을 수 있길 바랄 뿐이다.

이러한 성분을 戊土의 형태로 이해해보도록 하는 것으로 우리의 공부는 충분하리라고 본다. 고고하게 우뚝 버티고 있는 태산의 위엄도 포함되고, 치우치지 않은 중화사상(中和思想)도 戊土의 영역에 포함을 시켜본다. 그러나 한 마디로 戊土에 대해서 설명한다는 것은 참으로 만만치 않다는 것을 느낀다. 아마도 이것이 土인가 싶다.

인간적인 관점

사주학의 가장 큰 목적이 인간의 길흉을 논하는 것이라 한다면 인간적인 관점에서 보는 戊土는 어떻게 설명해야 할 것인가를 생각하지 않을 수 없겠다. 그렇다면 과연 가족구성원 중 戊土는 어떤 사람에게 해당될 것인가? 아무래도 위와 아래를 서로 붙잡아주는 역할을 하는 구성원을 찾아야 될 것이다. 그래서 이번에는 그 집안에서 큰아들의 위치를 여기에 대입시켜놓고 생각해볼까 한다.

큰아들이라고 하면 어깨가 묵직하게 느껴지는 그 무엇이 있을 것이다. 장남의 부담감이라 볼 수도 있겠는데, 장차 부모님의 노후를 책임져야 하고, 또 동생들의 앞길에도 상당 부분 간섭을 해야 할 것이기 때문이다. 그래서인지 대개의 장남들은 나름대로 적당한 무게가 느껴지기도 한다. 무엇보다도 막내아들과 큰아들의 노는 모양은 분명히 다르다. 또한 딸과는 또 다른 무게를 갖고 있는 위치가 바로 戊土의 부담감일 것으로 생각된다. 이러한 위치에서 경거망동을 할 수도 없고, 그렇다고 어른들이 계시는 마당에 전권을 장악할 수도 없는 어중간한 입장이 되기도 한다. 장남의 위치는 그래서 어렵다고 생각되는데, 이것은 얼마 전에 들었던 어느 장남의 하소연과도 무관하지 않겠다는 생각을 해본다.

"내한테 시집온다카는 여자가 어데 있는교? 시부모도 계시고 동생들도 수두룩하니까네 올 사람이 없는기라요. 내사마 피와 살이 섞인 가족들이니 아무 상관이 없지만서도 젊은 여자들이사 그런 거 부담시러버서라도 맡을라꼬 할 턱이 없지요. 뭐 그래서 제 나이 마흔다섯 살이지만도 아즉 장가를 몬가고 있는기라요. 그렇다고 집을 나가뿔 수도 없꼬……"

이러한 하소연을 들으면서 과연 戊土의 고민이라고 생각되었다. 남자 나이 마흔이 넘어서도 결혼을 못 했다면 참으로 답답할 일이다. 그래도 장남이라는 것 하나 때문에 집을 뛰쳐나가지도 못하고 가정을 이끌어가려고 노력하는 모습에서 중용성이 살아 있다는 생각을 해본다. 이렇게 마음대로 일을 저지를 수 없는 것이 장남의 위치이기 때문이다. 물론 요즘 장남 중에는 이러한 책임(?)을 포기한 사람도 많이 있을 것이다. 특히 아내에게 바짝 쥐어서 살고 있는 이 시대의 장남들은 살아가는 것이 여간 고역이 아니다. 심지어는 어머니가 잔소리를 한다고 불평을 하는 아내의 요구 때문에 부모님을 멀찍이 모셔다가 버리는 장남도 있으니까 말이다.

물론 그 하는 행동이야 곱게 볼 수 없겠지만, 그 마음은 능히 짐작이 된다. 어느 자식이 어머니를 내다 버릴 궁리를 하겠는가. 오죽했으면 그런 행동을 했으랴. 이런 생각이 든다. 역시 장남의 고민이라고 해야 하겠다.

이러한 삶의 철학은 그냥 주어지는 것이 아니라고 믿는다. 뭔가 자신이 살아온 환경의 절박한 여러 가지들이 얽히고 설켜서 만들어지는 하나의 드라마에서 얻어지는 지혜라고 생각한다. 단지 훌륭한 위인전에서 베껴 앵무새처럼 써먹는 것과는 애초에 그 무게부터가 다르다. 흔히 식자(識者)들은 말한다.

"부처님이 이렇게 말했다, 칸트가 이렇게 말했다, 공자님이 이렇게 말했다, 예수님이 이렇게 말했다, 누구누구가 이렇게 말했다."

언제나 이야기를 할 적에는 이러한 말이 붙어다니는 사람들이 가끔 있다. 여기에 비하면 장남인 戊土의 안목이 비록 질은 떨어질지 몰라도 그 속에 들어 있는 삶의 무게는 다른 어떤 것과도 비교할 수 없는 인생의 가치가 내재되어 있는 것이다.

바둑을 처음 배울 적에 많은 악수들을 배운다는 말이 있다. 주로 동네의 상수들에게 배우게 되는데, 그들에게서 배우는 수들이 대개 악수일 가능성이 많다는 말을 들으면서 인생살이도 역시 별반 다를 것이 없다는 생각을 해본다. 결국 인생의 선배들도 자신이 배운 악수를 후배에게 가르쳐가면서 성숙해갈 뿐인데, 처음부터 완벽한 답안지를 내겠다고 하는 것은 욕심이라 할 수 있겠다.

어쨌든 세상을 두려워만 해서는 발전할 수 없으리라 생각한다. 부딪치면서 살아가노라면 그 중 고칠 것도 보이고, 감칠맛이 나는 재미도 있을 것이다. 아마도 대학 시절이넘서 戊土에 해당하는 인생에서는 주로 이러한 과정을 거쳐가지 않을까 생각해본다.

세계적인 관점

戊土에 해당하는 나라를 찾으라고 한다면 아무래도 중국을 빼놓을 수 없을 것이다. 중국이라는 글자에서도 이미 戊土적인 느낌이 팍팍 오기는 하지만, 중국의 이미지에서도 역시 土의 기운이 상당히 강하게 느껴진다. 중국은 가운데 있는 나라인가? 아니면 중간쯤 가는 나라인가? 그도 아니라면 명중한다는 의미인가를 물어본다. 그러나 결론은 아마도 가운데라는 것으로 가지 않을까 싶다. 가운데라고 하는 것은 바로 戊土의 특성과도 전적으로 일치하는 점이다. 과연 중국인들이 중국이라는 이름을 지을 적에 이러한 점도 고려했는지는 모르겠지만, 그들은 우리보다 일찍부터 음양오행관을 가지고 있었다. 그런 상식하에서 나라의 이름에도 土의 기운이 강한 글자인 '中'을 국호로 삼지 않았겠느냐는 추리를 해보는 것이다. 그리고 중국인들은 치우치지 않는다는 말을 한다. 한국 사람들이 괜히 빨리빨리를 외칠 적에도 중국인들은 느긋하게 자신의 일을 하고 있는 것이다. 그래서 그들은 '만만디'라는 별명을 가지고 있는 것일 것이다.

그런데 재미있는 것은 이 만만디라는 의미가 土의 느릿한 모습과 완전히 일치한다는 점이다. 또한 한국을 오행으로 나누면 충청도가 이 土에 해당된다고 하겠다. 충청도 사람의 느린 것에 대해서는 다 아는 사항이기 때문이다. 다만 충청도와 중국의 차이점이라고 한다면 충청도는 이미 木이라는 대전제(우리나라의 특징이 木이므로) 위에서 土의 의미가 부여되어 있는 것이고, 중국은 木이라는 의미가 없이 土라고 보는 것이다. 특히 土의 정신을 강조하는 戊土는 陽土이면서도 노골적인 행동이 된다. 그리고 남의 삶에 간섭도 잘 하게 된다. 이것은 土의 성분 중에서도 陽土의 구조를 갖고 있기 때문이다.

그리고 중국의 산하에는 대단히 높은 산들이 많이 있는데, 이것도 역시 '戊土=山'이라는 공식에 연결된다고 보겠다. 이렇게 중국이라는 나라의 구조와 戊土라고 하는 특성을 연결시켜보면서 참 잘 어울린다는 생각이 든다. 묵묵하게 버티고 앉아 있는 모습, 강태공이 낚싯줄에 모든 시름을 싣고서 때를 기다리고 있는 모습, 관운장이 오로지 신의만을 중히 여겨서 조조에게 목숨을 버리는 모습, 장자(莊子)가 세상의 선악에 치우지지 않고서 그 모두를 포함한 채 소요(逍遙)하는 모습에서 중국을 느껴보고 戊土를 이해해보려고 한다. 특히 장자에서 '생긴 대로 살아라' 하는 가르침은 오로지 모방과 일류를 닮으려는 현대인들에게 일침을 가하는 것 같다. 그 중에 한 가지 생각나는 이야기를 간단하게 옮겨보겠다. 특히 음양오행편에서는 이미 혼돈에 대한 이야기를 해드린 적이 있다.

　勞神明爲一 而不知其同也 謂之朝三 何謂朝三 曰 狙公賦茅曰 朝三而暮四 衆狙皆怒 曰 然則朝四而暮三 衆狙皆悅 名實未虧而喜怒爲用 亦因是也 是以聖人和之以是非 而休乎天鈞 是之謂兩行
　노신명위일 이부지기동야 위지조삼 하위조삼 왈 저공부모왈 조삼이모사 중저개노 왈 연칙조사이모삼 중저개열 명실미휴이희노위용 역인시야 시이성인화지이시비 이휴호천균 시지위양행

　이렇게 한자로 한번 적어봤다. 관심이 있으신 벗님이라면 한 번쯤 살펴봐도 좋을 것 같다. 내용은 조금만 잘 살펴보면 능히 짐작이 되는 이야기이다. 그럼 간단하게 해석을 해보자.

　한쪽으로 수고스럽게 정신을 기울이지만 그것이 결국은 같은 것이라는 점에 대해서는 알지를 못하는구나. 이것을 조삼이라는 말로 대신할 수가 있겠다. 조삼이라는 것은 옛날에 원숭이를 잘 부리는 사람이 원숭이에게 말했다. "너희들 아침에는 상수리를 3개 주고 저녁에는 4개 줄 테니 그리 알아라." 이렇게 말하자 많은 원숭이들이 화를 내면서 싫다고 떼를 썼다. 그러자 다시 원숭이 주인이 "그러면 내가 양보하마, 아침에는 4개를 주고 저녁에 3개를 주겠다. 불만 없지?"라고 말하자 비로소 원숭이들이 기뻐하였다는 말이다. 이 이야기와 같이 실제적으로는 달라진 것이 아무것도 없는데, 어리석은 원숭이는 단지 기쁨과 노여움이 번갈아서 발생했다. 그러나 성인은 이러한 부분적인 것에 대한 집착에

서 벗어나 옳고 그른 것에 대한 안목에 통달했기 때문에 전체를 관찰하게 되고, 그래서 안팎으로 모두를 바로 알고 있는 것이다. 한쪽만을 주장하고 자신이 가장 옳다고 생각하는 순간부터는 이미 중심을 잃은 것이다. 〔장자 내편 齊物論 중에서〕

대충 의미가 이렇다. 이미 고사를 통해 모두 알고 있는 이야기지만 그 속에서 숨쉬고 있는 의미는 다시 생각해본다 해도 전혀 손해볼 것이 없다. 무엇보다도 여기에서 戊土의 중용성을 느낄 수가 있어서 과연 중국에서 나올 수 있는 내용의 글이라고 생각해보는 것이다. 치우친 안목이 되지 말고 전체를 보라는 이야기를 이토록 강조하는 내용은 참으로 戊土의 냄새가 난다고 하겠다. 그리고 이러한 사상이 이해될 수 있다는 것도 역시 중국의 특징이 될 것이다. 즉, 누가 어떻게 말을 했느냐도 중요하겠지만, 어디에서 말을 했느냐는 것도 결코 사소한 문제가 아니기 때문이다.

가령 똑같은 정치발언이라 하더라도 방송국에서 할 때와 국회에서 할 때와 술자리에서 할 때의 상황은 분명히 다른 것이다. 이렇게 장소에 따라서도 이야기의 내용은 형식을 달리한다는 점에 대해서 착안해 본다면, 중국이라는 특성에서 할 수 있는 말과, 한국이라는 특성에서 할 수 있는 말은 다를 수밖에 없다는 결론이다. 그 한 예로 어느 서양의 과학자는 지구가 돈다는 말을 했다고 해서 죽을 뻔했다. 과연 그러한 말을 중국에서 했다면 그토록 비난받았을까. 한 번 생각해봐야 할 것이다.

어쨌거나 중국은 지역적으로 戊土를 많이 닮았고, 그러한 의미에서 戊土를 이해하면 되겠다. 土 중에서도 陽土에 해당하고 이것은 土 기운이라는 관점으로 보게 되는 실마리가 되기도 한다. 과연 중국 사람들에게서 기질보다도 기운으로써 土 기운이 강한지를 살펴볼 필요가 있다.

우선 土 기운은 어디든지 골고루 들어 있어서 세상을 움직이는 데 지대한 영향을 미치고 있다는 점을 생각해본다. 이때 문득 떠오르는 것이 세계 어디를 가든지 항상 존재하는 이른바 '차이나타운'이다. 이 중국인 마을은 어느 나라에 가든 존재하고 있는데, 중국인들은 그곳에서 자신들의 나라인 중국의 소식도 듣고 상거래도 하고 그렇게 자신만의 특징을 살리고 있는 모양이다. 이렇게 세계 곳곳에서 자신들의 부락을 형성해 그 나라의 경제권에 대단한 위력을 발휘하고 있는 사람들을 보면서 과연 土의 기운을 물려받은 백성답다는 생각을 해본다. 즉 土의 원만하게 잘 사귀는 특성으로 인해서 어디를 가든지 자신의 목적하는 바를 성사시키는 것이다.

즉 흙처럼 어디를 가든지 적응을 잘하는 것이다. 어느 곳에서든지 자신의 삶에 대해서 책임을 질 수 있다는 중국인들, 셋만 모이면 벌써 뭉칠 생각을 하고 열만 모이면 벌써 하나의 집단으로써 자신의 목소리를 내어 주변 사람들에게 확실하게 알리는 모습도 역시 중국인다운 모습이라고 하겠다. 그리고 어느 상황에 처하든지 일단은 뭉치는 것이 제일 기준이 되어 있는 모습을 보면서 과연 甲木 나라(한국)와는 뭔가 상당히 다르다는 생각을 하게 된다. 그 이유는 아마도 벗님 스스로가 더 잘 아실 것으로 생각된다. 그러니까 한국에서는 둘이 모이면 약점을 찾고 셋이 모이면 편을 가르고 열이 모이면 벌써 깨어지게 되는 분위기가 얼핏 생각나서이다.

전에는 이렇게 한국 사람들이 서로 화합을 못 이루고 머리 터지게 싸우는 것을 보면서 자신의 의견과 잘 맞지 않아서 그런가 보다 하는 생각을 했었는데, 이제는 한국인의 특성 속에는 단독으로 살아가는 소나무의 특성이 있어서 그런 것이 아닐까 싶다. 물론 보기에 따라서 대상의 판단도 달라지겠지만, 낭월이가 보기에는 甲木의 특성이 그대로 나타나는 것으로 보여진다. 즉 甲木은 서로 어울릴 수가 없다. 물론 세력이 약할 적에는 하나로 뭉쳐서 외세에 대항하기도 하지만, 웬만큼만 안정이 되면 서로에게 서로가 짐이 되는 모양이다. 나무는 어차피 어울릴 수가 없는 것이기 때문일까? 중국 사람과 비교해보면 느낌이 다르다.

얼마 전에 호주에서 한국인들끼리 서로 이권문제로 유혈이 낭자했다는 소식을 들었다. 만약에 중국인들이라면 그렇게 했겠는가를 생각해 볼 적에 아닐 거라는 생각이 들었다. 한국인의 특성에는 옆의 나무가 자라면 자신에게 그늘이 발생하는 피해가 생기므로 자기 위에 사람이 없어야만 한다는 마음이 있나 보다. 따라서 자기의 역량을 발휘하기 위해 먼저 시기와 질투심이 강하게 되는 것이다.

개인적으로는 잘 하는데, 단체가 되면 반드시 시비거리가 발생해 깨어지기 쉬운 점에서 한국인의 특징을 생각해보는 것이다. 어떻게 보면 우리나라를 비하시킨다는 생각이 들지도 모르겠지만, 개인적으로는 대단히 탁월한 국민이고, 또한 천지자연의 이치가 그러하므로 마음을 쓸 필요는 없다고 생각한다. 이에 비해서 중국인에게는 통일된 사상이 있는 것처럼 보이고, 세계 어디를 가든지 중국인의 파워는 대단하다는 것을 실감하게 되다 보니까 이러한 아쉬움을 표해보는 것이다. 土의 기운은 어디에서든지 잘 적응하게 된다는 특징을 생각하다가 문득 이러한 느낌이 들었을 뿐이다.

사주적인 관점

극단적인 양면을 보이는 사주 중에서는 단연 戊土로 태어난 사람이 손꼽힌다. 그동안 심리관계에 치중해서 사주를 풀며 계속 헛다리를 짚었다고 인정해야 하는 경우의 사주는 모두 戊土일에 태어난 사람들이었다. 이것은 土에 대해서는 뭔가 이해를 할 수 없는 묘한 구석이 있다는 것을 의미한다. 그러나 이러한 것은 간혹 있는 경우이고 대개의 경우에는 추리가 가능하다. 戊土의 특성을 가지고 태어난 사람들의 공통점이라고 한다면 묵묵한 성질이 있다는 점이다. 그 이유는 여러 가지가 있겠지만, 중화를 이루려는 성분으로 인해서 어느 편을 들어줄 수 없는 점에서 기인하는 것은 아닌가 싶다. 즉 중립을 지키려는 구조가 바닥에 깔려 있다고 이해해보는 것이다.

또 戊土의 일간으로 태어난 사람은 남의 일에 대해 간섭하지 않으려는 성질이 있는 것을 느끼게 되는 경우가 많다. 그만큼 중립을 지키려는 의지로 보면 되겠는데, 원래가 중립을 지키려면 남의 일에 간섭을 하지 않는 것이 상책일 것이다. 가령 찬성을 하는 것도 번거롭다. 그러자면 자신이 찬성을 하는 사람에 대해서 뭔가 지지적인 발언을 해야 하기 때문이다. 즉 뭔가 찬성하는 것에 대한 타당성을 설명해야 하기 때문이다. 그리고 반대한다면 또한 반대하는 이유를 밝혀야 할 것이다. 반대를 하는 이유를 대지 않으면 역시 시비에 말려들게 될지도 모르기 때문이다.

이러한 정황으로 볼 적에 남의 일에 대해서 찬성하는 것도 번거롭고 반대하는 것도 피곤하다. 따라서 그냥 그대로 내버려두는 것이 가장 속 편한 방법이 될 것이다. 그러나 이렇게 되면 아마도 방임(放任)이 될 것이다. 그냥 내버려둔다는 의미이다. 실제로 중립이라는 것은 이러한 의미는 아니다. 중립은 자기 나름대로 중심을 지키고 있다는 의미가 포함되기 때문이다. 그런데 남들이 보기에는 이 두 가지의 유형이 크게 다르지 않은 것으로 비쳐진다는 것이 문제이다. 남들이 보기에는 그냥 내버려두는 것으로 인식할 수밖에 없을 것이다. 그래서 뜨뜻미지근하게 나오는 사람에게 사람이 왜 그러냐고 힐책하기 일쑤다. 사실 이 사회에서 이러한 형태로 뭉그적거리는(?) 사람은 별로 환영받지 못하는 것도 현실이다. 사람들은 대개 흑백이 구분되는 것을 좋아한다. 그래야 자신이 그 사람에게 어떻게 처신해야 할지를 빨리 판단할 수 있기 때문이다. 그런데 이렇게 명확히 구분하기 어려운 것이 바로 戊土의 사주를 갖고 있는 사람인 것이다.

이러한 의미에서 색채가 뚜렷하지 않은 사람에게 戊土라고 이름을 지어주면 될까? 아마 대체로 그렇게 봐도 적당할 것으로 생각된다. 그러면 戊土는 세상을 어떻게 살아갈까도 궁금할 수 있겠다. 기본적으로는 치우침 없는 모습이겠지만, 戊土에도 역시 주변의 상황이 있게 마련이다. 즉 일간을 제외하고 난 나머지의 작용이 분명히 나타나게 될 것이고, 이러한 특성의 작용을 받아서 자신의 살아갈 방법을 선택할 것이다. 다만 여기에서는 가장 기본적으로 戊土가 가지고 있는 점에 대해서만 이해를 하면 되는 것으로 한계를 긋는다.

만약 이러한 土의 성분이 지나치게 과다하다면 이 사람은 자신의 판단을 과신하게 될 것이다. 戊土의 성분이 원래 과묵한 형상인데다가, 또 추가로 土 성분이 많이 포함되어 있다면 자신의 고집이 매우 강하게 될 것이다. 이러한 특성은 아마도 독선적 성향으로 나타날 가능성이 높다. 그래서 남의 말은 절대로 듣지 않고 어떤 의견을 내놓는 사람에게도 반대하며 자신의 주장을 내세우게 된다. 따라서 모든 사람들이 이 戊土의 적이 될 가능성이 많다고 하겠다. 그래서 뭐든지 지나치게 과하면 안 된다는 말을 하고 싶다. 戊土의 과다한 형상으로써 나타나는 것은 이렇게 중용이 지나쳐 자신의 뜻을 굽히지 않는 것으로 결론을 지어보고 싶다.

그렇다면 또 반대로 戊土의 성분이 허약하다면 어떤 변화가 생길 것인가도 한 번 궁리를 해볼 만하다. 여기에서는 속으로만 주관을 가지고 있고, 밖으로는 나타내지 않을 것이기 때문에 음흉하다는 말을 듣게 될지도 모르겠다. 즉 말을 하지 않으면 남들은 그 사람이 무슨 생각을 하고 사는지 궁금해한다. 그래서 문득문득 질문을 던져보기도 하지만, 시원스럽게 말을 하지도 않고 어물쩍 넘어가버린다면 아마도 음흉하다는 말을 들을 가능성이 매우 높다고 하겠다.

실로 의견을 내놓으려고 해도 자신이 생각하는 것이 과연 옳은 것인지 명확한 소신을 갖고 있지 않으면 선뜻 나서기가 어려운 것이 사실이다. 이러한 것을 알고 있는 사람이야 그냥 그런가 보다 하고서 이해를 하겠지만, 그렇게 남의 속을 잘 헤아리는 사람은 많지 않은 법이다. 대개는 얼핏 상대를 해보고 속에 있는 것을 선뜻 내어놓지 않는 사람이라고 여기게 될 것이다. 그래서 가까이하지 않으려는 마음도 발생하지 않을까 싶다. 그렇게 되면 자연적으로 약한 戊土도 남들과 이야기를 하기 싫어하게 될 것이고, 스스로 어울리기를 포기하는 방향으로 전개될 가능성이 높다고 하겠다. 이러한 점에서 볼 적에 戊土의 특성은 폐쇄적이라는 점도 포함되겠다. 그러나 木火의 기운을 그대로 연결해서 결실로 가야 하는 중대한 임무를 가지고 있는 성분인데 이렇게 폐쇄적이어서는 곤란하겠다. 그래서 戊土가 약할 적에는 불로써 土를 도와 자신의 몫을 다할 수 있도록 하는 것이다. 물론 이러한 구체적인 방법에 대해서는 나중에 용신을 설명하는 장에서 이해하게 될 것이다.

제6장
기토

　己土에 오니까 자전(字典)에서도 약간 이상한 점이 나타나고 있다. 그동안에는 무조건 몇 번째 천간 무슨 자로 되어 있었는데, 이번에는 맨 처음에 있는 의미가 약간 다르다. 과반수가 넘어가면서 약간 변화가 생기는 것일까? ① '몸 기'가 맨 처음에 버티고 있어서 호들갑을 떨어보는 것이다. 어째서 여기에 오면 몸이라고 하는 의미가 부각되는 것일까? 단순하게 봐버리면 아무것도 아니지만, 실은 이렇게 사소한 것들을 잘 보면 오히려 의외의 수확을 거두게 되는 일이 흔하다. 두 번째로는 이미 익숙한 대로 ② '여섯 번째 천간 기'가 나온다. 더 이상 설명은 생략해도 될 것이다. ③ '다스릴 기'가 마지막으로 나와 있다. 이 다스린다는 것은 또 상당히 의미심장해 보인다. 陰土가 다스리는 것은 또 무엇일까? 이것도 다시 분석을 해보자. 의미는 단지 세 가지에 불과한데, 그 뜻 사이에 전혀 일관성이 없어 보이는 것도 특색이라면 특색이라고 하겠다.

己土의 세 가지 의미

우선 몸이라는 의미에 대해서 생각을 해보자. 陰土를 볼 적에 土質이라는 말을 할 수 있겠다. 몸이라고 하는 암시를 읽어내려고 土質이라는 의미를 연결시켜본다. 몸은 흙에서 태어나서 흙으로 돌아가는 것이기 때문에 몸과 흙은 연관 있다고 한다면 아마도 '말되네'라고 할 것 같다. 오래 전부터 흙과 인간을 동일시한 것이다. 물론 그렇게 본 것은 육신(肉身)을 두고서 말한 것이란 점 알고 계실 것이다. 이 몸이라고 하는 것은 썩어서 토질 또는 토양이 된다고 한다면 그야말로 둘 사이는 완전한 동질성을 가지고 있다고 봐다. 따라서 당연하게 몸과 陰土, 즉 토양은 서로 같은 성질이라고 봐도 충분하겠다. 그럼 다음으로 다스릴 기에 대해서 생각해보도록 하자.

다스린다는 말은 과연 무엇을 의미할까? 얼핏 생각해보면 약하디약한 己土가 무엇을 어떻게 다스린다는 말인지 납득이 잘 가지 않을 수도 있다. 그러나 무엇이든지 긍정적으로 생각하라고 했으니 뭔가 그럴싸한 곡절이 있을 것으로 믿고서 궁리를 해본다. 그렇게 생각을 하다 보면 이 지구는 결국 己土라는 대단한 이치를 발견하게 된다. 우리가 살고 있는 땅덩어리가 토양이라는 사실을 깨닫게 되는 것이다.

따라서 이 땅에 발을 디디고 사는 한은 이 땅의 지배를 받아야 하는 것은 너무도 당연하다. 아무리 죽지 않으려고 해도 이 땅에서 생명을 가진 모든 것은 수명에 한계가 있다. 그리고 살아 있는 동안 땅 위에 발을 딛고 살아가야 한다는 법칙도 준수해야 할 것이다. 얼핏 생각해보면 하늘을 나는 독수리는 땅의 지배를 받지 않을 것처럼 보이지만, 역시 둥지는 땅 위에 틀어야 하고, 물 속의 물고기들은 땅이 없어도 될 것 같지만 땅이 없으면 물도 존재하지 못할 것이니 당연히 이 세상의 지배자는 土가 담당한다고 말할 수 있겠다.

즉 땅의 위력 앞에서 인간의 존재는 참으로 미미하기만 할 뿐이다. 이렇게 보니 새삼 땅의 위력이 대단하다는 생각을 하게 되고 이러한 점을 통찰하신 고인들께서는 너무도 당연하게 '다스릴 기'라는 의미를 陰土인 己土에다가 부여하게 되었을 것이다.

그럼 마지막으로 여섯 번째 천간의 의미로써의 己에 대해서 생각을 해보자. 이제 戊土에서 나름대로 통일을 봤던 중화의 정신은 물질을 생산하게 된다. 그 물질은 바로 陰土의 형태로 나타나지 않게 되는 것이다. 이러한 이치는 陽에서 陰이 나온다는 이야기를 통해서도 확인할 수 있다. 木의 기운에서 木의 질이 나오고 불의 기운에서 열기가 나오듯이 그렇게 土의 기운에서 토양이 발생하는 것이다.

일단 토양은 물질로 흙에 가깝다고 하겠다. 그리고 陰의 성분이라 한다면 냉정하다는 의미도 포함되어 있다. 원래가 陰의 성분은 냉정하다. 이것은 같은 오행에서 陽과 비교해 그렇다는 점도 분명히 해둬야겠다. 그리고 음간(陰干)은 모두 물질적인 형태라고 하는 점도 공통적이라 하겠는데, 그런 점에서 己土 위력이 새삼 크게 다가오기도 한다. 거대한 땅덩어리가 己土라고 한다면 너무 크게 잡은 것일까?

물질적인 면을 관찰하면서 이 점은 좀더 검토를 해보도록 하고, 일단 己土가 여섯 번째로 있는 이유는 바로 戊土에서 모아진 기운이 응고되어서 나타난 것으로 보자. 그래서 戊土가 상당히 추상적인 관점에서 木火의 기운을 갈무리하는 형태라고 한다면 己土는 구체적인 土質로써 형태를 갖고 있다. 그러면 木火의 성분을 갈무리해서 다음 단계로 전달해주기 위해 陰土로써 그 자리에 있는 것이라고 보겠는데, 이러한 이치는 바로 불이 만들어내는 결과물이라고 하는 관점에서도 생각해볼 수가 있겠다. 즉 陰火의 성분이었던 열이 土 기운을 받으면서 토양으로 변화되어가는 과정이라고 보는 것이다. 사실 土에 대해 구체적으로 설명하기가 난해하다.

그렇다면 아직도 土에 대해서는 제대로 이해를 못하고 있다는 말도 되는데, 참으로 이해가 어렵고 난해한 것이 土라는 생각을 항상 떨쳐버리지 못한다. 아마도 오행의 이치를 가장 잘 헤아리는 분은 이 土에 대해서 완전하게 분석을 한 분이 아닐까 싶다. 과연 土는 무엇일까?

물질적인 관점

이미 앞의 상황에서 감은 잡으셨겠지만, 물질적으로 살펴볼 적에는 己土는 토양(土壤)이라고 보는 것이 가장 적절할 것이다. 戊土를 중정지기(中正之氣)로 본다면, 己土는 중앙토양(中央土壤)이라고 해야 맞을 것이다. 즉 戊土의 성분으로 중심적인 기운을 잡은 다음에는 그 바탕의 토양에 뿌리를 내리는 것이 수순일 것이다. 그리고 이 土라는 것이 순서상으로는 木火 다음에 있는 것이지만, 실제로는 四行(木火金水)의 중앙에서 조절해주는 역할이 더욱 중요하다. 그렇다면 己土는 우리가 발을 딛고 살아가는 대지가 되는 것이고, 이 별의 모든 생명체(無情物을 포함해서)는 이 己土에 의지해야 비로소 존재가 가능하다는 이야기가 되는 셈이다. 이렇게 비중이 큰 중정지토가 己土이니 그 역할이 사뭇 대단하다 할 것이다.

이러한 관점에서 바라다보니 己土는 그 크기가 대단하다고 느껴진다. 또 土에는 나머지의 모든 성분들이 포함되어 있다고 보기도 한다. 이 토양은 중정지기, 즉 戊土의 조정에 의해서 유지된다. 일정하게 치우치지 않는 법칙에 의해서 운용되고 있다는 의미이다. 그래서 우리의 속담에서도 발견할 수 있는 말은 '땅은 정직하다 뿌린 대로 거둔다' 는 말이다 이러한 말이 괜히 돌아다니는 것이 아니다. 세상에서 가장 믿을 만하다는 것은 과연 무슨 의미겠는가? 가장 중요한 것은 변하지 않는다는 것이라고 본다. 즉 나무는 변화가 심해서 믿을 수 없다고 할 수 있겠다. 그리고 불도 활발하게 움직이다 어느 사이에 움츠러들어서 간 곳이 없기도 하고, 또 때로는 다시 살아나서 활활 피어오른다. 이러한 변화의 소용돌이 속에서 그 기준을 잡기는 매우 어렵다. 그렇다면 바위는 어떤가를 살펴보는데, 역시 너무나 움직임이 없어 치우쳐 있다면 그것도 고치는 법이 없을 고집이 떠오른다. 그런가 하면 물은 담기는 그릇에 따라 모양을 바꿀 만큼 유동적이다. 이러한 여러 가지를 생각해볼 적에 중용의 기운을 가지고 여러 가지로 변화자재한 모습을 띠기도 하고 그 반면에 원래의 성질을 유지하고 있는 성분으로는 토양이 가장 근접할 것이다.

사실 그를 제외한 나머지 사행(四行)은 토양에 의지해서 존재한다고 할 수 있다. 그리고 원래의 선천수(先天數)에서도 오십토(五十土)가 등장해 비로소 천하를 정리하고 생명이 움직일 수 있는 기틀을 마련했다고 하는 의미를 부여했던 것이다. 이렇게 생각하면 할수록 己土의 의미는 커져 보인다. 논밭의 흙이라는 말로써는 그 맛을 다 느낄 수 없는 것이다. 태산준령도 己土이고, 문전옥답도 己土이다. 도공의 진흙도 己土이고, 농부의 퇴비도 己土로 보인다. 어쨌든 모든 토양은 己土라고 생각해보는 것이다. 이 정도의 위력을 가지고 있는 己土는 중용의 이치를 실제로 보여주는 모델이라고 할 수 있다.

인간적인 관점

이렇게 대지(大地)에 비유해본 己土를 사람에게 적용시킨다면 어떤 성분이 될 것인가. 가장 먼저 떠오르는 연관성은 '대지=어머니'라는 관계이다. 대지는 어머니와도 같다는 말을 수없이 많은 시인들이 노래했다. 그리고 앞으로도 그렇게 노래 부를 것이다. 즉 대지와 인간을 연결시키게 되면 별 의심 없이 어머니에 연결시켜 볼 수 있는 것이다. 이렇게 해서 대지의 상징인 己土를 어머니라는 이름으로 바꿔보게 된다. 그렇다면 과연 어떠한 역할이 어머니의 역할인지 관찰해보도록 하자.

모든 어머니들의 가장 뛰어난 장점이라 한다면 아마도 포용성이 될 것이다. 뭐든지 덮어주고 감싸주고 베풀어주는 것이다. 이러한 관점에서 본다면 대지라는 구조와 어머니의 구조는 동격이라 할 만하겠다. 무엇이든지 남들이 원하면 베풀어주는 것이 토양의 특성이기 때문이다. 그래서 자식에게 베풀어주기를 좋아하는 어머니와 연결시켜보는 것이고, 사회적으로도 그렇게 생각할 수 있다.

가령 사람들이 원하는 대로 최선의 도움을 주려고 마음먹고 또한 노력하는 사람은 어머니의 심성을 가졌다고 하겠다. 己土의 토양은 그렇게 모든 것을 포용하고 있기 때문이다. 우선 인간이 의지하고 살아가는 주택을 보면 굳건한 땅에 기초를 단단히 하고 세운 것이다. 얼핏 태국의 수상 가옥을 생각하실지도 모르겠다. 그러나 자세히 관찰해봤더니 역시 그 수상 가옥들도 물 속의 땅 위에 기반을 두고 있었다. 땅에다가 야자나무를 깊이 박아서 지주를 만들고, 그 위에 가로목을 대어서 집을 짓는 것이었다. 그렇다면 실세로는 땅 위에다가 집을 짓는 것과 크게 다를 것은 없다. 다만 바닥과 집 사이에 물이 하나 추가되었다는 것뿐인 셈이다. 이렇게 己土를 가정적으로 볼 적에는 어머니의 역할에 견주어서 생각해본다. 그렇다면 사회적으로는 어떻게 접목을 시키면 될까?

가장 먼저 己土와 닮은 것으로 사회적인 면에서 생각나는 것은 교육기관이다. 己土는 남에게 교육을 시키는 재능이 탁월하다. 교육자가 된다는 것은 기본적으로 많은 지식이 있어야 한다. 그래서 사람들에게 상황에 따른 적절한 예문을 곁들여가면서 이해가 잘 되도록 설명을 해줄 수 있어야 한다. 이러한 점은 己土의 특성이 있어야 가능하다. 己土의 어머니적인 작용이 교육의 형태로 발전 가능하기 때문이다. 그래서 사회적으로는 교육부가 己土적인 성분으로 구분된다.

교육기관이 己土가 되는 이유 중 하나는 어머니는 가정의 교육자라는 점이다. 아버지가 밖으로 나가서 재물을 획득해 가족이 먹고 살 식량을 공급한다고 보면 가정에서 자녀를 교육시키는 몫은 모두 어머니의 담당이 되는 것이다. 어머니에게는 이 분야에 천부적인 자질이 있는 듯하다. 그리고 항상 교육은 학생의 입장에서 진행되어야 하는데, 己土의 중립적인 관점은 객관성을 유지할 가능성이 가장 높다고 하겠다. 그래서 교육을 시키는 것도 아무나 하는 것이 아니라 적성을 타고나야 한다. 중립적인 관점에서 치우치지 않게 교육을 시켜야 받아들이는 사람이 선입관 없이 잘 받아들이게 된다. 주관적으로 주입식 교육만을 시킨다면 받아들이는 사람은 로봇의 형태가 될지도 모른다. 그렇게 되면 오히려 교육의 긍정적인 면보다는 부정적인 면이 강하게 나타날 것이다.

만약에 교육시키는 일을 甲木이나 丙火가 수행한다면 어떻겠는가. 가령 甲木이 담당한다고 보면, 급한 성격에 학생들이 안 따라오면 속이 터져서 못 견뎌할 것이다. 학생이 이해를 잘 하지 못하면 계속해서 반복적으로 부연설명을 해야 하는데, 성질은 급하고 앞만 쳐다보고 있는 甲木에게 머리 나쁜 제자가 곱게 보일 까닭이 없는 것이다. 그래서 주먹으로 쥐어박기 일쑤일 테고, 이런 특성을 가지고 교육을 한다면 아마도 모두 도망을 가버리고 싶을 것이다. 그래서 실격이다.

그럼 丙火는 어떨까? 우선 자신이 시키는 대로 잘 따르면 신명이 나서 입에 침이 마르게 칭찬을 하고 또 아낄 것 같다. 그런데 일단 자신의 지시에 거부라도 하고, 자신의 의견을 내어놓고 강하게 주장한다면 당장 호통이 떨어질 것이다. "그럼 네가 선생을 해라~!"는 말이 떨어질 가능성이 높다. 甲木보다도 더욱 성급한 丙火에게 느긋하게 기다리는 여유는 애초에 기대하기 어렵다. 아마도 금방 읽어주고서는 외워보라고 시킬 선생이다. 이렇게 급하면 학생들은 또 항상 긴장이 되고 그래서 거부하게 될 것이다.

　이러한 점을 고려해볼 적에 진득이 기다려주는 것에 능숙한 己土가 가장 적격인 셈이다. 이렇게 사회적으로는 교육기관이 己土의 성질을 닮았다고 할 것이다.

세계적인 관점

　다시 세계지도를 펴놓고서 己土의 성분이 가장 많은 곳을 찾아본다. 개인적인 의견이지만 아무래도 중화의 성분이 가장 강한 중립적인 지리적 위치는 인도(印度)가 아닐까 싶다. 인도는 동서양을 결합하는 중간적인 위치에 존재하고 있다. 그렇다면 과연 인도에서 己土의 의미를 읽어볼 수 있는 특징이 있을 것인가를 살펴보자. 우선 인도인의 정신 바탕에는 힌두교라는 거대한 종교가 자리잡고 있다. 이 종교는 세계의 모든 사상을 총망라하고 있지 않을까 싶을 정도로 대단히 광범위하다는 특징을 가진다. 특히 힌두사상은 불교나 기독교의 사상까지도 포함하고 있다고 한다.

　이렇게 모든 정신을 포함하고 있나번 힌두교는 종교의 어머니라고 할 수도 있을 것이다. 종교의 어머니라고 하는 말에서 역시 己土다운 맛이 나온다 하겠다. 인도인의 정신에 대해서 영향을 받은 것으로는 타고르와 요가난다, 그리고 부처도 포함시켜야 할 것 같다. 이들은 나름대로 자신의 삶을 멋지게 가꿔온 사람들이라고 생각된다. 그 중에서도 요가난다는 근래의 성자로서 여러 가지 면에서 인도사상을 대표할 만하다는 생각이 들었다. 이에 관한 설명을 보고 싶다면 『나는 히말리야의 요기였다』라는 두 권의 책을 살펴보시면 많은 도움이 될 것이다. 여러 가지의 의미가 있겠지만 그 중에서도 대표적인 것은 '중립(中立)' 정신일 것이다. 어느 한 곳에 치우치지 않고 중립적인 위치를 지켜가려

애쓰는 모습에서 己土의 특성이 느껴지는 것이다.

　己土를 이해할 적에 토양이라는 점을 강조하게 되는데, 여기에서 토양이라는 것은 지도책을 펴놓고 살펴보면 대충 짐작이 된다. 광활한 초원에서 조용하게 나무 아래 앉아 명상에 잠겨드는 모습을 보면 혜택받은 대지에서 살아가는 사람들의 여유로운 모습이 느껴지고, 그런 모습을 쉽게 볼 수 있는 인도는 己土를 닮았다는 느낌이다.

　길가에 앉아서 명상을 하는 사람도 살고, 열심히 사업을 하는 사람도 살고 있다. 그리고 강가에서는 죽음에 대한 명상을 하면서 자신이 죽어가는 것을 지켜보고 있는 사람도 있는 곳이 인도이다. 이러한 여러 가지를 볼 적에 과연 己土다운 나라라고 하는 생각이 드는 것이다.

　어느 여행자가 인도를 다녀와서 하는 말은 '인도는 가난에 찌든 나라였다' 라고 했다 한다. 그리고 또 나중에 인도를 다녀와서 한 말은 엉뚱하게도, '인도는 알 수 없는 나라다' 라고 말했다. 과연 인도는 무엇이길래 처음에는 가난으로 찌든 나라로 보였다가 다음에는 또 그 생각을 바꾸게 했던 것일까? 과연 인도는 무엇일까? 이런 의문이 생긴다면 인도를 바로 이해한 것이라 해도 되지 않을까 싶다. 인도에 대한 정답은 '알 수 없는 나라' 라고 할 수 있기 때문이다. 이러한 의미는 己土의 항목에 또한 어울린다 할 수 있다. 참으로 己土는 알 수 없는 구조로 되어 있기 때문이다. 다시 인도에 대해 좀더 생각을 해보자.

　인도를 생각하면 가장 먼저 떠오르는 것은 소가 아닐까 싶다. 사람이 있건 차가 있건 느릿느릿 걸어다니면서 아무 곳에서나 일을 보고 아무 데서나 누워 잠자는 인도의 소는 참으로 행복한 소라고 생각했었다. 그러한 모습에서 느껴지는 것은 참으로 여유롭다는 것이다. 차가 지나가다가도 소를 만나면 속도를 줄여야 한다는 것을 보면 역시 뭔가 다르다는 생각이 든다. 이런 삶의 모습을 보면서 전반적으로 인도의 속도는 느릿한 것으로 느껴진다. 이것은 甲木이나 丙火의 특성과도 대비가 된다 하겠다. 가령 한국[甲木]에서 그렇게 소가 길 가운데를 걸어가다가는 당장에 트럭에 치어 죽어버릴 것이다. '빨리빨리' 진행을 해야 하는 마당에 쓸데없는 소가 길을 막고 있다면 국회에 법으로 상정을 해서 모조리 제주도로 보내버려야 한다는 주장이 빗발치게 나올 것이 뻔하기 때문이다.

이러한 특성을 보아오면서 결론적으로 己土의 흐름도 그렇게 느릿하게 진행되는 특성을 가졌다고 이해해본다. '십 년이면 강산도 변한다'는 말의 의미를 풀이해보면 강산은 10년 정도의 세월이 흘러가야 변하게 된다는 말인데, 이 말은 또 강산은 여간해서 변하지 않는 것이라는 의미가 포함된다. 속담은 항상 그 이면을 살펴봐야 한다. 마치 이 지구를 움직이는 것은 소리없는 미생물이라고 하듯이. 이 속담의 이면에서 언젠가 土도 변한다는 것을 느껴보는 것이다. 즉 己土의 흐름이 느리기는 해도 변한다는 의미겠다. 이것과 甲木을 비교해본다면 너무나도 그 차이가 크다는 것을 인식하게 된다. 이렇게 뚜렷한 것부터 비교해가면서 점차로 미세한 곳으로 나아가는 것이 이해하기에 도움이 될 것이다.

또 일본[乙木] 같으면 이 소를 어떻게 이용하면 돈벌이가 될 것인가를 생각할 것이다. 그냥 배회하나가 죽어버린 소에 기름 붓고 태워서는 아무 소득이 없기 때문이다. 그렇다면 어떻게 해서든지 돈이 되는 방향으로 연구가 되어져야 한다는 주장이 나타날 것이다. 그 결과 떠돌이 소는 죽여도 무죄라는 법망을 설치해놓고서 잡아먹을 연구를 할 것이다. 즉 '도랑 치고 가재 잡는' 절묘한 작전을 펴게 되는 것이다. 이렇게 己土와 木의 관계를 비교해보면 둘 사이에 큰 차이가 있다는 것을 알게 된다. 속도가 빠르거나 눈앞의 이익에 약삭빠르지도 않지만 천천히 앞으로 진행하는 힘이 己土를 움직이는 에너지이고, 또한 인도를 이끌어 가는 사상이라 할 수 있겠다.

불교도의 입장에서도 인도는 성스러운 곳이다. 그야말로 성지(聖地)

가 인도에 모여 있기 때문이다. 그리고 석가모니께서 깨달았다고 하는 중도(中道)[20]의 사상도 인도라는 지역적 특성으로 인해서 나타나게 되었다는 확대해석도 가능하지 않을까 싶다. 즉 이렇게 너무도 당연하게 생각되는 중도사상도 나라를 달리하면 또 다르게 변형되기 때문이다.

어쨌든 이러한 모든 것들에게서 己土를 읽어보게 되는 것이고, 이것은 인도라는 지역에서 특히 많이 찾아볼 수가 있다. 언젠가 인도 여행도 한 번 해보기는 해야 할 참이다. 그러면서 과연 인도의 땅에서 己土의 의미가 보이는지 직접 피부로 느껴봐야겠다. 그러면 이렇게 추상적으로 생각해본 것들이 구체적으로 느껴질 것이다.

그리고 보다 중요한 것은 인도는 세계 사상계를 주름잡는 정신의 어머니라고 하는 점이 매력이라고 하겠다. 물질적인 면과 지리적인 면에서도 그렇겠지만, 모든 세계의 사상이 인도를 바탕으로 퍼져나갔다고 해도 과언이 아닐 것이다. 정신적인 수행에 대해서는 라자 요가[21]의 형태로 설명이 가능하고, 또 육체적인 봉사에 대해서는 박티 요가[22]가 기다리고 있다. 또 주문과 독경을 위주로 열심히 수행하는 사람들에게는 만트라 요가[23]도 있다. 그리고 요가의 대명사로 불리기도 하는 방법으로 몸 속의 이상을 바로잡아서 세포 하나하나를 되살려 다시 유연한 어린아이의 몸으로 돌아가 순수한 육체를 갖게 되면 정신도 그렇게 순수

---

20) 치우치지 않는 것을 말한다. 이승에도 저승에도 집착을 버리고서 한가운데를 걸어가는 모습, 또는 그러한 사상을 나타내는 말이다.
21) 앉아서 명상을 통해 우주의 이치를 깨우치는 수행방법으로서 석가모니의 수행도 이 방법을 통했다고 본다. 고요하게 자신의 마음이 움직이지 않아야 밖을 관찰할 수 있으므로 마음이 항상 출렁거리는 보통의 사람으로써는 많은 노력이 필요하다고 한다.
22) 봉사(奉仕)와 헌신(獻身)의 수행법이라고 하겠는데, 기독교에서 중히 여기는 봉사활동은 여기에서 설명이 가능할 것이다. 내 몸을 바쳐서 남을 행복하게 해주는 일을 통해 깨달음으로 나아간다.
23) 주문을 통해 무아지경으로 도달하는 수행법이라고 한다. 티베트의 수행방법 중에도 '옴 마니 반메훔'이라는 주문을 외우면서 수행하는 것이 있는데, 이것도 역시 만트라 요가라는 이름으로 부를 수 있겠다.

하게 깨달음으로 나아간다는 의미의 하타 요가[24]도 등장하게 된다. 수백 가지의 수행법이 모두 망라되어 있는 요가의 근원에는 바로 인도라는 지역적인 특성이 존재하고 있는 것이다. 이렇게 인도에게는 모든 지구촌의 스승으로서의 역할이 주어져 있는 느낌이다.

사주적인 관점

己土의 가장 큰 장점이라 한다면 역시 포용성이 아닐까 싶다. 어느 한 가지도 버리지 않고서 보듬어주는 마음을 가지고 있는 己土의 특성을 가지고 있는 사람이라면 남의 심중을 가장 잘 헤아려주는 특성을 그대로 가지고 있겠다. 이것은 물질적인 관점으로 이해해보는 대지의 특성이라고도 하겠는데, 이 땅의 덕이 무엇이든지 포용을 해주는 것이기 때문이다. 따라서 己土 사주를 가진 사람은 항상 자신이 상대에게 어떠한 영향을 미치게 될 것인가에 대해서 마음을 쓰고 있다.

이러한 장점의 이면에는 단점도 있게 마련이다. 己土의 단점이라고 한다면 남생각 하느라고 자신의 밥은 다 식어버린다는 점이다. 흔히 하는 말로 '오지랖이 넓기도 하다' 라고 하는데 이 오지랖은 웃옷이나 윗도리에 입는 겉옷의 앞자락이란 의미를 가진다. 예전의 어머니들이 입으셨던 옷은 그 품이 하도 넓어서 모든 가족들의 허물을 하나하나 알뜰히도 감싸주셨는데, 요즘 어머니들은 옷이 달라져서인지 선인들이 가진 그런 미덕이 많이 사라진 느낌이다. 남의 입장은 생각하지도 않는 마음, 오로지 내 자식만을 아끼고 잘 되기를 바라는 이기적인 마음이

---

[24] 보통 TV에서 볼 수 있는 몸동작들이 여기에 해당한다. 구석구석 사용하지 않는 근육이 없도록 골고루 움직여서 언제나 전체적으로 활성화가 되어 있는 육체를 만들도록 노력하고, 그래서 삼매의 경지로 들어가도록 하는 것이다. 흔히 이렇게 동작만을 취하는 것이 요가라고 생각하겠지만, 실제로 이 요가의 의미는 대단히 방대하다는 것을 알고 있는 것이 좋다고 본다.

세태가 되어버린 것이 현실이다.

　이러한 것이 어머니들의 탓이라고만 할 수는 없을 것이다. 아마도 각박해지는 사회상의 한 단면이라고 해야 옳을 것이다. 그렇지만 어머니의 포근한 마음씨는 보존이 되었으면 하는 마음이 든다. 그러나 너무 관대하고 포용적인 것도 요즘은 단점이다. 남의 일에 너무 신경을 쓰다 보면 정작 자신의 일은 소홀해지기 때문에 현실적인 이익면에서는 손해일 것이다.

　또 단점은 있다. 요즘 시대를 자기 PR시대라고 한다. 자기의 광고는 자신이 해야 한다는 말은 이제 너무나 당연한 말이 되어버렸고 자기광고를 잘 하지 못하면 이 시대에서는 낙오자의 대열에 끼기 십상이다. 이런 마당에 己土의 특성으로 본다면 자기광고를 하는 데에 대단히 서툴다. 이런 소극성은 이 시대의 일원으로 당당하게 살아가는 것에 단점이라고 할 것이다. 과연 그렇다면 이러한 단점을 어떻게 극복할 것인가? 이런 성향의 소유자는 우선 선두 경쟁을 해야만 살아남는 사업전선에서는 어울리지 않는다. 치열한 경쟁을 하지 않아도 살아갈 수 있는 직업을 택하는 것이 마음을 편하게 하는 길이 될 것이다.

　이러한 단점을 보완하는 것은 스스로에게 달렸거니와, 다만 甲木이나 丙火와 같이 치열한 경쟁력을 가지고 부딪치는 현장에서는 자칫 낙오자가 될 가능성도 크기 때문에 스스로 남들과 상관없이 자신의 길을 갈 수 있는 일에 종사하는 것이 속 편한 삶이 되지 않을까 싶다.

　이러한 己土의 특성이 사주에 과다하게 많다면 어떤 일이 생길는지도 생각해보자. 우선 자신의 주장을 과다하게 밀고 나갈 암시가 높겠다. 그 영향은 독선적인 형태로 나타나겠는데, 과도하게 자신의 고집을 부리고 있으면 자칫 속이 좁은 사람으로 보여진다. 이렇게 강한 己土는 마치 사막의 메마른 흙을 연상시킨다. 이러한 흙에는 작물을 가꿀 수도 없고, 집을 짓기도 어렵다. 그리고 관광자원을 확보하기도 어려운 상황이라면 아무 쓸모 없는 황무지가 되기 십상이다.

또 반대로 己土의 성분이 너무 약하다면 어떻게 될 것인가. 아마도 계획만 무성하고 실행을 할 수 있는 힘이 부족할 것이다. 그리고 원래의 보호하고 감싸주는 성분도 약화되어버리니까 이기적으로 변화를 일으키게 되는 것이다. 그래서 기본적으로 남을 위해야 하는 성분이지만 남을 위하는 데 힘을 쏟다가는 언제 자신이 쓰러질지 모른다는 피해의식이 생긴다. 그러면 결과적으로 행동이 이기적인 형태로 나타날 가능성이 크다. 이렇게 보면 오히려 己土의 성분이 약한 것은 강한 것(많은 것)보다도 더 나쁘다 할 수 있겠다. 사주가 치우치면 기존의 장점을 잃어버리고 다양한 변화를 보이므로 사주는 지나치거나 적어서는 곤란하겠다는 결론을 내리게 된다. 언제나 명리학은 중용이나 중화를 찾는다. 어느 한 방향으로 치우치게 많아서는 곤란하고, 또 한 방향으로 지나치게 많다는 것은 상대적으로 다른 방향에서는 부족하게 된다는 피할 수 없는 결과가 된다. 글자는 한정된 글자(8개)인데, 그 중에 어느 종류가 지나치게 많다고 하면 반드시 다른 쪽은 약하게 될 수밖에 없기 때문이다.

그리고 사주팔자의 구조를 봐도 참 재미있다는 느낌이 든다. 만약에 사주가 열 자라고 한다면 잘만 구성이 된다면 오행이 골고루 들어 있을 가능성이 있게 된다. '5×2=10'이 되기 때문이다. 그러면 그야말로 두 자씩 배당이 되는 균형을 이룰 수가 있으련만 묘하게도 사람의 사주팔자는 '4×2=8'이다. 이것은 무엇을 의미하는가? 도리없이 인간의 운명은 어느 쪽으론가 치우치게 구성이 되어 있다는 것이다. 아무리 잘 맞춰도 정확하게 '8÷5=1과 나머지 3'이 되니까 깔끔하게 배당을 시킬 수가 없다. 이러한 점을 통해볼 때 어차피 인간의 운명은 그렇게 뭔가 채워지지 않은 형태로 살아가게 되어 있다는 점을 읽을 수 있고 이를 빨리 깨닫는 것이 현명한 일이 될 것이다.

하긴 이렇게 부족한 상태이기 때문에 그렇게도 기를 쓰고 완전해지려고 노력을 하는 것인지도 모른다. 애초에 완벽한 삶이 가능하다면 왜 구태여 온갖 것을 취하려고 노력할 것인가. 이렇게 구하려고 하는 마음들이 있으므로 이 땅을 욕계(欲界)[25]라고 부르는 것이겠지만, 참으로 인간의 마음은 욕망의 덩어리로 되어 있다는 이야기가 공감이 간다. 잠시도 쉬지를 못하고 뭔가를 구하려고 날뛰는 것이 인간의 모습이라고 읽었던 성인의 안목은 예리한 통찰이었겠지만, 그러한 경고성 가르침도 인간의 치열한 욕망 앞에서는 전혀 도움이 되지 않는 듯하다. 하긴, 그것이 또한 운명(運命)이겠지만서도…….

---

25) 불교의 말이다. 불교에서는 우주를 삼계(三界; 欲,色,無色)로 표현한다. 그 중에서 모든 욕망(구하려고 하는 마음)으로 이뤄진 곳이 바로 이 지구를 포함한 욕계라고 보는 것이다. 참고로 색계는 형상만 있고 구하려는 욕망은 없다는 곳이고, 무색계는 그야말로 투명한 세계로서 가장 뛰어난 영혼들이 살아가는 곳이라고 본다. 수행을 많이 하면 이렇게 좋은 곳에 태어나기도 한다. 그러나 이렇게 좋은 곳도 결국 복이 다하면 다시 이 땅으로 떨어진다고 하므로 좋아하지 말라는 것이고 결국은 모든 집착으로부터 자유로워지는 것이 가장 최선이라고 결론을 짓기도 한다.

제7장
경금

庚金에 대해서도 우선 사전적인 의미를 가지고 이해를 해보도록 하자. 보나마나 맨 처음에 있는 것은 ① '일곱째 천간 경'이다. 방위로는 서쪽을 나타내고 오행으로는 金이라고 하는 설명이 붙어 있다. 물론 이것은 우리가 좀더 상세하게 살펴봐야 할 의미이다. 그래서 우선 그냥 넘어가고, ② '고칠 경'이라고 하는 의미가 추가되어 있다. 고친다는 것은 무슨 의미일까? 고친다는 것은 뭔가 잘못 되었을 적에 하는 행동이라고 볼 때 지금이 바로 잘못된 것을 고칠 수 있는 기회인 모양이다. 그렇다면 이전에는 고칠 겨를이 없었다는 뜻일까?

어쨌든 庚의 의미에 고친다는 뜻이 들어 있다는 것은 의미심장하게 느껴진다. 그리고 같은 의미로써는 '고칠 갱(更)'과 동일한 자라고도 나온다. 역시 고친다는 의미가 확대된 것으로써 ③ '갚을 경'의 의미는 배상을 해준다는 뜻이 들어 있다. 뭔가 잘못된 모양이다. 그래서 배상해주고 고치고 갚아줄 모양이다. ④ '단단할 경'의 의미는 원래의 오행 의미로 金에서 나왔다고 짐작이 된다. 金은 오행 중에서 가장 단단한 성분이기 때문이다. ⑤ '나이 경'이라고 하는 말에서 아마도 연륜이 쌓여가는 모습이 담겨 있는 듯싶다. 연륜이라고 하는 것이 어린 사람에게는 어울리지 않는 것이라고 생각되고 적어도 나이 50은 살아야 나이에 대해서 운운할 처지가 되는 것은 아닐까 한다. 따라서 이렇게 庚金의 항목이 되어서야 나이에 대해 언급하게 되는 것 같다. ⑥ '길(도로) 경' 이 마지막을 장식하고 있다. 길이라는 의미가 단순히 물질적 의미에서 도로의 뜻이 아닌 삶의 궤적이라는 의미로 확대해보았을 때 나이와 길은 같은 의미로써 연결할 수 있다. 이러한 전반적인 의미를 생각해볼 적에 庚金에 와서는 뭔가 연륜을 암시하는 뜻이 느껴지는 것 같다. 비로소 세상의 이치를 느낄 수 있는 시기가 된 것이다. 그리고 속뜻으로는 결실이라는 의미가 추가된다. 그래서 곡식의 의미로도 쓰인다는 설명이 이어져 있다. 사람의 삶에서도 역시 나이 50은 되어야 결실에 대해서 이야기할 처지가 될 듯싶다. 대충 이러한 의미가 庚金에 대한 자의(字義)적인 설명으로 이해를 하면 되겠다.

일곱 번째 천간 庚의 의미

그렇다면 그 중에서 우리가 가장 필요로 하는 의미인 일곱 번째 천간으로서의 庚에 대한 것을 좀더 살펴보도록 하자. 우선 庚金이라는 것이 등장했다. 비로소 木火土에서 金으로 넘어가는 과정이라 하겠는데, 金의 가장 대표적인 의미라 한다면 결실이라 할 것이다. 즉 일곱 번째의 의미는 결실을 앞두고 있다는 의미가 가장 크다. 그리고 결실을 앞두고 있기 때문에 아직은 고칠 수 있는 기회가 한 번쯤 있다고 할 수 있다.

고친다는 것은 새로운 가능성에 도전하는 의미가 포함된다. 그동안 살아온 흐름에서 변화를 주고 싶다는 의욕이라고도 하겠고, 그동안 살아오면서 무엇이 잘 되었는지 잘못되었는지에 대해서 종합을 해볼 겨를이 없었다고 한다면 이제 庚金의 순서에 와서야 비로소 약간 여유가 생긴 셈이다. 그래서 자신의 삶을 되돌아보게 되고 그렇게 살펴보니 뭔가 잘못된 점이 눈에 들어온 것이다. 그렇게 보이지 않으면 고칠 수가 없기 때문이다. 이 의미에서 자전의 두 번째 의미인 고칠 경자가 나왔다고 볼 수 있다.

무엇인가를 고친다고 할 때 너무 젊은 사람은 고치기가 어려울 것이다. 뭔가 스스로 절실하게 잘못되었다는 점을 깨닫고 나서야 비로소 고칠 가능성이 있기 때문이다. 나이 50이 넘어가면서 자신이 살아온 모양새를 되돌아보지 않는 사람은 별로 없을 것이다. 아직 낭월이가 이 근처를 가보지 않아서 장담할 수는 없겠지만, 사람으로 살면서 50 정도가 되면 뭔가 스스로를 되돌아볼 여유가 생길 것 같다. 그렇게 되돌아보면서 자신의 삶에 대해 만족할 사람은 과연 몇이나 되겠는가? 대개는 아쉬움과 부족함과 또는 불만을 갖게 될 것이고 그렇게 되면 다시 한 번 올바르다고 판단되는 방향으로 재도전을 하고 싶어질 것이고, 그래서 고쳐본다는 의미가 나타난 것으로 생각해본다.

金은 굳어지는 성분이다. 그렇게 단단하게 되어가는 과정에서 그대로 庚金은 陽金이라 볼 때 굳어지기 위한 전초작업의 형태로 굳어가는 기운(氣運)이라고 생각해본다. 즉 냉장고에서 얼음이 얼기 위해서는 그냥 갑자기 되는 것이 아니라 서서히 냉각되어가는 냉기운이 필요한 것과도 흡사하다. 이 庚金의 역할이 바로 그러한 것이 아니겠느냐는 것이다. 즉 아직은 응고되지 않은 상태이기 때문에 바꾸려면 지금 바꾸라는 것이고, 앞으로 이것이 완전하게 굳어서 辛金화되면 그때는 바꾸고 싶어도 이미 늦어버린다는 것을 의미하기도 한다.

어찌 생각해보면 마지막 기회라는 기분도 든다. 나이 50 정도 되면 대개는 정년을 바라다보면서 살아온 모습을 반추하는 시기라 볼 수 있고 따라서 이 일곱 번째의 천간이 갖는 의미는 새로운 기회라고 볼 수 있다는 이야기인데, 실제로 나이 50이 넘어서 자신의 직장을 그만두고 사주공부를 하겠다고 마음을 일으킨 늦깍이도 상당히 만나게 된다.

"제가 아무래도 잘못 살아온 것 같습니다. 그래서 자신을 알아보려고 명리학을 배우고 싶은데, 한 가지 걱정스러운 것은 지금 제가 이것을 배워도 그 뜻을 바로 깨달을 수가 있을 것인가 하는 점입니다. 만약 인연이 없다면 애초에 그만둬야 할 것 같아서 약간 겁이 나기도 합니다."

이것은 너무나 인간적인 마음으로 이해가 충분히 된다. 사실 그동안 살아온 것도 무엇을 위해서 살아왔는지 의심스러운데 지금 이 늦은 나이에, 유행가의 가사대로라면 '이제와 이 나이에 무엇을 바라겠냐마는……'이라는 것이 될까. 어쨌든 늦은 감이 없지 않은 시기에 새롭게 시작한다고 마음잡은 바에야 뭔가 확실하게 보장이라도 받아둬야 마음이 편하다는 의미일 것이다. 그렇지만 그러한 질문을 하는 자신도 그 답이 없다는 것을 너무나도 잘 알 것이다. 다만 위안을 받고 싶은 마음을 알기에 '그럼요'라고 답변을 하지만 기왕에 공부를 하고 싶어서 마음을 낸 사람은 무슨 이야기를 하든지 공부를 해야 한다. 적어도 '이렇게 공부를 해봐도 별수없구나' 하는 것을 스스로 깨달을 때까지만이라도 말이다.

물질적인 관점

庚金을 대표하는 성분의 물질로 가장 먼저 떠오르는 것이 '바위'라는 물질이겠다. 陽金으로서 암석은 원석이라는 부제를 의지하며 오랜 시간을 명리교과서에서 그 위치를 확고하게 지켜왔다. 그러니까 일단은 그러한 의견을 존중하도록 해야 하겠다. 그래서 庚金은 바위라는 말을 가장 머리에 넣어본다.

그러나 '庚金=바위'로 외울 것이 아니라 과연 庚金은 바위일까 하는 의문을 가져봐야 비로소 또 다른 무엇이 없을까 하는 것에 대해서 생각을 하게 될 것이다. 그냥 전해 내려오는 그대로만 인식을 하는 것도 나쁠 것은 없겠지만, 그래도 그렇게 옛 기록을 답습만 해가지고서야 어찌 명리학의 이치가 발전을 하랴. 따라서 새로운 각도에서 庚金에 대한 관찰을 해보고 싶어지는 것이다. 그렇다면 바위라고 하는 의미를 제외하고 庚金다운 것으로는 어떠한 상황을 제시하는 것이 좋을까?

바위가 아닌 庚金의 특징은 金의 기운이 될 것이라는 가정을 세워놓고 접근을 해봐야겠다.

앞에서 陽干(甲丙戊庚)에 대한 설명을 하면서 계속 따라다니는 특징은 대체로 기(氣)의 형태가 있다는 점이다. 그리고 陰干(乙丁己辛)에 대해서 생각해보면 질(質)이라는 면이 강하다는 것도 이미 몇 개의 천간을 통해서 느껴봤다. 그렇다면 庚金도 당연히(?) 金의 양이므로 金기운이라 가정해볼 수 있겠다.

金氣에 해당하는 성분은 아직 응고되지 않은 상황의 金이다. 즉 응고하려고 준비하는 상태라고 보겠는데, 이것은 초가을의 싸늘한 기운이 감도는 이른 새벽의 산책길에서 느껴지는 그러한 느낌일 것이다. 이 계절을 생각하면 문득 가슴이 서늘하다는 느낌이 들기도 하고, 그래서 들뜬 마음이 차분하게 가라앉기도 하는, 묘한 안정감이랄지 회의감이랄지 그러한 기분이 든다.

또한 '등화가친(燈火可親)' 혹은 '독서의 계절'이라고 하여 책읽기에 좋은 계절이라 한다. 그럼 왜 하필 가을인가. 봄철에는 자신의 목적을 부지런히 시작하느라고 다른 것은 생각할 겨를이 없었고, 여름에는 그렇게 시작한 계획을 진행시키느라고 또한 시간이 없었을 것이다. 이제 비로소 가을이 시작되면서 아침 저녁으로 싸늘한 기운이 느껴지고 서서히 자신이 한 해를 어떻게 살아왔는지 곰곰이 되돌아보게 되는 마음이 생기게 될 것이다.

이렇게 돌아보게 하는 성분이 바로 庚金의 특징이라는 것이 재미있게 느껴진다. 庚金은 이미 글자의 의미에서 고친다는 뜻이 있다는 것을 보았기 때문에 더욱 실감이 난다. 스스로 자신을 되돌아보는 시간이야 말로 자신의 살아온 것을 정리해보고 잘못된 것은 고치게 되는 기회를 부여하는 의미 있는 시간이 될 것이다. 여기에서는 바위라든지 원석(原石)이라는 의미는 전혀 개입되지 않는다. 오히려 그러한 성분이 끼여들 자리가 없어야 정상일 것이다. 결론적으로 庚金은 물질적인 면에서 金기운에 해당한다는 가정이 맞을 것 같다.

앞의 설명이 다소 부드러운 인간적인 감정에서 바라다본 것이라면 이번에는 자연적인 관점에서 관찰을 해보자. 적천수의 庚金 항목을 보면 '경금대살(庚金帶殺)'이라는 구절이 있다. 이것은 庚金의 특성이 살기운을 띠고 있다는 의미일 것이다. 그렇다면 이 살벌한 살기라는 말은 어디서 나왔을까? 살기는 남을 죽이거나 해치려는 무서운 기운이라는 의미를 가진다.

물론 이 정도로 미리 눈치를 챌 수 있으려면 대단한 실력이어야겠지만, 그러한 기운을 발산시키는 것은 또 무엇일까를 살펴보아야 한다. 그것은 냉정한 기운이면서 매서운 성질의 에너지일 것이다. 그래서 살기를 느끼면 짜릿한 감정이 자신의 등줄기를 썰렁하게 만들어버리는 것이다. 이러한 기분은 참으로 섬뜩한 느낌일 텐데, 보통 사람들은 그러한 기운을 감지하지 못하고, 무술에 고수가 되어 기의 감지가 잘 될 때만이 이러한 기운을 느낄 수 있다고 한다.

이것을 적천수에서 유백온 선생님[26]이 관찰하셨던 모양이다. 그리고 그 원인 제공자는 기문둔갑(奇門遁甲)[27]인 듯하다. 예전에 학문적 유람

---

[26] 적천수를 저술하신 명리학계의 중요한 인물이다. 원래는 기문둔갑에 조예가 깊었던 것인데 개인적인 운명을 연구하는 학문인 명리학에 대해서 관심을 많이 갖고서 십간(十干)을 연구하여 경금의 특성을 파악하지 않았을까 싶다.
[27] 흔히 기문둔갑이라고 하면 둔갑을 하는 것으로 이해하는 것이 일반적이라고 생각된다. 그러나 실제로는 명리학처럼 땅위를 타고 흐르는 기운을 읽어내는 하나의 음양오행 학문이라고 이해를 하면 되겠다.

(?)을 할 적에 기문둔갑에 관계한 서적을 보면서 그러한 느낌이 들었던 기억이 난다. 기문둔갑은 제목에도 나타나지만 둔갑(遁甲)의 전부에 해당하는 의미를 부여한다. 甲을 숨기는 것이 둔갑인 까닭이다. 甲을 어떻게 숨기는가도 물론 공식에 의해서 되는 것이지만, 일단 이 정도로만 알아두도록 하자. 여기는 이미 자평명리학(子平命理學)[28]을 공부하는 장이기 때문이다.

그런데 둔갑을 하는 이유는 甲木을 보호하기 위해서라는 점을 이해해야 하겠다. 甲木은 황제이기 때문인데, 이 기문둔갑이 중국에서 만들어졌다는 것을 생각해볼 적에 중국은 土에 해당한다는 점을 상기해본다면 과연 甲木은 土를 다스리는 황제라고 하는 말이 일리가 있다는 엉뚱한 의견을 내어본다. 어쨌거나 甲木을 보호하는데 庚金이 나타나면 낭패다. 그래서 庚金이 나타나면 甲木은 더욱 빨리 숨어야 하고 숨을 장소가 마땅치 않으면 丙丁火를 시켜서 호위하도록 해야 한다는 긴급 상황이 발생한다. 이미 甲木은 陽木이요, 庚金은 陽金으로써 金剋木이 발생한다는 것은 전제하고 이해하길 바란다.

이러한 상황하에서 유백온 선생님은 바로 庚金이 살기운을 가지고 있다는 힌트를 찾지 않았을까 싶다. 그리고 실제로 응용시켜본 결과 틀림없다는 결론을 내리셨을 것이고 그래서 庚金대살이라는 글을 적게 되었을 것으로 추리해보는 것이다.

실제로 庚金의 기운이 서서히 감돌면 사람들은 앞으로만 치달리던 마음에서 약간 여유를 되찾는다. 그래서 산사(山寺)도 찾아보고 성현들의 말씀집도 한 번쯤 찾아보곤 한다. 이렇게 브레이크의 역할을 하는 성분이고, 제어하는 성분으로써 성장억제의 역할을 한다고 본다. 이렇

---

28) 명리학도 그 종류가 상당히 많다. 자평명리학은 이렇게 일간을 위주로 하며 월령을 환경으로 대입하고 주변의 상황을 종합해서 음양균형을 살펴 길흉을 감지하는 학문이라고 하면 되겠다. 다른 명리학은 또 이와 다르게 추리하는 성분이기 때문이다.

게 물질적인 면을 가지고 볼 때 金氣라는 것은 발전하는 구조를 억제하는 작용으로 나타나게 되고, 또 산천초목이 마구 성장하는 것에 대해서 억제시키는 작용도 하게 되는 것이다. 이것이 庚金의 특징이라고 생각해본다.

인간적인 관점

庚金에 해당하는 사람은 미래지향적인 사고력을 억제하는 성분이 강하다는 특징을 가진다. 그리고 그러한 작용을 하려면 아무래도 세상을 좀 살아본 사람이라야 가능하지 않을까 싶은 생각이 들고, 그래서 여기에 어울리는 사람으로는 할아버지가 어떨까 싶다. 할아버지는 오랜 기간 세상을 살면서 많은 경험을 하신 분이다. 그래서 생각하고 보는 안목이 가족 중에서 가장 심오하고 노련할 것이다. 이러한 안목으로 가족들의 하는 행동을 관찰하게 되면, 잘못된 부분이 있을 때 당연히 눈에 거슬릴 것이다. 많은 시행착오를 겪어본 사람이 올바른 결과에 좀더 근접할 수 있다. 이러한 까닭으로 해서 할아버지는 그 가정에서 가장 노련한 상담자의 역할을 수행하게 되는 것이다. 그래서 庚金의 위치에서 가족들에게 뭔가 경험에 가득한 이야기를 나눠줄 수 있는 사람으로 할아버지를 선택해봤다.

이것을 다시 국가적인 관점에서 생각해보면, 국가운영의 전반적인 조언자의 위치가 될 원로회의가 庚金에 해당될 것이다. 역시 원로라고 하는 것은 뭔가 선동적으로 일을 꾸미는 위치라기보다는 잘못된 일에 대해서 바로잡아주고 그 해결책을 제시해주는 입장이 될 것이다. 그렇다면 이러한 역할도 당연히 세상에서 많은 경험을 가진 역전의 용사들이 하는 것이고 구체적으로 이들은 브레이크를 걸어주고 다시 도전하도록 유도하는 일을 할 것이다. 그리고 이러한 조언자들이 없는 나라는 방향을 잃고 갈팡질팡하게 될 가능성이 매우 높을 것이다. 우리나라의 경우 현직에서 퇴임한 원로들이 실질적인 영향력을 가지는 경우를 볼 수 없다. 한반도는 애초에 甲木이기에 甲木이 정치를 하는 마당에 庚金의 조언은 잔소리가 되기 쉬울 것이고, 결국 짐짓 못 들은 척하고서 딴전을 피울 것이다. 그래서 나라가 어려울 때 믿음을 줄 수 있는 지도자가 나타나기 어렵다. 국가적 신망을 받는 위치를 가진 사람이 없는 것은 참으로 안타까운 일이라고 하겠다.

하긴, 예전에도 그러한 경력이 있었다. 고려장(高麗葬)이라는 제도가 그것이다. 얼마나 甲木 우월주의가 팽배했으면 노인네(즉 庚金)는 잔소리만 많고 밥만 축내는 인종이니 늙으면 버려야 한다는 기가 막힌, 그렇지만 가장 甲木다운(?) 절묘한 방법을 만들어냈을까 싶다. 甲木의 입장으로는 庚金이 브레이크를 걸까봐 항상 신경이 쓰이게 마련이다. 그도 그럴 것이 甲木은 앞으로만 나아가려고 하는데, 庚金이 자꾸 뒤에서 잡아당기면 될 일도 안 된다고 생각하는 것을 나쁘다고만 할 수도 없으리라.

그런 상황에서 정신이 온전하다면(?) 감히 '잔소리꾼들의 모임(元老議會)'을 만들 까닭이 있겠느냐는 것이다. 그냥 대통령이 알아서 히면 되는 것이고, 또 도지사가 알아서 하면 되는 것이다. 이것이 아마도 한국의 특징이 아닐까 싶다. 그렇게도 庚金을 싫어하고 노인의 참견을 싫어하는 것은 결코 어제 오늘의 일만은 아니었던 것이다. 그렇다면 요즘의 '노인경시풍조'라고 개탄하는 이야기는 이미 오래 전, 적어도 고려 때부터 있어온 것이고, 어쩌면 그 이전부터 그래왔을 것으로 생각이 된다.

결론적으로 庚金을 노인이라고 말한다 해서 결코 자연의 이치에 크게 벗어나지는 않을 것이다. 벗님의 생각은 과연 어떠실까⋯⋯.

세계적인 관점

이제 눈을 다시 지구로 돌려보자. 庚金에 해당하는 지역을 어디로 정해보면 가장 어울릴까 살펴보니 히말라야 산맥 쪽으로 눈이 간다. 그 부근이라면 '바위산=庚金=에베레스트'로 연결되는 어떤 고리가 생각나기 때문이다. 그리고 庚金의 매서운 긴장감도 떠오른다. 그 바위가 속해 있는 나라는 네팔이니 이 지역을 庚金의 기운이 강한 곳으로 지정을 해보고자 한다.

네팔이야 아시다시피 '세계의 지붕'이라고 불리는 히말라야가 속해 있는 나라이다. 주변의 산악들은 보통 7000~8000미터의 높이를 가지고 있는 그야말로 바윗덩어리인 지역이기 때문에 이러한 곳을 庚金의 나라라고 한다 해서 크게 틀리다는 말을 하진 못할 것이다. 과연 에베레스트 산은 庚金다운 면모를 자랑하고 있는 것이다. '山=土'라는 연관성만 생각한 나머지 이 에베레스트 산에 대해서도 戊土라고 고집을 부리시지나 않을는지 모르겠다. 그러나 낭월이가 생각하기에는 산도 산 나름이라는 생각이 든다. 보통 한반도의 산 정도면 戊土의 의미를 갖고 있는 산이 대부분이고, 또 다른 나라의 산이라 하더라도 대체로 土가 그래도 많은 것을 산이라 부른다고 생각된다. 그렇지만 이러한 특수한 고산의 준령들은 흙이라기보다는 대부분이 바윗덩어리로 되어 있는 것이 보통이다.

따라서 바위와 얼음과 눈이 전부인 이 산을 庚金이라 부르도록 하겠다. 아울러서 이러한 산악을 가지고 있는 나라인 네팔 역시 庚金으로 보도록 하겠다. 그렇다면 네팔 사람들에게서는 그러한 점이 보이겠는가를 한 번 생각해봐야 할 참인데, 유감스럽게도 이러한 나라들에 대해서는 별로 아는 것이 없어서 유감이다. 다만 대충 짐작은 가능하겠는데, 살아가는 모습이 우리가 볼 적에는 그리 풍족해 보이는 광경은 아니다. 없는 자원 속에서 오로지 굳센 마음으로 자연에 대한 경외를 갖고 하루하루를 살아가는 사람들일 것이다. 그리고 어른에 대한 대우도 대단히 좋은 나라가 아닐까 싶다. 이들에게는 甲木다운 미래지향적인 마음이나, 丙火처럼 패기가 넘치는 젊음을 느끼기가 그렇게 쉽지 않다. 그러한 열악한 환경에서는 그냥 하루하루를 무사히 살아가는 것만으로도 대단히 감사할 상황일 테니 말이다.

실로 자원이 풍부한 곳에서의 삶과 비교한다면 아마도 몇십 배의 어려움이 있을 것이다. 이러한 환경을 庚金다운 환경이라고 생각해보는 것도, 庚金의 살기(殺氣)다운 점이라든지 억압받는 성분과 서로 연관성이 있을 것으로 보이기 때문이다. 뭔가 혹독한 맛은 살기와 서로 직결된다는 느낌을 준다. 그리고 초목들도 자유롭게 자랄 수 없는 환경이어서 땔감도 구할 수 없는 자연조건을 갖게 되고, 이 때문에 짐승들의 똥을 말려서 집을 지을 때나 음식을 조리할 때 써야 하는 힘든 삶을 살아가게 된다. 즉 강력한 金 기운에 눌러서 제대로 기를 살리지 못하고 억제당하고 있는 것이라 할 수 있다.

이러한 몇 가지의 상황을 고려해보건대, 이런 상황들은 모두 甲木의 기운을 억압하고(庚剋甲) 냉정하게 이성적으로 살아야 한다는 섯을 자연스럽게 깨달아가는 것 같다. 그리고 열악한 환경이기에 현실적인 삶에 집착하기보다는 오히려 정신적인 삶에 의지하는 상황이 될 것이다. 풍요로운 환경에서는 하늘과 땅의 고마움을 못 느낄 것이다. 그러나 열악한 환경 속에 사는 사람들은 항상 천지(天地)에 감사하는 마음으로 살아가는 것을 보면서 金의 기운을 느끼기 때문에 항상 뭔가 두려움(?)이 내재되어 있는 것이 아닌가 싶다.

사주적인 관점

그렇다면 이러한 성분을 사주팔자로 타고난 사람에게는 어떤 특징이 나타날 것인가도 생각해봐야 하겠다. 어떤 이론이나 검증이 중요한 만큼 이 명리학의 이론도 실제적으로 그 사람에게 상당 부분(100퍼센트 고는 못하더라도) 타당성 있게 나타나는 것이 중요하다. 단지 이론만으로 그렇고 실제로는 전혀 엉뚱한 이야기가 되면 즉시 죽은 법이 되어 냉대를 받게 될 것이다. 이것은 현실이고, 자연의 법칙이기도 하다. 바로 이 점이 명리학 교과서를 쓰는 데 어려움을 느끼게 하는 부분이다.

우선 庚金으로 태어난 사람의 특징이라고 한다면 미래지향적인 것보다는 회광반조(回光反照)의 특성이 강하다는 것이다. 아무래도 金 기운이 강할 것이고, 이 기운은 냉정하게 과거를 돌이켜보면서 무엇이 잘 되고 잘못되었는지를 살피는 형태가 될 것이다. 이러한 형태의 적성이라고 한다면 감사(監査) 계통의 일이 어울릴 것이다. 감사라고 해서 반드시 정부의 감사원이어야 할 필요는 없다. 그것은 각자의 사주 그릇에 따를 것이고 다만 어떤 직업이 되든 감사라는 특징을 가졌다면 같은 맥락이라고 할 것이다.

庚金이 이러한 역할에 어울린다고 보는 것은 역시 앞만 보고 달려가는 사람에게 경종을 울려주고 잘못된 부분에 대해서 수정하는 특성이 있기 때문이다. 물론 잘 되는 것에 대해서는 문제가 없을 것이다. 앞에서 庚金의 의미를 볼 적에 '고칠 경'이라고 했던 것도 이런 의미와 연결되는 힌트라고 본다. 항상 내실이 중요하다고 생각하는 입장이다. 겉으로만 화려하게 나타나는 것에 대해서 별로 마음을 쓰지 않고, 내면 즉 속이 어떻게 생겼는가에 더욱 관심을 갖는 특성을 보인다. 그러다 보니 남들과의 경쟁에서는 뒤지는 단점이 어쩔 수 없이 드러나게 된다.

그렇다고 남들이 한다고 해서 모두 다 하겠다고 덤비는 것은 무모하다고밖에 할 수가 없겠다. 결국 항상 관조하고 살피는 것이 가장 어울리는 것이다. 물론 이러한 특성을 잘 살리기 위해서는 사주의 배합이 적절해서 상격(上格)[29]이 되어야 사회적으로 중요한 일을 맡을 수 있다. 만약 사주의 배합이 적절하지 못한 경우에는 일도 변변치 못할 가능성이 크다.

그렇다면 庚金의 성분이 너무 강하면 어떻게 될까? 브레이크가 너무 강하다고 해야 하겠다. 자꾸 제지만 하고 앞으로 나아가는 성분이 미약하다면 이것도 역시 남들과 함께 살아가기에는 적절하지 못하다. 이런 사람도 주변에 흔히 있는 경우이다. 이런 특성은 글을 쓰는 데에도 나타난다. 즉 원고지를 많이 찢어버린다는 점이다. 자신이 뭔가 그럴싸해서 열심히 적었는데 다음날 보니 맘에 들지 않는 구절이 눈에 띈다. 그래서 도저히 앞으로 나아가지 못하고 찢는다. 그리고 다음날 어제 것을 읽어보니 또 맘에 들지 않는 것이 있다. 이렇게 자꾸 고치다가 보면 원고지가 없어지기는 하는데, 막상 쌓이지는 않는 것이다. 결국 책 한 권을 만들기가 요원하게 되고, 그래서 결국 목적을 달성하지 못하고 중단하게 되는 일도 많다.

그렇다면 어떻게 할 것인가? 웬만하면 그냥 넘어가는 것이 아마도 발전하는 데 도움이 될 것이다. 사소한 결함이야 어디에서나 있게 마련이다. 그리고 스스로 판단할 적에는 항상 미흡하게 생각되기에 진행이 어려우니까 주변의 믿을 만한 사람에게 조언을 구해보는 것도 좋을 것이다. 그래서 일단 그 사람에게 맡겼으면 자신이 생각하기에는 다소 맘에 들지 않더라도 그냥 넘어가는 것이 오히려 현명한 선택일 것이다. 그리고 나중에라도 도무지 맘에 들지 않는다면 또 다시 쓰면 될 것이

---

[29] 사람이 살아가는 모양에서도 각자의 등급이 있듯이 사주도 각기 등급을 매길 수 있는 것이다. 그래서 균형이 잘 이뤄지면 상격이 되고 다소 미흡하면 중격이 되고, 엉망으로 헝클어졌으면 하격으로 취급된다. 대충 따져서 10등급 정도로만 분류를 해도 그 사람의 지위에 대해서 관찰할 수 있을 것이다.

다. 그래서 차차 보완해 나가겠다는 생각을 하는 것이 좋을 것이다.

　이러한 현상이 생기는 것은 아마도 바위에 글을 잘못 새겨놓으면 두고두고 오점이 된다는 생각(?) 때문이 아닐까 싶기도 하다. 종이에 쓰여진 글은 언제라도 맘에 안 들면 찢어버릴 수가 있지만, 바위에 새겨 놓은 것은 참으로 고치기가 어렵다. 어렵다기보다도 불가능할 것이다. 금강산의 멋진 바위에다 북한의 주체사상에 관한 많은 글을 새겨놓은 것을 언젠가 본 적이 있었다. 그러면 통일이 되었을 경우 그러한 글자들을 어떻게 처리해야 할 것인지가 고민스럽다는 생각을 해본 적이 있다. 바위에 새긴 글같이 庚金이 너무 강하게 모여 있는 상황에 해당하는 사람은 쉽게 쓰기도 지우기도 어렵다. 이러한 특성이 다른 일에서도 나타날 것은 당연하다. 그림을 그린다고 했을 적에도, 다른 사람들은 쓱쓱 잘도 그리는데, 庚金이 강한 사람은 그리 쉽게 나아가지를 못할 가능성이 농후하다. 고치고 또 고치고 그래서 나중에는 떡칠이 되는 것이니, 이런 사람이 만약 그림을 그린다면 아마 일생을 통해 몇 작품밖에 못 남길 것이다. 그래서 남들이 다작(多作)을 하면 그게 또한 못마땅한 것이다. 따라서 비판을 하게 되는 마음도 발생하게 될 것이고, 이것은 자연스럽게 비평가(批評家)가 될 가능성이 된다. 그런데 비평을 하더라도 객관적으로 타당한 비평을 해야 할 것인데, 그렇지 않고 너무 자신의 주관적으로 평가를 해버리면 남들로부터 외면을 당할 가능성도 있으니 객관성을 가지는 것이 중요하다.

　그림을 생각하다 보니까 교육방송에서 매주 그림을 그리는 사람이 등장하는 프로그램이 생각난다. 그의 그림은 참으로 쉽게 그려진다. 붓으로 툭툭 치고 칼로 죽죽 긋고 하는 사이에 도랑이 생기고 오솔길이 나타나고 그윽한 숲이 등장을 한다. 참으로 멋진 솜씨를 갖고 있는 사람이었고, 즐기는 사람이라고 생각된다.

　만약에 이러한 장면을 庚金이 강한 사람에게 보여준다면 너무 진지

하지 못하다고 할지 모르겠다. 왜냐하면 작품을 그렇게 장난치듯이 그려서는 그림의 가치가 떨어진다는 주장을 하며 비난하고 싶은 마음이 들게 될 가능성이 높기 때문이다. 어떤 일이나 그것을 감상하는 부류는 반반으로 나눠지는 모양이다. 아니, 반반이라기보다는 3등분으로 봐야 더 옳겠다. 즉 지지자와 반대자가 있을 것이고, 또 어느 곳에도 해당하지 않는 중간 부류가 반드시 있게 마련이다. 그래서 또한 세상이 어울려가는 모양이지만, 이런 여러 가지의 상황을 보면서 역시 음양중(陰陽中)으로 관찰하는 것이 바른 태도겠다는 입장이다.

　또 庚金이 매우 허약한 상황에 처해 있는 사주들도 있을 것이다. 이런 사주 또한 브레이크 기능이 매우 약한 경우라고 추측할 수 있다. 따라서 억제 기능이 내면으로만 존재하고 밖으로 표현되지 않는 상황이다. 이렇게 庚金이 약하게 구성되어 있다면 아무래도 강력하게 밀고 나가기에는 추진력이 부족하다 보고 오히려 성장 쪽으로 방향이 잡힌다는 경우를 볼 수 있다. 그래서 남이 뭔가 맘에 들지 않는 행동을 할 경우, 마음으로야 당연히 제동을 걸고 고쳐주고 싶겠지만, 실제로 적극적인 표현은 자제하게 된다. 그래서 남들은 본심을 잘 모르게 될 가능성이 매우 높다고 하겠다.

　이런 상황이 되면 본래의 목적인 성장억제의 영향력을 행사하지 못함으로 인해서 스스로 스트레스를 받게 되기도 한다. 그래서 뭐든지 어느 정도는 자신의 세력을 갖고 있어야지 너무 허약하면 자기 주장을 하는 데 힘이 들게 된다. 그래서 천하의 庚金이라도 약한 상태로는 자신의 주장을 당당하게 펴지 못하고 속으로만 쌓아둔다. 그러다가 술이라도 한잔 들어가면 비로소 쌓였던 억압이 풀리면서 한꺼번에 모두 쏟아내어 주변 사람들에게 새로운 면목을 보여주는 결과가 되기도 한다. 물론 단적인 예라고 하겠지만, 약한 庚金이 된다면 이와 유사한 일이 생길 가능성이 매우 높다고 하겠다.

제8장
신금

辛金에서 '辛' 자는 아마도 매울 신이라는 의미로 많이 사용되는 것 같다. 매운 것은 고추도 맵고 마늘과 양파도 매운데, 이러한 성분들이 모두 같은 의미에서인지는 모르겠으나 어쨌든 맵다는 의미로 쓰인다. 실제 사전에도 가장 먼저 나와 있는 것이 ① '매울 신'이다. 이것의 의미로는 혀가 알알하다는 설명이 붙어 있다. 같은 매운 맛이라고 하더라도 고추의 매운 맛과 마늘의 매운 맛은 그 상황이 많이 다르다. 이것을 확대해석한 것으로써 ② '독할 신, 괴로울 신, 슬플 신'까지 의미가 확대되는데, 아무래도 보통의 한계를 넘어서 상당히 고통스러운 의미까지 포함한다고 할 수 있다.

다음으로 ③ '새로울 신'의 의미가 추가되어 있다. 이것은 새 신(新) 자와 같이 쓰인다는 의미이다. 그렇다면 뭔가 새로운 일이 벌어질 모양이다. 이것도 역시 의미심장한 뜻으로 일단 접수를 해둔다. 그리고 마지막으로 있는 것이 바로 우리가 찾는 '천간이름 신'이다. 앞의 庚金에서는 일곱이라는 의미를 넣었는데, 이제는 곧바로 그냥 천간이름이라고만 적어놓은 것은 아마도 이 정도 왔으면 몇 번째라고는 하지 않더라도 능히 짐작이 될 것으로 생각해서일 것이다. 이것을 완전하게 해준다면 '여덟 번째 천간 신'으로 하면 되겠거니와, 대충 이 정도의 의미가 있는 글자인데, 이제 하나하나 가지고 있는 의미에 대해서 분석을 해보도록 한다.

여덟 번째 천간 辛의 의미

자전에서 가장 처음 나타나는 의미에 그 글자를 대표하는 뜻이 있다고 할 수 있으니, 이 매울 신자의 의미를 바로 이해하게 된다면 자연히 여덟째 천간의 의미가 느껴질 것 같아서 이 의미를 좀더 분석해보기로 한다. 맵다는 것은 혹독하다는 의미도 함께 들어 있겠고, 매섭다고 할 수도 있겠는데, 대체로 시련을 많이 겪은 사람들이 자주 쓰는 단어인 것 같다. 인간승리를 얻은 사람에게 매운 고통을 모두 이기고서 결국 승리했다는 표현을 할 때 사용하는 것을 보면 말이다. 이러한 상황에서라면 그 매운 정도가 심하면 심할수록 그 성취도에 있어서도 높은 만족감을 갖게 될 것이다.

그런데 어휘(語彙)가 많은 우리말에서 왜 '맵다'는 것을 구분하지 않고 써왔는지가 참으로 이해되지 않는 부분이다. 고추의 매움과 양파의 매운 것, 그리고 후추의 매운 맛이 서로 다른 것은 분명한데, 이러한 모든 것에 대해서 그냥 단순하게 맵다는 말로 함께 써오고 있는 이유를 알 수가 없어서 곰곰 생각을 해보게 되었다. 서양 사람들이 한국의 김치를 먹고서 'Hot (뜨겁다)'이라는 말을 한다. 여기서 'hot'은 뜨겁다는 의미가 아닌 맵다는 의미이다. 즉 서양에서는 우리의 맵다보다 더 넓은 의미가 hot에 담겨져 있는 듯하다.

한국의 라면은 세계 시장에서도 상당히 인기 있다는 말을 들었다. 갑자기 웬 라면 이야기를 하느냐고 어리둥절할지 모르겠으나, 라면의 이름에 바로 이 '辛'을 넣은 것이 문득 생각이 나서이다. 매운 라면이라는 의미인 모양인데, 여기에서는 마늘의 매운 맛을 의미하는 것이 아니라 고추의 매운 맛을 나타내고 있다. 고추는 열(烈)에 속한다고 할 수 있다. 열(烈)과 매울 신(辛)은 그 의미에서는 똑같다. 서로 맵다는 의미이기 때문이다. 그런데 그 맛은 또 다른 무엇인가가 있다. 요즘 누군가가 이 차이점을 눈치챘는지 '열라면'이라는 광고를 본 듯하다. 맛이야 어찌 되었든 간에 글자의 의미로써는 열이 신과 비슷한 의미로 타당하다고 생각된다. 이렇게 설명을 드리면 이제 매울 辛의 의미가 대충 파악될 것이다.

그렇다면 이제 본격적으로 매울 신에 대해서 생각해보도록 하자. 정확하게 설명을 하자면 辛에 해당하는 것은 백합(百合)과에 속하는 식물에서 나오는 매운 맛을 의미한다고 본다. 여기에서 백합과라는 것이 갑자기 등장을 했는데, 이미 한의학에 관심이 많은 분이라면 대충 무엇을 의미하는지 아실 것이다. 사전에서 백합과에 대한 자료를 뒤져보면 세계적으로는 대략 4000여 종이 있고, 우리나라에는 그 중 120여 종이 있다고 한다. 백합과에 속하는 것을 일명 나리과라고도 하는데 백합이라는 글자를 보면 왠지 호감이 간다. 의미는 백 가지가 화합한다는 뜻으로 생각되는데 우선 생각나는 것으로는 앞에서도 말씀드렸지만, 마늘, 파, 양파, 부추 등이 이에 해당한다. 그리고 맛을 생각해보면 대충 서로 통하는 점이 있다고 하겠는데, 바로 그 문제의 매운 맛이 있기 때문이다.

이 매운 맛 때문에 비슷한 종류로 연결하기가 쉬운 것 같다. 그러면 이러한 성분들이 어떤 역할을 할 것인가에 대해서 생각해보자. 우선 마늘은 가장 대표적인 특성이 살균력이다. 균을 죽이는 성분이 그 속에 들어 있는 것이다. 그래서 고기를 먹을 때 항상 마늘이 따라다니는 것이다. 또 소독작용도 있다. 이러한 성분은 결국 맵다는 의미로 통합될 수 있고 이 매운 기운은 혀끝만 매운 것이 아니라 미생물을 죽여버리는 강한 기운을 가지고 있다는 것이다. 그리고 이러한 성분을 金의 성분으로 보기도 한다. 金의 성분이라면 오행상생(五行相生)의 원칙에 의해서 生水를 해야 한다. 그래야 金生水의 이치에 부합되기 때문이다.

그렇다면 과연 마늘이 水를 생해줄 능력이 있을까? 그것을 확인하기 위해 우리 인체에서 水에 해당하는 부분이 어느 기관인가를 먼저 알아야 하겠는데, 신장(腎臟)과 방광(膀胱)이 水의 영역에 속한다고 할 수 있다. 그리고 무엇보다도 이해하기 쉬운 것으로는 정력(精力)이라고 하는 것도 이 水의 영역에 포함된다는 점이다. 다시 말하면 생식력(生殖力)도 水에 해당하는 이야기인데, 아마도 한국 사람이라 마늘이 정력에 도움이 된다는 이야기는 들어봤음직하다. 그렇다면 金生水의 이치에 부합된다고 해도 충분하겠다.

식물공부는 이 정도로 해두고 여덟 번째 천간에 대한 공부로 넘어가자. 과연 辛金의 영역은 무슨 의미가 있는 것일까? 그런데 우선 22개의 간지 글자에서 발음이 똑같은 글자가 있다. 바로 천간의 辛金과 지지의 申金이 그것이다. 이들은 각기 따로 말한다면 소리가 같기 때문에 혼동을 불러올 가능성이 매우 높은데, 혼동을 방지하기 위해서는 천간 辛, 지지 申으로 불러주는 것이 좋지 않을까 싶다. 특히 외울 적에는 약간 혼란이 생길 수도 있으니 잘 구분해야 한다. 이런 것으로 인해 참으로 엉뚱하게 혼란을 겪는 초보도 없지 않더라는 것이다.

우선 辛金에서 맵다는 의미가 있는지 봐야 하겠다. 맵다라는 의미에는 혹독하다는 의미도 포함되어 있다. 혹독하다는 것은 庚金에서 모아진 金 기운이 이제는 물질화(物質化)로 굳어져가기 때문이다. 즉 辛金은 乙木을 정면으로 극하고 있는 관계이다. 金剋木에 음 대 음이 되는 관계이니 피할래야 피할 수가 없는 인연이다. 그렇다면 乙木을 일러서 木質이라고 했기에, 그대로 여기에선 金質(즉 쇳덩어리)이 되는 것이다. 이런 상황에서 木質과 金質이 서로 마주 부딪치면 필시 혹독하게 木을 죽여버리는 상황이 될 것이다.

　그러나 자연적으로 가만히 있는 바위는 절대로 나무를 죽이지 않는다. 왜냐하면 애초에 바위가 있으면 식물이 스스로 알아서 살 궁리를 하기 때문이다. 바위가 가만히 있는 木에게 어떤 위해를 가하는 것은 아니기 때문이다. 그렇다면 이것을 어떻게 연결지어야 할 것인가가 문제인데, 여기에서 辛金의 의미를 약간 다른 각도에서 봐둘 필요가 있다고 본다. 즉 辛金을 서리라고 보자는 것이다. 서리는 냉기운을 가득 머금고 있다. '된서리'라고 했을 때 늦가을에 갑자기 내려 식물들을 모두 죽이는 찬기운을 느끼게 한다. 그야말로 된서리를 맞았다는 말에서 나오는 느낌은 매운 맛을 봤다는 것이다. 어느 날 갑자기 닥친 시련으로 인해서 생사존망(生死存亡)의 지경에 처하게 되면 바로 된서리를 맞았다는 말로써 상황을 설명하게 된다. 庚金이 아직 덜 여문 金 기운이기 때문에 어떤 준비적인 상황을 암시하고 있었다고 본다면 辛金은 이제 본격적으로 냉혹하게 죽여버리는 무서운 힘을 발휘하고 있는 것이다.

　辛金의 특징을 혹독한 결과로 인식해보자는 것이다. 보통 된서리를 맞았다는 표현이 쓰일 정도가 되면 웬만한 사람들은 재기불능 정도의 상태에 처했음을 느낄 것이다. 그만큼 치명타를 입을 정도가 되어야 이러한 말을 하기 때문이다.

　이것을 다시 음미해보면 辛金은 서리와도 같은 혹독함이 들어 있다는 의미가 떠오르게 된다. 庚金이 단지 살기라고 했다면 여덟 번째 천간에 해당하는 辛金에 와서는 직접 죽여버리는 작용이 발생한다고 보는 것이다. 이러한 차이점을 이해하면 庚金의 추상적인 제어력이 구체적인 것으로 나타난다는 것을 체감으로 느낄 수 있는 상황일 것이다.

물질적인 관점

그러면 이러한 자료를 바탕으로 해서 辛金이 가질 수 있는 여러 가지 물질적인 상황에 대해서 좀더 구체적으로 생각해보도록 하자. 우선 가장 냉혹한 물건으로는 무엇보다도 살상(殺傷)용 무기(武器)들을 꼽을 수 있겠다. 아주 옛날에 사용했던 무기로는 돌도끼나 돌화살촉이 될 것이고, 발전한 형태로는 청동으로 만든 칼이나 창 또는 철퇴 등도 같은 의미로써 무기가 되겠다. 근래에 와서는 무기도 참으로 다양해 레이저를 이용한 무기나 심지어는 약품을 사용한 화학무기, 또는 생화학 반응을 일으키는 세균무기까지 발전을 했기 때문에 엄밀한 의미에서 이러한 것 모두를 辛金의 영역이라고 보기에는 좀 모호한 점이 있다. 그러니 권총이나 박격포의 형태 나아가서는 미사일까지를 일단 辛金의 형태라고 보자.

또한 예전에 무림인들이 암기(暗器)로 사용했다는 독침이나 표창도 辛金의 영역에 해당하는 것은 두말할 필요도 없겠다. 뭔가 생명력을 앗아가는 종류 중에서 금속으로 만들어진 것들은 대충 辛金의 영역으로 간주하면 될 것이다. 이것을 확대 해석하면 병원에서 수술하는 데 쓰이는 도구들과, 주방에서 음식 조리용으로 사용되는 도구들도 역시 辛金이라고 하겠다. 어쨌든 뭔가 정리하고 분리하고 죽이는 작용을 하는 것들은 모두 포함시킬 수 있겠다. 그렇다면 여기에서도 의문이 생긴다. 무림(武林)의 고수(高手)는 칼뿐만 아니라 나무젓가락으로도 사람을 죽이는데 이것도 역시 辛金으로 봐야 하지 않겠느냐는 생각이 들었다면 상당히 활발한 관찰력이라고 하겠다. 이러한 관점은 체(體)와 용(用)의 상황으로써 설명을 해야 한다는 것만 빼놓고는 완전히 똑같다고 하겠다.

즉 용도에 의해서 분류를 한다면 모두 해당된다는 점이다. 형상과 용도가 모두 辛金인 것이 무기라면 물에 집어넣어서 죽인다고 전제할 때 이 경우의 물은 그 체가 水이지만, 辛金의 작용을 한 것으로 이해하시면 되겠다. 그리고 이렇게 체와 용에 관계한 부분에 대해서는 미뤄서 짐작을 하시는 게 좋겠다. 일일이 설명을 하지 않더라도 당연히 활간(活看)[30]하면 능히 알 수 있는 일이겠기 때문이다.

  반면 전혀 다르다고 생각되어지는 보석 등의 귀금속류도 辛金이라고 해야 한다는 견해가 오래 전부터 있어왔다. 특히 다이아몬드의 경우에는 辛金이라고 하는 의미가 그럴싸하게 들리는데, 비싼 값어치보다도 가장 단단하다는 의미이다. 그래서 이 보석을 놓고서 연관성이 어떻게 되는가를 생각해본다. 가장 유력한 것은 압축이라 하겠다. 뭉치고 또 뭉쳐져서 더 이상 빈 틈이 없는 상태의 완전한 결정체로 다이아몬드는 의미를 가진다.

  실제로 그렇게 단단한 성분이 되기까지는 대단히 큰 압력을 받는다고 한다. 그렇게 압력을 받지 않으면 다이아몬드는 생성될 수 없다. 그래서 인공적으로 압력을 가해서 인조 다이아몬드를 만든다고 한다.

  이 말을 다시 辛金의 상황으로 생각해보면 외부로부터 막중한 압력을 받았다는 특징이 있다. 그래서 형체를 봐도 똘똘 뭉쳐 있는 모습이다. 그렇다면 나무는 어떻게 생겼는가. 우선 나무의 가장 큰 특징이라면 위로 올라가는 성분이다. 이렇게 올라가는 것은 옆으로 누워 있는 것보다 그 압력을 적게 받는다. 즉 위로 올라간다면 대기의 압력을 덜 받게 되는 것이다. 그래서 억압을 적게 받는 나무의 성분은 미래지향적으로 발전을 하는 것인데, 辛金은 억압을 많이 받도록 구조가 되어 있어 스스로 그 억압으로부터 견디는 방법을 찾게 되고 이렇게 견딘 결과

---

30) 고정관념으로 굳어 있는 의식이 아닌, 자유롭게 관찰을 할 수 있는 면에서 살피자는 의미이다. 특히 불교에서 말하는 화두의 경우 죽어 있는 관념으로는 절대 타파(打破)를 하지 못한다고 한다. 언제나 깨어 있는 의식으로 사물을 관찰할 적에 비로소 활간이 되는 것이다.

로 가장 단단한 물질이 되는 것이다.

　즉 억압을 받은 것이 단단해질 수 있고, 단단한 것만이 오래 견딘다는 이야기가 자연의 진리라고 생각된다. 무엇보다도 당장 사람을 봐도 짐작해볼 수 있다. 어려서 온실 속에서 화초로 자란 사람은 나중에 사소한 벽에 부딪쳐도 헤어나지를 못하고 도태되는 경우가 허다하지만, 어려서부터 잡초처럼 악바리로 살아온 사람이라면 웬만한 역경이 와도 눈도 하나 깜빡이지 않을 것이다.

　이렇게 생각을 해보다가 문득 辛金에는 양면성이 있다는 것에 관심이 돌아간다. 그렇게 화려한 다이아몬드, 그리고 싸늘한 칼날, 이 두 가지 사이에 있는 것은 과연 무엇일까? 같은 곳에 뿌리를 두면서도 그 용도는 참으로 다르다는 생각이 든다. 물론 서로 통하는 것도 있기는 하다. 바로 광택(光澤)이라고 하는 것이다. 칼날이나 다이아몬드에서는 모두 광택이 난다. 둘 사이에는 광택이라는 공통점이 있고 다음으로는 단단하다는 것도 서로 닮은 점이라고 하겠다. 다이아몬드(귀금속 포함해서)의 마음은 뽐내고 싶어하는 것이고 칼날의 마음은 정리하는 마음이다. 그러나 이것도 한 면만 바라본 것이다. 칼과 비슷한 바늘이 하는 일은 결합을 시기는 것이 사명인데, 이들은 모두 辛金이다. 그리고 보석도 두 남녀의 사랑을 결합시켜주는 역할을 하고 있다. 그렇다면 서로 하는 일이 정면으로 대치가 되는 것도 통하는 점이라고 하겠다. 어떤 사물이건 이러한 양면성이 내재되어 있는 것으로 이해를 해보자.

　이러한 특성을 辛金과 연관시켜서 동격으로 살펴보는 것이다. 辛金의 물질은 이렇게 해서 만들어진 결과물이다. 그렇다면 그의 속마음은 아무래도 냉정하기 쉽다고 하겠다. 그 마음도 그 환경에 의해서 만들어지고 다듬어지기 때문이다. 다이아몬드를 통해서 방출되는 광채는 화려하면서도 싸늘한 느낌이 든다. 물질적으로 이 정도만 살펴본다고 하면 아마도 辛金의 형체에 대해서 어느 정도 이해가 될 것이다.

인간적인 관점

辛金에 대해 혹독하다는 말만 하고 이에 해당하는 사람을 대입시키려고 생각해보면 쉽게 떠오르지 않을지도 모르겠다. 이렇게 매운 사람이 과연 누구일까? 혹 시집살이에 대해서 고통스러웠던 여성이라면 시어머니를 떠올릴 것도 같고, 혹은 삼촌으로 인해서 단련을 받은 사람은 삼촌의 얼굴이 클로즈업 될 가능성도 많겠다. 그렇게 따진다면 남편을 이러한 위치에 놓고 싶은 사람도 있을 것이고, 누구든지 이 항목에 해당되는 사람이 각기 자기 입장에 따라 다를 수 있겠다. 여기에서 또 하나의 새로운 가능성을 생각해보게 된다.

즉 이 부분에 대해서는 어떤 특정인을 추가하기가 곤란하다는 점에 착안해서 사람마다 다를 수 있다는 관점으로 본다면 차라리 가족을 넣지 말고 사람마다 각자의 처지에 따라 넣으라고 그냥 비워두는 것이다. 즉 무명의 어느 가족이 되는 것이라고 해두는 게 좋을 듯싶다. 누구든지 가족 중에서 혹독하게 매웠던 사람이 떠오른다면 여기에다가 집어넣으면 될 것이다. 이렇게 하면 어정쩡하게 넘어간다고 하실지도 모르겠지만, 실은 이러한 것이 바로 명리학이라고 말씀드리고 싶다. 그리고 천지자연의 이치인 것도 분명하다.

예전에 어디선가 말씀을 드렸던 적이 있는데, 바로 다섯 개의 손가락을 이야기하면서 네 번째 손가락의 이름이 어째서 무명지(無名指)인가를 설명드렸다. 이 네 번째 손가락이 바로 金의 손가락이라고 말씀드렸었는데, 金의 물질에 해당하는 가족도 역시 일정하지 않겠다는 고민을 하다가 金 속에는 이름을 고정시켜서 부착하기가 어렵겠다는 생각을 하게 되었고, 이미 지난번에 손가락에서 이름이 없었다는 것을 생각해내게 되었다.

이미 앞의 물질적인 관점에서도 말씀을 드렸듯이 칼날과 다이아몬드는 뭔가 서로 어울리지 않는 면이 있다. 따라서 시종일관 고정된 관념으로 그 역할을 지정하기에는 뭔가 만만치 않다는 감이 든다. 그렇다면 반드시 하나의 틀에 집어넣으려 하지 말고, 그냥 생긴 대로 놓고서 관찰이나 제대로 하면 될 것이다. 그래서 辛金과 연결되는 가족구성원도 고정시킬 수 없다고 발뺌을 하는데, 명확하게 해당하는 가족이 있다면 한 번 의견을 내어보시기 바란다. 낭월이는 여기까지가 한계이다.

비록 가정적으로는 그렇다 하더라도 국가적인 관점에서 본다면 뭔가 일정한 형태가 떠오를 것도 같다. 어떤 종류의 사람이 떠오르는가? 아마도 벗님도 낭월이와 같은 생각이 떠올랐을 것이다. 그렇게 해서 비록 지면(紙面)을 통해서이지만 하나의 공감대를 형성해 스승과 제자의 인연으로써의 끈을 만드는 것으로 생각이 된다. 그렇다면 그 생각이 서로 통했는지 확인을 해보도록 하자.

가장 먼저 떠오르는 것은 검찰(檢察)이다. 즉 법무부(法務部)가 아닐까 싶다. 구체적으로 일을 처리하는 곳은 역시 교도소가 될 것이다. 가끔은 멀쩡한 사람을 가둬놓았다가 말썽이 나기도 하지만, 그래도 이렇게 혼탁한 사회에서 없어서는 안 될 중요한 기관이라 할 것이다. 이 사회에서 일원이 되어 살아가는 데 적합하지 못한 사람은 냉혹하게 자유를 억압해버린다. 물론 경우에 따라서는 사형(死刑)이라는 강한 제도로 사용된다. 이러한 것을 보면서 가장 辛金다운 부분이 아닐까 싶은 생각이 든다.

또 있다. 바라는 바는 아니지만 이 사회에서는 어두운 부분이 늘상 따라다니는 모양이다. 예전에는 중앙정보부라는 일부 사람들이 공포에 떨던 이름이 있었다. 그리고 언제부터인가 약간 이름이 달라져서는 안전기획부라고 불린다. 어쨌든 이러한 기관들도 역시 혹독하다는 점에서는 辛金과 가장 유사한 기관으로 생각이 된다. 만약 辛金을 다시 음양으로 나눠서 다이아몬드를 양적인 金으로 보고, 칼날을 음적인 金으로 볼 수 있다고 한다면, 여기에서 법무부는 양적인 통제수단으로 삼고, 안기부를 음적인 통제수단으로써 함께 辛金이라는 테두리 안에 둘 수 있겠다.

사람은 누구나 자유롭게 활동하기를 원할 것이고, 속박당하고 억압받는 것은 원하지 않을 것이다. 그러나 나의 의지대로 활동하는 데 누군가가 방해를 한다면 나의 자유를 보장하기 위해서는 천상 나를 방해하는 사람의 자유를 억압할 수밖에 없다고 생각할 것이다. 어찌 보면 이것은 이기적인 생각이라 할 수도 있겠으나, 민주주의 사회에서는 남의 자유에 악영향을 미치게 되는 자신의 자유는 통제받을 수밖에 없는 것이 현실이다.

특히 요즈음은 어찌 된 일인지 범죄에 대해서 사회적 분위기가 무감각해져가는 형편이다. 하긴 워낙 굵직굵직한 사건들이 늘상 뉴스의 앞부분을 장식하다 보니까 웬만한 일로는 눈도 깜빡이지 않는 통제력이 발생한 셈이기도 하다. 혹독한 단련을 받다 보니까(?) 오히려 웬만한 일에 대해서는 마음에 반응이 오지를 않는 모양이다. 이러한 상황을 '도덕불감증(道德不感症)'이라는 말로 비난하기도 하는 모양인데, 총체적으로 곪아버린 부조리 앞에서는 사실 누구 한 사람의 허물에 대해서 비난을 해봐야 답이 없는 것도 사실이다.

따라서 이러한 현실은 더욱 강력한 구속수단을 불러오고, 또 이것을 피하기 위해서 더욱 잔인해지고 다시 이것을 막기 위해서 법은 더더욱 강화되는 이른바 악순환이 발생하는 것이다. 여기에서 우리가 생각할 수 있는 것은 辛金이 없으면 세상의 질서가 잡히지 않을 것이라고 하는 것이다. 즉 진실로 자유롭기 위해서는 어느 정도의 억제가 필요한 것이다.

우리가 도시 속을 걸어가는 데에도 마찬가지의 법칙이 적용된다고 하겠다. 길을 가는 것은 자신의 자유이다. 그리고 그것을 아무도 막을 수 없는 것이고 막아서도 안 된다. 그런데 길을 가다가 보면 반드시 멈춰서야 할 때가 있다. 그 중에서도 대표적인 것은 신호등일 것이다. 아무리 자신의 길을 가고 싶다 하더라도 일단 빨간 불이 나타나면 기다리는 것이 상책이다. 이것의 적용을 받지 않고서 그냥 자신의 의지대로 한다면 아마도 제 명(命)대로 살기는 힘들 것이다. 그래서 잠시 길을 멈추고 기다리는 것이 가장 현명하다는 것을 현대를 사는 사람이라면 모두 알고 있다. 예를 들어 세상 사람 누구나 그냥 자신의 멋대로 간다고 하면 결국 아무도 한 발자국 옮길 수가 없을 것이다. 왜냐하면 도로를 가득 메운 자동차들 역시 자신의 길로만 가려 할 것이고, 그렇게 되면 큰 길 한 번 건너려다 아예 세상을 건너버릴 위험이 생길 것이기 때문이다.

다행히도 이러한 일이 없도록 일찌감치 약속을 만들어두었으니 이러한 것이 바로 辛金의 통제를 적절히 받아가면서 사는 것이라고 하겠다. 뭐든지 이렇게 필요한 이유가 있었던 것이다. 다만 과불급(過不及)의 상황이야 각기 형편이 다르겠지만, 기본적으로 이러한 것이 필요하다는 것은 누구나 인식하고 있는 것이다. 그래서 그 통제가 적절하면 질서가 있는 아름다운 사회가 되는 것이고, 이것이 너무 미약하면 무질서한 무법천지가 되어서 엄청난 두려움으로 집 밖에 나갈 엄두도 내지 못할 것이다. 그리고 이 통제가 너무 지나치면 국민들은 항상 위축되어 국가를 원망하면서 억압받고 살게 될 것이다. 이것이 바로 세 가지의 법칙인 셈이다. 음양중(陰陽中)의 이치 말이다. 그렇다면 과연 우리나라는 이 중에서 어느 辛金의 적용을 받고 있는 것일까?

세계적인 관점

이번에는 또 세계지도를 펴놓고서 살펴볼 시간이다. 이 부분에서는 볼 것도 없이 辛金에 속하는 나라로 미국을 대입시킨다. 미국은 세계 최강의 힘을 가지고서 어느 나라든지 자신들의 영향권 아래에 있다는 생각을 하고 있는 모양이다. 굳이 남의 나라 이야기를 할 것도 없이 한국만 해도 그렇다. 한국 내에서 미국인이 범죄를 저질러도 한국의 법으로는 통제가 불가능하다는 것이다. 미국 정부에서 데리고 가겠다고 하면 그걸로 끝이기 때문이다.

이러한 현실적인 문제 앞에서는 아무리 주권국이라느니 동반자 관계라느니 해봐야 모두 소용없다는 생각이 든다. 특히 억울하게 미군들에게 짓밟히는 한국 아가씨에 대한 이야기가 나올 적에는 이런 생각이 더욱 심하게 든다.

이거 말이 이상해진다. 명리학하고는 참으로 관계가 없는 이야기가 전개되는 것 같아서 그만 거둬들여야 할 모양이다. 어쨌든 미국의 파워는 그렇게 대단하다. 세계적으로 어느 누구도 두려워하지 않는 나라가 없는 셈이다. 이러한 힘이 있기에 자신의 나라는 계속 부유해진다. 역학인들 사이에서는 한반도는 미국의 돈창고라는 말을 곧잘 한다. 그래서 전쟁낙관론도 등장을 한다. 미국은 한국이라는 짭짤한 돈밭을 버릴 턱이 없다는 것이다.

또 다른 관점으로 살펴보자. 앞서 일본을 乙木으로 놓고 살펴봤는데, 그렇다면 미국을 辛金으로 놓고 일본과 음 대 음으로 극하는 일이 있겠는가를 살펴보자. 그래서 두 나라의 관계를 살펴보니 필시 연관이 있기는 있다. 바로 2차 세계대전 때 두 나라는 적대국으로 싸우다가 일본은 철저하게 미국에게 부서지고 말았다는 역사적 현실이 이 두 나라의 관계를 극명하게 나타내준다.

여기에서도 미국은 결국 일본을 이겼고, 만약에 이러한 관계를 운명적인 원인으로써 답한다고 한다면 결과론이긴 하지만 미국(辛金)은 일본(乙木)을 이기게 되어 있다고 말을 할 수도 있겠다. 그렇다면 이거 문제는 문제다. 한국이나 일본은 영원히 미국에게 지는 나라가 되어야 한단 말인가?

사주적인 관점

사주에 辛金의 작용을 많이 받고 있는 사람, 즉 辛金일에 태어난 사람의 경우에는 앞에서 설명해본 여러 가지의 상황들이 연결될 수 있을 것이다. 그래서 辛金으로 태어난 사람에게는 이렇게 냉혹한 마음이 도사리고 있다고 본다. 또한 다이아몬드처럼 화려하게 자신을 표현하고 싶어하는 마음도 들어 있다. 그러나 직접적으로 그렇게 알아달라고 광고를 하지는 못한다. 이렇게 광고하는 것은 木火의 영역이기 때문이다. 그러니까 내면적으로 그러한 욕구를 포함하고 있다는 이야기다. 辛金은 어찌 보면 여인과도 닮았다. 반짝이는 모습은 흡사 사랑에 빠진 여인의 눈빛을 생각나게 하고, 한번 목적을 세우면 집요하게 파고들어가는 것도 역시 자명고(自鳴鼓)를 찢어버린 낭랑공주를 생각나게 한다. 뭔가 한 곳으로 집중을 하면 다른 것은 보이지 않는 성분이 있어서라고 생각된다.

이러한 상황들은 辛金의 영향이라고 보는데, 단단하게 압축되어서 웅크리고 있는 성분이기에 어떤 목적이 생기면 자신의 온 힘을 다해 따를 마음의 준비가 되어 있다. 그리고 자신의 원하는 바가 잘 되지 않았을 경우에는 그러한 것에 대해 입력된 기억은 좀체로 지울 수가 없다. 이것은 나무의 성분이 빨리 잊어버리는 것과 비교해볼 만한데, 辛金은 그렇게 각인된(바위에) 사연에 대해서 털어버리는 소질을 타고나지 못했다. 이러한 성향은 여인이 첫사랑의 감정을 일평생 가지고 간다는 의미와도 서로 통하는 점이라고 하겠다.

이러한 성분이 사회적으로 잘 활용되려면 검·경찰이나 행정기관에

근무를 하면 좋을 성싶다. 그러나 연예계 쪽으로는 아무래도 잘 어울린다고 하기 어렵다. 자발적으로 진행되는 구조라기보다는 수동적으로 의뢰를 받아서 실행하는 형태에 가깝다고 생각이 되어서이다. 학교에서 규율반장과 같은 형태의 일이라면 잘 수행할 가능성이 있겠다. 그리고 이것이 확대되면 군경(軍警) 계통으로 진출을 하는 것도 가능하고, 비슷한 경우겠지만, 교도관도 역시 적성에 어울릴 것으로 여겨진다. 물론 단지 일간(日干)만 가지고 말할 수는 없는 것이다. 일간의 주변에서도 항상 예기치 못한 변수가 전개되기 때문이다. 항상 종합해서 판단을 내리는 안목이 중요하다.

그렇다면 이제 다시 균형을 잃어버린 사주 쪽으로 생각을 바꿔보자. 가령 辛金이 너무 많은 경우에는 어떻게 되겠는가. 억압하는 성분이 너무 많다면 부작용도 필시 발생할 것이다. 일단 지나치다는 점에서 자칫 불량배의 유혹을 받게 될지도 모른다. 그렇게 되면 아무래도 교도관을 하는 게 아니라 교도소에서 교도를 받는 입장이 될지도 모르겠다. 이렇게 양면성이 있는 것이 세상만사의 이치가 아닐까 싶다. 즉 순경과 강도가 왠지 비슷하게 느껴지니 말이다. 그리고 죄수와 간수도 어딘가 닮았다는 생각이 든다. 표면적으로는 서로 상반된 것처럼 느껴지지만, 그 실상은 같은 뿌리에서 출발하고 있다는 결론을 내릴 수 있다. 실제로 귀신이 붙어서 고생을 하는 사람과 귀신을 떼는 사람은 기본적으로 동격이라고 본다. 다시 말하면 병원의 의사나 환자는 역시 동격이라는 말을 해야 하는데, 벗님은 어떻게 생각이 되시는가?

낭월이가 생각하기에는 환자가 되어야 의사가 가능하다고 본다. 즉 동의보감으로 유명한 허준 선생도 의학에 관심을 갖게 된 이유가 자신이 건강하지 못하였기 때문이라고 하며, 너무나 유명한 동의수세보원의 뿌리가 되는 사상의학을 창시했던 이제마 선생도 그 유래를 찾아볼 수가 없는 특이한 병으로 인해서 고통을 받았기에 한의학을 연구하게 되었다고 전해진다. 누구보다 자신이 그 처지가 되어보면 남도 이해하게 되는 것이다.

그리고 명리학을 연구하시는 것도 그렇다. 자신의 사주에 대해서 관심이 없으면 연구를 할 마음이 들 것 같지가 않다. 여기저기 자신의 운명을 풀어달라고 돌아다니다가 어느 날 문득 자신도 모르게 명리학의 숲 속에 깊숙이 들어왔다는 것을 깨닫게 되고 그때부터는 이제 남들의 운명을 봐주는 입장이 되는 것이다.

그리고 뉴스에서 자주 다루어지는 것으로, 범죄자들과 연결이 되어 있는 경찰관들을 많이 보게 된다. 이들을 보면 서로 같은 공간에 놓여 있다는 생각을 떨쳐버릴 수가 없다. 그러나 이렇게 출발은 비슷한 여건이더라도 스스로 자신의 그릇에 따라서 사회적 위치가 정해지는 것이므로 억울해할 필요는 없다고 본다. 다만 민주경찰이라고 하는 표어 아래 책임감을 느끼고 그야말로 올바르게 처신을 하면 이것이 상품(上品)인 것이다.

결론은 너무 辛金의 특성이 강화되면 이렇게 치우친 방향으로 흐를 가능성이 높다는 것이다. 그러나 이러한 것에 대한 선악을 구분할 필요는 없다고 본다. 그 모두가 나름대로 살아가는 모양일 뿐이다. 어쨌든 뭔가 한 가지로 치우치게 많은 것은 정체가 될 가능성이 높겠고, 그로 인한 부작용은 반드시 발생한다고 생각한다. 그래서 치우친 사주는 그러한 기운을 어떻게 조화롭게 조절할 것인가를 연구하는 것이 자신의 삶을 보다 의미 있는 인생이 되도록 가꿔가는 길이라고 할 것이다.

그리고 너무 약하다면 이것도 문제이다. 즉 마음 속으로만 생각하고 실제 행동으로 옮기지 못하는 것이라면 역시 갈등만을 초래하게 될 것이다. 그러한 갈등은 자신을 위해서나 남을 위해서 전혀 도움이 되지 않는다. 마음만 먹고 행동을 하지 못한다면 단순히 표현력이 부족하다는 정도에서 그치는 것이 아니라 그늘 속으로 숨어버린 그 마음이 어떤 일을 꾸미게 될는지도 모르기 때문이다. 원래 에너지는 에너지보존의 법칙에 지배를 받고 있다. 쓰여야 할 곳에 사용되지 못하고 축적된 에너지는 언젠가 엉뚱한 방향에서 터져나올 수 있는 것이다. 스트레스가 쌓이면 질병으로 나타나는 것도 같은 맥락에서 이해를 하면 되겠다.

　이런저런 생각을 하다 보면 어쨌든 어느 한 쪽으로 치우치지 않고, 중심선에 근사하도록 조절이 되어 있으면 가장 좋겠는데, 사람의 운명이 어디 그렇게 맘대로 되는가. 더욱 많은 사람들은 그렇게 이지러지고 넘치는 에너지를 지닌 채로 그렇게 지지고 볶으면서 살아가는 것이다.

제9장
임수

　　사전적인 의미에서 壬水는 간단하게 나와 있다. 가장 처음에 있는 것은 다시 ① '아홉째 천간 임'으로 되돌아간다. 다음에 나와 있는 의미는 ② '간사할 임'이다. 간사하다(?) 갑자기 엉뚱한 의미가 등장해서 황당하게 만든다. 어째서 壬水에 대한 설명 중에 간사하다는 의미가 추가되었을까를 생각해보는데, 다시 살펴보면 일리가 있다고도 느껴진다. 즉 간사하다는 말은 일관성이 없다는 말과도 통한다 할 수 있을 것이다. 이것은 물이라는 성분과 연관이 된다고 하겠다. 물은 그 성질이 변하지 않으면서 그 형태는 참으로 다양하게 변화한다. 우리 주변에서 볼 수 있는 물질 중에서 물보다 다양한 혜택을 제공해주는 것도 흔치 않을 것이다. 그러나 아무리 모양이 변해도 물은 그 자신의 기본 특성을 잃지 않고 목적하는 곳으로 흘러간다. 이런 점에서는 지조와 일관성을 가지고 있다고도 할 수 있다. 반면 이 물은 통제하기가 여간 어려운 것이 아니다. 壬水가 간사하다는 의미를 갖고 있는 것은 이렇게 상황 따라서 변하는 임기응변을 관찰하고서 붙여준 이름일 것으로 추측된다. 어떻게 보면 적응성이 대단히 탁월한 면이라고도 하겠는데, 이렇게 같은 결과를 놓고서도 표현을 달리하니 전혀 다른 것처럼 나타나기도 한다. 그러므로 결과로 나타난 말에 집착을 할 것이 아니라, 그 말이 어떠한 경로를 통해서 나타나게 되었는가에 더욱 신경을 써야 할 것이다.

다음으로 나타난 의미는 ⑥ '클 임'이다. 壬水에 크다는 의미가 있다. 이것은 또 어디에서 왔을까? 간사하다는 것은 어찌 보면 작다는 말도 되는 것 같은데, 또 이번에는 크다는 의미를 부여하고 있다는 것은 뭔가 이율배반적인 느낌이다. 그러나 흔히 壬水의 상징성으로는 바다를 대입한다는 것을 생각하면 이해되는 바가 없지 않다. 壬水는 바다, 강, 호수 등등의 상황으로써 설명을 하게 되는데, 이러한 점에서 본다면 넓고 큰 것이 잘 맞는다고 하겠다. 바다보다 넓은 것이 없다고 옛 사람들은 생각했을 것이다. 그래서 바다를 암시하고 있는 壬水에게 크다는 뜻을 부여한 것은 오히려 타당하다고 해야 할 모양이다.

비록 뜻은 간단하게 세 가지뿐이지만, 그 속에 내재되어 있는 의미는 상당히 많은 암시를 보여준다. 앞으로 壬水에 대해서 설명을 해가면서 이러한 의미에 대해서도 추가로 설명을 해보도록 하겠다.

아홉째 천간 壬의 의미

이미 辛金의 부분에서 천지의 이치가 정리되어버린 것처럼 생각이 되었는데, 또다시 무엇이 전개되고 있는 것은 순환불식(循環不息)하는 의미가 있기 때문이다. 계속 돌고 도는 흐름의 고리가 이렇게 이어지고 있다는 것을 보여주기 위해서 壬水가 뒤에 버티고 있는 것으로 느껴진다. 과연 壬水의 역할은 무엇일까?

壬水는 水氣라는 말로 대신해야 할 陽水라고 정의할 수 있다. 壬水의 성질은 쉬임없이 흘러가는 水의 특성을 그대로 가지고 있다 할 수 있다. 이미 金의 질에서 모든 만물은 정리가 되어버렸다. 그런데 다시 그곳을 바탕으로 해서 또 다른 무엇이 재창조되려 하고 있는 것이다. 이러한 것이 바로 壬水의 특성이라고 본다. 이것은 다시 선천수라는 것으로 돌아가게 된다. 선천수에서는 一水로 되어 있다. 이것은 다시 말하면 陽水가 되는 것이고, 또 다른 말로 하면 壬水가 되는 것이 분명하다.

이 陽水요 一水인 壬水는 세상의 모든 삼라만상의 모체가 되는 성분이라고 이해를 해본다. 그것은 바로 水氣인 것이다. 水氣라는 것이 없으면 세상의 모든 물질은 생성이 불가능한 것이다. 이러한 水氣는 바로 강력한 金 기운에서 발생하는 것이다. 金 기운에서 정리된 에너지는 다시 재창조의 길을 가게 된다. 원래가 법률이 발생하면 그에 따르는 지켜야 하는 수칙도 자동으로 따라다니게 되어 있다. 壬水는 이러한 사명을 가지고서 아홉 번째의 천간을 지키고 있는 것이다. 그러므로 여기가 바로 시작이요, 창조요, 출발점인 셈이다. 壬이라는 글자를 빌어서 학문의 제목으로 삼은 것도 있다. 바로 육임학(六壬學)이다. 육임은 여섯 개의 壬水라는 의미로 해석이 가능한데, 이 의미는 어디서 왔을까를 생각해본다.

그 결과 가장 유력해 보이는 것은 새로운 출발점에서 가장 현명한 길을 찾아본다는 의미가 아닐까 싶다. 가장 단단하게 뭉쳐버린 辛金에서 발생한 壬水는 그 결과를 읽어낼 마지막 도구인지도 모르겠다. 어떤 기미를 잡을 수 있는 글자라고도 할 수 있다. 壬水는 그렇게 새로운 각도에서 발생하는 것이라 생각해보자. 육임이라고 할 때 여섯 개라는 것은 육십갑자에서 나온 것이다. 즉 甲乙丙丁戊己庚辛壬癸가 여섯 번 반복함으로써 한 갑자가 완성되는 것이기 때문에 모든 천간은 여섯 번을 반복한다. 그래서 발생한 것이 바로 육갑(六甲)이라고 하는 단어이다. 육갑이라는 말이 나온 이유는 다름아닌 바로 甲이 여섯 번이라는 의미이다.

또 육경(六庚)이라는 말도 있다. 甲이 여섯이면 庚도 여섯일 것은 당연한 이치이고, 육경이라는 것은 육경신(六庚申)과도 서로 통하는 말이다. 庚申일에 잠을 자지 않고 버티기만 하면 도를 통할 수 있다는 이야기인데, 말은 매력적이지만 실제로 성취한 사람은 별로 없는 모양이다. 여기에서도 庚申을 6회 해야 한다는 의미로써 六庚申인데, 그렇게 되면 일 년 동안 해야 한다는 의미이다. 즉 일 년에는 갑자가 6회 반복되기 때문이다. 육임도 이런 의미에서 붙여진 이름일 것으로 생각해본 것이다.

그러나 여기에서 중요한 것은 壬水는 水氣라고 하는 의미이다. 그냥 물이라고 하기보다는 다른 양간들과 마찬가지로 물의 기운으로 관찰해 보는 것이 좋을 것으로 생각된다. 여기에서 잠시 연해자평(淵海子平)[31]에 보이는 壬水의 설명을 인용해보면, '壬水는 아기를 배는 의미가 있다. 음양이 서로 교류를 이뤄서 비로소 잉태가 이뤄지는 것이다' 라는 이야기가 전개되고 있다. 이러한 설명을 볼 적에 앞의 辛金으로 일단 막을 내리고 다시 새로운 시작을 알린다는 의미가 들어 있는 것이다.

물질적인 관점

그러면 구체적으로 壬水 탐험을 해보자. 맨 먼저 눈에 띄는 것으로 가장 일반적인 유형인 호수(湖水)가 대표적이라고 하겠다. 또한 바다로 이해하는 것도 맞는 느낌이다. 그러나 여기에서 확대해 강(江)을 떠올리게 되는 것은 뭔가 약간은 어울리지 않는 것 같다. 강물은 흐르는 물이라고 하는 의미가 강한데, 흐르는 물은 癸水의 의미로 많이 사용하기 때문이다. 만약 개천의 물을 癸水라고 할 때 강물을 壬水로 보는 것에는 뭔가 자연스럽지 않은 점이 느껴지는데, 즉 癸水의 의미에서는 생동감이 더욱 중요하기 때문이다.

---

31) 자평명리서의 고전으로 비교적 종합되어진 내용으로 구성되어 있고, 이론적으로도 나름대로 타당성이 높은 견해가 돋보인다. 후세의 모든 이론들의 뿌리가 되기도 한다.

이런 점에서는 바닷물도 마찬가지일 것이다. 바다의 모습도 외형으로는 그냥 출렁거리는 듯하지만, 실제로는 쉬임없이 흐르고 있는 것이 분명할 것이다. 그런데 단순하게 표면적인 것만으로 단정해버리는 것은 뭔가 부족하다는 느낌을 떨쳐버릴 수 없다. 하지만 호수라고 하면 어디로 흐르는 것도 아니고 안에서 변동이 격심한 것도 아닌 그냥 단지 잔잔하게 고여 있는 물의 이미지가 가장 많이 떠오른다. 그러나 조그만 저수지에서도 물의 흐름이 있는데, 호수인들 어찌 물의 변화가 없겠느냐는 생각이 든다.

이런저런 이유를 모두 살피다 보면 과연 물이라는 형태가 壬水로서 적당한가 하는 의문이 든다. 즉 壬水는 그러한 구체적인, 우리가 눈으로 볼 수 있는 형태의 물이 아니라는 결론이 나는 것이다. 이게 무슨 말인가 하면 壬水는 水氣 그 자체이고 구체적인 물은 아니라는 결론이다. 어느 교과서에서나 간단하게 '바다나 호수=壬水'로 이해를 하는데, 이러한 관점에서 약간 시각을 달리해보도록 하자.

'잉태(孕胎)'라는 의미를 생각해보자. 이것은 아직 구체적으로 형태가 발생한 것은 아니고, 단지 그 무엇인가가 뱃속에서 형성되고 있는 의미가 되지 않을까 싶다. 안개처럼 이슬처럼 잡히지는 않지만 분명히 실감할 수 있는 기운이라고 생각하자. 연해자평에서 생각해본 것이 이 정도라면 역시 고인들의 안목은 대단하다고 해야 하겠다. 그냥 강물로 보지 않고 잉태의 의미로 관찰했는데, 이것은 앞에서 설명해온 내용으로 이해가 될 것이다. 일단 辛金에서 수확을 거둔 상태로 종료가 된 것이다. 그리고 壬水는 다시 새로운 출발을 준비하고 있는 형태라는 이야기인데, '아직 구체적인 모습은 드러나지 않고 있는 상황'이라는 점에 착안을 해봐야겠다.

이것을 낭월이는 水氣라는 형태로써 이해를 해보려는 것이다. 水氣는 만물이 생명을 유지하기 위해서 반드시 필요로 하는 성분이다. 범람

하는 물이 아니라 단지 촉촉한 水氣가 필요한 것이다. 그리고 水氣는 보일 듯하면서도 보이지 않고 잡힐 듯하면서도 잡히지 않는 그러한 상태라고 하겠다. 이것은 마치 丙火의 빛과도 어떤 연관성을 생각해볼 수 있겠는데, 이 빛이라는 것과 습기(濕氣)라는 것이 서로 어우러지면 생명창조가 전개될 수 있는 것이다. 따라서 水氣의 형태를 그나마 체감을 통해서 느껴볼 수 있는 것이 습기일 것이다.

일기예보를 지켜보면서 떠오르는 것이 있어 이것을 정리해서 도표로 만들어봤다. 함께 생각해보자.

종류	십간
강수량(降水量)	癸水
습도(濕度)	壬水
온도(溫度)	丁火
풍속(風速)	甲木
풍향(風向)	乙木
맑음	丙火
서리	辛金

종류	십간
우박	辛金
태풍(颱風)	甲木
폭풍(暴風)	水+木
장마	癸水
가뭄	戊土
안개	壬水
구름	癸水

대충 생각나는 대로 분류를 했는데, 이것이 절대적이라고 할 수는 없겠다. 생각하기에 따라서는 달리 볼 수도 있겠다는 이야기이다. 혹 공감할 수가 없는 것은 벗님의 생각대로 고쳐보셔도 전혀 문제가 없을 것이다. 다만 여기에서는 壬水의 영역을 습기로 보자는 것이 중요하다. 또 이 습기에서는 만물을 싹트게 하는 위력이 있다는 것도 함께 생각해보자. 대충 이 정도로 壬水의 형태를 이해해도 무난할 것이다.

인간적인 관점

이미 일단락이 지어진 마당에서 또 다른 새로운 시작을 향한 준비를 생각한다면 아무래도 손자(孫子)가 해당되지 않을까 싶다. 그래서인지 늘그막이 되면 손자가 그립다. 손자는 새로운 의미를 가진 희망이다. 원래는 甲木이 희망이라고 말씀드렸는데, 甲木은 자신의 희망이었던 것이고, 손자는 다음 세대로 이어지는 희망이 되는 것이다. 마치 고목의 싹이라고나 할까. 그러한 의미에서 손자는 대단히 중요한 희망이 되는 것이다.

원래 골목에 아이들 노는 소리가 들려야 그 동네는 생기 있다는 말을 한다. 시골에서 살던 젊은이들이 모두 돈을 쫓아서 서울로 도시로 떠나버리고 시골에는 노인네들만 남았던 시절이 있었다. 그러다가 나중에는 다시 도시에서 실망을 한 젊은이들이 시골로 농촌으로 새로운 희망을 가지고 속속 찾아오고 있어서 어느 사이 전설이 되어가지만(아마 머지않았을 것이다), 그때에는 골목에서 아이들 우는 소리를 들을 수가 없었다. 그리고 그 분위기는 그야말로 절망이었다. 생기라고는 전혀 없는 상태였기 때문이다.

이런 시절의 아이들은 그야말로 壬水라 할 만하다는 생각이 든다. 어쩌면 그러한 기운이라고 할 수 있겠다. 이렇게 2차적인 희망으로써 뭔가 기대를 갖게 하는 손자는 늘그막에 있어서 자신의 재생을 보는 것만큼이나 중요한 일이라고 하겠다. 이미 자신은 할 일을 다 했기 때문에 희망이 없다. 그렇다고 그렇게 깜깜한 전망을 보면서 암울하게 죽어간다는 것은 생각도 하기 싫다. 그렇다면 과연 기대를 해볼 만한 것은 없을까? 자식들도 이미 각기 자신의 일에 몰두하고 있다. 그래서 더 이상 새로운 희망을 갖기에는 마땅치 않은 대상이다. 그래서 노인의 의식은 자연스럽게 뜨락에서 폴폴 뛰노는 손자에게 흐르게 마련이다. 내가 그 끝을 보게 되는지는 모르지만, 적어도 손자 녀석이 앞으로 나의 가문을 일으켜 세워줄 거라는 희망은 가질 수 있다. 그래서 마음을 기울이게 되는 것이 아닐까?

노인들이 어린아이들에게 마음을 기울이는 것은 보통 상식으로는 이해하기에 어려울 정도로 맹목적일 때가 있다. 그러한 심리의 바닥을 다음과 같이 추리해보자. 노인들에게 희망의 시작을 알리는 손자를 낳아준 며느리는 참으로 귀여운 존재이다. 그래서 노인들은 아들이 나이가 차면 이러한 희망으로 며느리를 맞아들인다고도 볼 수 있다. 그리고 이러한 희망은 딸을 둔 노인들에게도 완전히 똑같은 기대심리일 것이다. 그러나 외손자를 귀여워하는 이면에는 약간 다른 심리가 흐르고 있을 것이다. 즉 외손자에게는 예쁘게 자란 딸이 시댁에서 남편에게 미움을 받지 않고 자신의 목소리를 낼 수 있다는 '특권' 내지는 '안전보험' 정도의 의미가 추가되지 않을까 싶다.

그렇다면 사회적으로는 어떤 분야에서 이러한 壬水의 특성을 읽을 수 있을까? 壬水의 특징을 갖는 사회적 분야는 종교(宗敎) 분야가 되지 않을까 싶다. 대부분의 종교들은 항상 미래를 이야기한다. 때로는 희망적으로 때로는 절망적으로 이야기를 한다. 형태는 다르지만 결론은 모두 같다. 나의 종교를 의지하면 미래는 희망적이라는 이야기이기 때문이다. 따라서 미래의 희망에 대해 생각하는 사람이라면 어느 종교든지 한 가지에 관심을 기울이게 마련이다. 그러나 아무도 거기에 대해서 보증을 해주지는 않는다. 그냥 스스로 그렇게 믿을 뿐이다. 그래서 늘상 하는 소리는 같다. '믿으세요!'가 전부이다. 누가 뭐라고 해도 스스로 믿어보는 수밖에 없기 때문일까?

그리고 현실이 절망적인 상황에 처한 사람일수록 더욱 이 종교에 대해서 기대를 걸게 된다. 현재의 삶이 행복한 사람은 종교에 대해서도 그렇게 열성적이지 못한 경우가 많다. 형편이 좋아지더라도 그냥 종교를 의지하고 믿음의 생활로 정진하는 사람도 상당히 많이 있으니 종교에 의지하는 것이 반드시 생활이 어려워서만은 아닐 것이다. 그러나 대부분의 사람들은 자신이 곤란에 처했을 때 매달리는 마음을 형편이 좋아지면 서서히 잊어버린다. 낭월이가 종교계에 종사를 해보니 이러한 상황에 관심이 많았다.

운명감정을 받으러 오는 사람 중에서는 자신의 종교에서 가르치는 말로는 예언자에게 찾아가서 자신의 미래를 묻지 말라고 되어 있다고 하는 경우도 있다. 결국 자신의 미래가 알고 싶어서 명리학자를 찾아오는 사람들은 파계(破戒)를 하는 셈인데, 불교를 믿는 사람이나 기독교를 믿는 사람도 이러한 입장에 처하기는 마찬가지이다. 일단 찾아올 적에는 그렇게 묘한 감정으로 오지만 낭월이와 더불어서 천지자연의 이야기를 나누고 나면 대부분의 사람들은 단순한 점쟁이와 명리학은 상당히 차이가 있다는 것을 느끼게 되는 모양인데, 합리적인 내용이 바탕이 됨으로 또 하나의 학문으로 인식하고 가는 경우도 많다.

결론은 이렇게 정신적인 방향에서 희망을 주는 것이 종교라는 것이다. 명리학을 종교라고 하지는 않겠지만, 그래도 만약 절망에 빠진 사람에게 희망적인 이야기를 해서 다시 한 번 살아보겠나는 희망을 줄 수만 있다면 구태여 종교가 아니라고 할 것도 없다는 생각이다. 실제로 상담을 하다 보면 때로는 종교의 무력감에 젖어 있는 사람들에게는 오히려 사주팔자의 설명을 듣는 것이 더욱 현실감 있게 다가오기도 하는 모양이다. 이러한 사람에게는 명리학도 종교라는 말로 구분을 할 수도 있겠다. 그런 의미에서 명리학도 壬水라 할 수가 있을 것이다.

세계적인 관점

그러면 이번에는 세계적으로 관찰을 해보자. 아무래도 차세대의 희망을 가지고 사는 나라라고 한다면 티베트가 어떨까 싶다. 티베트는 어린아이가 통치자로 받들어지는 특이한 나라이다. 물론 환생을 한 달라이 라마라고 하지만, 이것을 믿는 사람은 티베트 사람들뿐일는지도 모른다. 나머지 사람들은 그저 이해할 수 없는 상황이라고만 생각할 것이다. 그리고 특이한 점은 매우 종교적인 삶을 살고 있다는 느낌이 든다는 점이다. 티베트의 종교는 불교이면서도 또 다른 특이한 면이 있다. 대대로 달라이 라마에 의해서 다스려지는 나라인 점이 특이한데, 현재의 달라이 라마가 몸을 버리고 열반에 들게 되면 곧 환생을 한다고 믿는 것이다. 따라서 달라이 라마를 가까이서 모신 고승들이 달라이 라마의 환생이라 믿어지는 10세 미만의 아이들을 불러다가는 여러 가지 테스트를 거쳐서 그 중 한 아이를 달라이 라마라고 인정해준다는 것도 세계적으로 유래를 볼 수 없는 특이한 점이다.

　이러한 몇 가지를 살펴볼 적에 티베트라는 나라가 영적인 삶에 집착하는 가장 종교적인 집단이라는 생각이 들고, 그래서 壬水에 해당한다고 생각해봤다. 그리고 다음 생(甲木이 아닌)의 기쁨을 생각하는 인생관도 마찬가지로 壬水와 어울린다고 볼 수 있다.

　실로 티베트라고 하는 나라의 환경은 무엇 한 가지도 충분하게 갖춰진 것이 없다. 모든 면에서 부족한 환경이다 보니 현실이 과히 즐겁지만은 않을 것이 분명하고, 그래서 오히려 다음 생에 더 큰 의미를 부여하고 있는 것인지도 모른다. 더구나 역사적으로 볼 적에 중국(戊土)에게 시달리는 형편인 티베트(壬水)도 결코 우연이라고만 하기에는 너무나 공교롭다. 그런데 그렇게 정신적 지도자인 스승들이 많은 나라인데 왜 자신의 자손들은 타국의 지배를 받도록 두는지 통 이해가 되지 않는다. 물론 자손들로 하여금 시련을 겪어서 보다 성숙된 삶을 살도록 하기 위해서 그런다고 하면 말은 되겠지만, 글쎄 아무래도 이유로는 빈약한 듯하다.

이러한 몇 가지 낭월식 관찰법(?)에 의해 壬水라고 결정을 내렸거니와, 벗님께서 이에 반대 의견이 있다면 보다 타당한 상황을 설정해보시기 바란다. 항상 보여지는 것보다 깊이 있는 통찰력이 중요하다고 본다. 이치적으로 합당하고, 현실적으로 그럴싸하면 취할 수 있다는 것일 뿐이지, 절대로 그래야 한다는 법은 없는 것이다. 그러니까 만약 티베트가 독립하고, 삶의 환경이 풍부해진다면 다시 다른 나라를 찾아내야 할지도 모른다. 어쨌든 현재로써는 비교적 근사(近似)하다는 생각이 든다.

사주적인 관점

이제 사주에서의 壬水를 관찰해보도록 하자. 우선 壬水로 태어난 사람에게는 심사숙고하는 형태가 떠오른다. 폭넓은 사고력으로 앞뒤를 조용하게 관조하는 여유 있는 모습이 떠오르는 것은 종교적인 성향이라는 점에서 원인을 찾아보게 된다.

그리고 항상 유동적(流動的)인 면도 있다. 고정적이지 못하고서 흘러다니는 물의 특성으로 인해서 한 곳에 몰두하기에는 적합하지 않을 것도 같다. 여기에서 다시 잉태라는 의미를 부여해보자. 그러면 항상 무엇인가를 품고 있다는 암시가 나타난다. 이것은 새로운 것에 대한 호기심이라고도 하겠는데, 현실적인 것에 안주를 하기보다는 미래에 대해 희망을 가지고 사는 모습이 떠오른다.

또 한 가지 대개의 壬水로 태어난 사람에게는 사고방식이 개방되어 있는 점이 많이 발견된다. 이 말은 옹색하게 한 곳으로만 집착하지 않는다는 점으로 살펴볼 수 있다. 뭐든지 그 원인을 생각해보고 이치를 궁리하는 형태로써 이것이 잘 발전하면 학자의 풍모라고 볼 수도 있겠다. 그리고 이러한 연구력은 눈에 보이는 물질적인 면에도 해당이 되겠지만, 그보다도 보다 정신적인 곳에서 더욱 대단한 잠재력을 발휘하는 것 같다. 정신적인 공부 방향으로 잘 발달해 있는 사고력을 지녔으므로, 이 성분을 잘 살리면 탁월한 안목의 소유자가 되는 것도 가능할 것이다.

그리고 壬水의 특성으로는 누가 앞에 나와서 우쭐대면 못 봐준다는 점이다. 이것은 丙火를 못마땅하게 여기는 숙명적인 암시로써 궁리를 해보는 것인데, 실제로 우쭐대는 사람이 있으면 그냥 못 지나치고 기를 죽여버리는 일을 곧잘 하는 사람이 있다. 그 사람을 보면서 壬水는 丙火를 극한다는 단순한 의미를 떠올려본 것이다.

또 한 가지 특징이라면 남의 분위기에 휩쓸리지 않는다는 점도 있다. 항상 자신의 흐름을 유지하고서 냉정하게 관찰하는 입장에 머물러 있는 냉정한 면모가 느껴지면서 역시 壬水는 물이라는 생각을 해본다. 물은 어디나 냉정하게 파고들어가는 특징이 있다. 더욱이 습기는 물보다도 더욱 치밀할 것이므로 그 사고력은 더욱 유연하다고 보겠다. 즉 물은 아래로만 흐르는 것이라고 한다면, 습기는 동서남북과 상하에 자유자재로 움직이는 특징이 있기 때문이다. 그래서 불보다도 더욱 활발한 사고력의 소유자라고 보는 것이다. 물론 이것도 사주에서 壬水의 비중이 적절하게 되어 있을 경우의 이야기이다.

壬水가 너무 많은 사주라고 한다면 아마도 그 세력이 넘쳐날 것이다. 이러한 상황을 적천수에서는 '천지를 휩쓸고 다닌다'는 말로 설명했다. 충천분지(沖天奔地)라고 하는 말로 되어 있는데, 이 의미가 하늘이고 땅이고 가리지 않고서 흘러다닌다는 말이다. 여기에서 壬水의 특징을 가장 적절하게 드러낸 말이 있는데, 충천이라는 말이다. 만약에 壬水를 그냥 물이라고 생각했다면 충천이라는 말은 전혀 해당이 없는 말이 된다. 즉 물이 하늘로 부딪쳐 갈 이유가 없기 때문이다. 그렇다면 이렇게 말씀하신 유백온님의 의사는 과연 무엇일까? 壬水의 구조는 습기라는 의미의 표현일 것이다.

어쨌든 壬水가 너무 강하면 이렇게 휩쓸고 다니는 암시가 되고, 이것은 불이든 흙이든 나무든 뭐든지 모조리 쓸어버린다는 의미도 포함이 된다. 이 말은 새로운 이치로 묵은 사상을 휩쓸어버릴 가능성도 있다 하겠다. 이것은 확대해석이 될 수도 있겠는데, 어쨌든 너무 강한 壬水가 뭔가 일을 내려고 마음을 먹으면 큰 일을 내기는 내는 모양이다.

그러면 반면에 약한 壬水라고 한다면 어떻게 될까? 약하다는 것은 세력을 잃고 있는 상태를 말한다. 그러면 보나 마나 자신의 의사는 속으로 숨겨두고서 외부의 영향에 따를 것이다. 마치 티베트의 지도자가 인도로 망명 다니는 것과도 흡사하다고 하겠다. 휩쓸고 다니고 싶겠지만, 세력이 너무나 허약하니 도리없이 떠돌아다닐 수밖에 없는 모양이다. 이렇게 되면 본래의 壬水가 갖는 특징은 나타나지 않는 셈이다. 그냥 속으로만 품고 있을 뿐이고 표면적으로는 도리없이 끌려다니려니 따분하겠다. 천하의 壬水가 말이다.

아무리 마음으로야 그렇다 해도 환경의 영향은 또한 어쩔 수가 없는 것이니 어쩌겠는가, 그래서 壬水는 힘을 길러야 한다. 원래가 약한 물은 혼자서 흘러갈 수 없는 것이다. 그래서 힘을 모았다가 한꺼번에 흘러가는 것이다. 土水가 물은 아니라 하더라도 물의 성질은 가시고 있으니 보이지 않는 水氣의 행동도 예상할 수는 있을 것이다.

그런데 같은 자료를 놓고서도 짐작하다 보니 해석이 제각각이 되는 것은 어쩔 수가 없는 모양이다. 다음 세상이 있느냐 없느냐에 대해서도 각기 짐작을 하고 있지만, 결과는 있다는 쪽과 없다는 쪽으로 나누어져 있는 것이 현실이다. 즉 무엇을 연구하거나 결국 자신의 안목을 기준으로 삼을 수밖에 없는 것이니, 보다 근사한 답을 얻기 위해서는 많이 생각하고 많이 확인하는 것이 상책이 아닌가 싶다. 이 정도로 壬水에 대한 연구를 마무리하거니와 이러한 자료를 힌트삼아서 보다 완벽한 답을 얻어내기 바란다.

제10장
계 수

癸水라는 성분은 이미 壬水를 설명하는 과정에서 덩달아 설명이 된 셈이니 이미 벗님도 감을 잡으셨을 것이다. 아시다시피 그야말로 물이라고 하면 되겠다. 그러나 또 나름대로 연구를 해볼 것은 있으니까 가볍게 생각하지 말고 차근차근 살펴보면서 궁리를 해보자.

우선 사전을 찾아보면 ① '열째 천간 계'가 당당하게 버티고 있다. 결국 마지막까지 온 셈이다. 그래서 우선 마지막의 의미로써 생각을 해보고, 두 번째로 전개되는 것으로는 ② '경도(月經) 계'가 있다. 이것은 또 무슨 의미일까? 여성이 매월하는 생리를 의미하는 것이다. 이것 참 얄궂다. 앞에서는 壬水가 잉태라고 하는 의미를 가졌었는데, 이번에는 생리가 들어 있는 것이 아무래도 뭔가 생산적인 암시를 포함하고 있는 것으로 생각된다. 이것이 전부이다. 더 이상 나눠진 설명은 없는데, 이것을 잘 음미함으로써 癸水에 대한 내용을 살펴보면 되겠다.

열 번째 천간과 생리적인 癸의 의미

우선 마지막으로 위치한 癸水의 의미가 중요하겠다. 맨 끝에 있다고는 해도 실은 별 의미가 없다. 이유는 하나의 끝은 또 다른 시작을 암시하기 때문이다. 그렇다면 癸水의 위치가 壬水에 비해서 무슨 차이점이 있을 것인가. 무엇보다도 중요한 것은 水氣가 아닌 물이라고 하는 점이다.

물이 무엇인가는 새삼 묻지 않더라도 이미 벗님도 짐작을 하실 것이다. 즉 물은 만물의 생명력을 유지시켜주는 데 없어서는 안 될 성분이다. 그러나 다시 생각해보면 과연 생명이 물만 가지고서 해결되는 것인가. 그렇지 않다. 물과 함께 빛이 있어야 하기 때문이다. 빛이 없는 물은 그야말로 암흑일 뿐이다. 물이 있고 빛이 있을 때 비로소 생명력은 활기차게 움직일 수 있다는 정도는 이미 알고 계실 것이다.

그런데 우리는 습관적으로 '물＝생명력'으로 자연스럽게 연결을 시켜놓는다. 그런 의미에서 복잡하게 인식할 것 없이 물만 있으면 생명력은 자동으로 유지되는 것으로 인식을 해보는 것도 좋겠다. 이유인즉 태양은 언제나 그 자리에 있어왔기 때문에 존재유무를 의심할 상황은 아니기 때문이다.

물이 있으면 고기가 생긴다고 했다. 그리고 사람의 몸도 물이 있기에 존재할 수 있다. 인체의 물은 자연의 물과 비교해서 포함하는 성분은 다르겠지만 그 작용은 똑같다고 봐야 할 것이다. 여성의 몸에서 물이 말라버리면 생명체도 생길 수가 없다. 여기서 물이 마른다는 것은 생리가 끝나서 폐경기라는 것을 의미한다. 이렇게 되면 잉태를 하는 것은 끝이다. 즉 배란(排卵)이 없어진 상태에서 잉태가 가능하지 않다는 것은 너무도 당연한 일이다.

따라서 여자의 몸에서 생리가 진행되는 동안에는 생명이 자랄 수 있는 환경이 유지되고 있는 셈이다. 癸水의 두 가지 의미 중 하나인 '월경계'라고 하는 의미가 이런 의미인 모양이다. 실제로 월경은 여인에게 있어서 대단히 중요한 의미를 갖고 있다. 여성의 특권으로 인정되는 출산 능력이 여기에서부터 출발하기 때문이다. 이러한 의미에서 '물=월경'은 자연스럽게 연결이 된다. 그뿐이 아니라. 일단 잉태를 했더라도 자궁에 양수가 넉넉하게 들어 있어야 태아의 성장이 가능한 것도 물론이다. 만약 잉태는 했는데, 자궁 내의 환경이 여의치 못하다면 유산을 하게 될 가능성이 높다. 역시 물이 있어야 한다는 이야기다.

이렇게 오나가나 물과 연결되는 것이 癸水이다. 이 물은 단지 목마를 때 먹는 물뿐이 아니라, 거의 모든 상황에서 통하는 의미로써 액체인 셈이다. 즉 혈액도 마찬가지라고 하겠다. 모든 것에는 물이 없어서는 되지 않는다. 심장이 뛰는 것도 이 물을 운반하기 위해서이다. 혈액이 운반되지 않으면 몸에 영양공급이 끊어지게 되고, 그렇게 되면 몸은 그대로 썩어버리게 될 것이다.

그뿐만이 아닐 것이다. 자연에서도 물이 없으면 하루도 살아갈 수가 없다. 아니 잘하면 일주일은 살 수도 있다고 한다. 그러나 그뿐이다. 아무런 희망이 없는 것이니 결국은 죽음밖에 남지 않는 것이다. 언젠가 서울의 삼풍백화점이 무너졌을 때에도 십여 일이 지나 매몰되어 있던 사람이 살아났다. 그런데 가장 중요한 일 중에 하나는 그 속에서도 물을 먹을 수 있었다는 것이다. 즉 물을 계속 먹을 수 있었던 것이 그나마 열악한 환경에서도 살아남을 수 있었던 점이라고 한다. 결론은 모든 생명체는 일단 물이 없으면 삶을 더 이상 유지할 수 없다는 것이다. 이런 몇 가지의 이유로 해서 癸水는 자연의 물이면서 또한 생명을 잉태해서 성장시키는 자궁 속의 물도 포함한다고 관찰을 해본다.

물질적인 관점

이제 본격적으로 물에 대한 연구를 해보자. 물만이 가지는 특성은 다른 사물들보다 뚜렷한 편이다. 가장 먼저 떠오르는 것은 '물=법칙'으로 연결되는 구조이다. 사물 사이에 일반적으로 성립하는 보편적·필연적 관계를 법칙이라고 부른다. 수학에서나 과학에서나 문학에서나 심지어는 그림이나 음악에서도 나름대로의 법칙이 존재하고 있다. 그 법칙의 기준은 무엇인가 생각해보셨는지 모르겠다. '法則'이라는 한자에서 法자는 水를 부수로 쓰고, 則자는 刀를 부수로 쓴다. 즉 물이 가지는 보편적, 일반적 성질과 칼이 가지는 단정적 확정적 의미가 함께 들어 있는 것이다.

낮은 데로 흐른다

우선 물의 특성에서 변하지 않는 것은 무엇일까? 가장 쉽게 발견할 수 있는 것은 '높은 데서 낮은 데로 흐른다'가 되겠다. 물의 법칙에 이것은 예외가 없다. 물론 이것은 물의 성질이라기보다 지구 위의 중력이 미치는 공간에서 공통적으로 적용되는 대전제이긴 하지만 특히 물은 밤이건 낮이건, 여름이건 겨울이건 간에 높은 데에서 낮은 데로 흘러가고 있다. 그래서 법이라는 글자의 기준을 삼았을 것이다.

혹 분수대를 생각하면서 역류하는 것이라고 생각할지 모르겠으나 분수는 인간의 장난일 뿐이다. 결국 그 물도 아래로 떨어지게 되어 있다. 그래서 논외로 하고, 또 우주선 속에서의 물을 떠올리시는 벗님도 계실 듯하다. 그 상태에서는 물이 어디로 튈는지 장담할 수 없으니 말이다. 물이 아래로 흐르는 것은 당연히 지구의 중력 때문이다. 따라서 지구의 중력이 미치지 않는 곳은 논의의 대상에서 제외하여 생각하고자 한다.

물은 쉬지 않는다

쉬지 않고 흘러가는 것이 물이라고 했다. 따라서 물은 부지런하게 일하는 특징을 가졌다고 할 수 있다. 언제나 흘러가고 있으니까 말이다. 물론 겨울에 얼어 있거나, 언덕이 가로막고 있을 경우에는 흐르지 못하겠지만, 그때에는 조용히 때를 기다리는 것이다. 그러다 흘러갈 수 있는 기회를 잡으면 더욱 큰 소리를 내면서 흘러가는 것이다. 이렇게 부지런한 것이 물이다. 따라서 물이 흘러가다가 멈추는 곳에서는 필시 큰 문제가 발생한다. 물이 중지하고 고여 있으면 그 주변의 모든 생물을 썩게 만드는 위력을 발휘한다. 그러니까 어쨌거나 물은 흘러가야 하는 것이다. 그리고 이렇게 흘러가는 작용은 인체 내에서도 그대로 적용이 되고 있다.

피가 동맥을 타고 흐르고 정맥을 타고 흐른다. 쉬임없이 흐르고 있는 물은 구석구석 0.01밀리미터의 가느다란 길(실핏줄)도 놓치지 않고 구석구석 움직인다. 이 피를 타고 산소와 영양분이 온몸을 돌아 사람에게 에너지를 주게 된다. 만약 이렇게 흐르던 물이 멈추면 큰 일이 난다. 이것은 혈관파열이라는 상황으로 전개되고, 다시 머릿속에서 터지기라도 하면 뇌졸중, 뇌출혈, 중풍 등등의 무시무시한 이름으로 불리게 된다. 이러한 상황에 처하면 대개는 반신불수가 되거나 죽는다. 물이 잘 흘러가지 못하는 부작용이 이렇게 치명적인 결과를 가져오기도 하는 것을 보면서 역시 법을 어겨서는 안 되겠다는 생각이 든다.

그런데 물이 자연적인 흐름에 의해서 위로 올라가는 경우가 있기는 하다. 나무로 올라가는 경우를 말하는 것인데, 이것은 삼투압이라는 또 다른 자연현상에 따른 법칙이다. 그래서 水生木이라고 했을까? 물이 나무를 만나면 그렇게 바닥으로만 기다가도 훨훨 날개라도 단 것처럼 위로 올라가서 넓은 세상을 보게 되니 특별한 경우라고 하겠다. 그러나 올라갔다가도 결국은 다시 내려와야 하는 것이니까 물이 아래로 흐른다는 기본법칙에는 변함이 없을 듯하다.

이번에는 바다의 흐름을 생각해본다. 물이 흘러다닌다는 증거로써 해류를 채용해야 할 모양이다. 바다에도 물의 흐름이 있는 모양인데, 문제는 눈에 보이는 흐름이 없다는 점이다. 그러나 그 흐름의 내부를 살펴보면 더워진 물은 위로 흘러가고 또 그 힘으로 위에 있던 물은 아래로 흐르게 된다. 이것은 중력에 의한 작용이 아니라 온도차에 의한 순환작용이다. 그리고 이러한 경우는 경기도 연천에 있는 산정호수에서 직접 본 일이 있다. 언젠가 한 번 가봤더니 물이 완전히 흙탕물이었다. 예전에 듣기에는 한국에서 가장 물이 맑은 호수라고 들었는데, 전혀 딴판이었다. 그런데 알고 보니까 일 년에 단 두 번만 그렇게 물이 뒤집힌다는 이야기였다. 그러니까 하필이면 그러한 때를 골라서 갔던 셈이다.

그 이유는 완전히 바다의 흐름과 같다. 상부에 있던 물이 바깥의 온도로 인해 차가워지거나 뜨거워지고 하부에 있던 물은 온도가 변하지 않은 것이다. 그러면 윗물과 아랫물의 비열차가 생겨서 위아래 물이 자리변동을 일으키고 아래의 물이 위로 솟구치면서 바닥의 흙앙금이 모두 따라 올라온다는 것이다. 이것이 우리가 보기에는 잔잔한 호수가 뒤집힌 것이 되는 셈이다. 그래서 호수에도 흐름은 있다고 볼 수 있다.

만물을 씻어준다

씻어주는 작용도 물에서는 빼놓을 수 없는 기능이다. 그래서 모든 것을 씻어주는 작용은 물이 알아서 하고 있는 것이다. 이러한 특징은 다른 사행(四行)으로는 도저히 불가능한 것이기도 하다. 그러나 이것도 상세하게 살펴보면 씻어주는 것이 아니라 그냥 타고 흐를 뿐이라는 점을 관찰할 수 있다. 물은 씻어준다는 생각이 없기 때문이다. 그냥 흘러가고 있는 것인데, 그렇게 흘러가면서 때가 씻긴다는 것으로 이해를 해야 하겠다. 단순히 우리가 물로 손을 씻으면 깨끗해질 수 있고 좀더 물의 힘이 강해지면 강바닥도 깎고 바위도 쓸어 가루를 만들 수 있는 것이다. 물의 힘은 대단하다 할 것이다.

냉각기능이 있다

물과 열은 서로 밀접한 인연을 맺고 있다. 열이 있으면 물이 가서 열을 죽여버린다. 그러면 열은 식게 되고, 이러한 작용은 날이 더울 적에 특히 필요한 법칙이다. 즉 한여름 찜통날씨에 목물이라도 한 번 하게 되면 등줄기가 시원하고 한참은 그런대로 견딜 만한 법이다. 그래서 열기를 죽이는 기능이 있다고 생각한다.

그리고 자동차에서도 이 작용은 그대로 유지가 된다. 엔진이 열심히 돌아가느라고 열을 계속 받게 되면 과열된다. 그렇게 과열하게 되면 엔진이 터져버리는데, 여기에서 바로 물의 냉각작용이 필요한 것이다. 그래서 라디에이터에 담긴 물이 엔진의 열나는 부분을 지나가면서 열기를 빼앗아 밖으로 몰아낸다. 그러면 엔진도 자신의 본래 사명대로 계속 돌아갈 수 있는 것이다. 그런데 만약 냉각기능을 하는 라디에이터에 물이 없게 되면 엔진은 즉시 타버리게 된다. 즉 연기가 펑펑 나면서 멈추는 것이다. 이러한 현상에서 볼 수 있듯이 물의 법칙 중에 하나는 냉각기능이 있는 것이다.

이것을 인체에 적용시켜 심장이 엔진이라 보자. 그러면 심장이 열을 받으면 터지게 되는 작용이 있는가. 물론 그런 경우가 있다. 따라서 꾸준하게 쉬지 않고 돌아가기 위해서는 분명히 냉각기능을 하고 있는 성분이 있어야 한다는 이야기다. 그러다가 무슨 열받을 일이 있어서 순간적으로 열이 오르면 냉각기능을 발휘할 겨를도 없이 혈관이 터져버리고 마는 것이다. 그래서 오래 사는 방법 중에 하나는 열을 받지 말고, 마음 편안하게 살아야 한다는 것이다. 그러나 인간의 탐욕은 항상 열을 받을 요소를 갖추고 있다. 우리 명리학을 연구하는 사람이라도 이러한 이치를 바로 알고서 가능하면 심장이 열받지 않도록 해서 저마다 타고난 천명을 살고 가도록 노력해야 하겠다. 물론 말만 이럴 뿐이고, 정작 낭월이도 외부에서 열을 받게 하면 연기를 푹푹 내뿜을 수밖에 없더라만……

응집하는 성분이다

물이 이렇게 흘러가는 것은 결국 응고하기 위한 것이라고 어디에선가 말씀을 드린 기억이 난다. 즉 물은 흘러가는 것이 목적이 아니라 모여드는 것이 그 목적이다. 음양오행에서 말씀을 드렸는데, 물의 특징을 이렇게 관찰해보고 있다. 그래서 다시 癸水의 관점으로 돌아가서 생각해보면 물은 응고하는 성분이고, 그 내부에서는 움직이려는 성질이 존재하고 있다고 본다.

몇 가지 관점으로 물에 대해서 명상을 해봤다. 이렇게 여러 관점에서 물을 관찰함으로써 본래의 성분을 이해하는 데 참고를 삼도록 하기 위해서다. 벗님도 이러한 자료를 바탕으로 삼아서 보다 발전된 예리한 통찰력으로 물의 본질에 대해서 관찰을 해주시기 바란다.

인간적인 관점

그 집안의 가족 구성원 중에서 癸水에 해당한다고 봐야 할 사람은 누구일지 얼핏 생각이 나지 않는다. 그래서 하나하나를 면밀하게 관찰해가면서 대입을 시켜보는데, 아무래도 가정에서 물의 역할을 해야 하는 사람은 어머니라고밖에 생각이 나지 않는다. 그런데 어머니는 이미 己土에게 부여를 해버렸기 때문에 다시 끌어다가 쓸 수 있는 방법이 없어서 고민을 하고 있는 것이다. 그렇다면 己土를 다른 역할로 보고서 癸水를 그냥 어머니의 위치에다가 부여를 해버리고 속편하게 넘어가버릴까 싶기도 하다.

그러나 己土의 역할도 어머니의 중요한 임무를 수행하고 있다고 여겨지기 때문에 그렇게 쉽사리 관찰했던 내용을 바꿀 수는 없는 것이어서 좀더 癸水의 역할을 궁리하도록 해본다. 과연 癸水에 어울리는 가족이 없을까? 정말로 없다면 癸水의 역할을 약간 바꿔서 관찰해보면 또 어떨까? 그렇게 궁리를 하다가 절묘한 타협안을 찾아냈다. 그 타협안은 癸水는 구체적인 사람이 아니라는 점이다. 사람이라고 한다면 이렇게 시종일관 자신의 몫을 다하고 있을 사람이 누가 있으랴 싶기도 하다. 즉 물이 의미하는 것은 가족 전체의 삶과도 연관지어 보기로 한다.

癸水가 맨 마지막에 있는 것도 어쩌면 그러한 의미가 있기 때문일 것이다. 즉 癸水의 역할은 전체 가족들을 연결지어주는 끈끈한 정의 역할이 될 듯싶다. 물론 각 천간에 구체적인 가족구성원을 대입하던 방식에서 갑자기 癸水는 가족간의 정이라고 하니 당황스러운 면이 없지 않겠으나, 생명력을 가장 활기차게 유지해주는 작용을 하고 있는 것이라고 본다면 가족의 팀워크는 무엇보다도 중요하다고 하겠다. 뿔뿔이 흩어져버리면 애초에 가족은 없는 것이기 때문이다. 그리고 가족들은 한솥밥을 먹는 사람들이기에 당연히 같은 물을 공유하는 사람들이다. 또한 가족은 같은 혈연관계로 묶인 사람들이다. 즉 같은 혈맥을 공유하는 사람들이기도 하다. 이러한 의미로써 癸水의 역할을 생각해보고 싶은 것이다. 반드시 사람이어야 할 필요는 없고, 또 사람이라고 하더라도 상관없다. 다만 그 역할이 癸水에 어울리기만 한다면 말이다.

다시 이것을 국가적인 관점으로 바꿔서 생각해보도록 하자. 국가에는 물을 담당하는 기관으로 수자원공사가 있다. 그 외 물에 대해서 연구하는 기관과, 나아가서 환경보건이나 위생에 관련된 기관들이 여기에 속할 것이다.

또한 가족간의 정을 癸水라고 했듯이 국가적 차원에서는 민족성이 그런 역할을 하지 않을까 싶다. 하나의 민족이 가진 특징은 역경을 만날수록 강하게 결집되어 나타난다. 따라서 수많은 역경을 겪으면서도 우리 민족이 유지되었던 것은 민족을 묶어주는 결속력이 아니었을까 싶다.

물의 힘은 응고하는 성분이라고 했다. 모여드는 성분은 결국 공동체의식(共同體意識)을 만들어낸다. 불이 자꾸 분산이 되는 형태를 만들어낸다면 물은 자꾸 연결시키는 작용을 하게 되는 것이다. 따라서 국가에 있어서 癸水의 역할은 인위적으로 만들어진 어떤 조직이 아니다. 고유하고 절대적인, 어떤 보이지 않는 힘, 이것을 일러서 국가권력이라고 명하고 싶다. 만인에게 인정받고 정통성 있는 국가권력인 癸水가 있다면 그 나라는 두말할 필요도 없이 단결되고 발전하는 나라일 것이다.

가족간에도 癸水가 살아 있으면 살아 있을수록 그 가정의 결속력이 좋아지고 똘똘 뭉쳐서 남들이 감히 어떻게 하지 못할 것이다. 그리고 癸水가 그 기능을 잃어갈 즈음이면 점차로 응집력이 떨어진다. 그러면 분산이 되는데, 이런 작용을 하는 것은 열기운이 단연 으뜸 역할을 한다. 가열하게 되면 물은 분산되기 때문이다. 또한 똘똘 뭉친 물이 맛도 좋은 법이다. 가장 맛이 좋은 물의 온도는 가장 차다고 하는 섭씨 4도에 해당하는 것이라고 한다. 이렇게 차고 맛있는 물이 가장 비중도 높고, 활성화가 되어 있는 좋은 물이라고 한다. 이것을 일명 육각수(六角水)[32]라고 부르는데, 이러한 물을 먹게 되면 체내의 모든 죽은 세포들은 밖으로 배출된다고 하는 말도 있다. 그야말로 감로수(甘露水)[33]인 셈인가보다.

세계적인 관점

세계적인 관점도 국가적인 관점에서 바라다본 것에서 크게 벗어나지

---

[32] 육각수라고 하는 것은 자기(磁氣)성을 띠는 물이라고도 한다. 인체의 세포를 가장 활성화시키기에 좋은 상태라고 하며, 오염된 물은 5각수의 형태를 띤다고 한다.
[33] 감로수는 만병통치에 해당하는 약물이라 할 수 있겠다. 관음보살이 손에 들고 있는 것이 감로수이다. 모든 소원이 이뤄지는 파워가 잠겨 있는 물이라고 생각된다.

않을 것이다. 예전에는 소련을 물의 나라로 생각했었는데, 요즘은 그러한 냉전체제가 무너져버렸으니 적용시키기가 좀 어색하게 느껴진다. 따라서 이번에도 구체적인 나라를 들기보다 사람들이 모두 자신의 삶만 생각을 하다가 점차 국가관이 생기게 되었고 이제는 세계적으로 밀접한 관계를 유지하여 공동 생활권이 되는 것으로 확대된 공동의식 자체가 癸水라고 하겠다.

그래서 그 전단계로서 지역적으로 결합을 이루는 분위기가 고조되고 있는 것이다. 우선 유럽연합이 생기더니 이제는 환태평양연합도 만들 참이다. 그리고 동북아시아연합도 만들어야 하겠지……. 그렇게 하다보면 결국 세계가 하나되는 날도 과히 멀지 않을 것이다. 예전에 한 20여 년 전쯤만 해도 국제결혼이라고 하는 것은 민족성을 포기하는 것이라고 하여 입에 거품을 물던 사람들이 많았지만, 요즘에 와서는 당연하게 생각하는 정도로 세태가 변했다. 방송에서도 외국인들이 자연스럽게 한국말을 하면서 한국인 행세를 하고 있는데, 아무도 그들을 나라를 버린 사람이라고 비난하지 않는다.

한국인이 외국에서 그렇게 살아도 마찬가지이다. 배달민족이라는 옹색한 마음에 갇혀서 스스로 고생하지 말고 세계화라는 큰 생각으로 속 편하게 잘 살아보자는 분위기가 늘어나고 있는 것 같다. 그리고 큰 눈으로 바라다보면 네것 내것 하는 사이에도 시간은 흐르는 것이니, 그런 쓸데없는 것에 집착하기보다 큰 시야로 발전을 추구하는 것이 낫다는 생각이 들 것이다.

현재의 상황에서 지구를 연결시켜주는 癸水의 역할을 하는 기구는 UN이 담당하고 있다고 할 것이다. 따라서 국제연합기구의 의결사항들이 국제간의 법칙으로 통용된다고 하겠다. 이런 면에서 보아도 자연스럽게 癸水는 법이라고 하는 이치를 발견할 수 있다.

사주적인 관점

사주에서도 癸水의 영향을 많이 받은 사람은 법칙을 준수하고 결속력을 다져주려고 노력하는 사람일 거라는 예측이 가능하다. 그리고 실제 癸水의 사주를 가진 사람들은 분산시키는 작용보다는 뭉쳐주는 작용에 더욱 관심을 갖고 있는 것도 발견할 수 있다. 따라서 癸水로 태어난 사람은 남들과의 결합에 관심이 많고 별 소득이 없는 남의 일에 분주할 수 있다. 그렇다고 해서 그 일을 그만두지도 못한다. 왜냐하면 사람은 자신의 만족을 가장 소중하게 여기는데 癸水 일주는 자신의 이익보다 공동체 결속이 더 큰 만족으로 느껴지기 때문이다. 서로 싸우던 사람이 자신의 노력으로 인해 좋아지게 되었다면 이것만으로도 대단히 보람 있는 일인 셈이다. 그리고 물이 항상 순리에 맞게 흘러가는 성질을 가졌듯이 사주에서도 적절한 배합을 이루고 있으면 원만한 인간관계를 형성해갈 것이다.

이런 사람은 그 적성도 카운슬러 쪽에서 발견하게 될 가능성이 많겠다. 세심하게 관찰하는 안목이 있어 아마도 남들이 소홀히 여기는 곳에서 대단히 큰 힌트를 발견하게 될 것이나. 그런 점에서 스스로 냉정해야만 남들에게 올바른 가르침을 줄 수가 있을 것이므로 주변의 영향에 마음이 흔들리지 않도록 자기 주관을 뚜렷이 갖는 자세가 필요하다. 이러한 특성이 癸水로 태어난 사람의 사고방식이라고 보겠다.

그런데 이러한 癸水가 너무 넘쳐버리면 범람을 하게 된다. 이것은 전혀 원하는 바가 아니다. 그렇게 되면 독선적인 상태로 흘러가고 자칫 그 피해가 많은 사람에게 영향을 미칠 수 있다. 범람하는 물은 농경지고, 도시고, 아무것도 남겨두지 않고 마구 휩쓸어가버린다. 오죽하면 '수마(水魔)가 쓸고 간 자리'라는 말이 생겼겠는가, 이 말은 '불이 난 자리에는 재라도 남아 있지'라는 말과 대칭을 이룬다. 그야말로 깨끗하게 쓸어버리는 위력은 결코 아무에게도 도움이 되지 않다. 이런 사람은 신속하게 자신의 단점을 발견하고 균형을 찾도록 최선을 다해야 삶이 편안할 것이다.

아울러서 너무 허약한 癸水라면 자신의 주장을 남들에게 피력하는 힘이 약할 수밖에 없다. 그렇게 되면 남들이 알아주지 않을 테니 스스로 자신이 느끼는 것을 잘 표현하도록 마음을 써보는 것이 좋겠다. 항상 마음 속으로만 남들을 편안하게 해주고 싶어해봤자 막상 실행을 하지 못하면 전혀 도움이 되지 않는다. 그래서 이런 사람은 공부를 통해서(金生水의 작용을 노림)라도 자신의 힘을 강화시켜야 자신의 일을 찾아갈 수 있는 사람이 될 것이다.

중요한 것은 스스로 노력하는 것이 최선이고, 그러한 노력의 방향을 명리학을 통해서 잡아갈 수 있다면 아마도 사주공부를 하는 보람이 있을 것이다. 그렇지 않고 그냥 되는 대로 살아간다고 하면 목적하는 성과를 얻기 힘들 뿐 아니라 상당한 시행착오를 거쳐야 할 것이 틀림없다.

물론 시행착오가 나쁜 것은 아니다. 어차피 인생은 어디에선가 공부를 하게 마련이고, 그 나름대로 얻은 것은 소중하다고 하겠다. 그러나 스스로 경험을 했는데도 불구하고 여전히 길을 못 찾아서 헤메고 있다면 이것은 참으로 안쓰러운 일이라고 생각이 된다. 이러한 경우에 있는 사람은 명리연구가에게 의뢰를 해서 한 번쯤은 자신의 길에 대해서 의논해보는 것이 결코 시간 낭비가 아닐 것이다.

결론

긴 시간을 십간의 구조와 성질에 대해서 연구해봤다. 나름대로 상세하게 각각의 특성에 대해서 생각을 해봤으니, 이제 십간에 대한 연구를 정리해야 할 때에 와 있는 셈이다. 천부적으로 타고난 특징을 궁리하느라고 해봤지만, 또한 아쉬움이 남아 있는 것이 정상일 것이다. 완벽한 이론은 있을 수 없다. 어쨌든 이렇게 십간의 특성에 대해서는 다양한 관점에서 살펴봤으므로 여기에서 더욱 추가할 것은 벗님 자신의 안목으로 주의깊게 관찰을 해보라는 것이다. 무엇보다 자신이 느껴보는 것이 중요하다. 원래 스승의 역할은 그렇게 자료와 힌트를 제공해주는 것으로 충분하다고 생각된다. 더욱 깊은 통찰력은 스스로 길러가는 것이기 때문에 아쉬운 대로 다음 항목으로 이야기를 진행시키기로 한다.

제3부

십이지 각론

천간에 대해서 너무 자세하게 연구하느라고 분량이 과다해진 느낌이다. 이제는 천간을 떠나서 지지에 대한 연구를 해야 할 시간이다. 그러나 천간 없는 지지가 어찌 존재하겠느냐는 생각이 앞서는 것으로 봐서 여기에서도 어김없이 천간 이야기는 반복될 모양이다. 그러나 천간 부분에서 상세하게 연구했기 때문에 간결하게 넘어갈 수 있겠다. 천간 설명이 길었으면 지지 설명은 간단할 수도 있으니까 인내심을 가지고 차근차근 접근해보도록 하자. 뭐든지 그렇지만 이 명리공부만큼은 서둘러서 성공하는 학문이 아닌 것 같다.

천천히 이해하면서 접근하는 사람은 재미도 붙이고 매력도 느끼지만 단지 외우려고만 하는 사람은 중간에서 맛을 보지 못하고 탈락해버리는 경우가 많음을 보게 된다. 공자님 말씀이 생각난다. 어느 제자가 공자님께 여쭙기를 "선생님, 저는 원래 둔하고 어리석어서 아무리 선생님의 말씀을 듣고 배우려고 해도 도저히 이해가 되지 않습니다. 그러니 아무래도 역부족인가 싶습니다." 이렇게 자신의 심경을 토로하자 공자님이 "자신의 힘이 부족하다고 스스로 한탄을 하다니 참으로 한심하구

나. 그렇게 스스로 능력이 부족하다고 근심하는 사람은 중간에 그만둘 가능성이 농후하니 너는 이제 그만이구나." 하고 말씀하셨다고 한다. 벗님도 이제 시작인 이 공부에서 어렵다는 생각으로 도망갈 궁리를 하지 말고 부디 차근차근 배워나가시기 바란다. 이제 22개의 글자 중에서 10개를 배웠으니까 절반 가까이 해결을 본 셈이다. 아니 70퍼센트 정도는 공부한 셈이라 해도 과언이 아니다. 그만큼 중요한 기초를 배운 셈이다.

  그런데 단지 10개뿐인 천간이지만, 이것이 지지로 이동을 하면서 서로서로 분열과 결합[34]을 하게 된다는 점에서 아마도 상당한 혼동이 있으리라 생각된다. 천간을 자세히 살펴봤으니 그것을 바탕으로 십이지지 이야기를 시작해볼까 한다. 이쯤에서 벗님께 부탁드릴 것은 점차 복잡해지는 이야기 속에서 부디 자신의 본성을 잃지 않도록 정신을 바짝 차리시라는 것이다.

---

34) 아무리 생각을 해봐도 그렇게밖에 볼 수가 없을 것 같다. 지지가 별도로 존재하는 것이 아니라, 단지 천간이 서로 화학반응을 일으킴으로써 나타나는 제3의 현상이라는 생각이 든다.

제 0 장
지지와 지장간의 관계

　순서에 따라 기록한다면 제목을 '제1장 지지와……'라고 해야 하는데, '0'번을 달았다. 무슨 큰 뜻이 있어서라기보다는 지지에 대한 설명으로 들어가기 전에 우선 지장간 이야기를 하지 않을 수 없어서이다. 그런데 열두 개의 지지로 되었으니 12라는 숫자로 이번 항목을 끝내려면 천상 이번 장의 번호를 0으로 붙이는 게 질서가 있겠다는 생각이 들었다. 그리고 아파트를 사는데 쓰는 말 중에서 '영순위'라는 말이 생겨나서 다양한 곳에서 응용되고 있는데, 그만큼 경쟁력이 있다는 의미인 모양이다. 지지에서의 지장간에 의한 이론도 영순위만큼이나 중요하다는 점도 0이라는 숫자를 달게 한 이유가 된다. 또한 지장간은 천간에 대한 설명의 연장선상에 있다고 봐도 되겠다. 지장간에 대해서 이해가 부족한 상황이라고 한다면 지지에 대한 공부는 건성이 될 가능성이 많다. 어쨌든 지장간의 실체에 대해 상세한 설명을 들은 다음 비로소 지지에 대한 공부를 한다면 나름대로 질서가 잡히지 않을까 싶은데, 두고 봐야 할 일이기는 하다.

절기(節氣)에 대한 이해

우선 지장간(支藏干)이 어디서 나타난 골칫덩어리인지부터 생각해 봐야겠다. 어떤 명리서에서는 크게 부각시키지 않은 경우도 있는데, 실제로 자장간을 모르고는 지지에 대해 공부해봐야 말짱 헛일이라고 할 만큼 매우 중요한 사항이다.

그러나 지장간이 언제 어떠한 경로를 거쳐 명리학에 등장하게 되었는가는 기록을 찾기 어렵다. 낭월이가 안목이 좁아서인지 모르겠으나, 명확하게 시작되었던 기원은 보이지 않는 것 같고, 다만 미뤄서 짐작하고 있을 뿐이다.

글자의 해석으로 본다면 간단하다. '지지[地]에 숨어 있는[藏] 천간[干]'이라는 의미이다. 그렇다면 지지(地支)라는 글자 속에는 천간이 숨어 있다는 이야기인가? 이 말에 대해 지대한 관심을 갖고 관찰해봤는데, 실은 지지에 숨어 있는 것이 아니라 지지 자체가 그대로 천간의 결합이라는 생각이 든다. 대부분의 사람들은 흔히 지지가 무슨 띠를 나타내는 것으로 알고 있다. 그리고 좀더 공부한 분은 삼합(三合)이나 충(沖)[35]에 대한 인식을 하고 있을 것이고, 약간 삐딱한 방향으로 공부하는 분들은 여기에다가 온갖 신살(神殺)[36]까지 추가해서 참으로 다양한 해석이 나오기도 한다. 그러나 믿을 것은 별로 없다.

남들은 점을 치는 것보다 사주학문을 따지는 것이 과학적이라고 말하는 모양인데, 낭월이가 생각하기에는 사주학으로 따진다고 해서 다

---

35) 합과 충은 지지끼리의 복합관계에서 발생하는 상황이다. 이렇게 지지는 복잡한 관계를 갖고 있다고 이해하자.
36) 신살은 글자끼리 서로 만나는 과정에서 부여된 상호관계의 의미라고 할 수가 있다. 그리고 종류로는 대충 200~300개 정도가 된다고 하는데, 이러한 글자배합이 사주팔자에 나타나면 실제로 그러한 작용이 나타난다고 생각하는 사람이 많다. 예를 들면 역마살(驛馬殺)이 들면 떠돌아다니고, 도화살(桃花殺)이 나타나면 음란한 사건을 일으킨다는 등이다. 물론 다 믿을 것이 못 된다. 구체적으로 다음에 설명을 할 생각이다.

믿을 것도 못 된다는 것이다. 이러한 속사정을 속속들이 모르고 있는 일반인들이야 그렇다고 하더라도 명리학을 배워 일평생 밥벌이 수단으로 삼으려는 사람들조차 이러한 사정을 제대로 이해하지 못하고 자신도 속고 남도 속이는 일을 태연하게 벌이고 있는 것을 보면 참으로 걱정된다.

그렇지만 이치에 맞지 않는 이론을 실제로 대입해서 궁리를 하다 보면 얼마나 허망한 이야기라는 것은 1년 안에 깨달을 것이다. 그래서 지금 이 책을 읽고 계신 인연으로 다행히 옆길에서 헤매지 않고, 곧바로 바른 길을 찾아간다면 천만다행이라 생각한다.

지장간의 정체는 궁극적으로 실체가 없는 것이라는 결론이 난다. 그러면서도 이것에 대해 궁리하지 않을 수 없으니, 그 이유는 지장간 활용법이 분명히 교과서에 나와 있기 때문이다.

낭월이가 생각하기에 지장간이라는 말이 나오게 된 것은 12개의 지지가 발생하면서와 거의 동시가 아닐까 한다. 즉 지지는 천간이 각기 다른 비율로 결합한 결과물의 부호에 불과하다는 생각이 들어서이다. 이렇게 말씀을 드리면 혹은 너무 지장간에 집착해서 그런다고 할지 모르겠으나, 앞으로 좀더 공부를 하시노라면 왜 그렇게 이야기를 하는지 이해가 될 것이다.

그러면 차근차근 지장간의 생긴 모습과 하는 행동에 대해 가장 합리적인 판단력을 동원해서 이해를 해보도록 하겠다. 그러기 위해서는 무엇보다도 먼저 매월을 구분하는 기준에 대한 이해가 먼저 있어야 하겠다. 그 기준의 관점은 24절기를 2개씩 묶어 12절기를 이용한다는 설명을 드려야 하겠는데, 그에 대한 이해를 먼저 하고 나서 비로소 지장간의 유형에 대한 공부를 하도록 한다.

24절기 구분법

月	寅月	卯月	辰月	巳月	午月	未月
月	正	二	三	四	五	六
節氣	立春(입춘)	驚蟄(경칩)	淸明(청명)	立夏(입하)	亡種(망종)	小暑(소서)
中氣	雨水(우수)	春分(춘분)	穀雨(곡우)	小滿(소만)	夏至(하지)	大暑(대서)

月	申月	酉月	戌月	亥月	子月	丑月
月	七	八	九	十	十一	十二
節氣	立秋(입추)	白露(백로)	寒露(한로)	立冬(입동)	大雪(대설)	小寒(소한)
中氣	處暑(처서)	秋分(추분)	霜降(상강)	小雪(소설)	冬至(동지)	大寒(대한)

요즘 나오는 달력 중에는 이러한 절기 표시가 되어 있지 않은 것도 있다. 요즘 사람들이 절기에 대해서 무감각하게 살아가고 있기 때문일 것이다. 실제로 X세대라고 하는 청소년들 중에서 절기를 모두 알고 있는 이는 드물 것이다. 참고로 예로부터 전해 내려오는 절기에 얽힌 속담들 중에서 생각나는 몇 가지를 적어본다.

- 입춘이 들었으니 입춘 방을 붙여야지
- 우수가 되었으니 대동강 물도 풀리겠구나
- 경칩이 오늘이니 개구리들 모두 튀어나오겠다
- 처서가 지났으니 물에 들어가면 배아프다
- 동지 팥죽을 먹었으니 한 살 더 먹었군
- 형[大寒]이 동생[小寒]집에 놀러갔다가 얼어죽었단다
- (거지엄마왈) 소한 대한 다 지났으니 얼어죽을 아들은 없겠다.

이런 종류의 이야기들이 대충 생각난다. 예전에는 이러한 공식 아닌

공식을 통해서 계절이 어떻게 전개되었는지를 감지하며 살았던 것 같다. 그러나 요즘은 생활의 단위를 일주일 단위로 살아가고 있다. 학생일 경우에는 방학이라는 사이클이 하나 더 있다는 정도일 것이다. 이렇게 살아가는 흐름이 일주일 단위가 되다 보니까 계절 감각은 간 곳이 없다. 그러다 보니까 사람의 마음도 덩달아서 각박해져가는 것이 아닌지 모르겠다. 일주일 단위로 생활 패턴이 짜여지는 것이 어쩔 수 없는 커다란 흐름이라고 하지만 음양오행을 배우는 우리들이나마 절기를 염두에 두고 계절의 변화를 실감해야겠다.

참고로 옛 사람들이 따지던 시간개념 중에서 참고할 만한 것이 있어서 소개해본다. 예전에는 5일을 한 단위로 해서 일후(一候)라고 불렀다. 그래서 1년은 72후가 되는데, 이것을 곱해보면 360일이 된다. 어째서 단위를 5일로 했는가에 대해서는 정확히 그 이유를 알 수 없으나 아마도 5일은 60時辰[37]에 해당하니까, 시간이 한 바퀴 돌아가는 것을 일후(一候)라고 하지 않았을까 싶다. 그리고 이것은 전통적으로 전해 내려오던 장날과도 완전히 일치한다. 5일장에는 시간이 한 바퀴 돌아가는 법칙이 내재되어 있었다는 것이다. 물론 요즈음이야 대형 슈퍼마켓이 속속 등장하고, 가격도 매우 저렴하게 판매하다 보니까 재래시장은 그 자취를 찾아보기 힘들어졌지만, 그래도 장날에 대한 향수가 많은 사람에게 남아 있을 것이다.

어쨌거나 일후(一候)가 3번 변화를 일으키면 일기(一氣)가 된다. 여기에서 3번이라는 것은 삼원(三元)의 이치에서 나온 것으로 생각되는데, 삼원은 상원(上元) 중원(中元) 하원(下元)이다. 이것은 3번 반복한다는 이야기인데, 매년의 흐름도 60년씩 3번 반복하게 되어 있다. 그래서 상원갑자, 중원갑자, 하원갑자라고 말하는데, 이렇게 해서 매년의

---

37) 1시진은 옛날 말로 시간이라는 의미인데, 현재의 2시간에 해당한다. 이것은 하루를 12시로 나눠서 보던 방식에 해당한다.

흐름은 180년간 반복하게 되어 있다. 혹 눈 밝으신 벗님이라면 상량문 등에서 그러한 문구를 보신 적이 있을 것이다. 중원갑자 정축년 어쩌구 하는 글귀가 적혀 있는 경우이다.

이러한 형식은 매년에만 적용되는 것이 아니라, 매시간에도 그대로 적용되고 있다. 그래서 60시간이 3번 반복하는 동안에 상중하원이 흐르고, 그렇게 되면 하나의 기(一氣)라는 단위가 발생하는 것이다. 이것이 비로소 24개의 절기 가운데 하나의 절을 구성하게 되는 것이니까 가령 입춘이 지나고 3후가 되면 우수가 되는 것이다. 하나의 절기가 어떻게 생겨서 흘러가는가를 연구하다가 문득 이러한 생각이 들어서 좀 살펴봤다.

물론 이러한 것에 대해서는 전혀 모른다고 해도 사주를 연구하는 데는 아무런 불편함이 없다. 이렇게 해서 절기라는 것이 생겼다는 것은 이해가 되었는데, 이것을 사주팔자에 연결시키기 위해서는 아직도 많은 작업이 선행되어야 한다.

지장간의 월률분야(月律分野)

앞에서 설명을 드린 절기를 기준으로 해서 매월의 지지가 적용되었고, 그에 따라서 지지에 필수적으로 포함된 의미인 지장간도 따라다니게 된 것은 필연이라면 필연이다. 우선 현재까지 전해지는 문헌상에 나타나 있는 지장간의 모습에 대해서 상세하게 살펴볼 필요가 있다. 몇 종류의 자평명리서를 살펴보지만 그곳에 기록되어 있는 내용들이 완전히 일치하는 것은 아니기 때문에 혼란이 되기도 하는데, 적천수징의에 보면 약간 구체적으로 언급된 부분이 보인다. 참고로 적천수천미(滴天髓闡微)[38]에는 이러한 부분의 언급이 없다. 이로 미뤄보건대, 징의에 있는 것은 낙오 선생님의 견해임을 짐작케 한다. 그대로 인용을 해보겠다.

"인원용사를 살펴볼 적에, 월에 따라서 배분하는 것이 언제 어느 때부터 시작되었는지는 알 수가 없다. (……) 월령사령도〔支藏干表〕를 볼 적에 월에 따라서 분배가 되는 것에서 이 뜻을 깊이 얻게 되는데, 이 그림이 아주 오래 전부터 전해져오는 것임을 알 수가 있겠다. 경방역(京房易)[39)]에서 십이개월에 대한 것을 밝히는데, 땅 속에 있는 것을 쓴다고 했는데 이것이 바로 지장간의 그림과 똑같이 생겼다. 이로써 미뤄 생각해보건대, 주나라 진나라 이전부터 전해 내려왔다는 것을 충분히 알 수 있다. 이에 항신재(杭辛齋)씨의 역설(易楔)에서 한 구절을 인용하겠다.(……)"

이렇게 말씀하면서 지장간처럼 생긴 도표를 하나 삽입시켜 놓았다. 앞의 설명으로 봐서 항신재라는 사람이 역설이라는 글을 쓴 내용에서 찾았다는 뜻인 것 같다. 우선 한 번 구경을 하고 넘어가도록 하자.

---

38) 적천수천미는 적천수징의와 같이 임철초 선생님의 강의본인데, 편집을 한 사람이 원수산(袁樹珊) 선생이다. 징의는 서낙오(徐樂吾) 선생의 편집이다.
39) 일종의 역에 대한 설명서라고 생각은 되지만, 구체적인 내용은 모르겠다.

復 子	壬五日三分半		姤 午	丙十日三分半 己十日三分
	癸二十日六分半			丁十三日三分半
臨 丑	癸九日二分 辛三日一分		遯 未	丁九日三分 乙三日一分半
	己十八日六分			己十八日六分
泰 寅	戊七日二分半 丙七日二分半		否 申	戊己共七日 壬七日三分半
	甲十六日五分			庚十六日五分
大壯 卯	甲十日三分半		觀 酉	庚十日三分半
	乙二十日六分半			辛二十日六分
夬 辰	乙九日三分 癸三日一分半		剝 戌	辛九日七分 丁三日一分
	戊十八日六分			戊十八日六分
乾 巳	庚七日二分半 戊七日二分半		坤 亥	戊七日二分半 甲三日二分半
	丙十六日五分			壬十六日五分

이상과 같은 표가 실려 있다. 내용을 보면 현재 사용하고 있는 것과 흡사하다는 것을 알 수 있는데, 역시 그렇게 되는 원인에 대해서는 설명이 없는 모양이다. 그래도 이렇게 오래 전부터 있어온 것을 자평명리학에서 그대로 사용하고 있다는 것은 의미심장한 일이라고 생각된다. 그리고 낙오 선생님도 이것의 뿌리를 찾기 위해서 부단히 노력하셨다는 느낌도 든다.

알 수 없는 것은 그대로 두고서 우선은 있는 그대로의 실제상황을 살펴보자. 참고로 지장간의 의미는 두 가지가 있는데, 그 하나는 1년의 흐름을 그대로 하나의 순환고리로 생각해서 기록되어 있는 방식〔일명 月律分野〕이고, 또 한 가지는 월지와는 상관없이 각각의 지지 자체로써 의미를 갖는 방식〔藏干分野〕이 있다. 그런데 기본적으로 핵심이 되는 것은 월률분야에 의한 것이므로 여기에 준해서 살펴보도록 한다.

연해자평 정해 (심재열 강술, 명문당)

연해자평 정해표

月	寅月	卯月	辰月	巳月	午月	未月
月	正	二	三	四	五	六
初氣	戊 7.2	甲 10.5	乙 9.3	戊 5.15	丙 10.3	丁 9.3
中氣	丙 7.2	癸 長生	癸 6.1	庚 9.3	己 9.3	乙 3.2
本氣	甲 16.2	乙 20.6	戊 18.6	丙 16.5	丁 10.3	己 16.6
月	申月	酉月	戌月	亥月	子月	丑月
月	七	八	九	十	十一	十二
初氣	己 7.15	庚 10.5	辛 9.3	戊 7.2	壬 10.5	癸 9.3
中氣	戊6.15/壬3.1	丁己長生	丁 3.2	甲 7.2	辛 長生	辛 3.1
本氣	庚 17.6	辛 20.7	戊 18.6	壬 12.5	癸 20.7	己 18.6

〔참고:7.15의 경우 7은 7일, 1은 1分(1분은 ?시간), 5는 半을 나타냄〕

※ 책에는 월률분야지도(月律分野之圖)로 되어 있다.

이 책은 한국에서는 일찍이 출판되어서 많은 명리연구가들의 사랑을 받아온 교과서의 대표적인 책이라고 하겠다. 이 책에 실린 지장간의 도표를 살펴봤다. 그런데 앞의 표는 본 책의 53쪽에 나와 있는 표인데, 이 책의 91쪽에도 '지지장간조견표'가 하나 나와 있다. 두 표가 똑같기만 하다면 아무 문제가 없겠으나 서로 다르기 때문에 과연 어느 기준에 장단을 맞춰야 할지 고민이다. 어쨌든 일단 구경이나 하고 보자.

지지 장간의 조견표〔연해자평 정해표(2)〕

	寅月	卯月	辰月	巳月	午月	未月
月	正	二	三	四	五	六
初氣	戊 7.25	甲 10.55	乙 9.35	戊 5.15	丙 10.35	丁 9.3
中氣	丙 7.25		癸 6.1	庚 9.35	己 9.35	乙 3.2
本氣	甲 16.25	乙 20.65	戊 18.6	丙 16.5	丁 10.35	己 18.6

	申月	酉月	戌月	亥月	子月	丑月
月	七	八	九	十	十一	十二
初氣	戊己7.25	庚 10.55		戊 7.25	壬 10.5	癸 9.3
中氣	壬 7.2		丁 3.2	甲 7.1	辛 3.1	
本氣	庚 16.5	辛 9.3	戊 18.6	壬 16.5	癸 20.7	己 18.6

이상과 같이 되어 있는데, 이 표는 대단히 문제가 있는 것으로 생각된다. 우선 辰月의 중기(中氣)인 癸水의 비율이 전무후무하게 6.1로 되어 있는데, 이것은 3.1이어야 정상일 것이다. 그리고 酉月의 본기(本氣)에 해당하는 辛金의 비율은 또 9.3분으로 되어 있는데, 이것도 아마 19.3분이어야 할 것이다. 그리고 戌月의 초기(初氣)는 아예 빠졌다. 아마도 인쇄과정의 오식일 가능성이 많겠는데, 이렇게 와전되면서 결국 공부를 하는 사람은 근거도 없는 이치를 궁구하느라고 골머리를 앓게 될 것이다. 그래서 이 표는 쓸 수가 없다는 생각을 한다.

명리정종 정해 (심재열 편저, 명문당)

명리정종 정해표

月	寅月	卯月	辰月	巳月	午月	未月
月	正	二	三	四	五	六
初氣	戊 7.25	甲 10.35	乙 9.3	戊 7.25	丙 10.35	丁 9.3
中氣	丙 7.25	癸 長生	癸 2.15	庚 7.25	己 9.3	乙 3.15
本氣	甲 16.5	乙 20.65	戊 18.6	丙 16.5	丁 13.35	己 18.6

月	申月	酉月	戌月	亥月	子月	丑月
月	七	八	九	十	十一	十二
初氣	戊己 7	庚 10.35	辛 9.3	戊 7.25	壬 10.35	癸 9.2
中氣	壬 7.25	丁己長生	丁 3.1	甲 7.25	辛 長生	辛 3.1
本氣	庚 16.5	辛 20.65	戊 18.6	壬 12.5	癸 20.65	己 18.6

〔참고:7.25의 경우 7은 7일, 2는 2分(1분은 ?시간), 5는 半을 나타냄〕
※ 책에는 지지조화지도(地支造化之圖)로 표기됨

편직자는 동일한 김밝 심재열 선생님이시지만, 두 권의 책에서 표시하고 있는 지장간의 당령시간은 서로 차이를 보이고 있다. 그래서 심선생님께서도 원래의 책에 적힌 그대로를 옮겨놓으신 것으로 생각된다. 원전에 충실하신 자세가 학자다운 모습으로 보인다.

삼명통회(三命通會) (臺灣, 育林出版社)

삼명통회표

	寅月	卯月	辰月	巳月	午月	未月
月	正	二	三	四	五	六
初氣	己 7일	甲 9일	乙 9일	戊 7일	丙 9일	丁 7일
中氣	丙 5일	癸 3일	癸 3일	庚 5일	乙 3일	乙 5일
本氣	甲 18일	乙 18일	戊 18일	丙 18일	丁 18일	己 18일

	申月	酉月	戌月	亥月	子月	丑月
月	七	八	九	十	十一	十二
初氣	戊 3일	庚 7일	辛 7일		壬 5일	癸 10일
中氣				甲 5일		
本氣	庚 17일	辛 23일	戊 18일	壬 18일	癸 18일	己 18일

※ 책에는 인원사사(人元司事)로 표기됨

책에 있는 도표 그대로이다. 간단하게 되어 있지만 상세하지 못하여 공부를 하는 사람에게는 다소 아쉬운 감이 있다. 예전에는 이렇게 생긴 것도 있었다는 것을 이해하는 차원에서 알아두자. 혹 판본을 만들면서 오자(誤字)가 있었는지도 모르겠다. 그리고 흐름상 월률장간이 아니고, 지지 자체의 장간이라고 생각되기도 하는데, 이것도 장담을 할 수가 없다. 아마도 혼용되어서 전해 내려오던 것으로 생각이 된다. 앞으로도 참고를 할 일이 있으면 응용할 참이니까 삼명통회의 지장간표를 거론할 적에는 다시 이 표를 참고해주기 바란다.

적천수징의(滴天髓徵義) (臺灣, 집문서국)

적천수징의표

	寅月	卯月	辰月	巳月	午月	未月
月	正	二	三	四	五	六
初氣	戊 7일	甲 10일	乙 9일	戊 5일	丙 10일	丁 9일
中氣	丙 7일		癸 3일	庚 9일	己 9일	乙 3일
本氣	甲 16일	乙 20일	戊 18일	丙 16일	丁 10일	己 18일

	申月	酉月	戌月	亥月	子月	丑月
月	七	八	九	十	十一	十二
初氣	己,戊10일	庚 10일	辛 9일	戊 7일	壬 10일	癸 9일
中氣	壬 3일		丁 3일	甲 5일		辛 3일
本氣	庚 17일	辛 20일	戊 18일	壬 18일	癸 20일	己 18일

적천수징의에서 나와 있는 표는 분(分) 이하로 나누지 않고서 그냥 날짜로만 되어 있다. 징의는 서낙오(徐樂吾)[40] 선생님이 편집을 한 책이므로 혹 낙오씨의 삽입인지도 모르겠다는 생긱이 돌이시 순수한 지서인 자평수언(子平粹言)을 살펴봤다. 그러나 유감스럽게도 자평수언에는 월률분야표는 없고, 단지 인원용사(人元用事)에 대한 표만 간단하게 나와 있을 뿐이다. 그래서 좀 아쉽게 생각되는데, 이미 고인이 되셨으니 확인할 길이 없다. 그래서 같은 평주를 낸 책에 해당하는 자평진전을 찾아보니까 여기에는 상세하게 나와 있다.

---

[40] 서씨는 중국인으로 근래의 명리학자로 대단한 활약을 하였는데, 특히 저술작업에 치중해서 삼대 명서(적천수, 자평진전, 궁통보감)에 모두 주해를 가하여 후학이 명학을 공부하는 데, 대단한 도움을 주었다고 생각된다.

자평진전 평주(子平眞詮評註) (臺灣, 집문서국)

자평진전 평주표

	寅月	卯月	辰月	巳月	午月	未月
月	正	二	三	四	五	六
初氣	戊 7일	甲 10일	乙 9일	戊 5일	丙 10일	丁 9일
中氣	丙 7일		癸 3일	庚 9일	己 9일	乙 3일
本氣	甲 16일	乙 20일	戊 18일	丙 16일	丁 11일	己 18일

	申月	酉月	戌月	亥月	子月	丑月
月	七	八	九	十	十一	十二
初氣	己,戊10일	庚 10일	辛 9일	戊 7일	壬 10일	癸 9일
中氣	壬 3일		丁 3일	甲 5일		辛 3일
本氣	庚 17일	辛 20일	戊 18일	壬 18일	癸 20일	己 18일

표를 살펴보건대, 거의 적천수징의와 동일하게 되어 있고, 다만 午月에 대해서만 하루의 차이가 있을 뿐이다. 그렇다면 이 공식을 받아들여야 하는 것일까? 어쨌든 좀더 관찰을 해보고 나서 결정을 해도 늦지는 않을 것으로 생각된다.

명리신론(命理新論) (오준민 저, 홍콩 천신출판사)

이 책은 여러모로 관심을 끄는 내용이 있어서 앞으로 가끔 인용을 하게 될 것 같다. 우선 지장간에 대한 항목을 살펴보면 상당히 상세하게 적용시키는 내용을 보여주고 있다. 그래서 도표로 만들어본다.

명리신론표

月	寅月	卯月	辰月	巳月	午月	未月
月	正	二	三	四	五	六
初氣	戊 7.25	甲 10.35	乙 9.3	戊 7.25	丙 10.35	丁 9.3
中氣	丙 7.23	癸 長生	癸 2.15	庚 7.25	己 9.3	乙 3.1
本氣	甲 16.5	乙 20.65	戊 18.6	丙 16.5	丁 11.35	己 18.6

月	申月	酉月	戌月	亥月	子月	丑月
月	七	八	九	十	十一	十二
初氣	戊 7.25	庚 10.35	辛 9.3	戊 7.25	壬 10.35	癸 9.3
中氣	壬 7.25		丁 3.1	甲 7.25		辛 3.1
本氣	庚 16.5	辛 20.65	戊 18.6	壬 16.5	癸 20.65	己 18.6

이 명리신론의 도표는 명리정종의 표와 거의 흡사하게 보인다. 다만 차이점이 있다면 午月에서 본기(本氣)를 11.35로 했는데, 이것은 날짜 수를 따져보면 명리정종에서 오식이 된 것으로 추정된다. 또 亥月에서도 본기를 16.5라고 했는데, 이것도 역시 날짜 수를 계산해보면 명리정종에 잘못이 있지 않을까 싶다. 이렇게 많은 자료를 비교해봄으로써 어느 책에서 오자(誤字)가 있는지도 확인할 수가 있다. 그리고 음장생(陰長生)에 대한 삽입항목은 삭제되었는데, 그것은 너무도 당연한 이치라고 생각되어서 오준민 선생의 관찰력을 높이 사고 싶다.

명학비해(命學秘解) (백혜문 저, 臺灣 서성서국판)

한국의 명학자들 사이에서 약간 알려진 책이다. 여기에서는 또 어떻게 날짜 수를 배정했는지 궁금해서 뒤적여봤는데, 약간 차이점이 있어 보인다.

명학비해표

	寅月	卯月	辰月	巳月	午月	未月
月	正	二	三	四	五	六
初氣	戊 7.23	甲 10.35	乙 9.3	戊 5.17	丙 10.35	丁 9.3
中氣	丙 7.23		癸 3.1	庚 9.3.	己 9.3	乙 3.1
本氣	甲 16.54	乙 20.65	戊 18.6	丙 16.53	丁 11.35	己 18.6
	申月	酉月	戌月	亥月	子月	丑月
月	七	八	九	十	十一	十二
初氣	己 7.2	庚 10.35	辛 9.3	戊 7.23	壬 10.35	癸 9.3
中氣	戊3.1/壬7.25		丁 3.1	甲 5.17		辛 3.1
本氣	庚 17.6	辛 20.65	戊 18.6	壬 18.6	癸 20.65	己 18.6

이렇게 구성되어 있다. 대부분 유사하지만 역시 오차는 있다. 이러한 점에 대한 비교는 구체적으로 지지에 대해 연구를 하는 장에서 생각해 보도록 하겠다. 그리고 사주첩경의 이석영 선생님께서는 어떤 지장간을 말씀하시는지 궁금한데, 한 번 찾아보도록 하겠다. 그리고 이 선생님께서는 월률분야와 지지 장간을 따로따로 설명하신 점이 돋보인다. 우선 여기에서는 월률분야도를 보도록 한다.

다음의 표 역시 대동소이한데, 완전히 일치를 하는 것은 아니다. 지장간의 표는 동일한 것이 있을 수 없는 것일까, 아니면 각자 바탕을 삼은 책이 달라서일까? 참으로 난해한 문제 중의 하나이다.

사주첩경(四柱捷徑) (이석영 저, 한국역학교육원)

사주첩경표

月	寅月	卯月	辰月	巳月	午月	未月
月	正	二	三	四	五	六
初氣	戊 7.2	甲 10.3	乙 9.3	戊 7.2	丙 10.3	丁 9.3
中氣	丙 7.2		癸 3.1	庚 7.2	己 10.1	乙 3.1
本氣	甲 16.5	乙 20.6	戊 18.6	丙 16.5	丁 11.2	己 18.6

月	申月	酉月	戌月	亥月	子月	丑月
月	七	八	九	十	十一	十二
初氣	戊己 7.2	庚 10.3	辛 9.3	戊 7.2	壬 10.3	癸 9.3
中氣	壬 7.2		丁 3.1	甲 7.2		辛 3.1
本氣	庚 16.5	辛 20.6	戊 18.6	壬 16.5	癸 20.2	己 18.6

※ 책에는 '월률분야 장간조화도(月律分野 藏干造化圖)'로 되어 있다.

컴퓨터 만세력 (녹평 김상연 편저, 갑을당)

만세력 면에서는 상당히 정확하게 되어 있어서 이용하는 책인데, 이 책의 뒷부분에는 도표가 몇 개 나와 있다. 그 중에는 지장간의 표가 있는데 역시 한 번 살펴보는 것도 좋겠다.

컴퓨터 만세력표

月	寅月	卯月	辰月	巳月	午月	未月
月	正	二	三	四	五	六
初氣	戊 7.2	甲 10.3	乙 9.3	戊 7.2	丙 10	丁 9.3
中氣	丙 7.2		癸 3.1	庚 7.3	己 10.1	乙 3.1
本氣	甲 16.5	乙 20.6	戊 18.6	丙 16.5	丁 11.2	己 18.6
月	申月	酉月	戌月	亥月	子月	丑月
月	七	八	九	十	十一	十二
初氣	戊 7.2	庚 10.3	辛 9.3	戊 7.2	壬 10.3	癸 9.3
中氣	壬 7.2		丁 3.1	甲 7.1		辛 3.1
本氣	庚 16.5	辛 20.6	戊 18.6	壬 16.5	癸 20.2	己 18.6

※ 책에는 월률분야 장간 용신 심천법으로 되어 있음

적천수 상해(滴天髓詳解) (阿部泰山 저, 臺灣, 무릉출판사)

아부태산은 본명이 아부희작(阿部熹作)이라고 하는 것 같은데, 일본인이다. 명리에 관해서 상당히 많은 저서가 있는 편이고, 육임에 대해서도 조예가 깊은 것으로 생각된다. 이분의 책은 대만에서 중국판으로 번역이 되는 것인지, 아니면 원래 대만 등지에서 활약을 하는 일본인인지는 잘 모르겠다. 적천수상해는 3권으로 적천수에 대해서 나름대로 연구한 것을 상세하게 설명했다고 해서 상해가 아닌가 생각된다.

적천수상해표

月	寅月	卯月	辰月	巳月	午月	未月
	正	二	三	四	五	六
初氣	戊 7일	甲 10일	乙 9일	戊 7일	丙 10일	丁 9일
中氣	丙 7일		癸 3일	庚 7일	己 9일	乙 3일
本氣	甲 16일	乙 20일	戊 18일	丙 16일	丁 11일	己 18일

月	申月	酉月	戌月	亥月	子月	丑月
	七	八	九	十	十一	十二
初氣	戊 7일	庚 10일	辛 9일	戊 7일	壬 10일	癸 9일
中氣	壬 7일		丁 3일	甲 7일		辛 3일
本氣	庚 16일	辛 20일	戊 18일	壬 16일	癸 20일	己 18일

사주정설(四柱精說) (백영관 저)

사주정설표

月	寅月	卯月	辰月	巳月	午月	未月
	正	二	三	四	五	六
初氣	戊 7.2	甲 10.3	乙 9.3	戊 7.2	丙 10	丁 9.3
中氣	丙 7.2		癸 3.1	庚 7.3	己 10.1	乙 3.1
本氣	甲 16.5	乙 20.6	戊 18.5	丙 16.5	丁 11.2	己 18.

月	申月	酉月	戌月	亥月	子月	丑月
	七	八	九	十	十一	十二
初氣	己 7.2	庚 10.3	辛 9.3	戊 7.2	壬 10.1	癸 9.3
中氣	戊3.1/壬3.1		丁 3.1	甲 7.1		辛 3.1
本氣	庚 17.6	辛 20.6	戊 18.6	壬 16.5	癸 20.2	己 18.6

한국에서는 누구나 한 권 정도 구해보는 책에 속할 것이다. 이 책에 들어 있는 도표도 한 번 참고를 해본다.

그럼 이 정도로 자료검색을 마치고 구체적으로 하나하나 접근해나가도록 하겠는데, 아마도 학자들간에 상당히 많은 오차를 가지고 있다는 것에 대해 답답하게 여기실지 모르겠다. 그만큼 이 지장간이라는 것은 앞으로도 보다 많은 연구를 해야 할 부분 중에 하나라고 생각된다.

이외에도 많은 명리관계의 서적들이 있는데, 특히 자평명리학(子平命理學)[41]에서만 이 문제를 언급할 뿐이고, 나머지 명리학(命理學)에서는 언급도 없는 것으로 알고 있다. 이 지장간의 이론이 언제 누구로부터 시작되었는지 궁금한 마음이 태산 같으나 확인할 방법에 대해서는 아직까지 알 수가 없다. 어쨌든 우리는 그 중의 어느 한 가지를 채택해서 기준으로 삼아야 할 수밖에 없다. 그래서 가능하면 좀더 정확한 자료를 사용했으면 하나 이것을 과연 누가 지정해줄 것인지 문제만 있고, 답변은 얻지 못할 것 같다.

지장간의 인원용사(人元用事)

이번에는 또 하나의 지장간 이치라고 생각되는 인원용사(人元用事)에 대해서 생각해보도록 하자. 인원용사는 월률분야에서처럼 일정한 흐름을 가지고 있는 것이 아니고, 지지의 낱글자에 소속되어 있는 의미라고 할 수 있다. 그렇다고 해서 월률분야와 전혀 동떨어진 것은 아니다. 약간 생략이 되었다고 봐도 될 것 같은데, 여기에 대해서는 대충 비슷하게 나타나고 있어서 그나마 월률분야도보다는 외우기에 나은

---

[41] 인간이 태어나면서 정해지는 연월일시에 대한 사주를 바탕으로 삼아 연구하고 추리하는 것은 모두 명리학이다. 명리학에는 여러 종류의 형태가 있는데, 지금 우리가 배울 자평명리학도 그 중 한 가지라고 이해하면 되겠다.

것 같다.

자평진전(子平眞詮)의 인원용사

地支	寅	卯	辰	巳	午	未	申	酉	戌	亥	子	丑
藏干	戊丙甲	乙	癸乙戊	庚戊丙	己丁	乙丁己	戊壬庚	辛	辛丁戊	甲壬	癸	辛癸己

사주첩경(四柱捷徑)의 인원용사

地支	寅	卯	辰	巳	午	未	申	酉	戌	亥	子	丑
藏干	丙甲	乙	癸乙戊	庚戊丙	己丁	乙丁己	壬庚	辛	辛丁戊	甲壬	癸	辛癸己

자평수언(子平粹言)의 지지장용도(地支藏用圖)

地支	寅	卯	辰	巳	午	未	申	酉	戌	亥	子	丑
藏干	戊丙甲	乙	癸乙戊	庚戊丙	己丁	乙丁己	戊壬庚	辛	辛丁戊	甲壬	癸	辛癸己

3개의 표를 찾아봤는데, 대충 내용은 비슷하게 보인다. 다만 사주첩경에서는 寅申에서 戊土가 생략된 것이 차이일 뿐이다. 다른 곳에서 찾아봐야 이 정도의 차이일 것으로 생각되고, 또 인원용사에 대해서는 구체적으로 설명을 한 곳이 적다. 그러니까 벗님은 이러한 의미가 지지에 있다는 것만 이해하고서 본격적인 지지공부에 들어가야 하겠다. 다만 인원용사도 월률분야에서 파생된 것으로만 알고 있으면 될 것이다. 그래서 책에 따라서는 이 문제를 소홀하게 취급하는 듯싶다. 이것을 몰라도 사주를 연구하는 데 아무 문제가 없을 것 같고 오히려 이것을 집어넣음으로써 혼란이 될지도 모른다는 생각에서 앞으로 중점을 두고 연

구할 것은 월률분야라는 점을 밝힌다. 물론 개인적으로 관심이 많은 벗님은 연구해보는 것도 좋겠다.

지장간이 혼란스러운 이유

이미 상당히 권위가 있는 책이라는 교과서들을 살펴봤지만 이와 같이 내용이 천차만별이기 때문에 연구하는 사람의 입장을 매우 애매하게 만든다. 더욱이 차이의 원인에 대해서는 어느 책에서도 언급이 없어서 아쉬움을 더한다. 나름대로 생각한 바로는 다음과 같은 이유 때문이 아닐까 한다.

각기 관찰한 기운이 달랐다는 가정

학자들마다 관찰을 한 시대가 달랐다는 점을 생각해본 것이다. 즉 향신재 역설을 작성할 당시에는 천지의 기운이 그와 같이 운행을 했다고 액면 그대로 믿어보자는 것이다. 그러니까 지기는 언제나 일정한 기운을 가지고 있는 것이 아니라, 어떤 해에는 같은 巳月이라고 하더라도 戊庚丙의 비율이 庚金에게 비중이 많아지기도 하고, 또 어떤 때에는 戊土에게 비중이 더 커지기도 하지 않는가 하는 것이다.

만약에 실제로 이렇게 된다면 문제는 훨씬 심각하다. 왜냐면 해마다 달라지는 지장간의 수치를 누가 일기예보를 하듯이 그렇게 알려줘야 할 참인데, 과연 그렇게 할 사람이 누가 있겠느냐는 점이다. 그러니 혹시라도 이러한 일은 안 일어나길 기대해본다. 그러나 실제로 그러한 일이 자연에서는 일어나고 있는지도 모른다. 그렇지 않고서야 이렇게 각기 다른 설명을 하고 있을 이유가 있겠느냐는 생각을 해보면서 충분히 가능성 있는 상상이라고 본다.

와전되어서 발생한 오차라고 가정

아마도 이 방향이 사실에 가깝지 않을까 싶다. 처음에는 글을 죽간(竹簡)에 기록했고, 그 이전에는 또 다른 용구를 사용했을 것이다. 그러다 보니 대나무를 엮어놓은 끈이 끊어져 내용물이 흐트러졌을 가능성도 있겠고, 또 쥐가 갉아먹은 자리에 쓰였던 글자들은 알아보기가 어려웠을 테니까 대충 적어서 끼워넣었을 가능성도 있다. 이것이 또 전달되고 그렇게 세월이 흘러가면서 적어도 수천 년을 반복하다 보면 한 가지로 전해지기는 어려웠을 것이다. 그러다 보니 각기 자신들의 맥을 따라서 전해진 자료들은 결국 세월이 흐른 후에 서로 비교해봤을 적에는 상당한 차이가 난다는 것을 확인했을 것이고, 또 막상 어느 것이 진짜인지 확인하기 애매하니까 그대로 각각 전달되어서 오늘날까지 내려온 것이 아니겠느냐는 것이다.

이런 상상이 사실이라면 그 중에 어느 한 가지는 정답도 들어 있을 것이다. 그래서 많은 사람이 사용하는 공식을 취하는 것으로 일단 임시변통을 삼아볼 생각이다. 그리고 실제의 천지기운에 의한 변화는 천상수행을 더 쌓은 다음에 지혜의 눈이 생기고 난 뒤에야 지장간 당령표의 기순을 세우게 될 것이나. 천상 그때까지는 이렇게 어물쩡하지만 그냥 사용하는 수밖에 없다고 생각된다.

이 정도로 지장간이 현재까지 전해지고 있는 현실에 대해서 설명을 드렸다. 이제는 이렇게 원초적인 의문은 생략할 참이다. 한 번 정도만 생각한 다음에는 부지런히 본론을 향해서 진행해야 뭔가 성취가 있을 것이기 때문이고, 실제로 이렇게 당령의 과정에서 발생하는 약간의 오차는 결과적으로 사람의 운명을 관찰하는 데 지대한 영향을 미치는 것은 아니다. 이보다도 훨씬 큰 영향을 미치는 것이 수두룩하다면 이러한 고민은 쓸데없는 것인지도 모른다.

가령 조상이 물 구덩이에 누워 계신다면 그 자손들은 대체로 되는 일이 없다. 또한 모두 중병이 들 가능성도 있다. 이러한 단체의 영향도 있는데, 지장간의 오차를 가지고 고민하고 있는 것도 어쩌면 사치라고 생각할 수 있다. 그러나 공부를 하는 입장에서는 이러한 점에 대해서도 한 번 정도는 생각해봐야 할 것으로 보기 때문에 이 기회에 설명을 드린 것이다. 그러니까 너무 큰 비중을 둘 필요는 없다는 점을 강조하면서 이 장을 마무리한다.

제1장
자수

　이제 본격적으로 지지에 대한 연구로 들어가보자. 가장 먼저 연구를 해볼 글자는 子水이다. 원칙으로는 그냥 子라고만 해야 하겠다. 이 자의 대표적인 의미가 水이기 때문에 그냥 붙여서 子水라고 습관처럼 부르게 된다. 그러니까 벗님도 앞으로는 그냥 子라고 부르지 말고, 子水라고 붙여서 부르는 습관을 들여보는 것도 좋을 것 같다. 子에 대해서 생각을 하면 맨 처음 떠오르는 것은 쥐이다. 子年에 출생하면 우리는 너무도 자연스럽게 쥐띠라는 의미를 부여하기 때문이다. 이 쥐라는 의미는 이미 상당히 오래 전부터 붙여진 모양이다. 어디선가 본 적이 있는데, 베트남에서는 丁丑年을 불의 소라는 이름으로 부른다고 한다. 그리고 티베트에서도 이와 유사한 의미로 동물에 대한 의미를 부여한다고 한다.

상징성(象徵性)

　쥐와 子와의 관계에 대해서 원칙적으로 의미를 찾기는 어려울 것 같다. 쥐와 子에 대한 직접적인 의미는 없고, 다만 상징적인 의미는 일부 있는 듯하다. 쥐에 대한 상징은 아무래도 다산(多産)이라는 이미지가 가장 강한 듯싶다. 번식력은 가히 공포적이라고 할 만하다니까 더 이상 거론할 필요도 없겠다. 그러니까 子水라는 글자에는 많은 생산력 또는 번식력에 대한 의미가 포함되어 있다고 볼 수 있다. 즉 子에 씨앗이라는 의미가 있음을 알 수 있는 것이다. 子가 붙는 낱말을 관찰해보면 씨앗이라는 의미를 쉽게 확인할 수 있다. 종자(種子), 정자(精子), 난자(卵子), 오미자(五味子), 구기자(枸杞子), 노자(老子), 장자(莊子), 공자(孔子), 맹자(孟子) 등등이 있다. 사람 이름에도 子가 붙은 경우가 많은데 일본식 이름의 영향이라고 하지만, 특히 여자에게 붙여준 경우이다. 이러한 의미를 볼 적에 子에는 분명히 씨앗이라는 의미가 포함되어 있음을 알 수 있다. 그리고 씨앗은 번식을 해야 하는 것이니까 당연히 연관이 되고, 이러한 의미에서 쥐라는 동물이 선택된 것이라고 생각한다.

그리고 또 한 가지의 의미가 있다. 이것은 그래도 보다 합리적인 이야기라고 생각되는데, 발가락 타령을 하려고 한다. 쥐는 앞발가락과 뒷발가락이 서로 개수가 다르다고 한다. 앞발은 네 개이고 뒷발은 다섯 개라고 하는데, 그래서 쥐를 등장시켰다는 이야기를 한다. 그런데 子水와 발가락이 왜 연결이 되느냐고 물으신다면 일단 시계를 보시도록 권한다. 子時라는 것은 그렇게 양 날(이틀간)에 걸쳐 있다는 것을 의미한다.

즉 子時는 전날 11시 30분경부터 다음날 1시 30분을 일컫기 때문에 이러한 의미를 쥐의 발가락을 빌려서 설명하려는 노력이 있지 않았나 싶다. 子正이라는 것이 있다. 아시다시피 자정은 밤 12시 정각이다. 그 전은 오늘이고, 자정이 지나면 내일이 된다. 언제부터인가 우리는 그렇게 써왔다. 이렇게 써온 지가 상당히 오래되어 이제는 子자에 첫번째 지지라는 의미와 쥐라는 의미가 함께 등장한다. 그러나 쥐가 그 자리를 차지할 무렵에는 자정을 날짜의 경계선으로 사용했기 때문에 타당한 이유를 붙여 쥐를 찾게 되었다는 것이다. 그렇다면 子時는 둘로 갈라진다는 의미가 당연히 추가된다. 그런데 문제는 그리 간단하지만은 않다.

즉 하루는 十二時로 설명을 해왔던 점이 걸리는 것이다. 만약에 子時를 둘로 갈라놓으면 일단 十三時가 되는 셈이니까 원칙적으로 이치에 맞지 않는다는 이야기다. 그리고 많은 명리서에서는 이 둘을 혼용하고 있는 셈이다. 어떤 책에서는 그냥 12시로 보고, 밤 11시[42]가 되면 날짜가 바뀌는 것으로 사용해왔던 것이다. 또 다른 책에서는 반드시 12시가 되어야 다음날로 쓰고, 밤 12시 이전에는 전날의 子時라는 의미에서 '야자시(夜子時)'라는 말을 만들어서 사용해왔다. 이것은 상당히 논란의 가능성이 있기 때문에 장을 달리해서 좀더 상세하게 설명하겠다.

이치적(理致的)인 연구

현재까지도 가장 크게 문제가 되고 있는 이론이 바로 이 子水의 양면성에 대한 것이다. 상당히 명망 있으신 학자분들끼리도 이 이야기에 대해서는 서로 입장이 다른 경우가 많은 것을 보면서 뭔가 정리를 하지 않으면 곤란하겠다는 생각이 드는데, 낭월도 정면으로 공격할 수는 없고, 측면으로 개인적인 의견을 피력할 따름이다. 그 이유는 원칙적으로 야자시를 인정할 수가 없기 때문이다. 그렇다고 야자시를 무시하고서는 설명이 애매한 경우도 있는데, 현실적으로 과연 야자시를 인정하는 것이 자평명리학의 이치에 얼마나 위배되는 것인가에 대해서 반론을 전개하기로 한다.

---

42) 이치적으로는 11시가 되면 자시가 시작되나, 한국의 특성(동경 135도를 표준시로 삼는 것)에 의해서 정확히는 11:30이 되어야 자시의 시작이 되는 셈이고, 자정은 현재시간(1997년도)을 기준한다면 12시 30분경이 되어야 하는 것이 자연시간이다.

夜子時와 朝子時 설에 대해서

명리학을 연구하면서 맨 처음으로 부딪치는 것이 바로 이 子時에 대한 문제이다. 그야말로 이론과 실제 사이에서 한바탕 고민을 해봐야 하는 문제가 다가온다. 사실 낭월이는 이 두 가지로 보는 설에 대해서 찬성을 하는 입장이기도 하다. 경험상으로 볼 적에도 왕왕 야자시를 인정해야 설명이 되는 경우를 보기도 한다. 우선 일차적으로 볼 적에는 그냥 12시로 봐야 한다는 설에 찬성하게 된다. 그런데 실제로는 그와 약간 다르다는 점이다. 명리학은 실용적인 학문이기 때문에 단지 이론적이기만 해서는 아무 쓸모가 없다.

그리고 실제로 자평명리학에서는 기본적인 이치와는 벗어나지만 그대로 채용을 하고 있는 것이 몇 가지 눈에 띈다. 그래서 야자시도 이에 준해서 이론보다 실제 측면을 선택한 경우라고 하겠다.

동지시(冬至時)가 되면 한 살 더 먹는다는 속설

동짓달은 월로 따져서 대설(大雪)부터 동지(冬至)를 거쳐서 소한(小寒)이 들기 전까지를 말한다. 소한이 들면 비로소 동짓달에서 섣달로 넘어가게 되어 있다. 그러면 동짓달은 대설부터 소한까지 30일간이다. 그러면 예로부터 전해 내려온 이야기 중에서 여기에 대한 설명을 인용해보겠다.

'동짓날 팥죽을 먹으면 한 살 더 먹는다'는 말은 들어보셨을 것이다. 여기에서 요점은 동짓달(음력 11월)이 아니라, 동짓날(동지의 시가 들어 있는 날)이라는 것이다. 만약 하루의 시작을 저녁 11시, 즉 子時가 되자마자 날짜를 바꿔야 한다는 의견을 제시하기 위해서는 그 이유에 대한 합당한 설명이 있어야 하겠다.

정확히 동지시(冬至時)는 동짓달이 시작된 후 절반에 해당한다. 이것은 하루의 시작을 알리는 子正이 정확히 子時의 절반에 있다는 것과 완전히 일치한다. 그리고 이것은 앞에서 말씀드린 쥐의 발가락 이론과도 크게 벗어나지 않는다. 이 정도로 말씀을 드리면 낭월이가 무슨 이야기를 하고 싶어하는지 감이 잡히실 것이다. 그러니까 야자시를 인정한다고 해서 무시하는 선배님이 계신다면 이러한 질문을 해보시라는 것이다. 과연 뭐라고 답변하실지 궁금하다. 일단 동지시에 대한 속담은 사소하게 느끼실지 모르지만, 그 속에 들어 있는 의미는 결코 사소하지 않다는 것이 감잡히셨을 것이다.

한 해의 시작은 어째서 입춘(立春)인가

이번에는 입춘에 대해 한 번 생각해보려고 한다. 입춘은 지지로 따지면 寅月에 해당한다. 그리고 우리는 보통 입춘시(立春時)를 한 해의 시작으로 보고 있다. 물론 세간에서는 전혀 이러한 이치를 모른다. 단지 자평명리학을 연구하는 학자만 이렇게 사용하고 이것은 정법(定法)으로 되어 있다. 그러나 이것도 한 번 분석을 해본다면 반론의 여지가 있다. 그 중에서도 가장 큰 이유는 어째서 子月 즉 음력 11월을 시작으로 보지 않고 한참 뒤가 되는 寅月을 한 해의 시작으로 삼았느냐는 것이나. 여기에 대해서도 야사시를 무시하는 입장에 계신 분은 실명을 해야 할 것이다. 이 이론은 앞의 동지시에 한 살을 더 먹는다는 속설에 대해 부정하시는 분께 드리는 질문이기도 하다. 왜냐하면 입춘시를 시작으로 삼는 것은 속설이 아니라 자평명리학의 정설(定說)이기 때문이다.

다시 입춘을 시작으로 봐야 하는 이유에 대해 생각해보도록 하자. 우선 낭월이가 생각하기에는 옛날 학자님들께서 처음에는 동지를 시작으로 보고서 연구를 시작했을 것으로 짐작된다. 당연히 그래야 하는 것이 이론적으로 타당하기 때문이다. 왜냐면 동지시가 지나면 한 살을 더 먹는다는 이야기가 있었고, 그것은 당시의 관습일 뿐만 아니라 子는 모든 것이 처음이기 때문이었다. 그러나 실제로 적용시켜가면서 뭔가 초점이 어긋나고 있음을 발견했을 것이다. 이런 점에서 명리학을 연구하시는 분들은 상당히 과학적인 사고력을 갖고 계셨을 것으로 생각된다. 왜냐면 명리학은 일반적인 이론학이 아니기 때문이다. 바로 현장에서 그대로 적중해야 하는 막중한 부담감을 갖고 있는 특수한 예언학(豫言學)이기 때문이다. 이것은 바로 이치적으로나 현실적으로나 부합되어야 하는 점이 요구되기 때문이다. 이러한 명제 앞에서 단순히 이론적이기 때문에 그렇게 써야 한다는 이야기는 그야말로 이론을 위한 것일 뿐이다. 적중하지 않으면 아무런 쓸모가 없는 공염불에 지나지 않는다. 그래서 주의력이 깊은 학자라면 동지를 한 해의 시작으로 삼고서 따져봤을 경우에 맞지 않는다는 것을 발견했을 것이다.

그러다 입춘(立春)을 기점으로 해서 한 해의 시작으로 보면 어떻겠느냐는 획기적인 방향전환을 해봤을 것이다. 그렇게 대입해서 따져본 결과 매우 놀라운 적중률이 나타났을 것이다. 물론 처음에는 이론적인 학자들의 반발을 엄청나게 받았을 것이다. 그리고 다시 반론에 반론을 거듭하다가 결국은 정설(定說)로 인정되었을 것으로 상상이 된다. 결국 '이치에는 어긋나지만 실제로 그렇게 적중되므로 이것은 정설이다' 라는 결론을 내렸을 것이다. 물론 이것은 낭월이의 가설이다. 따라서 벗님들은 나름대로 그에 대한 이론을 전개해보시기 바란다.

그러면 과연 입춘을 한 해의 시작으로 보는 것은 실제에만 적용되고 이치에 어긋나는 것일까? 여기에 대해서도 많은 생각을 해봤다. 물론 이에 대한 이야기는 寅木 부분에서 설명할 것이다. 여기에서는 다만 야자시를 인정하는 것에 대한 이론만 세워보면 충분하기 때문이다.

이 외에도 몇 가지 의견을 추가할 수 있겠으나, 이 정도로도 벗님께서는 이해가 충분히 되었을 것으로 생각해서 이만 줄이겠다. 어쨌든 이렇게 해서 야자시에 대해 긍정적으로 생각하고 있다는 점을 말씀드리고 싶다.

지장간의 원리(原理)

그러면 이제 지장간에 대한 이치를 대입시켜보도록 하자. 앞에서 몇 개의 월률분야에 대한 도표를 인용했으므로 서로 비교해보면서 설명하겠다. 그럼 잠시 여러 개의 도표 중에서 子水 부분에 해당하는 것을 한자리에 모아보자.

출처	내용		
항신재 역설	壬 5일 3분 반		癸 20일 6분 반
연해자평 정해	壬 10일 5분		癸 20일 6분 반
명리정종 정해	壬 10일 3분 반		癸 20일 6분 반
삼명통회	壬 5일		癸 18일
적천수 징의	壬 10일		癸 20일
자평진전 평주	壬 10일		癸 20일
명리신론	壬 10일 3분 반		癸 20일 6분 반
명학비해	壬 10일 3분 반		癸 20일 6분 반
사주첩경	壬 10일 3분		癸 20일 2분
컴퓨터 만세력	壬 10일 1시간		癸 20일 2시간
적천수 상해	壬 10일		癸 20일
사주정설	壬 10일 1시간		癸 20일 2시간

이렇게 모아놓고 보니까 한눈에 차이점이 뚜렷하게 보여 명확하게 알 수가 있어 참 좋다. 그러면 가장 유사한 수치가 많은 것은 어느 것인가를 살펴보겠다. 우선 날짜의 수치를 볼 적에 삼명통회와 역설만 제외하고 나머지는 모두 초기를 10일로 본기를 20일로 놓고 있다는 점이 공

통적이다. 그렇다면 크게 비교되는 날짜는 모두 같은 것으로 보고, 그렇게 이해하도록 하자.

다음으로는 分의 비교인데, 약간의 차이가 있는 것이 걸린다. 그러나 대개는 초기가 3분이고, 본기는 6분이다. 이 정도 근사치라면 아무래도 초기를 10일 3분으로 하고, 본기를 20일 6분으로 하면 될 것이다. 그리고 반을 어떻게 처리를 해야 할지 고민인데, 일단 기본적으로 숫자에 약한 낭월이는 나머지가 붙어 있는 반(半)을 잘라버리고 싶다. 그런데 이미 역설에서 壬水를 5일 3분 반으로 잡았다는 것과, 삼명통회에서 이것을 이어받아 壬水를 5일로 보았던 것 같다. 또 癸水는 그대로 20일 6분 반이라는 수치가 나타나 있는데, 삼명통회에서는 이것을 무시하고 또 다른 수치인 18일로 나타내고 있다. 그래서 어느 장단에 춤을 춘 것인지 규명하기가 어렵다.

이러한 것을 주렁주렁 달고 있어 자평명리학이 더욱 골치 아픈 학문으로 인식될지도 모르니 자기 속 편할 대로 생각하라고 하고 싶다. 다른 한편으로는 그렇게까지 나누지 않아도 적용시키는 데에는 별로 불편하지 않을 것 같아서 분 이하는 그냥 무시하도록 하겠다. 다만 마음이 걸리시는 벗님은 자신이 추가시켜 연구하시면 될 것으로 여겨진다.

사실 분으로 나누는 것조차 무시하는 입장이다. 적천수나 자평진전에서도 그렇게 하는 것으로 보이는데, 실제로 태어난 상황을 참고하면서 날짜 정도로 만족하고 시간까지는 논하지 않는다. 실용적인 면에서도 이렇게 날짜 정도만 적용해도 되지 않을까 싶다. 그런데 여기에서 분은 현재의 분과는 전혀 다르다는 것을 이해해야겠다. 컴퓨터 만세력에서는 그냥 시간이라는 말로 표기해서 이해가 되기는 하는데 이 시간이 현재의 60분인지 예전의 120분인지가 또한 의심스럽다.

적천수나 자평진전, 적천수상해에서는 모두 분 이하를 삭제해버리고 있는데, 실제로 원리를 연구하다 보면 이렇게 작은 시간들을 적용시키기가 상당히 피곤하여 낭월이도 실제로는 전혀 고려하지 않고 있다. 다만 공부하시는 벗님들에게까지 편법을 따르라고 할 수는 없으므로 이렇게 표시를 하고 있는 것이다. 실제로는 날짜 정도로 활용하다가 나중에 좀더 구체적인 연구가 이뤄지면 그때 가서 분 이하를 적용시킨다는 것이 속 편한 방법이 되지 않을까 싶다.

앞으로도 진행해가면서 버려야 할 것들에 대해 언급하도록 하겠다. 미리 이것저것 건드려서 머릿속을 복잡하게 할 필요는 없다.

다시 본론으로 들어가서, 가장 보편적으로 자수에 대해 사용하는 날짜는 10일 20일이다. 역설이나 삼명통회에서 5일 20일로 해놓은 것에는 그만한 이유가 있을 것 같으나, 지금으로서는 도저히 밝혀낼 방법이 없으므로 이렇게 사용하도록 하자. 그러면 이것을 다시 표로 만들어보자.

월률분야의 사용결정표

형태	내용		
원칙적 공식	壬 10일 3분		癸 20일 6분
실용적 공식	壬 10일		癸 20일

이러한 표를 공식적으로 인정하도록 하자. 자신이 상세한 것을 좋아한다면 원칙적인 공식을 활용하도록 하고, 그냥 보편적인 편리함을 따르겠다면 실용적인 공식을 사용하면 되겠다. 그리고 보통 학자들은 대부분 실용적인 공식만 사용한다고 본다.

월률분야에 의해서 子水에 대한 상황을 이해하게 되었다. 그렇다면 계절의 의미로 생각하는 것 말고, 그냥 단순히 子水라는 글자에 대해서만 생각해보자. 그러니까 사주에서 월지를 제외하고 연일시의 지지에 있는 子水에 대해서만 생각해보자는 것이다. 월지에 있더라도 계절 개념을 빼버린다면 역시 해당될 것이다.

우선 子水라는 글자가 갖는 의미는 '물웅덩이'가 되겠다. 순수하게 물이 출렁출렁하는 형태가 떠오른다. 옆에서 혹 申酉金이라도 보조를 해준다면 범람할 정도로 왕성한 물이라고 생각해본다. 이렇게 순수하게 100퍼센트 물의 구조로만 되어 있는 것은 子水뿐이다. 다른 것은 비록 물이 있다 하더라도 무엇인가와 섞여서 공존하게 된다. 여기에서 다른 것이라는 말은 오행이 서로 다르다는 것이다. 그러나 子水는 순수하게 물만 존재한다는 것이고, 그 물의 규모는 주변에 있는 글자들의 상황에 의해 최종적으로 결정이 난다. 만약 子水의 주변에 未土와 같은 글자가 있다면 아마 옹달샘이 될 것이고, 주변에 매우 왕성한 불길이 이글거린다면 이때는 수증기가 될지도 모른다. 어쨌든 주변상황에 의해 상당한 변수가 많겠으나 子水는 왕성한 물이다.

子水뿐만 아니라 다른 모든 지지들도 주변상황에 따라서 항상 변수가 생긴다. 그러니까 기본적인 형태에 대해 이해한 다음에는 주변상황을 대입시킨다고 보면 되겠다. 따라서 子水는 기본적으로 왕성하고 순수한 물 그 자체인데 이것이 겨울이 되면 얼음 덩어리가 될 것이고, 여름이 되면 풀장이 되든지 낙동강이 될 것이다. 물론 규모에 따라서 달라지겠지만……. 즉 상황이 달라지더라도 원칙적인 성분은 변하지 않는다. 이것이 子水의 자체적인 형상이다.

계절적(季節的)인 의미(大雪~冬至)

계절적으로는 한겨울이다. 子月은 밤도 가장 길고 춥다. 이렇게 추운 겨울에 할 수 있는 가장 좋은 일은 화롯가에서 밤을 구워먹으면서 할머니의 옛날 이야기를 듣는 것이다. 즉 삼라만상이 휴식을 취하고 있는 시기이니 인간도 휴식을 하는 것이 가장 좋다. 그러나 현실은 그렇지 못하다. 계절감각을 최대한 활용하여 살아가는 사람들은 농사짓는 분들이겠는데 요즘은 농촌에서도 계절감각이 변형되고 있는 실정이다. 즉 하우스 재배를 함으로써 추운 겨울에도 일을 하고 있다. 그래도 겨울은 자연의 휴식기이고 활발한 활동을 위한 충전의 시간이다.

휴식을 취하는 것은 에너지를 재충전하는 것이라고 봐야 한다. 단순히 시간을 낭비하는 것이 아니라 살아오느라고 지쳐버린 심신의 긴장을 풀고 세포 하나하나에 새로운 정기를 불어넣으면서 다시 새로운 활동을 힘차게 하기 위해 충분한 충전을 해두는 것이다. 이것이 바로 동짓달의 역할이 아닌가 싶다. 지장간에서 봤지만, 100퍼센트가 물로만 되어 있는 상황이다. 3분의 1은 壬水이고 3분의 2는 癸水이다. 그래서 전체가 물이 되는 달이다. 이러한 것은 과연 어떤 의미일까?

하루로 치면 한밤중에 해당한다는 의미도 되겠다. 한밤중에 우리가 할 수 있는 최선의 일은 휴식을 취하는 것이다. 적어도 밤 11시부터 새벽 2시까지는 잠 속에서 휴식을 취하는 것이 생체리듬에 가장 좋다는 이야기를 들었는데 일리가 있다고 본다. 밤에 잠을 자지 않았을 때 하루종일 멍하게 되는 현상을 느껴보신 벗님이라면 무슨 의미인지 더욱 명확하게 느껴지실 것이다. 그러나 이미 체질이 야행성으로 변해버린 통신족(通信族)[43]에게는 이 말이 해당되지 않을지도 모르겠다. 그러나 후유증은 있을 것이다. 낮에 세상에서 열심히 일하고 살아가는 사람이라면 밤을 새워서 통신한다는 것이 무리이기 때문이다.

어쨌거나 밤에는 잠을 자야 하듯 겨울에는 휴식을 취하는 것이 상책

---

43) 통신망(하이텔이나 천리안 등)에 매달려서 밤새워 채팅하는 사람들을 일컫는 말이다. 이들은 해가 있을 적에는 비실비실하다가도 일단 해가 넘어가고 나면 눈빛이 살아나는 특이한(?) 체질들인 것 같다.

이다. 실제로 겨울도 없이 일만 하는 사람의 몸은 지치게끔 되어 있다. 인간이 가장 자연에 민감하게 적응하면서 살아가는 동물이라고 했는데, 겨울에 쉬지 못하고 계속 일만 한다면 결코 자연현상에 일치하는 것은 아니라고 생각이 된다. 자연이 모두 쉬고 있는 시간에 인간이 쉬지 못한다면 결국 지쳐서 쓰러지고 말 것이다.

따라서 밤에는 잠을 자고 낮에 일하라고 권하고 싶다. 子月의 의미는 이렇게 다가온다. 에너지를 충전하라.

卦象의 관점으로 보는 子月

子月이 되면 일양(一陽)이 시생(始生)한다는 말을 읽었던 기억이 난다. 여기에서 일양이라는 것은 순음(純陰)의 바탕에서 하나의 양 기운이 싹튼다는 이야기가 된다. 그리고 앞의 지장간 도표 중에서 이미 이러한 힌트가 있었다. 즉 역설(易楔)에서 나왔다는 도표를 보면 여기에 대한 힌트가 들어 있다. 다시 한 번 그 부분을 살펴보면, 복자(復子)라는 말이 보인다. 이 도표에서 지지의 앞부분에 붙어 있는 것은 모두 주역(周易) 64괘에서 발췌한 것들이다. 그 중에서 子月에 해당하는 부분에다 지뢰복(地雷復) 괘를 집어넣었던 것이다. 혹 명리학에 처음 입문하신 벗님은 잘 모를 가능성이 있으므로 괘상을 그림으로 보여드리겠다.

䷗	上卦는 地가 되고	땅 속에서 양이 생하여 회복하기 시작하는 의미로 復이라고 했다. 가장 추운 동짓달 괘가 된다.
	下卦는 雷가 되어	
	합해서 地雷復이다	

괘의 생김새를 보면 맨 아래에 있는 양효(陽爻)가 서서히 힘을 얻으

면서 위로 차오르려고 움직이는 형상이라고 설명되어 있다. 엄청나게 추운 계절인데도 불구하고 고인들께서는 이렇게 그 가운데에서 뭔가 움직이는 양의 기운을 읽으셨던 모양이다. 참으로 대단하신 통찰력이다. 괘 이름은 몰라도 상관없으므로 우선 모양만 이해해두고 그냥 막대기 생김새에 대해서만 눈여겨보면 충분하다.

오행의 상황판단(狀況判斷)

子月이 되면 오행들의 상황은 어떻게 되어 있을까를 생각해볼 필요가 있을 것 같아 마련한 것이다. 하늘이 차가운 계절이니 상대적으로 불의 기운이 약화되어 있을 것이나 그렇다고 해서 완전하게 죽은 것은 아니다. 정도 문제는 있겠지만, 그래도 약한 것만은 사실일 것이다. 그러한 관점에서 십간으로 세분화하지 않더라도 대충 오행 정도라도 비교해보는 것이 자연을 읽는 데 도움이 될 것이다.

木의 상태

子月의 木 기운은 이미 본격적으로 휴식에 들어가 있는 상태이다. 木이 가장 완벽한 휴식을 취하는 상태는 씨앗 속에 들어가 있을 경우이다. 씨앗 속에서는 아무런 근심이 없다. 그냥 휴식만 취하고 있으면 되는 상태이다. 그래서 木으로서는 子月을 가장 유용하게 쓰고 있는 상태라고 생각된다. 오행으로는 생을 받고 있는 상황(水生木)이다.

표면적으로 볼 적에는 혹독한 겨울의 냉기운으로 인해 나무들이 죽어 있는 것처럼 보인다. 그러나 내부적으로는 이미 다음 1년을 살아갈 에너지를 충전받고 있는 것이다. 그래서 木의 입장으로는 가장 편안한 시기이기도 하다. 마치 태아가 편안하게 성장하고 있는 것과도 같다. 그리고 木 성분은 인간 삶의 모습과 가장 닮아 있다는 생각이 든다. 씨앗은 얼어죽는 법이 없다. 날이 추우면 추울수록 더욱더 생기운을 흡수할 뿐 죽는다는 것은 있을 수가 없다. 씨앗을 죽이려면 불에다 굽든지, 맷돌로 갈아버리든지 해야 가능하다. 그 나머지 방법으로는 죽일 수가 없는데, 특히 겨울의 냉기 때문에 죽는다는 것은 불가능하다.

혹자는 이렇게 물을지도 모르겠다.

"겨울에 얼어죽는 나무도 있던데요?" 하긴 그렇다고도 하겠다. 교정에서나 새로 꾸민 가로수 등에서 겨울에 나무가 얼어죽는 것을 방지하려고 짚을 이용해 나무에게 덮개를 씌워주던 모습을 본 기억이 난다. 그래서 그 말도 일리가 있다고 본다. 그러나 관찰력이 약간 부족한 것이 아닐까 싶다. 잘 모르겠다면 다시 관찰해보시기 바란다.

그렇게 얼어죽을까봐 싸매진 나무들은 모두 제자리에서 씨앗이 떨어져서 자란 것들이 아니다. 그러한 나무들은 어디선가 캐다 옮겨놓은 지 얼마 안 되는 것들이 대부분이다. 그러니까 아직 자리에 적응되지 않은 상태의 나무라는 것이다. 만약에 그 나무가 그 자리에서 씨앗으로부터 자라난 터줏대감이라면 절대로 얼어죽을 일은 없다고 본다. 98퍼센트는 옮겨온 나무라고 본다면, 아직 뿌리를 제자리에 두지 못했다는 결론이 나오고, 그것은 뿌리를 못 내린 나무가 큰물을 만나면 떠버린다는 이치(水多木浮)에도 부합되는 상황인 것이다. 이렇게 관찰해보면 역시 씨앗이나 나무는 얼어죽는 법이 없다고 해야 하겠다. 그야말로 생기(生氣)가 충만하다. 다만 이것은 생기는 되겠지만 성장을 하는 것과는 무관하다는 것도 염두에 두어야겠다. 따라서 여기에 성장하려면 다시 불이 있어야 가능하다는 것을 추가시킨다.

火의 상태

동짓달의 불이라. 아마도 가장 약한 상황에 해당할 것이다. 火氣도 그렇고 火力도 그렇다. 화력은 열기(熱氣)를 의미하는데, 子月에는 불의 상황이 가장 최악이 된다. 무력하여 대기에서는 거의 그 기운을 느낄 수 없을 지경이다. 그러나 완전히 끊어진 상태라고 이해해서는 곤란하다. 뭐든지 그렇지만 완전하게 끊기는 것은 없다고 본다. 그러니까 그 정도로 허약하다는 의미로 이해하면 되겠다. 마치 갓난아이와 같아서 혼자서는 도저히 움직일 기력이 없다고 보는 것이다. 혼자 못 움직인다고 그 갓난아이가 죽어버린 것은 아닌 것과 같은 이치이다. 단지 엎드려 있을 뿐이다. 언젠가 누군가(木이 되겠지만) 일으켜 세워주기만 하면 아무리 子月의 상황이라도 의연하게 일어나서 자신의 몫을 완수할 것이다. 여기에서 자신의 몫이란 온도를 따뜻하게 높여주는 것이다.

土의 상태

동짓달의 土는 어떻게 생겼는가를 생각해보자. 얼어서 맥이 없는 상태가 아마도 子月의 土에 해당할 것이다. 어쩌면 물 속에 잠겨 있는 흙과도 흡사할지 모르겠다. 매우 약한 상황임은 분명하지만, 그렇다고 해서 水의 성분이 土를 마음대로 주무를 수 있는 것은 아니다. 이 상황에서 절대적으로 필요한 것이 있다면 바로 따스한 불이다. 불기운이 있기만 하다면 언제든지 물 정도는 자신 마음대로 힐 수 있다. 동짓달이리고는 하지만, 문제는 불이다. 그래서 비닐하우스 장치를 하여 불기운을 살려주기만 하면 본래의 土로 돌아가서 역할수행을 완벽하게 하는 것이다. 이것이 동짓달의 土가 필요로 하는 요구조건이다. 앞의 火의 입장에서는 木의 협력이 필요했는데, 여기에서는 다시 火의 협조가 필요하니까 서로서로 도와가면서 자연의 살림을 꾸려가는 모양이다.

그렇다면 자연계에서는 어떻게 해야 할까? 자연상태에서의 土는 그냥 쉬는 것이 상책이다. 土에게도 휴식이 필요하다. 뭐든지 그렇겠지만……

金의 상태

이번에는 金과의 관계를 생각해보자. 子月의 金은 흔히 물에 잠기는 형상이라고 말한다. 그렇다면 물에 잠기는 金이 과연 어떤 상태일까? 쉽게 떠오르는 것이 없다. 반면에 子月 金이라고 하면 얼핏 떠오르는 것이 시골집의 문고리이다. 예전에는 겨울에 유난히 추워서인지 문고리를 잡으면 손가락이 쩍쩍 들러붙는 느낌이었다. 그리고 겨울날에 법당에서 염불을 할 적에도 요령(딸랑딸랑 하는 것)을 잡으면 손이 얼어붙는다. 그래서 헝겊으로 손잡이를 감아서 쓰곤 하는데, 이러한 것들을 통해 겨울에는 金이 몹시 차가워진다는 사실을 알 수 있다. 물론 여기에서 金이라는 것은 모든 철제류를 포함해서이다.

아무래도 날이 추우면 金도 할 일이 마땅치 않을 것 같다. 그런데 자연계 중에서 생명력이 가장 덜 느껴지는 것이 金인지라, 과연 그 본성이 어떨지 항상 궁금하다. 가뜩이나 굳어 있는 金이 추위와 겹치면 과연 어떤 일이 생길까. 이런 상상을 하다 보니 문득 영화의 장면이 떠오른다. 대단히 단단한 강철로 만들어진 방위망을 뚫는데 이것저것 다 해보지만 결국 실패하는 것이다. 가장 손쉬운 것은 용접기로 녹여버리는 것인데, 그러면 열감지기가 작동하는 상황이다. 바로 이러한 상황에서 등장하는 것이 냉각기이다. 급속으로 영하 수백 도까지 온도를 내려 얼려버리는 것이다. 이렇게 되면 금속은 순식간에 얼음 정도의 강도를 갖게 되는 모양이다. 그러면 슬쩍 손으로 밀어도 땡강! 하고 떨어져나간다.

이렇게 되면 침입하는 사람이야 좋아라 하겠지만 지키는 입장에서는 금속도 믿을 것이 못 된다는 결론이 나온다. 그래서 金은 너무 응고되어 있으면 본성을 발휘할 수 없다는 생각을 해본다. 따라서 겨울의 금속도 불이 있어야 어느 정도는 어는 것을 방지할 수 있다. 사람의 몸도 너무 추우면 움직일 수가 없다. 관절이 얼어붙기 때문이다. 관절은 뼈를 움직이는 성분인데, 이게 얼면 움직이지 않는 것이다. 그런 의미에서 모든 이치는 지나친 것을 조절하는 것이 가장 좋은 것이다.

水의 상태

子月의 水는 보나 마나 바짝 얼어붙어 있을 것이 뻔하다. 그래서 열기라고는 하나도 없는 굳어 있는 얼음 조각이 떠오른다. 이렇게 되어서는 아무 의미가 없다. 역시 필요한 것은 따스한 불이 되고 불기운이 녹여줘야 할 일이 생길 것이다. 실로 동짓달에 태어난 水에 해당하면 봄이 오기를 기다리는 것이 상책이다. 뭐든지 해보려고 서두르지만 일이란 게 그렇게 뜻한 대로 되어주지 않는 것이 자연인 모양이다. 얼어 있는 물이 움직여본다고 얼음이 없어질 리는 없으니까 말이다. 그래서 子月의 水는 역시 불이 필요하다는 결론을 내리게 된다.

제2장
축토

丑土가 갖는 의미는 무엇인지 알아보자. 우선 丑에서 떠오르는 것은 丑에 해당하는 간지인 소일 것이다. 소도 기왕이면 힘찬 들소를 떠올리는 게 좋겠다. 이제 丑이라는 글자를 일일이 분해해보도록 하자. 뭐든지 확실하게 알고 넘어가야 나중에라도 잘못 입력된 자료로 인해 혼란에 빠지는 일이 없을 테니까 말이다.

상징성

丑土의 상징성이라. 소의 상징이라고 한다면 부지런함과 미련함이라는 두 가지 의미가 함께 떠오른다. 어쨌든 소는 오랜 세월을 우리 조상님들과 함께 많은 공을 쌓은 동물임에 틀림없다. 쥐란 녀석과는 근본적으로 하는 일이 다르다. 쥐는 극단적으로 도움이 되지 않는 동물인데, 소는 어느 것 하나라도 버릴 구석이 없는 동물이니 이렇게 극과 극인 동물이 나란히 있다는 것도 특이한 점이라 하겠다.

소를 생각하면 커다란 덩치와 그에 어울리지 않는 껌벅껌벅하는 검은 눈이 떠오른다. 그리고 느릿느릿 걸어가는 모습도 겹치는데, 이는 아마도 섣달의 소한(小寒)과 대한(大寒)이 있는 시기이므로 뭐든지 서둘지 말고 느긋하게 기다리라는 의미와 연결된다고 하겠다. 부지런하지만 느릿하다. 이것이 소의 특징이다. 다른 동물에서는 찾을 수가 없는 소만이 가지고 있는 특징을 신속하게 감잡아보는 것이다.

일단 감을 잡았으면 그것을 어떻게 응용해야 할 것인가를 생각하는 것이 다음으로 해야 할 일이다. 그 감은 바로 서둘지 말고 그렇다고 긴장을 풀지는 말고 기다리라는 의미가 아닐까 싶다.

"동짓달에 이미 하나의 양(陽)이 생겼는데 이것은 여리고 약하다. 이것을 서둘러서 얼른 키우려고 덤벙대다가는 그나마 죽여버리고 말 것이다. 급하게 마음먹지 말아라. 겨울이 비록 지겹겠지만 이제 얼마 남지 않았다. 조금만 더 기다리면 추위가 물러가고 바야흐로 따스한 봄날이 전개될 것이다. 그런데 여기에서 인내심이 한계에 도달하면 곤란하다. 마치 잔칫날 잘 먹으려고 일주일을 굶다가 잔칫날 새벽에 숨을 거두는 비극이 발생하는 상황이라 할 것이다. 그냥 여유를 가지고서 느긋하게 소가 걸음을 옮기듯, 그렇지만 긴장을 풀지는 말고 기다리고 있기만 하면 된다."

마치 이런 말을 하는 것 같다. 서둘러서 봄이 왔으면 하는 소급한 마음이지만 여유를 가지고 다시 기다리는 마음의 여유를 찾는 것이다. 실제로 이미 해가 서서히 길어지고 있다. 동짓날을 넘기면서 상대적으로 밤은 점차 짧아지기 때문이다. 물론 그 길이는 노루꼬리만큼이라고 하지만, 중요한 것은 낮이 길어지고 있다는 사실이다. 가만히 있어도 시간은 흘러가게 마련이다. 우선 소에서 느끼는 점은 이러한 정도의 상징성이 되지 않을까 싶다.

이치적인 연구

丑土에서는 냉기를 가득 머금고 있는 동토(凍土)를 연결지어보게 된다. 겨울날 눈 덮인 벌판이 丑土와 연결되는 모습이다. 그렇게 얼어붙어서는 돌덩이처럼 단단한 형태가 되거나 서릿발처럼 공중에 솟아 있는 상태의 흙도 丑土라고 하겠다.

이미 씨앗을 품속에 간직하고 있는 土이다. 현실에서 볼 수 있는 상황으로는 추수를 하고 난 후 밭에 떨어진 녹두나 팥 등을 생각해볼 수 있겠다. 논의 경우에는 이삭이라고 볼 수도 있겠다. 물론 인위적인 것이 싫으신 벗님은 그냥 잡초의 씨앗이라고 생각하자. 사실 땅은 어디를 파든지 씨앗이 잠자고 있다.

즉 씨앗은 대지의 품속에서 포근하게 겨울잠을 자고 있다고 할 수 있다. 물론 아무도 포근하다고 느끼지는 않을 것이다. 썰렁하게 냉각되어 있을 테니까. 그러나 이것도 어쩌면 호강스러운 생각일 것이다. 물구덩이에 박혀 있는 종자에 비하면 얼마나 다행한 처지인가. 그러니까 모든 종자가 모두 丑土를 만나는 것은 아닌 셈이다. 난초의 씨앗은 대충 줄잡아서 20~30만 개라고 들었는데, 그러한 종자들이 모두 발아를 하는 것은 아니다. 그 중에는 극히 일부분만 포근한 대지에 뿌리를 내리고서 몇 년이 지난 후에는 아무도 흉내낼 수 없는 아름다운 향을 뿌리게 되는 것이다. 이러한 역할은 丑土가 아니고서는 아무도 할 수 없다.

지장간의 원리

출처	내용		
항신재 역설	癸 9일 2분	辛 3일 1분	己 18일 6분
연해자평 정해	癸 9일 3분	辛 3일 1분	己 18일 6분
명리정종 정해	癸 9일 2분	辛 3일 1분	己 18일 6분
삼명통회	癸 10일		己 18일
적천수 징의	癸 9일	辛 3일	己 18일
자평진전 평주	癸 9일	辛 3일	己 18일
명리신론	癸 9일 3분	辛 3일 1분	己 18일 6분
명학비해	癸 9일 3분	辛 3일 1분	己 18일 6분
사주첩경	癸 9일 3분	辛 3일 1분	己 18일 6분
컴퓨터 만세력	癸 9일 3시간	辛 3일 1시간	己 18일 6시간
적천수 상해	癸 9일	辛 3일	己 18일
사주정설	癸 9일 3시간	辛 3일 1시간	己 18일 6시간

월률분야의 사용결정표

형태	내용		
원칙적 공식	癸 9일 3분	辛 3일 1분	己 18일 6분
실용적 공식	癸 9일	辛 3일	己 18일

앞의 子水 항목에서 여러 가지 주변 상황들을 상세히 설명했으니 이번에는 간단하게 넘어가도 되겠다. 여러 종류의 도표를 모두 모아 그 중 가장 많이 사용하는 것을 기준으로 삼은 것이니 일단 중간은 가는

것 같다. 그러나 아쉬운 것은 명확하게 천지간의 움직이는 기운을 읽어서 제대로 된 날짜를 확인하지 못하는 우둔함이다.

우선 여기(餘氣)에 해당하는 癸水가 9일간 영향을 미치고 있다. 이것은 앞의 월인 子水의 영향이라고 보면 되겠는데, 이렇게 3분의 1 가까이 영향을 미치는 것으로 봐서 동짓달의 냉기는 어지간히 맵다고 하겠다. 그렇게 시간이 경과하면서 중기인 辛金의 3일로 넘어간다. 이 3일은 아마도 金을 저장하는 단계인 듯싶다. 金을 저장한다는 것은 丑土의 구조가 금고(金庫)라는 별명이 있는 것으로 봐서 그렇게 짐작하는 것이다.

金庫가 섣달에 있는 이유

갑자기 웬 금고가 등장하는가 하고 의아해하시는 벗님도 계시겠지만 대체로 금고라는 것이 丑土의 또 다른 역할을 의미한다는 것은 알고 계실 것이다. 금고란 흔히 돈을 넣어두는 커다란 통을 말하는데, 여기에서는 조그마한 통으로 생각하지 않고, 좀더 크게 확대해서 창고(倉庫) 정도로 생각하는 것이 좋겠다.

그러면 어째서 금고인가를 생각해보자. 오행의 생극(生剋) 이치에서 金剋木이 되어 金이 木을 극하는 것으로 배웠지만, 이것이 어디에서나 적용되는 것은 아니다. 특히 계절로 방향을 잡아놓고 보면 이번에는 金과 木이 서로 대립하는 구조라고 이해해야 한다. 즉 봄과 가을이 서로 대립하고 여름과 겨울도 서로 대립하는 것으로 보는 것이 자연스럽다. 어느 한 계절이 하나를 극한다는 것은 어쩐지 어색하다. 따라서 金과 木은 서로 대립하게 되는데, 이제 앞으로 다가올 계절이 金이 허약해지는 木의 계절이라는 점에 관심을 가져야 할 모양이다. 여기까지만 제대로 이해가 되었다면 그 나머지는 다 이해한 것이나 다름없다.

천지자연의 金 기운이 모두 木의 기운에 눌려서 사라지게 되면 큰일이다. 우주의 조화가 깨어지기 때문이다. 그렇다면 뭔가 대책을 세워야 한다. 자신의 전성기를 이미 보내고 다음에 오는 오행으로 인해서 소멸될 가능성이 있는 오행은 반드시 보호해야 한다. 그렇다면 어디에 보호할 것인가가 문제인데, 보호하는 장소로 창고를 마련한 것이다. 바로 丑土에다 보관하자는 것이다.

지지에는 아시다시피 네 개의 土가 있다. 辰戌丑未가 그것이다. 그 중에서 金을 저장하는 곳으로 丑土가 채택된 것인데, 축축한 습기로 인해 金이 녹아질 염려가 없기 때문이다. 그래서 이 丑土는 金의 왕인 酉金에게 맡겨졌고, 酉金은 그렇게 金 기운을 저장했다가 언제든지 자신이 필요하면 꺼내어 쓰게 되었던 것이다. 이것이 바로 丑土가 金의 창고로 쓰이게 된 연유이며, 이것은 지장간에서 10퍼센트를 차지하고 있는 3일간에 이뤄지는 역사인 셈이다.

그렇다면 과연 丑土에서 金이 차지하는 비중은 10퍼센트일까? 물론 수치상으로는 그렇게 나타난다. 그러나 여기에는 또 다른 의미가 숨어 있다. 이 3일은 그냥 자연상태로의 金이 아니라 압축되고 응고된 金이기 때문이다. 그래서 金의 압축이 풀린다면 丑土는 그대로 100퍼센트의 金이 되는 것이다. 이것은 나중에 삼합의 이론을 배우면 알게 되겠지만, 丑土는 酉金과 만나면 金이 된다는 이치 속에 그대로 담겨 있는 것임을 이해하실 것이다.

따라서 금고를 木의 계절이 시작되는 寅木 앞부분에 두게 된 이유를 알 수 있다. 즉 이미 말씀드린 대로 金을 보관하고 木의 역사를 잘 진행되도록 하려는 의도가 포함되었을 것이다. 그러니까 金도 보호하고 木의 일도 돕도록 하는 일거양득의 결실을 얻는 것이다. 또 다른 한 가지 의미는 丑月에 씨앗을 더욱 단단하게 뭉쳐주는 작용을 丑土 속에 들어 있는 辛金이 수행(遂行)하고 있다는 점이다. 여기까지 이해하고 나면 천지자연의 용의주도하고 치밀한 작전에 혀를 내두를 수밖에 없다.

돈은 은행에 들어가 있어도 새끼를 친다. 이자가 붙는다는 이야기인데, 그와 같이 창고 속에서도 역사는 진행되고 있었던 것이다. 이와 같이 丑 중에 들어가 있는 辛金도 그냥 조용하게 다음 기회, 즉 가을이 오기만 기다리고 있는 것이 아니라 자신의 밥값을 하고 있다는 이야기이다. 씨앗이 그냥 봄이 오기만 기다리고 있었던 것이 아니다. 그 증거로 밭에 떨어진 씨앗과 안방에서 포근하게 겨울을 난 씨앗과는 생명력에서 엄청난 차이가 있음을 볼 수 있다. 당연한 이야기지만, 방 안에서 겨울, 즉 丑月을 보낸 씨앗은 질병에 대한 저항력이 약할 수밖에 없다. 바로 丑月에 저장되어 있는 辛金으로부터 유격훈련을 받지 않았기 때문이다. 그래서 봄에 씨앗을 뿌리는 것보다 가을에 뿌리는 것이 더욱 좋은 결실을 얻는 경우가 많다.

이러한 혜택이 있기에 丑 중에 辛金이 잠을 자고 있었던 것이다. 천지조화의 무궁한 지혜에 머리를 숙이게 되고, 이러한 것을 읽어내었던 선배 고인(古人)들의 안목에도 존경을 표하게 된다.

금고를 여는데 웬 몽둥이

속설에 의하면 금고를 열기 위해서는 未土가 와야 한다고 한다. 그래서 낭월이도 처음에는 그런가보다 하고 생각했다. 그런데 시간이 흐를수록 이 말에는 상당한 모순이 있다는 생각을 하게 되었고, 그렇다면 과연 금고를 여는 열쇠는 무엇이겠는가에 대해 연구하게 되었다. 그 결과 부족한 머리로 얻어낸 결론은 금고를 열 수 있는 것은 금고에 물건을 넣어둔 본인이어야 한다는 것이다.

그렇다면 그 본인은 누구인가? 너무도 당연하겠지만 酉金이 그 본인이다. 즉 酉金은 金의 대왕이기 때문이다. 그렇다면 자신의 금고를 금고주인이 열겠다는 데 시비를 걸 사람이 과연 있겠는가. 그렇다면 未土는 무엇인가? 未土는 강도(强盜) 정도가 아닐까 싶다. 남의 창고를 허락도 없이 열겠다고 나서는 것은 강도나 하는 일이기 때문이다. 그리고 酉金이 오면 조용하게 열려서 내용물도 하나 손상되지 않은 채 주인에게 돌아가겠지만, 未土가 와서 쿵쿵 쳐서는 어찌어찌해서 철문을 뜯는다고 해도 이미 상당 부분은 부서져서 못 쓰게 될 것이다.

丑土의 장간(藏干)은 이미 만만치 않다는 것을 느끼셨을 것이다. 사실 어느 것 하나라도 만만하다고 생각되는 것은 없다. 얼핏 생각할 적에는 알 것도 같았는데 어느 날 곰곰이 생각해보면 전에 알고 있었던 것은 그야말로 허상만 본 것이라는 깨달음이 생긴다. 그래서 이제는 제대로 가닥을 잡았으려니 하고 생각하다가 보면 또 그것이 환영이었다는 것이 이제는 일과가 되어버린 것 같다.

다시 전열을 가다듬어 장간에 대해서 살펴보자.

장간의 형태에 대해서 궁금증이 생긴다. 丑土 중에는 癸辛己가 있는 것은 분명한 모양인데, 그렇다면 이러한 성분들이 어떠한 모양새를 하고 있을 것인가에 대해서도 궁금해진다. 이 문제에 대해 여러 해를 두고서 고민과 궁리를 반복해보았지만 정확한 결론은 얻을 수 없었다. 낭월이가 고민한 것이 비록 결론은 못 되더라도 중간보고서 형태는 될 수 있으리라 생각해서 일단 그림을 그려 보여드린다.

지장간의 두 가지 유형

(표1) 혼합된 형태의 지장간

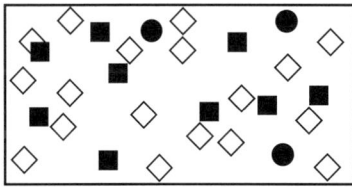

(표2) 정렬된 형태의 지장간

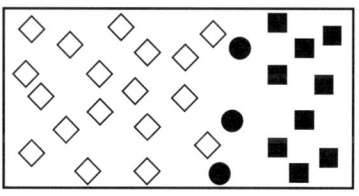

〔참고 : ◇ = 己土(18개) ● = 辛金(3개) ■ = 癸水(9개)〕

이와 같은 형태의 모델을 제시해본다. (표1)은 지지 자체의 장간 모습, (표2)는 월지장간(月支藏干)의 모습이다. 물론 이것은 丑土의 모델이다. 癸辛己의 9. 3. 18의 비율이 고려되었다. 그런데 이러한 모습을 한 가지로 모으는 방법을 도무지 알 수가 없다. 계절의 개념을 도입하면 (표2) 형태가 타당하다. 이것은 단계적으로 진행되는 형태를 나타내고 있다.

반면에 자체적인 지지 형태로는 (표1)이 타당하다. 여기에서는 계절의 흐름에 대한 인식을 할 필요가 없다고 생각되어서이다. 지장간에 대해서도 월률분야와 장간분야로 나눠서 설명을 해야 하듯이 이 그림도 한 가지로 통일시킬 수 없을지도 모른다. 어쨌든 현재까지는 이러한 두 장간의 입장을 하나로 합치는 방식이 도무지 떠오르지 않는다.

그리고 창고라는 개념이 대입된다면 이러한 모델은 문제가 있어 보인다. 여기에서는 창고에 저장되었다는 개념이 끼여들 자리가 없기 때문이다. 그래서 다시 제3의 모델을 만들어야 한다. 그러면 한 번 시도해보자.

(표3) 창고의 개념으로 정렬

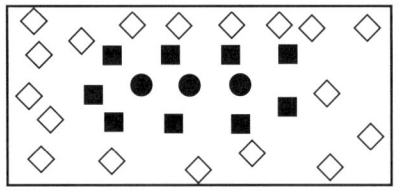

이러한 유형을 하나 만들었다. 이것은 표면에는 己土가 있어서 土라는 설명을 타당하게 하고, 그 중간에 癸水가 있고, 맨 안쪽에는 辛金이 저장되어 있는 것처럼 보이도록 한 것이다. 이것은 창고라는 개념을 염두에 둔 것인데 역시 결론을 내리기에는 부족함이 있다.

다시 다른 지지와의 관계를 생각해본다면 辰戌丑未는 (표3)과 같이 생긴 것으로 보고, 寅申巳亥의 지지는 (표1) 형태로 볼 수 있지 않을까 싶다. 그러나 이것은 참고용으로 제시만 할 뿐이고 이 중에서 어느 것을 채용한다는 확언은 할 수 없다. 벗님의 탁월한 통찰력으로 보다 발전된 지장간의 모델을 얻는 데 사용하시기 바란다.

이 도형을 기본으로 다른 지지에 대해서도 그대로 적용시키면 되겠다. 다만 각자의 수치에 따라 비율만 달라질 뿐이다.

계절적인 의미(小寒~大寒)

子月에서도 그랬듯이 이번에도 하루 중에서 丑時와의 연관성을 생각하면서 丑月이라는 계절의 상황을 음미해보도록 하겠다. 丑時는 새벽 1시 30분부터 3시 30분까지이다. 그렇다면 丑時 상황은 어떤가를 생각해보자.

대개는 이 시간이 되면 잠자리에 들어 있을 것이다. 특별히 야간작업을 하는 사람들을 제외하고는 거의 대부분의 사람늘은 휴식을 취하고 있을 시간인데, 이것은 원칙적으로 丑月의 의미와 동격이다. 오죽하면 방송국에서도 이 시간에는 텔레비전 방송을 중지하겠는가. 丑時 상황은 이렇게 온 천지가 암흑에 싸여 곤하게 잠자는 것임에는 이견이 없을 것이다.

子時만 해도 더러는 잠자지 않고 영화를 보거나 술 마신다고 앉아 있기도 하겠지만, 丑時가 되면 모두 내일(사실은 오늘)의 일이 염려되어 어디 가서 눈을 좀 붙여야겠다고 생각하게 마련이다. 이러한 것을 보면서 참으로 월의 배정이나 시의 배정이 적절하게 되어 있다는 생각이 든다.

그런데 丑時가 고민스러운 분들도 상당히 많다. 초저녁에 피로감으로 잠자리에 들었던 사람의 경우 한잠 푸욱 자고 난 다음에 눈을 뜨면 대체로 丑時 정도일 것이다. 아직 날이 새려면 멀었으니 잠을 더 자야 하는데 이게 도무지 마음대로 되지 않는 것이다. 밤이 길다는 생각을 해보신 적이 있는가? 아마도 그러한 경험이 없다면 행복한 편에 들 것이다.

특히 긴긴 밤이 지겨운 섣달의 丑時는 더욱더 고통스럽다. 커다란 방이 더 커 보이고 홀로 지새우는 잠자리는 얼음장처럼 썰렁하다. 남들은 사랑하는 님의 품에 안겨 곤하게 잠자고 있을 그 시간에 자신은 잠을 깨어서는 홀로 뒤척이면서 이런저런 생각을 하노라면 없던 눈물도 절로 나오게 마련이다. 이렇게 丑土의 시간에 휴식을 취하지 못하면 고통스러운 모양이다.

따라서 丑月이라는 시기는 휴식을 취하는 사람에게는 달콤하고, 휴식을 취하지 못하는 사람에게는 괴로운 시간이라고 정의를 내려보자.

卦象의 관점으로 보는 丑月

丑月의 괘상(卦象)에 대해서 역설(易楔)에서는 임축(臨丑)이라고 적은 것으로 봐서 아마도 지택임(地澤臨)괘에 해당할 모양이다. 그래서 다시 부지런히 이 항목에 해당하는 부분을 주역(周易)에서 찾아보았다.

☷☱	上卦는 地가 되고	臨은 모체 속에서 陽이 자라나서 나올 때가 임박한 괘상이다. 즉 부모님의 정기를 받아서 세상에 곧 나오게 된다는 것이다.
	下卦는 澤이 되어	
	합해서 地澤臨이다	

아하! 臨이라는 말이 그래서 생긴 것이로구나 하고 무릎을 치게 된

다. 그러한 것을 모르고 그냥 외우려고만 하니 공부가 될 턱이 없지. 즉 丑의 상황은 임박했다는 것이다. 아마 임신으로 따지면 9개월 정도는 되는 모양이다. 이번에는 오행학자로서 괘상의 음양이나 관찰해보자. 子月에는 양이 하나뿐이었는데, 丑月이 되니 양이 둘이로구나. 하나가 더 생겼다고 봐야 할지, 아니면 음이 양으로 변했다고 봐야 할지가 모호하다. 원래 '易'의 의미가 변한다는 것을 전제로 하기 때문에 변한다고 생각하자.

그렇다면 二陽이 생긴 것이다. 표면적으로 천지자연의 이치에는 이미 상당한 양의 기운이 자라나고 있다는 의미인 모양이다. 그러나 아직 활동할 시기는 아닌 모양이다. 임박했다는 주역의 괘상 풀이를 봐도, 아직은 아니지만 머지않아 활동을 하게 될 것이라는 의미가 들어 있다. 그리고 또 다른 의미로는 땅의 문이 열리는 암시도 포함된다. 우선 땅의 문이 열려야 만물이 생동할 것이기 때문이다.

이것이 역경에서 가르치는 간단한 丑月 관찰법이다. 실제 의미야 상당히 많지만, 가장 기본적인 내용만 그렇다는 것이니까 혹 벗님도 이러한 것에 대해 한 수 배웠다고 해서 64괘 중에 하나인 임괘에 대해 다 알았다고 단정하지 말기를 바란다.

오행의 상황판단

丑月에 오면 좀 복잡하게 오행간의 이해관계가 형성된다. 즉 주변 상황에 따라서 달라질 가능성도 더욱 높아지는데, 여기에서도 기본적인 암시에 바탕을 두고 추적해보도록 한다. 어디까지나 기본이라고 말씀 드리는 것은, 혹시라도 이것이 전부라고 믿고 더 찾지 않을까 염려되어서이다.

木의 상태

섣달(丑月)의 木은 그야말로 출산 직전의 상태라고 하겠다. 겨우내 축기(蓄氣)를 많이 했다. 기운을 쌓았던 이유는 바로 언젠가는 큰 일을 벌여보고 싶은 생각이 굴뚝 같아서이다. 세상의 삼라만상은 모두 자신의 때가 있는 법이다. 그러한 때가 주어지면 평소에는 지지리 못났다는 소리를 듣던 들풀도 근사한 꽃을 피우고서 벌과 나비를 초청하는 장관을 이루는 것이다. 그런데 하물며 만물의 영장이라고 자부하는 인간이야 더 말해서 뭐하겠는가. 누구나 자신의 때가 오면 멋진 일을 하면서 유유히 살아갈 것이다. 따라서 丑月에 이른 木의 입장도 마찬가지로 자신의 시기를 기다려 멋진 일을 하기 위해 마지막 기다림을 보내고 있는 것이다.

火의 상태

아직도 멀었다. 양은 이제 겨우 二陽. 좀더 성장을 해야 한다. 자기 스스로 생기운을 받기에는 여러 가지로 상황이 여의치 못한 셈이므로 木이 잘 피어날 수 있도록 도와주는 것이 더욱 빨리 피어날 수 있는 방법이 되겠다. 木이 살아나면 木生火는 자동으로 이뤄질 것이다. 따라서 木이 성장할 수 있도록 열기를 모아서 언 땅을 녹이기 위해 노력하고 있을 것이다. 표면적으로 그러한 노력이 보이지 않아서일 뿐이지 실제로는 암암리에 많은 노력을 하고 있을 것이다.

土의 상태

土는 당연히 자신의 계절이다. 丑土가 土이니까 더 이상 긴 말이 필요 없다. 그런데 土가 그렇게 활발하게 보이지 않는 이유는 무엇일까? 겨울의 언 땅이라서 그렇게 느껴지는 것이다. 그래서 약간 아쉽기는 하지만 그래도 土의 계절이니까 자신의 세력을 일부 얻은 것은 틀림없다. 물론 동짓달의 썰렁한 물천지와 비교한다면 엄청난 변화라고 봐야 겠다.

하지만 역시 섣달의 土는 다소 허약한 것이 사실이다. 土도 火氣를 좀 받아야 제 기능을 발휘할 수 있는데, 이렇게 천지가 꽁꽁 얼어 있는 상황에서는 온기(溫氣)를 느끼기 어렵다.

金의 상태

金의 입장은 다른 오행에 비해 가장 나은 편이다. 다소 냉랭하다는 것만 빼고서는 대체로 유리한 입장이 된다고 본다. 따라서 춥다는 문제만 해결되면 金으로서는 기분 좋게 土의 기운을 받을 수 있는 상황이 된다. 그리고 선천적으로 丑土와 金은 궁합이 천생연분이다. 그리고 丑土 자체도 이미 金을 위해서 만들어진 것이라고 해도 과언이 아니다. 그만큼 丑土는 金과 인연이 좋으므로 둘 사이는 뗄래야 뗄 수 없는 깊고 끈끈한 사슬로 묶여 있다고 하겠다. 특히 푹푹 찌는 여름날에 태어난 金이라면 이때의 丑土는 천금의 가치가 넘는 보물이 된다.

水의 상대

丑月의 水라고 한다면 글쎄……. 별로 반가운 관계라고는 할 수 없다. 아직도 대지는 꽝꽝 얼어붙어 있고, 이때 물은 따스한 불길을 만나고 싶은데 상황은 반갑지 않은 겨울의 土 천지이다. 그러나 단 한 가지, 다른 계절에 태어나서 의지할 만한 金이 없는 상황에 처한 물이라면 이때는 丑土가 최고로 반가운 법이다. 丑土만 있으면 세상 고민이 모두 끝나버릴 만큼 안정된 흐름을 탈 수 있겠다. 즉 丑土 속에 들어 있는 癸水와 辛金의 영향으로 그렇게 되는 것이다. 표면적으로는 비록 土剋水 관계이지만 세상의 이치에는 표면적인 것만 있는 것은 아니니까 단정을 해서는 안 된다. 표면에 문제가 있는 반면 내면적으로는 도움이 되고, 겉으로는 아무 문제가 없는 것 같아도 속을 들여다보면 이미 곪아 터져서 냄새가 진동하는 경우도 흔히 있다. 앞의 경우는 건달과 장사꾼 관계로 생각해보고, 뒤의 관계는 재벌들의 결혼생활 정도로 생각해보면 어떨까 싶다. 그렇게 서로서로 표리(表裏)를 달리한 채 살아가는 경우도 있는 모양이다. 물론 가난하고 평범하게 살아가는 사람들은 그렇게 이중삼중으로 자신의 삶을 꾸려나갈 형편이 되지 않는다. 뭔가 여유가 있어야 그것도 가능한 모양이다.

제3장
인목

寅木을 보면 왠지 포근한 느낌이 감돈다. 이미 겨울이 지나갔다고 생각되어서일까? 그러나 일반인들의 생각에는 살벌한 분위기가 떠오를지도 모르겠다. 이유는 바로 호랑이 모습이 어른거리기 때문이다. 하긴 얼마 전 출생아 비율에 대한 보고가 있었는데, 여아 출생이 줄어드는 해가 범띠해와 말띠해라고 한다. 범띠와 사주가 무슨 관계가 있기에 그렇게 목숨들을 걸고서 낳지 않으려고 안달일까? 범띠 딸이 되면 운명이 사납다고 생각해서 뱃속에 아이가 생기면 병원으로 쪼르르 달려가서 아들인지 딸인지를 살펴보고서는 딸이라면 얼른 포기하는 모양이다.

그런데 과연 이렇게 부산을 떨어서 무슨 이득을 얻겠다는 것인지 오행원리에 약간 눈뜬 낭월이가 볼 적에는 한심하기 짝이 없는 미신적인 행동일 뿐이기에 죽어가는 생명들이 안타깝게 느껴지기만 한다. 물론 자신의 자식에게 고통을 주고 싶지 않다는 소박한 마음을 모르는 바 아니지만, 이렇게 어리석은 판단으로 못할 짓을 저지르는 것이 안타깝다는 이야기다. 그래서 일반인들도 상식 수준으로 간지의 속사정 정도는 이해하면 좋겠다는 마음이다.

상징성

寅木을 상징하는 것은 봄의 시작이 될 것이다. 寅木에서는 힘이 느껴지는데 그 힘은 솟구쳐 올라가는 새싹의 힘으로 떠오른다. 그러나 이것은 이미 간지에 어느 정도 익숙해진 사람의 생각일 거고, 보통 초보자들은 그냥 호랑이를 연상하는 정도일 것이다.

호랑이에게서 떠오르는 것은 무엇일까? 먼저 숲 속에서 웅크리고 있다가 지나가는 토끼를 향해 튀어나가는 총알과도 같은 스피드가 떠오른다. 사자와 호랑이를 비교해보면 호랑이는 잠복하고 있다가 덮치는 형이고, 사자는 쫓아가서 물어뜯는 형이라고 한다. 그렇다면 호랑이와 寅木을 연관시켜볼 만한 건수는 어떤 것이 있을까.

이치적인 연구

상징은 어디까지나 상징이다. 참고는 되겠지만 그 자체가 하나의 이론이 되는 것은 아니라는 이야기이다. 그러니 이제 본론으로 들어가본다. 기본 이치에다 상징성에서 얻은 상식을 꿰어넣어야 비로소 상징에 생명력이 주입되는 것이 아닐까 싶다.

호랑이의 솟구치는 탄력에 대해 생각하면서 寅木 속에 들어 있는 丙火를 떠올려봤다. 앞서 천간에 대해 설명하면서 丙火는 火氣라는 이야기를 상세하게 말씀드렸다. 火氣는 빛이라고 했으니 이 빛이 얼마나 빠르냐에 대해서는 새삼 말이 필요 없을 것이다. 빛의 초당 속도가 지구를 7.5바퀴 돈다는 것은 누구나 알고 있는 사실이다. 그렇다면 이렇게 빠르디는 것을 나타내는 데 적합한 동물로 역시 호랑이를 떠올릴 만하다는 생각이 든다.

호랑이의 스피드를 높이 사서 寅木과 호랑이를 연관시켰을 것이다.

또 있다. 호랑이는 고독하다. 혼자서 생활하기 때문이다. 그래서 戊土의 의미도 가졌다고 할 수 있다. 戊土는 성분이 고독한 것으로 정의되어진다. 그렇다면 동물들 중에서 고독하면서도 스피드가 있는 것은 무엇일까를 생각했을 때 호랑이가 떠올랐을 가능성이 높았겠다.

그렇다면 甲木의 성분은 어디에서 찾을 것인가.

어찌 된 일인지 옛 사람들은 陰氣를 사악(邪惡)한 것으로 인식하고, 陽氣를 공명정대(公明正大)한 것으로 추어올리는 듯한 분위기가 있는 것을 느낀다. 이분법적인 사고방식은 바람직하지 못하다. 그러나 권선징악(勸善懲惡)이라는 말에도 나타나 있지만, 사물을 선악이라는 이분법적으로 분류해서 취급하는 것도 사실이다.

따라서 寅月이 되어 양기가 강해지면 악이 물러가고 선이 자리잡는 분위기라고 단정한다. 호랑이가 가지는 민간의 상징성 중 중요한 것이 악을 몰아낸다는 의미이다. 고래로 민간신앙에서 두려운 존재를 수호신으로 삼음으로써 상대적으로 안정감을 느끼려 했던 것이다. 그런 의미에서라면 호랑이는 단연 용맹스럽고 두려운 존재이므로 부적으로 사용할 만한 가치가 충분하다고 생각된다. 겨울을 넘기고 새로운 마음으로 시작하는 봄의 기운은 희망 자체라고 해야겠다. 이런 이유로 '寅=호랑이'의 관계가 성립되었을 것이다.

지장간의 원리

출처	내용		
항신재 역설	戊 7일 2분 반	丙 7일 2분 반	甲 16일 5분
연해자평 정해	戊 7일 2분	丙 7일 2분	甲 16일 2분
명리정종 정해	戊 7일 2분 반	丙 7일 2분 반	甲 16일 5분
삼명통회	己 7일	丙 5일	甲 18일
적천수 징의	戊 7일	丙 7일	甲 16일
자평진전 평주	戊 7일	丙 7일	甲 16일
명리신론	戊 7일 2분 반	丙 7일 2분 반	甲 16일 5분
명학비해	戊 7일 2분 3	丙 7일 2분 3	甲 16일 5분 4
사주첩경	戊 7일 2분	丙 7일 2분	甲 16일 5분
컴퓨터 만세력	戊 7일 2시간	丙 7일 2시간	甲 16일 5시간
적천수 상해	戊 7일	丙 7일	甲 16일
사주정설	戊 7일 2시간	丙 7일 2시간	甲 16일 5시간

월률분야의 사용결정표

형태	내용		
원칙적 공식	戊 7일 2분	丙 7일 2분	甲 16일 5분
실용적 공식	戊 7일	丙 7일	甲 16일

寅木의 지장간은 戊丙甲이다. 다른 대서는 모두 공통적으로 연결되어 있는데 유독 삼명통회에서는 己丙甲으로 되어 있다. 이것에 대해서 그냥 넘길 수만은 없다는 생각이 든다. 월령 지장간에서의 배치 흐름은

모두 앞 월의 장간을 이어서 다음의 처음으로 연결되게 되어 있다. 그런데 어째서 寅月이 되면 그러한 흐름을 무시하고 그냥 戊丙甲으로 구성되는가에 대해 의문을 갖지 않을 수 없다. 어느 교과서에서는 寅月이 추운 계절이기 때문에 습토[己土]가 힘이 없어서 그대로 陽土인 戊土가 등장하게 되었다고 한다.

다른 공식에서는 모두 戊丙甲으로 쓰기 때문에 일단 그렇게 써야겠으나, 戊丙甲 속에는 己戊丙甲이라는 암시가 포함되어 있다는 점을 고려하고 넘어가는 것이 좋겠다. 그리고 이러한 공식은 寅月과 대치되는 월령인 申月에서도 나타난다. 申月의 장간은 己戊壬庚으로 되어 있다. 그런데 여기에서도 책에 따라서는 그냥 戊壬庚으로만 표기한 곳도 많기 때문에 역시 일치되지 않고 있다. 그렇다면 여기에는 또 다른 이야기를 집어넣어도 될 만한 공간이 있을 것도 같다.

즉 겨울에서 봄으로 넘어가는 계절과 여름에서 가을로 넘어가는 계절에는 그 기운이 불안정하다는 것이다. 원래 金水는 서로 닮았고, 木火도 서로 통한다. 그것은 실제로 사주를 봐가면서 느낄 수 있는 것이기도 하다. 반면 水木 관계나 火金 관계는 약간 부드럽지 않은 흐름이 있다. 따라서 약간 불안한 기운이 요동을 치면서 바로잡는 과정에서 己戊丙甲이어야 할 기운에 변화가 생겨 그냥 戊丙甲이 되었을 것으로 추측한다. 원래 환절기(換節期)에는 공기의 흐름도 평탄하지 않다. 환절기라면 일 년에 네 번 있는 것이 원칙이지만, 실제로 겨울에서 봄으로 가는 계절과 여름에서 가을로 가는 계절에 유난히 감기환자가 많다. 이것은 이 계절의 지장간에 들어 있는 뭔가 불안한 기운의 영향력 때문이 아닐까 한다. 삼명통회의 己丙甲을 보면서 뜻밖의 배합에 놀라웠다.

그냥 월령의 연속성을 생각하지 않고 단지 寅木으로만 생각하는 지장간은 각기 퍼센트 별로 표기하면 되겠다. 그러면 대충 7. 7. 16이라는 것을 토대로 살펴볼 적에 戊土-약 25퍼센트, 丙火-약 25퍼센트, 甲木-약 50퍼센트 정도로 보면 무난하겠다. 그리고 습기는 전혀 없는 것으로 봐서 건조한 성분임을 알겠다.

계절적인 의미(立春~雨水)

계절로 본 寅月은 할 말이 많을 듯하다. 앞에서도 이야기했지만, 겨울에서 봄으로 넘어가는 시간이기에 그럴 것이다. 뭔가 바뀐다는 것은 그만큼 많은 변화를 의미하기 때문이다. 자평진전(子平眞詮)에서는 寅月을 상하로 나눠서 봐야 한다고 적고 있다. 상반기(上半期)의 계절은 입춘(立春)에서 우수(雨水) 사이인데, 이때는 아직 춥기 때문에 본격적으로 봄이라고 보기에는 이르다는 이야기이다. 지장간으로는 戊土와 丙火의 관할하에 있는 시기이다. 그리고 본격적으로 초봄이라고 할 만한 것은 적어도 우수(雨水)가 지나고서 경칩(驚蟄)까지이다.

즉 입춘의 시기에는 땅 속에서 봄기운이 시작되었지만, 그 기운이 아직 땅을 뚫고 올라오지는 못했다고 보는 것이다. 그리고 우수가 지나면 비로소 그 기운이 표면으로 발산된다. 이러한 것으로 寅月을 관찰하는 것이 가장 적절하다고 생각된다. 그만큼 변화가 많은 월이라는 의미도 포함된다. 이때에는 아마도 천지의 기운이 급속하게 진행되는 모양이다. 그래서 사람들 생각도 이때쯤 급속하게 움직이는 것 같고, 이 시기가 되어야 많은 사람들은 새로운 한 해의 본격적인 시작을 느낄 것이다.

입춘이라고 하면 양력으로는 2월 4~5일 무렵이다. 음력으로는 설을 전후한 시기이기도 하다. 이때가 되면 사람들의 마음 속에는 뭔가를 기대하고 부푼 마음으로 설레기 시작한다. 학생은 학생들대로 진급·진학에 따른 변화가 생기고 괜히 어른이라도 된 것처럼 우쭐대고 싶은 생각이 들고, 직장인은 또 그들대로 올봄에는 승진이라도 있지 않을까 싶어 기대감을 가져보게 된다. 설날은 입춘을 전후로 15일 이내에 해당한다. 그러니까 매년 약간의 차이(15일 이내)는 있겠지만, 이 무렵이 되면 많은 사람들은 왠지 희망적인 생각으로 새로운 기대를 갖는 것 같다. 이 원인이 바로 寅月의 불안정한 흐름에서 기인한다고 보고 싶다. 즉 불안정하면서도 희망적인 것은 지장간 구조에 의해 그러한 영향을 받게 된다는 것이다.

卦象의 관점으로 보는 寅月

䷊	上卦는 地가 되고	泰는 아버지의 정액과 어머니의 난자가 결합하여 한 생명이 이 땅에 태어나는 것을 의미한다.
	下卦는 天이 되어	
	합해서 地天泰이다	

드디어 출산(出産)을 한 모양이다. 그래서 경사스러운 것일까? 泰는 태평(泰平)의 의미가 포함되어 있다. 그것도 기다리던 아들을 얻은 모양이다. 위와 아래가 음양이 반반으로 되어 있는 것도 반가운 일이지만, 서서히 양의 기운이 넘쳐오른다는 의미에서도 반가운 괘로 취급했다. 원래 지천태(地天泰)는 사대 길괘에 속하는 좋은 의미를 갖고 있는 것으로 여겨졌다.

음양이 균형을 이루는 것은 누가 봐도 즐거운 일이다. 이것이 서로 반반이 되기는 참으로 어려운 일이라 여겨지는데 태괘에서는 기적적으로 그러한 균형이 잡힌 것이니 이를 기념삼아서 잔치를 할 만도 하겠다. 역경에서는 이렇게 아주 편안하고 화평스러운 상황을 갖고 있다고 나와 있다. 그러나 이것은 지장간의 의미가 없는 경우에 해당하므로 지장간의 상황을 이해하기 위해서는 앞의 예도 잘못될 것은 없다.

그리고 입춘이 되면 예전에는 집집마다 입춘방을 대문에 써 붙이기도 했는데, 요즘은 거의 사라져서 보기 어려운 풍습이 되어가는 것 같다. 이러한 이유 중에 하나는 계절감각이 점차 무뎌져가기 때문이 아닐까 싶다. 요즘은 겨울에도 수박이 나뒹굴고, 여름에도 얼음 덩어리가 돌아다니니 계절감각이 둔해지는 것도 무리는 아니라고 생각된다.

오행의 상황판단

木의 상태

기다리고 있던 상황이 전개된 것이니 당연히 생동감이 넘쳐나게 된다. 잔뜩 웅크리고 햇살이 퍼지기만 기다렸던 木으로서는 기지개를 켜고 살아나게 되어 주체세력이 되는 것이다. 참으로 신나는 상황이 될 것이다.

火의 상태

火의 입장에서야 더욱 의미가 크다고 하겠다. 매서운 바람 앞에서 고양이에게 잡힌 쥐 꼴이었는데 이제 안전한 홈그라운드에서 어머니의 젖(木)을 물고 늘어지게 휴식을 취해도 되는 상황이니 더 이상 설명이 필요 없겠다.

土의 상태

土의 입장에서는 일이 좀 많겠다. 물의 작용도 막아야겠고, 木 기운이 뿌리를 펴도록 협조도 해야겠고, 애써 가꿔온 불이 비바람에 꺼지지 않도록 보호해야 하는 일인사역(一人四役)을 수행하는 분주한 상황이기 때문이다. 그래서 寅月의 戊土라고 하면 매우 불안정하고 분주한 상황이 될 것이다. 물론 상당히 좋지 않은 상황이라는 이야기이다.

金의 상태

원래 패전지장(敗戰之將)은 말이 없는 법이다. 이미 지난 丑月에 창고 속으로 들어가버린 金의 입장에서야 그냥 가만히 있는 것이 도와주는 것이다. 괜히 자신의 일을 한답시고 서리라도 한바탕 뿌린다면 모든 초목들은 시들고 말 것이고 그렇게 되면 온 동네방네의 욕만 먹게 될 것이 분명하기 때문이다. 즉 활동을 할 시기가 아니라는 이야기이다.

水의 상태

水의 입장에서는 애를 낳은 장본인이다. 몸조리나 잘 해야 하는 상황이라고 봐서 허약한 입장에 해당한다. 조용하게 휴식이 필요하다. 간간이 미역국은 먹어야겠지만, 기운은 매우 허약해서 아무것도 마음대로 할 수 없다.

제4장
묘목

이제 木이 왕성해지는 계절로 접어들었다. 卯木은 木의 대왕(大王)이라고 불린다. 그만큼 강하다는 의미겠는데, 王은 旺(왕성할 왕)과도 서로 통하기 때문에 그냥 왕이라고 부른다. 그래선지 몰라도 卯木을 생각하다보면 관솔이 떠오른다. 관솔은 소나무의 속고갱이가 송진과 어우러져 돌처럼 단단해진 부분을 말하는데, 여기에 불을 당기면 활활 잘도 탄다. 그리고 관솔은 땅 속에 묻혀 있더라도 전혀 썩지 않는다. 그만큼 단단한 조직이기 때문에 이 글자의 의미와 통한다고 느껴지고 단단한 나무의 형상으로 다가오는 것이다.

그러나 벗님은 또 다른 생각을 갖고 계실 수 있다. 즉 '卯木=陰木=화초(花草)'로 이어지는 함수관계가 떠오른다면 십중팔구는 바람에 살랑살랑 흔들리는 난초 잎이 떠오를 것이다. 그러면 과연 卯木의 정체는 무엇인지 깊숙이 파고 들어가보도록 하자.

상징성

卯를 보면서 토끼가 떠오르지 않는다면 오히려 이상할 것 같다. 역시 일반인의 상식은 옳건 그르건 짚고 넘어갈 가치가 있다. 그래서 무엇보다도 먼저 토끼의 의미를 생각해봐야겠다. 벗님은 토끼 하면 무엇이 떠오르는가. 커다란 귀? 아니면 하얀 털? 그도 아니라면 빨간 눈? 아마도 대충 그러한 모습이 연상될 것이다. 낭월이가 생각하기에 토끼의 가장 큰 특징은 귀다. 그래서 토끼 흉내를 내보라고 하면 누구나 손을 펴서 머리 위로 가져간다.

귀가 발달해 있다는 것은 무엇을 의미할까? 일단 듣는 신경이 예민하게 발달했음을 의미한다. 그리고 듣는 신경이 발달한 이유는 보는 신경이 상대적으로 둔하기 때문일 거라는 생각도 해본다. 그런데 귀가 발달한 것이 눈이 발달한 것에 비해 유리할 수도 있다. 눈은 아무리 발달해도 잠을 자는 동안에는 아무 도움이 되지 않는다. 그런데 귀는 낮이나 밤이나 항상 열려 있는 상태이기 때문에 언제든지 바스락거리는 소리에 민감하게 반응할 수가 있다.

그렇다면 이 녀석은 신경이 예민할 것이고 깊은 잠을 자지 못할 것이라는 상상도 능히 할 수 있겠다. 그런데 신경이 예민한 것과 卯木은 무슨 연관이 있을까. 木이 상징하는 것이 원래 신경망이기 때문에 밀접한 연관성이 있다는 것이다. 그렇다면 고인(古人)도 卯木의 신경망과 토끼의 신경을 연관시켜보셨다는 이야기일까? 물론 알 수는 없지만, 현재의 상황으로 본다면 틀림없이 木과 신경과는 연관점이 있다고 본다. 무엇보다도 卯木은 陰木의 영향이 가장 강하다. 그리고 陰木은 木의 형상에 가깝고, 陰木의 형상으로 乙木에 대한 항목을 보면 초목과 함께 덩굴성 식물이라는 의미가 부여된다는 것을 알 수 있다. 이 덩굴성 식물이라는 것은 신경망과 연관시켜보고 싶어서 들고 나왔다.

몸 속의 신경조직은 사방으로 얼기설기 되어 있다. 비록 보이지는 않지만 반응을 하는 것으로 봐서 어느 구석이든지 신경이 미치지 않는 곳이 없다. 그리고 그러한 신경의 줄기는 뇌와 등줄기를 타고 흐르는 척

수가 된다. 이것을 근간으로 해서 온몸의 구석구석으로 연결되어 있을 것이다. 그리고 지상에서도 이러한 상황을 볼 수 있다. 사방에 뻗어 있는 전깃줄이나 전화선을 보면 신경망과 많이 닮았다는 느낌이다. 그리고 이러한 것은 모두 乙木(덩굴)을 닮아 있고, 그 乙木 성분이 가장 많이 담겨 있는 글자가 바로 卯木이다. 그렇다면 토끼의 신경예민성과 卯木과의 연관성이 어느 정도 성립한다고 여겨봄직 하겠다.

이치적인 연구

卯木에서 가장 중요한 점은 木이 가장 왕성한 지지라는 것이다. 그렇게 왕성한 木이기에 어느 누구와도 당당하게 부딪쳐가는 힘이 있다. 이것은 이미 寅月에게서 상당한 힘을 얻은 후에 본격적으로 자신의 영역을 구축한 상황이기 때문에 가능한 것이다. 그래서 이미 한 부분에서 확고한 자리를 차지한 상황이라 하겠고 그 한 가지 분야가 바로 木의 분야인 것이다. 그래서 卯木은 木의 가장 핵심이라 하겠고, 또 이러한 이야기는 나중에 합에 대한 이야기를 할 기회가 있을 때 상세히 설명할 참이다. 寅木과 卯木을 비교해본다면 寅木은 아직은 덜 성숙한 상태이기 때문에 다소 복잡한 양상을 띠고 있는 반면에 卯木은 이미 모두 자란 후이기 때문에 순수한 木의 성질로만 구성된 것이라 하겠다.

지장간의 원리

역시 지지에 대한 이야기는 지장간을 떠나서는 상황 설명이 쉽지 않다. 卯木의 지지는 비교적 간단하다. 그래서 간단한 지지에 대해 검토해보는데, 그래도 앞과 같이 다양한 상황을 함께 생각해보도록 한다.

출처	내용		
항신재 역설	甲 10일 3분 반		乙 20일 6분 반
연해자평 정해	甲 10일 5분		乙 20일 6분
명리정종 정해	甲 10일 3분 반		乙 20일 6분 반
삼명통회	甲 9일	癸 3일	乙 18일
적천수 징의	甲 10일		乙 20일
자평진전 평주	甲 10일		乙 20일
명리신론	甲 10일 3분 반		乙 20일 6분 반
명학비해	甲 10일 3분 반		乙 20일 6분 반
사주첩경	甲 10일 3분		乙 20일 6분
컴퓨터 만세력	甲 10일 3시간		乙 20일 6시간
적천수 상해	甲 10일		乙 20일
사주정설	甲 10일 3시간		乙 20일 6시간

월률분야의 사용결정표

형태	내용		
원칙적 공식	甲 10일 3분		乙 20일 6분
실용적 공식	甲 10일		乙 20일

 이렇게 알고 있으면 충분하겠다. 그런데 삼명통회에서는 특이하게도 卯의 월률장간으로 중기에 癸水가 들어 있다. 이것은 어느 곳에서도 없는 사항인데, 과연 어떻게 이곳에 癸水가 들어갈 수 있었는지에 대해서는 도저히 결론이 나지 않는다. 그래서 생각하기에 일단 오자(誤字)가 끼여든 것이 아닐까 하는데, 날짜 배열을 보면 또한 중간의 기운이 빠

져서도 안 된다. 그래서 삼명통회의 기록에 대해서는 언젠가 적절한 자료가 나타날 때까지 보류해야 할 것이다. 그 나머지 지지에 대한 자료에서는 모두 대동소이하게 나타난다.

월률분야에서 卯木의 장간은 단순하기 때문에 이야깃거리를 만들어 보려고 해도 별로 신통한 것이 없다. 단지 지난 寅月에서 넘어온 甲木의 영향이 10일간 지속되었고, 본격적으로 乙木의 기운은 20일간 전개되는 것이 전부이다. 그래서 甲木 성분에서 木의 기운이 서서히 응고되면서 자리를 잡아가는 것이다. 아무래도 寅月에 그 기운이 다소 불안정한 상태였다면 卯月이 되면서 그러한 木의 기운(甲)들이 엉겨서 구체적으로 木의 형태를 나타낸다고 보는 것이다. 즉 처음에는 그냥 천지간에 나무의 성분들이 흩어져 있다가 卯月로 들어가면서 비로소 자신의 본래 성분인 木質을 드러내는 것이다. 그제야 우리는 나무들이 성장하는 것으로 인식하게 된다. 이러한 구조를 바탕삼아 장간 분야에서 좀더 구체적으로 생각해보도록 하자.

장간 분야에서는 卯木을 그냥 乙木으로만 표기하는 경우가 많다. 그런데 이것에 대해서 의문을 제기해본다. 과연 乙木으로만 생각해야 할지 약간은 납득되지 않는 부분이 있기 때문이다. 乙木으로만 보지 않고, 甲木 성분도 포함되었다고 보는 것이 더욱 현명하지 않겠는가 하는 점이다. 이러한 이야기를 하면서 주의해야 할 것은 참으로 卯木에는 甲木 영향이 없는 것인지, 아니면 생략된 것인지 분명히 짚고 넘어가야 한다. 만약에 생략된 것이라면 우리는 분명히 甲木 성분이 그 속에 포함되어 있음을 인식해야 하고, 전혀 없는 것이라면 분명하게 없다고 해야 한다. 그런데 낭월이가 생각하기에는 생략된 것으로 느껴진다. 즉 이미 木의 기운이 왕성하기 때문에 구태여 甲木 부분은 언급하지 않지만 이미 그 속에 존재한다는 것이다. 그런데 이러한 陽木과 陰木에 대해 만약 다음과 같이 분리해 생각한다면 이것은 엄청난 차이를 보일 것이고, 만약 이것으로 대입하면 상당한 오류가 발생할 것이다.

지장간의 원리로 따져보면 卯木의 성분은 100퍼센트 乙木이 아닌 70퍼센트 乙木이다. 그리고 30퍼센트는 甲木인 것으로 봐서 이렇게 자리잡은 나무는 그대로 뿌리를 의지하면서 계속 뻗어 올라가는 것이다. 이 30퍼센트라는 성분은 그렇게 자라고 있다는 의미가 될 것이다. 즉 그냥 100퍼센트의 乙木이라면 이미 다 자라서 더 이상 성장하지 않는, 이제는 죽어야 하는 상황의 나무가 될 것이다. 卯木에서 느껴지는 30퍼센트는 그러한 의미에서 생동감으로 느껴진다. 물론 이것은 미래지향적인 성분이고 원래 木 성분 자체가 미래지향적인 것을 특징으로 한다.

여기에서 재미있는 점을 하나 발견할 수 있다. 즉 生木에서는 언제나 甲木과 乙木이 공존한다는 것이다. 가령 죽어 있는 나무라면 그곳에는 이미 성장하는 기운이 하나도 없는 셈이다. 즉 지장간으로 따진다면 甲木이 30퍼센트가 아니라 0퍼센트인 셈이다. 이러한 것을 보면 참으로 자연의 질서가 재미있다는 느낌을 갖게 된다. 이것은 다른 오행에 배속시킨다 해도 마찬가지 의미를 가진다. 가령 처음에 배웠던 子水에 대입하면 물이 壬水와 癸水가 적절히 배합되어 있어야 한다는 것이다. 물(70퍼센트)에다 水氣(또는 생기-30퍼센트)기 서로 어우러져야 완전한 육각수(六角水)를 이루는 것으로 생각하면 되겠다. 그리고 점차로 죽어가는 물은 壬水 영역이 점차 줄어드는 과정이라고 볼 수 있다. 가령 1급수가 30퍼센트 壬水라고 한다면 2급수는 20퍼센트 壬水일 것이고, 3급수는 10퍼센트 미만의 壬水가 포함된 癸水가 될 것이다. 이러한 원리로 접근해본다면 같은 물이라도 음양의 배합에 따라 상황이 달라짐을 알 수 있다.

이러한 이치는 나무로 그 대상을 바꾼다 하더라도 달라질 것이 없다. 이런 의미에서 서울 도심의 가로수로 서 있는 나무들은 아마도 그 비율이 乙木(90퍼센트)+甲木(10퍼센트)의 결합쯤이 될 것이다. 그렇게 생존 자체를 위협받고 있는 상황이다. 반대로 나무들에게 甲木의 비율이 높으면 그만큼 사람이 살기에도 좋은 것으로 추정하면 되겠다.

계절적인 의미(驚蟄~淸明)

절기로는 경칩(驚蟄)에서부터 청명(淸明)까지를 卯月이라고 한다. 卯月이 되면 봄이 무르익었다고 해야겠다. 그야말로 명실상부한 봄인 셈이다. 아직도 체감하기에는 다소 이른 봄이라 할지 모르나 木은 이미 힘을 받을 대로 다 받았기 때문에 이때 해당하는 나무들은 모두 기운이 넘쳐 있다. 이렇게 卯月의 생기를 받은 나무들은 卯月 말에서 辰月 초가 되면서 모두 자신의 자리를 찾아가는 순서를 밟게 되어 있다. 사실 아직 본바닥에 심기에는 약간 이른 셈이다. 자체적으로 그 힘을 충분하게 받을 시기라고 보는 것이 더욱 정확할 것이다. 이렇게 기운을 받은 다음 그 기운을 갈무리하고 나서 비로소 이식하면 좋겠다. 만약에 이미 제자리에 심어진 나무라면 기운을 최대한으로 축적한 상황이라고 하겠다. 또한 얼마 후에 자신의 힘을 활발하게 터뜨리게 되는 춘삼월을 맞이할 것이다. 지금은 춘삼월의 백화만발(百花滿發)하는 시기를 기다리는 셈이다.

사실은 이렇게 기운을 가득 품고 있을 때가 가장 왕성한 것이다. 이미 눈이 나오고 잎이 돋고 꽃을 내밀기 시작하면 벌써 그 기운은 누설(漏泄)되는 것이라고 봐야 옳다. 따라서 卯月에는 어지간히 성질급한 식물이 아니고서는 아직 누설하지 않고 계속 기운을 모으고 있다. 이렇게 기운을 모으는 것도 바로 卯月의 작용 때문이다.

전에는 이러한 상황에 대해서 야간 달리 생각했던 적도 있었다. 즉 적어도 잎과 꽃이 피어나기 시작해야 木이 왕성하다고 느낀 것이다. 그러나 요즘 와서 다시 살펴보면 그게 아닐 거라는 생각이 든다. 즉 예전에는 적어도 청명(淸明)이 되어야 비로소 봄이라고 느끼면서 아무래도 한반도 계절에 중국의 절기를 대입시키다보니 뭔가 사인이 잘 맞지 않는 것이라 생각했다. 그러나 기운 면에서 살펴보니 전혀 그것이 아님을 깨달았다. 그리고 옛 어르신의 안목이 역시 정확했다는 생각을 하면서 새삼 존경심을 가지게 되었다.

이제야 비로소 卯月이 왕목의 시기라고 하는 이유를 이해할 것도 같다. 卯月에 겉으로 변화를 확인할 수 없어도 이미 왕성한 기운을 축적하고 있는 상황이기에 가장 강하다는 것이다.

卦象의 관점으로 보는 卯月

卯月의 괘상은 어떻게 생겼는지 무슨 의미가 있는지 한 번 확인해보도록 하자.

䷡	上卦는 雷가 되고	대장(大壯)은 하늘(天) 위에 우레(雷)가 울리는 상으로 안으로 강건하고 밖으로 크게 움직여 씩씩하니 대장이라고 부른다.
	下卦는 天이 되어	
	합해서 雷天大壯이다	

대장(大壯)의 의미를 보면 이제 하괘의 순양에서 더욱 커진 기운덩어리가 상괘까지 전달되어가는 형상이다. 그리고 이러한 힘은 웅장하게 성장하는 의미로 거침없이 진행한다는 의미도 포함하고 있다. 그러나 아직도 음기를 완전히 제어하기에는 약간 부족한 상황이다. 그리고 초목의 눈들도 이때쯤이면 움트려고 하는 상황이다. 이미 앞에서도 말했지만, 움트려고 하는 상황과 이미 움트고 있는 상황과는 상당한 차이가 있다는 것을 인식해야겠다. 현재 상황은 아직 움을 트기에는 약간의 준비작업이 필요하다. 주역에서도 이러한 卯月의 상황이 포함되어 있다.

이미 넘쳐 흐르는 기운은 대문까지 도달해 있다. 이제 문만 밀치고 나가면 된다. 이러한 의미를 가지고 있는 것으로 봐서 역시 卯木은 표면적으로 활동하는 성질의 나무는 아니라는 것을 알겠다. 다만 그만한 잠재력을 가지고 있는 상태이다.

오행의 상황판단

木의 상태

卯月의 木에 대해서는 더 이상 말씀드리지 않더라도 이해가 될 것이다. 상당히 왕성한 힘을 축적하고 막 터지려는 상황에 있는 상태이다. 그래서 대단한 힘을 갖고 있는데, 당연히 봄에 태어난 나무이기에 그러한 의미를 부여하게 된다.

火의 상태

이미 寅月에서부터 힘을 길러온 불은 이제 상당히 강해져가는 입장이다. 웬만한 장애물들은 스스로 해결할 수 있을 정도로 힘을 얻은 것이다. 이렇게 기세 좋게 타오르는 힘을 가지고 있는 불에게 아무도 섣불리 덤벼들지 못한다. 아무래도 뿌리가 튼튼한, 복받은 불이 아닐까 싶다.

土의 상태

이때의 土는 이미 허약해질 대로 허약해져 있는 상황이다. 사실 이렇게 木이 왕성해지면 상대적으로 土는 허약해지는 게 정상이다. 그래서 土는 자취도 없는 상황인가? 卯月에서는 土의 구조가 드러나지 않는다. 그야말로 죽을 지경인 셈이다. 나무뿌리의 에너지가 넘치니까 반대로 극을 받는 것은 土가 되는 셈이다.

金의 상태

아무리 천하에 두려울 것이 하나도 없는 金이라 한다지만, 주의하지 않고 까불다가는 경우에 따라서 콧잔등이 성하지 못할 것이다. 어쨌든 金의 입장에서도 그냥 조용하게 자신의 자리나 지켜주고 주는 월급이나 타갔으면 좋겠다는 생각을 하게 된다. 이러한 金이 상황판단도 못하고 나섰다가는 아마도 木에게 상당한 곤욕을 치르게 될 것이다. 이미 홈그라운드를 차지한 卯月의 나무라면 능히 金에게라도 대들 기세일 것이다.

水의 상태

卯月의 水는 이미 상당히 위축되어 있는 상황이다. 木이 자신의 에너지 축적을 위해 최대한 흡수를 했기 때문이다. 상황이 이러하니 水의 기운은 완전히 탈진된 상황이라 하겠는데, 이때의 물이 자신의 명맥을 유지하기 위해서는 金의 원조를 받아야 한다. 힘이 빠져버린 상태에서는 아무것도 할 수 없기 때문에 卯月의 물은 휴식을 취하도록 배려해야 한다.

그런데 사주에 따라서 卯月에 물이 필요한 상황이 있을 수도 있다. 그런 상황이라면 그 사주는 아마도 볼품없는 사주일 것이다. 왜냐면 이렇게 木이 왕성한 상황에서마저 물을 써야 하는 경우라면 그 조건이 결코 순탄하지만은 않을 것이 분명하기 때문이다. 이러한 것을 일러서 격국이 약하다는 말을 하고, 또 다른 말로는 등급이 낮다는 말도 가능하다. 자신이 처한 상황에서 가장 힘이 있는 글자를 사용하지 못하고 허약한 글자를 사용하는 경우라면 낮은 점수를 부여할 수밖에 없다.

제5장
진토

언제 생각해봐도 만만치 않은 지지가 바로 이 辰土인 듯싶다. 만물이 소생하고 생기를 받고 움직이기 시작하는 시기에 해당하는 계절을 상징하는 글자인 것은 알겠다. 그런데 이 글자가 갖고 있는 의미는 여러 가지가 되어서 복합적으로 이해를 해야 하지 않을까 싶다. 그렇다면 辰土를 연구하기 전에 과연 어째서 그렇게 여러 가지 생각을 해야 하는지 관찰해보도록 하자.

상징성

가장 먼저 辰土를 상징하는 것은 뭐니뭐니해도 용(龍)이 될 것이다. 그러면 지구상에서 어떤 동물을 용의 분류로 넣을 것인지 한 번 살펴보자.

용과 辰土와의 어떤 연관성을 떠올려보자니까 아무래도 자꾸 토룡(지렁이)이 생각난다. 사실 辰土를 가장 좋아하는 것으로는 지렁이가 제격인데, 지렁이를 일명 토룡이라 하는 것으로 봐서 辰土와 용이 전혀 무관하다고는 못 할 것 같다. 일단 辰土의 형태가 축축하고 부드러우면서 기름진 흙이라는 것을 볼 적에, 일리 있는 이야기 같다.

그리고 辰月이 되면 '룡'자가 들어간 동물들(대부분의 파충류)은 모두 살맛이 날 것이다. 양력으로는 이미 4월이 진행되고 있으니 냉혈동물인 파충류들에게는 가장 좋은 시절이라 할 만하다.

그러나 용띠에 나타나는 용은 파충류라기보다 전형적인 상상 속의 동물인 용일 것이다. 그리고 중국영화를 보면 축제 때 한 쌍의 청룡과 황룡이 여의주를 서로 차지하겠다고 싸우는 놀이를 하는 것을 볼 수 있는데 그 형상도 매우 구체적이다. 그리고 한국 곳곳에 얽혀 있는 전설을 살펴봐도 심심찮게 용이 등장한다. 우선 가장 대표적으로 떠오르는 것은 통도사의 구룡지(九龍池) 이야기이다.

통도사의 구룡 전설

옛날 신라시대에 자장스님이 계셨는데, 이분은 특징이 계율(戒律)을 잘 지키는 것이었다. 그래서 그를 율사[44]라는 호칭으로 불렀다. 이분은 또한 선덕여왕을 도와서 왕사 노릇을 잘 하셨던 모양이다. 그러한 고승(高僧)이 통도사를 세우려고 자리를 찾다가 현재의 통도사 자리에 오게 되었다. 주변의 동네사람들이 하는 소리가, 이 연못에는 아홉 마리의 악룡이 살고 있는데 이것들이 주변사람들을 못 살게 굴고 있으므로 좀 잡아달라는 것이었다. 그래서 자장스님이 산 속으로 들어가서 자장암을 만들고 그곳에서 기도를 드렸더니 용들이 모두 굴복하더라고 전한다. 그래서 제각각 좋은 곳으로 천도를 시켰는데, 유독 한 마리가 자장스님을 찾아와서 눈물로 하소연하였다.

"지는 말입니다, 원래 눈이 멀어서 승천을 할라케도 못 합니다. 그러

---

44) 율사라는 말은 요즘 법관에게도 사용하는 말이다. 계율이나 법률을 잘 지킨다는 의미이다. 그리고 특히 불교에서 말하는 율사는 불경에 나오는 계율을 100퍼센트 지킨다는 것을 의미한다.

니 기냥 여기에서 살면서 스님들 공부하시는 데 보호라도 하면서 있으마 안 되겠심니껴?"

그 말을 듣고 자비심을 베풀어서 부처님 사리탑 앞쪽에 있는 조그마한 웅덩이에 눈먼 용을 살도록 해줬다는 이야기가 전한다.

마침 낭월이가 통도사 출신이므로 그 자리에서 공부하면서 가끔 시간이 날 때에는 그 연못 주변을 서성이면서 혹시라도 눈먼 용이 보일까 싶어 기웃거려봤지만 결국 보지는 못했다. 그렇거나 말거나 통도사에는 오늘도 그 용의 못이 있어서 찾는 나그네들에게 이야깃거리를 만들어주고 있다.

이런 이야기를 통해서 느끼는 것은 과연 용이 전설로만 존재하는 동물이었을까 하는 점이다. 전설로만 존재한다고 보기에는 신라 시절의 여러 이야기에서 구체적으로 용에 대한 이야기들이 전해지는 것을 보면서 약간 의아하기도 하다. 그래서 실제로 살았을지 모른다는 생각도 든다. 문무대왕의 호국룡이나 의상대사의 선묘룡도 그렇고 사기 여러 곳에서 죽지 않고 아직도 살아 있는 용들에 대한 이야기들이 수두룩하다. 이렇게 많은 이야기들이 과연 허구로만 지어진 것일까.

과연 辰土의 본래 면목이 무엇이기에 이렇게 난해한 동물이 그 자리를 차지하는 것인지 모르겠고, 그래서 더욱 관심을 가지고 연구하고 있는 것이다.

정축년엔 용이 12마리라는데

용에 대해 정리하는 김에 전해오는 상식도 한 쪽 끝에 삽입시켜 놓는 게 좋을 것 같아서 소개한다. 해마다 옛 어르신들이 연초가 되면 하시는 말씀이다.

"이거 정축년에는 용이 12마리나 되니 엄청 가물겠구먼…… 벼농사는 간두고서 그냥 메밀이나 심어야 할까보다."

"용이 12마리면 물을 엄청나게 많이 주겠구먼 왜 가물까요?"

"아이고, 학자람서 그것도 몰라? 서로 미루다가 가무는 거여."

"아하, 그렇군요. 그럼 용이 1마리면 비가 많이 오겠군요?"

"그렇지두 않어, 1마리면 혼자서 돌아다니려니까 분주해서 비가 적어."

"그럼 가장 적당한 용은 몇 마리일까요?"

"그야 6~8마리 정도지, 그 나머지는 크게 기대할 것이 못 되더라구."

"근데 그 용들이 어디서 나왔을까요?"

"그야 나도 모르지. 그냥 책력에 나왔으니까 그렇게 알고 있을 뿐이지 뭐."

이러한 이야기를 듣고서 책력을 뒤져보니까 과연 표지 바로 다음장에 그렇게 적혀 있었다. 그래서 가만히 날짜를 뒤져보면서 어째서 용이 12마리가 되었는지를 찾아봤다. 그랬더니 별로 어렵지 않게 확인되는 사실이 있었다. 즉 설날로부터 따져서 맨 처음 만나는 辰日이 바로 용의 숫자였다. 그러니까 정축년에는 처음으로 일진에 용이 들어오는 날은 음력으로 정월 12일, 즉 壬辰일에 해당하는 날이었다.

이렇게 알고 나면 아무것도 아니고, 이러한 구조를 볼 적에 그냥 단순히 재미로 시작된 일종의 연운 풀이인 셈인데 이것을 다 믿어버린다는 것은 참으로 우스운 일이라 여겨진다. 미신이라는 것은 아마도 이런 것을 두고서 하는 말이 아닐까 싶다.

이치적인 연구

사실 용이라는 동물이 실존 동물이든 그냥 전설로만 남아 있는 가상의 동물이든지 간에, 우리가 연구하는 것과는 아무런 상관이 없다. 다만 우리는 이치적으로 辰土에 대해 생각하면 되기 때문이다. 그렇다면 辰土는 과연 무엇일까?

우선 辰土의 위치는 봄과 여름 사이이다. 그렇다면 봄의 영향으로 木성분도 들어 있을 것이고, 그 성분을 계속 확장시키기 위해서는 물의 성분도 들어 있어야겠다. 실제로 辰月에는 대개가 가물기 일쑤이다. 이른바 봄가뭄이 전개되는 것이다. 辰土라는 것은 어쨌든 土이기 때문에 土剋水를 한다고 보는 것이다. 그리고 土剋水라는 이치가 바로 봄에 가뭄이 드는 이치가 된다고 보는 것이다. 그렇다면 辰戌丑未월에는 대개가 비가 오지 않는 건기(乾期)여야 한다는 이야기가 되는데, 섣달도 그렇고 未月도 그렇다. 그리고 戌月도 특별히 비가 많이 온다는 의미는 없다. 그렇다면 이것은 일리가 있는 이야기라 할 수 있겠다. 이렇게 해서 辰土가 있는 음력 3월경에는 가물게 되어 있다는 이치를 연결시켜본다.

그렇다면 辰土가 과연 그 자리에 있는 이유는 무엇일까? 우선 가장 중요한 것은 봄기운을 받고서 왕창 성장하는 나무들을 잡아주기 위함이다. 나무들이 항상 위로 자라는 만큼 뿌리가 깊게 내려가야만 안전하게 서 있을 수 있다. 그러기 위해서는 토양(土壤)이 비옥해야 하고 메마르지 않아야 한다. 실제로 辰月의 가뭄 속에서도 나무들은 나름대로 성장한다. 그 이유는 월령의 辰土가 습기를 포함하고 있기 때문이라고 보는 것이다. 그리고 습기가 들어 있는 이유가 바로 모든 식물들이 잘 자랄 수 있게 하기 위해서라고 생각해본다.

이제는 만물이 왕성하게 성장하는 계절이다. 여기에서는 앞만 쳐다보고 뻗어가는 것만이 최고이다. 특히 木은 권세를 누리고 있다가 辰土에게 넘겨주게 된다. 그러나 辰土는 木의 의사를 꺾지 않으면서 다음의 일을 해야 한다. 여기에 대해서는 다시 지장간의 항목으로 넘어가서 살펴보겠다.

지장간의 원리

출처	내용		
항신재 역설	乙 9일 3분	癸 3일 1분	戊 18일 6분
연해자평 정해	乙 9일 3분	癸 6일 1분	戊 18일 6분
명리정종 정해	乙 9일 3분	癸 2일 1분 반	戊 18일 6분
삼명통회	乙 9일	癸 3일	戊 18일
적천수 징의	乙 9일	癸 3일	戊 18일
자평진전 평주	乙 9일	癸 3일	戊 18일
명리신론	乙 9일 3분	癸 2일 1분 반	戊 18일 6분
명학비해	乙 9일 3분	癸 3일 1분	戊 18일 6분
사주첩경	乙 9일 3분	癸 3일 1분	戊 18일 6분
컴퓨터 만세력	乙 9일 3시간	癸 3일 1시간	戊 18일 6시간
적천수 상해	乙 9일	癸 3일	戊 18일
사주정설	乙 9일 3시간	癸 3일 1시간	戊 18일 6시간

월률분야의 사용결정표

형태	내용		
원칙적 공식	乙 9일 3분	癸 3일 1분	戊 18일 6분
실용적 공식	乙 9일	癸 3일	戊 18일

일부 자료에서 약간 오차를 보이고 있다. 대개의 선배님들은 이러한

공식을 이용해서 辰土에 대한 여러 가지를 이해하고 있는 것이다. 특히 중기의 부분에서는 명리정종과 연해자평, 그리고 명리신론에서 다소 다른 견해가 있으나, 일반적으로 사용하는 공식을 그대로 사용하도록 한다. 물론 한 곳에서 발견된 자료가 수천 명이 사용하는 자료보다 더 정확할 수 있다는 생각을 못 하는 것은 아니지만, 현재로서는 이것을 규명할 방법이 없는 것이 참으로 아쉽다. 그래서 어쩔 수 없이 다수결에 비중을 두는 것이다.

辰土는 물창고라는데

辰土를 대표하는 상징은 물창고이다. 물을 저장해두는 것이라는 의미겠는데, 물을 저장해두는 것도 역시 丑月의 의미와 같은 맥락으로 이해하면 되겠다. 그래서 도표는 丑月을 관찰하면서 살펴보았으면 충분하리라 보고 생략하겠다. 역시 辰土 속에 들어 있는 성분들을 분석해봐야겠는데, 우선 대표적으로 戊土(18일간)의 목적은 옹벽이다. 옹벽은 다시 말하면 제방의 둑과도 같은 목적이라 하겠다. 따라서 옹벽의 재료가 단단한 흙이어야 한다는 것은 너무나도 당연한 이치이다. 그리고 흙도 상당히 많아야 물을 가둘 수 있을 것이다. 적은 양의 흙이 있다면 물을 감당하지 못하고 물에 휩쓸리게 될 것이다. 댐을 부실하게 지어 막아놓으면 결국 제방이 유실되고 그로 인해 많은 사람들이 재난을 당하는 것을 쉽게 볼 수 있다. 인간이 적은 흙으로 제방을 쌓기 때문이지만, 천지자연의 이치는 그렇게 허술하지 않았던 것이다. 이것을 비율로 따지면 70퍼센트 정도는 될 것 같다. 이렇게 튼튼하게 공사를 해놓기만 하면 아무리 장마가 들어도 전혀 걱정할 필요가 없다. 그야말로 산으로 물을 막아놓은 형이기 때문이다.

戊土의 임무

그렇다면 어째서 陽土가 그 일을 맡아야 했느냐를 생각해보자. 앞의 丑月을 생각해보면 金은 陰土에 보관이 되었다. 陰土가 아니고서는 金을 온전하게 관리하지 못했을 것으로 추측되어서이다. 즉 陽土에 金을 넣어놓으면 金이 부스러진다. 메마른 흙의 성분으로 인해 올바르게 金의 생장을 돕지 못한다고 보는 것이고, 이러한 이치는 적천수에서도 나타나 있다. 그래서 金을 보호하는 것은 축축한 습토가 제격이라고 보았던 것이다.

그런데 정작 물을 보호하는 데에도 축축한 습토가 어울릴까 하는 의문이 든다. 습한 흙으로 물을 보호하기에는 마땅치 않은 점이 있다. 물은 조그만 틈만 있으면 비집고 들어간다. 그러니까 연약한 습토를 쓰면 당연히 허물어지는 것이다. 이러한 것을 염려한 천지자연은 단단한 陽土를 쓸 계획을 세우는 것이다. 그래서 戊土가 물창고를 만드는 재료가 되었다고 추측한다.

癸水의 목적

그러면 이렇게도 많은(적어도 70퍼센트 정도의) 토양으로 癸水를 보호해야 하는 이유는 무엇일까. 그 이유는 물을 한 방울도 낭비하지 않기 위한 의미라고 본다. 그렇게 짜여진 각본 속에는 그만큼 물의 역할이 중요하다는 뜻이 들어 있다. 실제로 물은 너무나 중요한 요소이다. 보통 사람들의 삶 속에서도 물이 없으면 생명을 유지할 수 없다는 것은 진리이다. 물을 한 모금도 먹지 않고 굶으면 대략 남자는 7일, 여자는 9일 정도면 죽는다고 한다. 실제로 양에 비해서 음이 더 끈질긴 면이 있는 것이 자연의 법칙이므로 당연하다고 하겠다.

이렇게 중요한 물이 자칫 증발되어버리면 큰일이다. 그래서 불이 강해지는 계절이 오기 전에 단단히 밀봉해서 창고에 깊숙이 갈무리해야 할 이유가 된다. 그리고 이렇게 저장할 적에 선택되어지는 물은 너무도 당연하게 陰水가 된다. 陽水는 분산되는 힘이 강해서 제대로 저장되지 않기 때문이다. 원래 저장하려고 만들어놓은 공간은 비좁게 마련이다. 한정된 공간 속에 많은 내용을 저장하기 위해서는 압축기법을 사용할 수밖에 없다. 이 방법은 우리 삶에도 이미 활용되고 있다. 가령 곶감을 예로 들어보자. 그냥 감은 저장하면 이내 썩어버린다. 그래서 고안을 해낸 것이 수분을 증발시키고 쓸데없는 껍질을 벗겨버리고서 보관하면 좁은 공간에 많은 것을 안전하게 보관할 수 있다는 것이다.

물도 마찬가지로 물의 핵심을 보관하는 것이다. 그래서 비율은 불과 10퍼센트에 불과하지만 나중에 압축을 풀어버리면 다시 100퍼센트로 환원되는 압축률 90퍼센트의 확실한 방식으로 저장되는 것이다. 감을 저장하기 위해 인간이 개발한 곶감은 다시 감으로의 환원이 불가능하다. 그러나 자연의 법칙은 다시 환원시키면 완전하게 똑같은 원래 모습을 유지하는 것이다.

이렇게 보관된 물은 적절한 상황이 마련되면 언제든지 사용할 수 있다. 적절한 상황이라는 것은 주변에서 물이 나타나기를 요구하는 상황이다. 그리고 그 요구를 직접 받아들여서 압축된 상태를 해제시키는 프로그램으로는 子水가 와야 한다. 컴퓨터를 아시는 벗님이라면 무슨 말인지 얼른 이해하실 것이다. 예를 들어 ZIP라는 확장명을 가진 파일은 다른 열쇠로는 절대로 열 수 없다. 오로지 압축을 실행했던 파일로만 열 수가 있다. 이것은 그냥 산소통에 공기를 꽉꽉 눌러 담은 것과는 상당히 다르기 때문이다. 압축을 푸는 데에는 PKUNZIP라는 프로그램으로 해제를 시켜야만 비로소 원래 상태로 되돌아오는 것이다.

따라서 辰土 속에 저장된 癸水를 원래 상태로 되돌리는 데에는 子水라는 해제 프로그램이 있어야 한다. 그리고 이러한 이치는 申子辰이라는 원리에서 감을 잡은 것이기도 하다. 지금 이해가 되지 않으시는 벗님은 나중에 삼합(三合)에 대해 공부하고 난 다음에 읽으시면 확연하게 아실 것이다.

이와 유사한 것으로는 亥水가 있다. 같은 물이기 때문에 해제시키는 작용을 할 것이라 했는데, 실은 子水에 비할 바가 아니다. 이것은 子水의 유사품이라고 하겠다. 압축하기 이전의 상태로 완전하게 되돌리기가 불가능하고 약간의 흉내만 내는 것이다. 다만 천간에서 癸水가 전격적으로 지원해준다면 그나마도 대충 80퍼센트 정도는 사용가능할 것이다. 癸水는 子水보다 함량이 떨어지지만 그래도 작은 주인은 되는 셈이므로 이것도 가능할 것이다. 그러나 천간에 癸水도 없는 상태라고 한다면 亥水는 아마도 辰土 속에 들어 있는 癸水를 어떻게 하지 못할 것이다. 이와 관련된 이야기는 나중에 삼합(三合)을 설명하는 곳에서 보다 상세히 말씀드리겠다.

이미 丑土를 설명드리는 곳에서도 언급했지만, 이러한 방식을 버리고 戊土로 물창고를 연다고 쿵쿵 치다가는 모두 부서져버리고 말 것이다. 선배님들의 교과서에서도 이러한 공식을 대입한 곳이 상당히 많이 보이는데, 이러한 이치는 아무리 생각해봐도 적합하지 않은 것 같다.

乙木의 역할

그렇다면 이렇게 항아리(戊土) 속에 물이 들어 있으면 되었지 乙木은 또 무엇 때문에 버티고 있는 것일까? 낭월이가 생각하기에 乙木은 파수병이 아닐까 싶다. 戊土가 癸水를 관리한다는 것은 사실 매우 불안하기 짝이 없다. 왜냐면 戊土는 癸水를 굉장히 좋아하기 때문에, 그냥 맡겨놓았다가는 고양이에게 생선가게를 맡긴 꼴이 될 것이다.

乙木은 戊土가 함부로 癸水를 대하지 못하게 제어하기 위해 그 자리에 있는 것으로 본다. 그러면 다른 것으로 대체할 수 없었을까 하는 생각이 들어야 연구하는 학자라고 할 것이다. 그러나 다른 것을 대입해보아도 결국은 乙木이 가장 적임자라는 결론이 나온다. 그러면 각기 십간 별로 과연 어떻게 자신의 임무를 수행할 수 있을지 살펴보자.

甲木 - 그야말로 사나운 개다. 아마도 戊土를 부셔버릴 것이다. 그 이유는 양 대 양으로 木剋土를 하기 때문이다. 간장을 지키랬는데 항아리를 깨어버린다면 참으로 낭패가 아닐 수 없다. 그래서 적당치 않다.

乙木 - 戊土가 날뛰지 못할 정도의 제어력을 발휘한다. 그리고 자신의 생명을 유지하기 위해 약간의 물을 소모하는 것은 어쩔 수 없다고 하겠다. 이것은 세상의 인과법칙이라 할 수도 있다.

丙火 - 물을 지키라고 임무를 부여한다면 아마도 戊土랑 한 덩어리가 되어서 癸水를 죽일 연구를 할 것이다. 세상에서 가장 맘에 안 드는 것이 물이기 때문이다. 즉 丙火가 마음대로 하려는 것에 대해서 물은 강력하게 제어하는 힘이 있기 때문에 조용히 잠자는 癸水에게 비수를 들이댈지도 모른다. 그리고 丙火의 특성이 차분하게 경비를 서기에는 도무지 어울리지 않는 것도 한 이유라고 하겠다.

丁火 - 丁火는 한 술 더 뜬다. 가장 미운 불공대천(不共戴天)의 원수이기 때문이다. 그러니 丁火에게 戊土를 감시하라는 것은 간수와 죄수가 함께 계획을 꾸미는 것이라 하겠다. 불가하다.

戊土 - 있을 수 없는 일이다. 고양이를 한 마리 더 만든다는 것은 그만큼 상황을 악화시킬 뿐이다. 같은 戊土이기 때문이다.

己土 - 옛말에 '초록은 동색'이라고 했다. 같이 어울린다는 의미겠는데, 실은 己土가 癸水를 보호하겠다는 것도 戊土의 경우와 대동소이하겠다. 癸水도 파수병이 불안해서 잠을 못 이루는 부작용이 발생할 것이다.

庚金 - 실은 상당히 고려해봐야 할 글자 중에 하나이다. 그런데 앞으로 여름철이 다가온다는 전제를 생각한다면 庚金은 겁쟁이라고 해야겠다. 그래서 적임자라고는 못 하겠다. 여름만 아니라면 상당히 좋다. 다

만 또 한 가지 불리한 점은 잠에 빠져드는 癸水에게 영양분을 공급해주겠다고 설치면 오히려 방해하는 격이기 때문이다.

辛金 - 庚金과 대동소이하다. 그리고 辛金은 戊土를 관리하기에 역부족이다. 이것은 마치 아기가 어머니를 지키는 것과 비슷해서 戊土는 그냥 무시할지도 모르겠다.

壬水 - 壬水는 애초에 적임자가 아니다. 戊土가 아마 근처에도 오지 못하게 노려볼 것이다. '네가 감히 나를 지키겠다고?' 라는 말을 듣기 십상이다.

癸水 - 물론 그 마음이야 이해가 되지만, 癸水에게 戊土를 지키라고 맡기는 것은 낙랑공주에게 자명고를 지키라는 것이나 다름없다. 이미 戊土를 사모하고 있는데 통제를 하기는 불가능한 것이다. 그래서 이것도 말이 되지 않는다고 해야겠다.

설명이 길었지만 역시 결론은 乙木이 가장 적임자라는 것이다. 즉 결론은 乙木의 역할이 戊土를 견제하고 癸水를 보호하는 것이라는 점이다.

계절적인 의미(淸明~穀雨)

다음으로 다가오는 계절은 火氣가 치열한 여름철이다. 여름은 불의 계절이고, 불의 계절이 되면 물은 자연스럽게 권좌에서 물러나는 것이 자연의 법칙이다. 그러한 연유로 '여름의 통치자(統治者)인 불의 대왕이 부임하기 전에 물은 조용하게 물러나는 것이 이치에 합당할 것이다. 만약 후임자가 온 뒤에 전임자가 떠나면 아마도 서로는 서먹해지기 쉬울 것이다. 쫓겨나는 입장이 되기 전에 미리 물러나서 조용하게 물의 나라가 도래할 때까지 창고에서 휴식을 취하는 게 좋겠다는 결론이다. 우선 이러한 이유로 해서 辰月에 물창고를 마련한 것이라 여겨진다.

이미 木氣가 발생되어서 충분히 기운을 펼치도록 온갖 노력을 아끼지 않았던 물은 자신의 몫을 다 한 후에는 더 이상 남은 기운이 없을 것이다. 그러니까 자식을 낳아서 스스로 밥을 떠먹을 정도로 키워놓은 다음에는 어미의 역할은 끝났다고 보는 것이다. 그렇게 자신이 스스로 먹을 거리를 구할 정도가 되면 자식의 곁을 떠나는 것이 자연의 법칙인데, 인간은 너무 자연의 법칙을 왜곡시키는 것이 아닌가 하는 점은 낭월이만의 생각은 아닐 것이다.

어쨌든, 물은 자식인 木이 자리를 잡아서 성장하도록 살펴주다가 청명이 되면 앞으로 다가올 火의 계절에 木은 꽃을 피우고 자신의 삶을 살아갈 것을 기원하면서 깨끗하게 물러가는 것이다. 자연은 어떻게 보면 참으로 냉정하다. 사람들은 흔히 '어찌 그리 무정하오?' 라는 말을 잘 사용하는데, 실제로 자연은 무정하기가 그지없다. 따라서 인간의 정이라는 것이 자연에서 본다면 거추장스러운 것인지 모른다. 그냥 내버려둬도 잘 살아가는 것이 자연인데, 인간은 정 때문에 복잡하게 번뇌 속에 얽혀드는 셈이다. 그래서일까? 부처님도 '도를 닦는 데 큰 마장(魔障)은 다정(多情)이니라' 는 말씀을 남기셨다.

이러한 자연의 법칙을 몇 가지 살펴보면 물의 권세는 寅卯月을 넘기면서 쇠약해지는 것이 자연의 이치이다. 그래서 물은 휴식이 필요하게 되는 것이다. 소림사에서 가끔씩 고수들이 폐관 수련을 하는 것도 아마 이렇게 소진된 내공(內功)을 다시 증진시키는 데 목적이 있을 것이다. 물도 예외가 아니어서 그대로 있다가 얼마 안 있어 큰 세력의 불을 만나면 흔적도 없이 사라질 것이기에 100일간 폐관 수련에 들어가는 셈이다. 실제로 이 물이 다시 출관하는 시기는 가을이 되어서이다. 申月에 가서야 비로소 생기를 받으면서 나타나는 셈이니까, 다음에 나올 때까지는 대충 따져서 100일 정도가 된다.

또 한 가지 이유는 애써 가꿔놓은 나무들이 한여름 땡볕에 말라죽어버리는 비극이 발생해서는 안 되겠다는 생각 때문이다. 공중에서 떠돌다가 약간 낮은 불기운에 증발되어버릴 것을 염려하고서는 땅 속으로 스며들어간다. 즉 스스로 갇히면서 자신의 자식들에게 생기운을 넣어주는 것이다. 사실 땅 속이 축축하면 나무들은 땡볕을 받더라도 즐기면서 무럭무럭 자라날 수 있게 된다. 그러나 바닥이 말라버려서는 말라죽는 것이 시간문제에 속하는 상황이 발생한다. 그러나 습기가 축축한 辰土에 뿌리를 내리고 있는 나무들로서는 전혀 걱정할 필요가 없으니 이것이 자연의 배려가 아닌가 한다. 마치 새끼가 어미의 몸을 뜯어먹고 생명을 이어가는 거미나 살모사 등과도 비슷하다고 할 것이다.

卦象의 관점으로 보는 辰月

☱	上卦는 澤이 되고	澤天夬는 못의 기운이 증발하여 하늘에 떠 있는 상황이므로 아래의 5양에게 결단이 나는 의미로 예의를 잃은 것이다.
	下卦는 天이 되어	
	합해서 澤天夬이다	

이미 괘상으로 살펴볼 적에 양의 기운이 치성해서 다섯 번째까지 올라간 모습이다. 즉 五陽이다. 이렇게 되니 음의 기운이 매우 허약하게 보인다. 이제 얼마 안 있으면 그나마도 완전히 증발되어서 흔적도 찾아보기 어려울 것이다. 이러한 상황이 辰月의 괘상에 들어 있는 의미이다. 그렇다면 이 괘에서는 맨 위의 음이 바로 癸水가 될 것이다. 괘 전체를 살펴보면 오로지 음괘 하나가 명맥을 유지하는 셈이다. 실제로 괘를 풀이하는 데 중심으로 보는 것은 세 개의 막대기 중에서 한 가지만 있는 것으로 이것이 주체가 되는 것이다. 그런데 여기에서 하괘에는 모두 양만 있고, 상괘에 가서야 겨우 하나의 음괘가 그것도 맨 꼭대기로 밀려서 올라간 형상이다.

원래 음은 속에 저장되어야 하는데, 이렇게 밖으로 드러나게 되어서는 큰일이다. 그래서 아마도 명리학에서는 癸水를 지장간에 보관하지 않았을까 싶다. 그리고 辰月에서 癸水를 중히 여기는 것이나, 괘에서 일음이 분산되는 것을 염려하는 것이 서로 통한다는 생각을 해본다.

오행의 상황판단

木의 상태

木이 辰土를 만나면 상당히 좋아한다. 뿌리를 내리기가 좋기 때문이다. 辰土 속에 가장 반가운 것은 자갈이 없다는 점이다. 촉촉하고 영양가 높은 辰土의 기름진 땅에 뿌리만 내리면 천 년을 살 수 있다는 것이 가장 중요하고도 매력적인 상황이다. 그래서 木은 음양을 구분하지 않고 辰土를 좋아하게 되어 있다. 그리고 辰月의 상황이라 하더라도 寅卯月에서 뿌리를 잡은 나무이기 때문에 辰土에 깊숙이 뿌리내리면 가뭄이 지속되어도 마음 편안하게 성장할 수 있다고 보여진다.

火의 상태

火의 입장에서는 잠복기라고 하겠다. 寅卯月에서 힘을 상당부분 축적한 火 기운이 이제 다가올 여름철을 앞에 두고서 잠시 휴식을 취하는 상태인 것이다. 그리고 계절을 무시한 상태에서 辰土라고 한다면 불기운이 허약해지는 상황을 연출하게 된다. 마치 개미무덤처럼 불기운이 스멀스멀 땅 속으로 흡수되어가는 형상을 떠올리게 된다. 반면에 불기운이 넘치는 상황이라면 오히려 반가운 일이라고 해야겠다. 따라서 중요한 것은 주변상황임을 감지할 수 있을 것이다.

土의 상태

土는 같은 土의 입장이므로 허약한 상황이라면 의지하려고 할 것이고, 왕성한 상황이라면 피하고 싶을 것이다. 결과적으로 土가 土를 만나면 약해지기는 어려우므로 서로 피하고 싶어하는 것이 보통이다. 그리고 辰月의 土는 이미 상당한 봄볕에 단단해진 상황이므로 웬만하면 산을 이룬다고 하겠다. 그만큼 강하다는 이야기이다.

金의 상태

金은 辰土에서 조용하게 안정을 취할 수 있다. 그리고 발전을 위해 활동하는 金이라면 능히 뿌리를 내릴 정도의 위력을 보장하는 것이 辰土이기도 하다. 습기가 있다는 것은 金에게 어머니 역할을 해주게 되는 상황이기 때문에 나쁜 상황이라고는 할 수 없겠다. 안정 속에 발전의 암시가 있다.

水의 상태

水에 대해서는 이미 창고의 입장이기 때문에 많이 생각해본 셈이다. 그러나 천산의 水가 辰土를 만날 적에는 약간 입장이 다르다고 하겠다. 즉 창고에 들어 있는 癸水와 일종의 원격반응을 보이지 않을까 싶다. 비록 왕성하지는 않지만 그래도 약간의 의지처를 삼고 있다는 것인데, 다른 책에서 말하는 것처럼 물이 辰土를 만나면 창고에 빠져버린다는 이야기는 아무래도 멋이 없는 상황설명인 듯싶다.

빠진다는 이야기를 많이 접하게 되는데 이 문제에 대해서도 어떤 정의를 내려야 할 것이다. 과연 물이 창고를 만나면 빠지는 것인지 그냥 의지처로 삼는 것인지 뭐라고 확언하기는 좀 그렇지만, 낭월이는 의지가 되는 것으로 생각하고 싶다.

제6장
사화

 슬슬 더워진다. 巳火는 더워지는 분위기를 가지고 있는 글자이다. 춘삼월의 좋은 시절도 다 지나가고 이제는 도리없이 더위와 한판 싸움을 해야 할 상황이 도래한 것이다. 기운상으로 더위가 시작되는 계절이라고는 해도 실제로 느끼기에는 어떤가. 햇살이 화창하고 활동하기에 적당한 느낌이 든다. 여기에서 느낄 수 있는 점은 열기(熱氣)보다는 광선(光線)이 많은 비중을 차지한다는 것이다.
 巳火에 포근하면서도 화창한 햇살을 보면서 그러한 느낌이 든다면 아마도 올바르게 감을 잡은 것이다. 그러한 원인은 당연히 巳火의 지장간에서는 丙火가 담당하기 때문이다. 丙火를 빛이라고 생각한다는 것은 이미 천간에서 설명드렸다. 그렇다면 巳火가 주도권을 잡는 이 계절에는 어떤 자연의 뜻이 들어 있을지 살펴보도록 하자.

상징성

 巳火가 상징하는 것은 초여름이라는 계절이다. 巳月의 상황에서 느껴지는 것은 침침한 분위기를 완전히 벗어나서 여름이 시작되려는 계절의 느낌이다. 그리고 또 한 가지는 아무래도 뱀에 대한 상징성을 뗄 수 없다는 것이다. 그래서 뱀과 巳火는 어떠한 연관성이 있는지 한 번 생각해보자.

우선 뱀의 모양을 보면 참으로 눈에 잘 띈다. 이렇게 뱀이 눈에 잘 띄는 이유는 입고 있는 옷이 화려해서이다. 화려해서 잘 보인다는 특성을 떠올리며 얼핏 '丙火=빛'으로 연결했던 것이 떠오른다. 丙火가 빛에 대한 의미를 가지고 있다는 것과, 巳火가 丙火의 지지에 나타나는 형태라는 것을 연결지어볼 적에, 강한 상관관계를 살필 수 있다.

고인들도 巳火에 뱀이라는 동물을 연결지으면서 화려하다, 눈에 띈다는 점을 염두에 두신 듯싶다. 그리고 누구든지 뱀이라는 동물에 대해서는 반갑지 않은 느낌일 것이다. 물론 뱀을 봐야 먹고 사는 땅꾼은 제외해야겠다. 사람들이 뱀을 싫어하는 첫째 이유는 아마 그 녀석의 겉모습이 징그럽게 생겼다는 이유에서일 것이다.

여기에서 한 가지 생각할 것은 뱀의 색깔에서 빛이라는 연관성을 찾아보고 싶은 것이다. 뱀의 화려한 색깔과 빛이라는 성질은 우선적으로 관련성이 있다. 뱀의 또 다른 특성과 빛의 관련성을 살펴보자.

뱀은 냉혈동물이다. 그래서 기온이 떨어지면 가만히 땅 속으로 들어가서 온도가 오를 때까지 기다리는 수밖에 없는 숙명을 타고났다. 따라서 뱀이 활발하게 활동하는 계절은 언제나 따뜻한 계절이다. 辰月만 해도 아직 새벽이나 밤중에는 다소 서늘한 느낌이 있는 계절이다. 그래서 뱀이 즐거워하는 계절이라고 하기 어렵다. 그런데 巳月이 되면 상황이 완전히 달라진다. 지하의 음기운이 완전히 사라지고 밤이나 낮이나 완연한 초여름으로 들어가는 상황이기 때문에 어디에 있어도 활발하게 생활할 수 있다. 이렇게 되면 뱀으로서는 가장 살맛나는 계절이라고 할 만하겠다.

이러한 이유로 결론은 뱀과 巳火는 꽤 연관성 있다는 것이다.

이치적인 연구

이번에는 이치적으로 한 번 생각해보자. 그런데 한 가지 드릴 말씀이 있다. 이렇게 여러 가지로 항목을 나눠서 생각하고는 있지만, 구태여 항목에 구애받지는 말라는 것이다. 항목이 다른 곳에서도 그때그때 적절하다고 생각되는 내용은 바로 말씀드리게 되므로 항목에 매일 필요는 없다는 점을 염두에 두시기 바란다.

巳火는 亥水와 충돌하는 것으로 되어 있다. 그리고 충돌하면 일방적으로 亥水에게 깨지는 것인가, 아니면 서로 승률이 반반인가 하는 점에 문제가 있다. 상세한 비교분석은 나중에 다시 거론될 것이니까 생략하지만, 일단 巳火 입장에서는 亥水가 만만치 않다고 생각된다. 이치적으로 볼 때 水火相剋이면 水의 승리라는 것 정도는 삼척동자도 다 알고 있는 결과이다. 이러한 일반인의 상식은 그대로 자연법칙이라고 해도 무리가 없을 것이다. 물론 일반인의 상식 중에 잘못된 것이 없는 것은 아니지만······.

천간의 丙火와 지지의 巳火 사이에는 어떤 함수관계가 있을까. 물론 똑같을 수는 없다. 천지자연은 똑같은 것을 용납하지 않는다. 모든 생명체계가 서로 다르고, 같은 사람이라 하더라도 생김새가 모두 다르다. 따라서 감지기능이 뛰어난 기계에 사람 목소리를 인식시켜보면 똑같은 소리는 하나도 없다고 한다. 과연 자연의 조화(造化)라는 생각이 든다.

그렇다면 巳火가 생긴 이유도 분명히 있을 것이다. 그 이유 중에 하나는 巳火가 丙火의 집이라는 기능을 갖는다는 것이다. 즉 아무리 날뛰는 것이 특성인 丙火도 천간에서 떠돌다가 쉬고 싶을 때가 있을 것이다. 그리고 보면 천간은 모두 자신의 형편에 어울리는 집을 한 채씩 가지고 있는 셈이다. 그 집은 공동으로 사용하기도 하고 단독으로 사용하기도 하는데, 丙火의 집은 巳火에 정해놓은 모양이다.

집이라는 말이 거북하신 벗님은 그냥 뿌리 정도로 생각하셔도 상관 없다. 어쨌든 丙火가 巳火를 의지처로 삼고 있다는 것만 느낀다면 충분할 것이다. 이 말은 다른 천간과 지지 사이에서도 그대로 유효하게 대입되는 이야기이다. 그렇다면 휴식을 취하는 巳火에 어째서 庚金과 戊土가 들어 있는 것일까? 쉽게 생각하기에는 워낙 물만 보면 허약해지는 丙火인지라 戊土가 보디가드로 채용된 것으로 볼 수도 있고, 庚金은 밖에서 열받은 丙火를 가라앉혀주는 작용을 하는 치료사가 아닐까 하는 느낌도 든다. 이렇게 이야기가 진행되면 또 지장간의 영역으로 넘어가게 되므로 장을 바꾸도록 한다.

지장간의 원리

출처	내용		
항신재 역설	庚 7일 2분 반	戊 7일 2분 반	丙 16일 5분
연해자평 정해	戊 5일 1분 반	庚 9일 3분	丙 16일 5분
명리정종 정해	戊 7일 5분	庚 7일 5분	丙 16일 5분
삼명통회	戊 7일	庚 5일	丙 18일
적천수 징의	戊 5일	庚 9일	丙 16일
자평진전 평주	戊 5일	庚 9일	丙 16일
명리신론	戊 7일 2분 반	庚 7일 2분 반	丙 16일 5분
명학비해	戊 5일 1분 7	庚 9일 3분	丙 16일 5분 반
사주첩경	戊 7일 2분	庚 7일 2분	丙 16일 5분
컴퓨터 만세력	戊 7일 2시간	庚 3일 3시간	丙 16일 5시간
적천수 상해	戊 7일	庚 7일	丙 16일
사주정설	戊 7일 2시간	庚 7일 3시간	丙 16일 5시간

월률분야의 사용결정표

형태	내용		
원칙적 공식	戊 7일 2분	庚 7일 2분	丙 16일 5분
실용적 공식	戊 7일	庚 7일	丙 16일

巳火의 지장간에서 큰 숫자는 비교적 통일을 보고 있으나, 1일 미만의 시간계산이 각기 들쑥날쑥한 것을 볼 수 있다. 그 중에서도 연해자평과 적천수, 그리고 명학비해에서는 날짜도 틀린 것이 보인다. 역시 다수의 의견을 따르도록 하자. 이 정도로 공식을 만들어놓고 풀리지 않는 수수께끼에 다시 도전해보자. 巳火에서 金이 생한다는 이유가 모호하게 느껴지기 때문이다. 나중에 삼합에 대해서 연구할 적에도 다시 설명하겠지만, 적어도 巳火의 개별적인 연구를 하는 마당에서 한 번 정도 거론해야 할 것이다.

불구덩이에서 피어나는 황금

巳火를 생각하면 할수록 참으로 알 수 없다는 느낌이다. 그 중에서도 가장 난해한 것은 金이 불 속에서 생을 받고 있다는 이야기이다. 과연 그것이 가능할 것인가에 대해서는 이미 음양오행에서 약간 언급했지만, 이렇게 火氣가 서서히 살아나고는 초여름의 문턱에서 과연 어떤 원리가 있기에 金이 생을 받는 것일까 한 번 생각해본다.

지장간에서 배합되어 있는 천간을 살펴보면 戊庚丙이다. 여기에서 가장 기본적으로 비중을 차지하는 것은 丙火인데, 이것이 과연 金을 생하는 데 어떤 역할을 하는지가 참으로 풀리지 않는 수수께끼이다. 보기에 따라서는 용광로 역할을 한다는 말이 있다. 그래서 金을 녹이므로 잡석을 제거해서 24K 순금이 만들어진다고 말하는 선배님도 있었다.

그런데 이것도 와닿지 않는 것이 과연 金을 녹임으로써 生金이 되는 것이라면 巳火보다는 午火가 더 강렬할 것이기 때문이다. 강력한 午火를 두고 어째서 巳火를 金이 생하는 것으로 이해해야 하는지 모르겠다.

丙火의 역할

우선 丙火의 일을 생각해봐야 하는데, 그러기에 앞서 木의 흐름을 관찰하도록 하자. 木이 어떠한 흐름으로 흘러가는지 관찰해본다면 이에 준해서 金의 흐름도 살필 수 있을 것이다. 우선 木은 亥水에서 생을 받는 것으로 되어 있다. 그리고 한겨울의 혹독함을 견디고 나서야 비로소 자신의 계절을 맞이한다는 것이다. 즉 金木이 혹독한 시련을 거치고 나서 비로소 자신의 운을 맞이하는 것으로 이해하자. 이번에는 水의 입장에서 한 번 생각해보자.

水는 申金에서 생을 받는 것으로 되어 있다. 그리고는 바로 생을 받으면서 기운을 발달시키는 것으로 흘러간다. 그렇다면 일관성이 없다. 그래서 金木은 같은 흐름을 타고, 水火 또한 같은 흐름을 타는 것이 아닐까? 그렇기만 하다면 뭔가 감이 잡힐 듯도 하다. 이번에는 火의 입장도 한번 살펴보자. 火는 寅木에서 생을 받게 되어 있다. 역시 자연스럽게 木의 생조를 받으면서 성장한다는 의미에서 水의 입장과 완전히 일치한다. 이것은 참 재미있는 결과라는 생각이 든다. 좀더 연구해보자. 이러한 것을 정리해서 일목요연하게 살펴보면 좀더 이해가 빠를 것 같다.

生을 받는 입장이 서로 다르다

	生을 받는 입장	旺盛해지는 상황
金木	생을 받으면서 고통을 겪는다	왕해져도 치열하지는 못하다
水火	생을 받는 과정이 편안하다	왕해지면 매우 강렬하다

그럼 여기에서 丙火의 역할에 대해 살펴보자. 丙火는 金을 생해주는 주체가 되는 입장이다. 사실 물질의 오행 중에서도 가장 완고한 것이 金이다. 이렇게 완고한 金은 여간 강력한 생을 받지 않고서는 발아(?)가 어려울 것이다. 丙火의 빛으로 강력하게 도와줘야 생명력이 움직이는 것이다. 그냥 겉모습을 찍기 위해서는 자연광선이면 충분하지만, 몸속의 뼈를 찍어보려면 특별한 광선이 있어야만 촬영이 가능하게 된다. 이렇게 굳어 있는 것은 그만큼 특별한 빛을 쪼여줘야 깨어나서 土의 생을 받는다고 정리하는 것이다.

그래서 丙火는 단단하게 응고되어 있는 金의 기운을 움직이게 하는 역할을 한다고 본다. 金은 다른 물질에 비해 특수하기 때문에 이렇게 강하게 도와줘야 생하는 것이라고 이해한다. 그러나 이것은 단지 생하도록 계기를 마련해주는 것에 불과하다. 金이 불을 먹고 자라는 것은 아니라는 점이다. 성장은 역시 土 기운이 있어야 된다.

또 하나의 이유

이번에는 문득 알[卵]이 떠올라서 또 한 번 생각해보려고 한다. 아시다시피 계란은 21일간 품어줘야 부화한다. 계란이 부화하기 위해서는 반드시 열이 필요하다. 이러한 점이 金이 巳火에서 생을 받아야 할 이유와 같은 점이다.

물론 이러한 사례들을 거론함으로써 사실을 왜곡시키려는 의도는 전혀 없다. 단지 巳火가 어째서 金이 생을 받고 있는 곳인가에 대해 보다 합리적으로 그 연유를 규명해보고 싶은 마음뿐이다. 이런 몇 가지의 이유 때문에 丙火는 庚金이 생을 구하는 데 반드시 필요하게 되었을 것이라고 추정하는 것이다.

戊土의 목적

　모종의 화학반응이 필요해서 丙火를 빌려왔다고 한다면 이번에는 그 뒤를 이어서 戊土가 자궁 역할을 해야 할 것이다. 그런데 戊土가 庚金을 보호한다는 것에서도 상당부분 납득하기 어려운 문제가 들어 있다. 그 중에서도 가장 큰 이유는 金을 생하려면 적어도 습토(濕土)이어야 원만하게 생조를 할 텐데, 어떤 연고로 이렇게 메마른 陽土가 庚金을 보호하는 임무를 맡게 되는지 선뜻 이해되지 않는다.

　구태여 이유를 찾는다면 戊土가 丙火의 기운을 받아서 계속 庚金에게 火의 기운을 불어넣고 있다는 점이다. 이렇게 생각하면서 겹치는 점은 아직 巳火 속의 庚金이 완전한 金이 아니라는 것이다. 만약 이미 형상이 갖춰진 金이라면 틀림없이 陰土가 있어야 무난하게 金의 뿌리가 되어줄 것이다. 그러나 아직도 성장하지 않고 있는 상태에서 생기만 받고 있는, 巳火에 들어 있는 庚金으로서는 습토를 만날 필요가 없는지도 모르겠다.

　사실 이 시점은 金의 기운이 발생하기 시작하는 시기이다. 그래서 庚金일 것이다. 만약 金의 형상이 이미 갖춰진 상태라면 戊庚丙이 아니라 戊辛丙이 될 수도 있다. 이렇게 金 기운으로 이뤄진 상태라면 반드시 습토가 와야 할 필요가 없다. 다만 여기서는 丙火의 자극과 戊土의 힘에 의해서 庚金의 기운이 발생한다고 보면 되겠다. 그 다음에는 서서히 익어가는 상황이 전개될 것인데, 일단 巳火 영역에서는 金이 생하는 이치에 대해서만 생각하면 될 것이다.

　또 한편으로 戊土의 역할은 庚金을 위해서 있는 것이지 丙火에게 필요해서는 아닌 것 같다. 그렇다면 丙火에게 누를 끼쳐서는 곤란하다. 즉 객이 주인을 무시하고 안방을 차지한다는 것은 곤란하다. 그래서 己土를 넣었을 경우 丙火의 빛이 모두 흡수되어서 천지가 암흑 세계로 변하는 것을 원할 턱이 없다. 따라서 丙火의 빛도 손상시키지 않으면서

庚金도 보호하는 역할을 할 만한 글자는 오직 戊土뿐이라는 것이다. 이런 이유들 때문에 그 자리에는 戊土가 있는 것이다.

계절적인 의미(立夏~小滿)

巳月에 대한 감상은 일반인의 경우에는 봄이 한창 무르익는 정도가 될 것이다. 장미의 축제가 열리는 계절이기 때문이기도 하지만, 뭔가 꽃의 분위기가 느껴지는 것이 여름이라고 느끼기보다는 만개한 봄이라고 느껴진다. 즉, 느껴지는 것은 봄이면서도 기운의 흐름상으로는 여름이기도 한 그런 계절이다.

이러한 것들이 표면적으로 보이는 현상인데, 실은 양의 기운이 모두 발산되어버린 상황이라고 말하는 것이 巳月이다. 이제 양은 더 이상 확장할 수 없는 상태까지 발전한 것이다. 寅月까지만 해도 三陽이어서 그야말로 음양이 반반이면서 양으로 나아가는 상황이었기 때문에 희망이 있다고 했는데, 이후로 이미 석 달이나 지난 巳月로 접어들었으니 이제 너무 양의 기운이 넘쳐버린 것이다. 즉 六陽의 계절이 되어버렸다는 이야기이다. 괘상을 살펴보면서 생각해보자.

卦象의 관점으로 보는 巳月

☰	上卦는 天이 되고	乾은 강건한 하늘의 성정을 나타내며, 안팎으로 하늘의 상이니 하늘이 거듭하였다는 뜻이 된다.
	下卦는 天이 되어	
	합해서 重天乾이다	

이렇게 괘상을 놓고 볼 때 이미 순양(純陽)이 되어서 더 이상 양의 기운이 보태질 것이 없다. 이미 가득 차버린 상황은 달로 치면 보름달

이라고 할 수 있겠다.

　백제가 멸망하기 전에 의자왕이 꿈을 꾸니까 신라는 초승달이 떠 있고, 백제는 둥그런 보름달이 휘황하게 비추고 있더라는 이야기가 있다. 이것은 역시 나라가 망하기 직전이라는 암시였고, 또 의자왕이 혼자서 막을 수 없었던 국운(國運)이었을 것으로 생각된다.

　운이라는 것은 그렇게 움직이는 것을 말하고 늘상 흘러다닌다는 뜻이다. 운수(運數), 운송(運送), 운전(運轉) 등등 어느 것이든지 움직여 다닌다는 의미가 포함되어 있다. 그리고 우리가 연구하는 운명(運命)도 완전히 같은 의미로 목숨이 움직여 다닌다는 뜻으로 보면 되겠다. 중국 사람들의 책에서는 명운(命運)이라고 되어 있다. 마치 남한에서 상호(相互)라고 말하는데 북한에서는 같은 말을 호상(互相)이라고 하는 것과 같다.

　그런데 이렇게 양의 기운이 가득 차면 더 이상 올라갈 곳이 없기에 천상 다시 내려가야 한다. 그냥 가만히 머무르고 싶은 것이야 인간의 마음이고, 자연의 법칙은 그렇게 가만히 있도록 두지 않는다. 그래서 옛 성현께서도 말씀하시기를 '공을 이루고 나면 조용히 물러난다. 공을 이루기 위해서는 부단히 연구하고 고심하고 정진하여야 한다. 그래야 한 가지의 뜻을 이루게 된다. 그렇게 해서 공을 다 이루고 성취했으면 이제는 조용히 물러나는 것을 배워야 한다. 이것은 이미 공을 이루기 전에 계획되어진 일이다. 왜냐면 정상에서 오래도록 서 있을 수는 없기 때문이다. 그리고 이미 巳火 속에서 庚金이 생을 받고 있다는 것도 '이제 기운이 차오를 대로 차올랐으니까 서서히 정리할 준비에 마음을 써야 시기니라' 는 의미였던 것이다.

　그런데 현실을 살아가는 사람의 모습이 모두 그러한 것은 아닌 모양이다. 공을 이루기 위해서 온갖 노력을 한 사람들이 마침내 공을 이루고 나면 어떻게 해야 할지 모르는 것처럼 보인다. 그래서 우왕좌왕 하다가는 뒤에서 밀고 들어오는 후진들에게 밀려서 귀양을 가기도 하고, 더러는 추하게 싸움을 벌이다가 그 동안 이뤄놓은 공을 모두 망가뜨리는, 그야말로 '공수래 공수거(空手來 空手去)'의 이치로 돌아가고 마는 경우도 가끔 본다.

어차피 빈손으로 왔다가 그냥 가는 것을 안다면 그렇게 아옹다옹 싸울 것도 아니겠건만, 공을 이룬 다음에 어떻게 할 것이라는 생각을 미처 하지 못한 사람들은 당황해하는 모양이다. 정치적인 일에는 별로 관심이 없어서 주의 깊게 관찰하지 않는 편인데, 특히 명예를 중히 여기는 위치에 있는 사람일수록 더욱 이러한 일은 잘 알고 있어야 할 것이다.

그렇다면 巳月에서 우리가 생각해야 할 것은 무엇일까? 아마도 공을 이룬 후에는 물러가야 한다는 것을 배워야 하지 않을까 싶다. 이렇게 말씀드리면 벗님께서는 다음과 같이 말씀할지도 모르겠다.

"이제 시작인데 내려가라니 무슨 섭섭한 말씀."

巳月이면 그야말로 이제 시작인 것처럼 보이기도 하겠다.

그러나 겸허한 마음으로 생각해본다면 이미 巳月까지의 경과를 보면 일이 어느 정도 진행된 것인지 감 잡을 수 있을 것이다. 인간의 수명이 120살이라고 가정한다면 하나의 지지(地支)에서 10년씩을 보내는 셈이 되는데, 그렇다면 巳月은 60대에 해당한다고 할 수도 있겠다. 그렇다면 이미 우리는 환갑을 살아온 셈이다. 이렇게 되면 실제로 해야 할 중요한 일은 지나온 셈이 된다. 아직도 이뤄지지 않은 일은 이번 생의 몫이 아니라고 생각해야 할 것이다. 따라서 이후에 벌이는 새로운 일은 더욱 큰 주의를 필요로 한다. 즉 내가 뛰어야 할 때가 아닌 시기에 뛰는 것이기 때문이다.

그런데 실제로 정치를 하시는 분들은 그렇지 않은 것 같다. 그들의 생각은 물러나면(정확히는 '밀려나게 되면'이겠지만) 그걸로 모두가 끝나버린다고 생각하는 것 같다. 그렇기 때문에 무슨 수를 쓰던지 물러나서는 안 되겠다는 일종의 강박관념을 가지고 있는 듯하다. 옛날에는 신하가 자신의 늙음을 빙자해서 물러나기를 원하면 왕도 잡을 수 없었다고 한다. 그런데 요즘은 누구 하나도 물러나야 한다는 생각을 하고 있는 것 같지 않다. 모두들 눈앞의 상황에 너무 현혹되어 있는 것이 아닌지 하는 염려는 낭월이가 너무 세상물정을 몰라서인지도 모르겠다.

그러다 보니 결국은 갈 데까지 간 다음에 망신을 당한 후에도 혼자 하는 이야기가 '결국 물러나니까 이렇게 되는 것이다. 어떻게 해서든지 붙잡고 있어야 하는 건데……'가 되는 것이다.

이렇게 巳月은 정리가 시작되어야 할 시기인데 巳月이 시작인 것처럼 보이는 것부터가 문제이다. 그래서 巳月을 담당하는 괘는 건괘(乾卦)일까? 꿋꿋하게 자신이 할 일을 마친 후에는 조용히 휴식을 취할 준비를 하는 군자가 되라는 뜻에서 말이다. 그래서 성철 스님께서는 그렇게 세인들이 서울살이를 권했어도 꼼짝도 않고 가야산 백련암에서 조용히 수행에 힘을 기울이고 계셨는지도 모를 일이다. 도인의 뜻을 범부가 어찌 헤아리겠는가만, 짧은 소견으로는 아마도 巳月의 의미를 바로 깨닫고 계셨던 것이 아닐까 하는 생각이 든다.

오행의 상황판단

木의 상태

巳月의 木은 허약하다. 이미 기운이 火를 생해주느라고 모두 탈진이 되어버려 남은 기력이 얼마 되지 않는 상황이다. 그래서 巳月이 되면 木이 무엇보다도 가장 시급하게 찾아야 할 것이 있다. 즉 물이다. 물이 옆에서 원조를 해준다면 아무 염려 없이 계속해서 자신의 임무를 수행하게 될 것이지만, 그렇지 않으면 말라죽어버리는 비극이 발생할 것이다. 이러한 입장이 巳月의 木이다. 巳月에 태어난 木 중에서도 乙木인 경우에는 무속인으로 흐르는 경우가 왕왕 있었는데, 무속인들이 펄펄 뛰는 것은 불기운을 닮았다는 느낌이다. 그러나 그렇게 에너지를 소모하면 급기야 탈진하게 되니 조심해야 한다.

火의 상태

이 계절의 불이라면 그야말로 한창 권세를 누리고 있는 상황이다. 그러나 이미 극에 달해서 별로 쓸 가치가 없게 되었다. 조용히 후학들에게 그 기운을 물려주고 자신은 이제 쉬어야 할 자리를 찾는 것이 가장 현명하다. 즉 이제는 火의 시절을 마감하고 다음 타자인 土에게 왕관을 물려주는 것이다. 그런데 욕심이 과연 그러한 자연의 순리를 받아들이려는지 모르겠다. 왕성한 불이 설치게 되면 자연계의 많은 것들이 불타버리게 되므로 불의 욕심이 과하지 않는 것이 가장 현명한 선택이다.

土의 상태

그야말로 황태자이다. 불로부터 생생한 에너지를 부여받고 이제는 서서히 왕관을 물려받을 대관식을 준비하는 상황이다. 천하에 두려울 것이 없는 입장이다. 누가 섭섭하게 하면 '조금만 기다려봐 내가 왕이 되면 몇 배로 갚아주지.' 왕이라는 것이 얼마나 진이 빠지고 공격받는 자리인지 아직 모르는 상황이다. 어쨌든 巳月의 土는 매우 왕성하게 피어나는 신진세력들이다. 활기가 넘친다.

金의 상태

金에 대해서는 앞에서도 많이 생각해봤지만, 역시 새로운 시련을 견뎌야 하는 상황이라 해야겠다. 그러면서 암암리에 생기운을 부여받는 입장에 서게 된다. 이런 상황을 일러서 외곤내실(外困內實)이라는 말로 대신할 수 있다. 일단은 상황이 편안하지 않은 입장이다.

水의 상태

이때의 水는 상황이 매우 나쁘다. 천지간에서 자취가 끊어지는 경우라고 해야 할 입장이기 때문이다. 그래서 거론할 필요도 없을 것 같다. 다만 삼라만상이 모두 목말라하는 상황인 경우 커다란 바위[庚金]가 힘을 얻고 있는 상황에 한해서는 물 공급을 받아 자신의 위신을 세울 수 있을 것이다. 그 외 나머지 상황에서는 매우 위급하다는 것을 알아야 한다.

제7장
오화

　午火라, 午火. 이글거리는 불꽃이 떠오른다. 혀를 날름거리면서 하늘을 향해 마구 솟구치는 불길이 보인다. 그 불길은 아무것도 거침없이 무엇이나 녹여버리는 대단한 열기를 가지고 있다. 그래서 午火이다. 이제 우리는 어쩔 수 없이 자의든 타의든 여름의 한복판에 서게 되었다. 맹렬한 불덩어리 속에서 부채질이든 선풍기든 바람을 일으켜야 하고, 돈 좀 있으신 벗님은 전기사용량이 과하거나 말거나 에어컨을 돌리는 것이 상책이다. 이렇게 午月이 되면 너나없이 열기에 휩싸여 더위를 만끽하게 된다. 그래서 가장 먼저 생각나는 것이 시원하고 넓디넓은 바닷가 백사장이다. 30분만 물 속에 들어갔다가 나오면 작열하는 태양이 오히려 반가운 마음이 들도록 입술이 새파래진다.

　적어도 오행상으로는 이렇게 가장 더워야 하는 것이 午月이며 午火이다. 그런데 실제로는 아직 달아오르는 열기는 그래도 견딜 만하다는 생각이 든다. 그야말로 푹푹 삶아대는 폭염은 아니기 때문이다. 午月의 열기는 아직도 절정은 아닌 상태로 그렇게 계속해서 달아오르고 있다고 느끼는 것이 가장 합당할 것이다.

상징성

午火가 실제 느끼기에 치열해야 함에도 그렇지 않은 것은 아직도 숙제로 남아 있다. 직접 부딪쳐서 결론이 얼른 나오지 않는다면 일단 공격을 멈추고 우회할 방법을 찾는 것이 현명할 것이다. 옛말에도 급하면 돌아가라는 말이 있는데, 세상을 살면서 항상 다시 생각하게 되는 거룩한 말씀이라고 느껴진다. 우리도 잠시 궁리를 멈추고 午火의 상징성에 대해 살펴보면서 흐름을 조정해보자.

午火의 상징은 말이다. 말이 펄펄 날뛰는 모습과 午火의 상징성은 일맥상통한 점이 있다. 아마도 벗님이 말띠를 떠올린다면 얼른 연상되는 것은 말띠 여자가 될 것 같다. 우리는 그렇게 이유도 모른 채 말띠 해에 태어난 여자에 대해서는 나쁜 쪽으로 선입견을 가지고 있다. 그래서 이러한 이야기들이 어떤 설득력이 있는지에 대해 여러 모로 생각해봤으나 어떠한 경로를 거쳐 그러한 편견이 공공연하게 되었는지는 알 길이 없다. 이유야 어떻든 간에 일단 말띠 여자는 자신의 의지와 상관없이 편견의 대상이 되고 있다. 그러면 어째서 그러한 풍습이 생겨나게 되었을까를 생각해보자.

말띠 해의 여자 신생아 감소

말띠에 여성으로 태어나면 얼마나 서러운지는 지난 1990년 庚午생들에 대한 남녀비율을 통해 단적으로 알 수 있다. 남아보다 여아 출생률이 월등히 적었음을 자료를 통해 확인할 수 있다. 그러한 보고를 보면서 참으로 뿌리 깊은 미신이 우리 한국인들의 가슴에 깊숙이 자리잡고 있다는 생각이 들었다. 그렇다고 조물주가 딸의 수를 적게 조절했을 리는 만무하고, 아마도 임산부들이 산부인과 의사에게 미리 조언을 듣고서 딸이라는 말에 유산시켰을 경우가 대부분이라 하겠다.

정말로 영악한 인간들은 질병을 치유하라고 만들어놓은 의술을 이용해서 말띠 딸아이를 두지 않으려고 그렇게 애를 썼다는 생각이 들면서 참으로 씁쓰레한 기분을 감출 수가 없었다. 말띠를 싫어하는 사회에서 자신의 딸을 말띠로 만들어 세상살이에 부대끼게 하고 싶지 않았을까? 이런저런 연유로 지구의 성비율은 자꾸만 기울어져간다. 그래서 슬프다. 비록 짧은 지식을 가지고 있는 낭월이지만 그것이 아무 쓸모가 없는 미신임을 밝히고 싶은 마음이다. 하지만 오랫동안 굳어버린 고정관념을 어떻게 돌려놓을지 막막하다.

말띠 낭자를 거부하는 이유

그렇다면 어째서 말띠 여자를 규숫감으로 거부하게 되었는지에 대해 생각해보도록 하자. 우선 午火의 특성은 그야말로 양의 기운이 가득 차 있는 상태라고 할 수 있다. 이렇게 양의 기운이 왕성한 것은 가장 남성적인 것과도 통한다. 따라서 여자가 양기(陽氣)를 지나치게 많이 갖고 있으면 남자처럼 될 가능성이 높아질 거라는 것이다. 그렇게 남자처럼 펄펄거리고 뛰어다닌다면 얌전하게 여필종부(女必從夫)하면서 삼종지도(三從之道)를 따라 고분고분 집안 살림만 하길 바랐던 당시 상황으로 봐서는 도저히 반갑지 않은 조건이었을 것이다. 즉 말띠 여자가 남자들이 가져야 좋을 괄괄한 성격을 가졌으리라는 선입견과 활동적인 여성을 터부시했던 사회적 요구가 들어맞아 말띠 여성을 꺼리게 된 것이다.

또 다른 관점으로 생각해본다면 원래 말이라는 동물은 껑충거리며 뛰어다니고 고집이 무척 세다. 그와 같은 말이 부엌에서 살림을 하고 있다고 생각한다면 항상 불안할 것이다. 집안은 언제나 쥐죽은 듯 고요해야 하는데, 며느리가 날뛰고 설치면 남보기에 좋지 않을 것이고, 이것은 사대부 집안에서 망신이라고 생각했을 법도 하다. 그리고 이러한 상황은 말띠와 아울러 범띠도 마찬가지이다. 이들은 양의 기운이 넘치는 상황이므로 신붓감으로는 불리한 판정을 받게 되었던 것이다.

그렇다면 과연 말띠나 범띠로 태어난 여성은 그렇게 날뛰고 자기 멋대로일까? 실제로 그렇다면 미신이든 아니든 따른다고 해도 이의가 없을 것이다. 가정의 화목이나 행복은 결코 시험용으로 다룰 수 있는 것이 아니기 때문이다. 그래서 이것을 확인해보기 위해 적어도 사주가 알려질 정도로 유명한 여성들을 한 번 살펴보기로 했다. 물론 전부 말띠는 아니겠지만, 적어도 그 중에서 말띠가 상당한 비율이어야 설득력이 있을 것 같아서이다. 기준은 연예인을 위주로 잡아봤다. 만인이 알 수 있는 사람이고, 어느 정도 끼가 있다는 것이 공증된 사람들이기 때문이다.

여자 연예인들은 모두 말띠?

- 논개 - 직업은 기생인데, 영조와 같은 사주를 갖고 있는 것으로 유명하다. 그녀의 출생년은 甲戌년으로 개띠이다.
- 김지미 - 한국 최고 여배우로 연예계에서 최고의 명성을 날렸고, 현재에도 영화사를 차려 맹렬히 활동하는 여성이다. 그녀의 연주는 丁丑으로 소띠이다.
- 윤성희 - 낭월이가 한창 삼수성이 예민할 적에 많이도 봤던 일류 배우이다. 사주첩경에서 사주를 살펴봤는데, 乙酉생이다. 그러면 닭띠이다.
- 박순애 - 예쁜 얼굴로 야무지게 연기하는 것을 보면서 매력적으로 느꼈는데, 언젠가 방송에서 나이와 생일을 밝혀줘서 뽑아놓은 사주에 보면 乙巳생이다. 그러면 뱀띠이다.
- 마릴린몬로 - 그녀에 대해서는 설명이 필요 없을 것이고, 자료에 의하면 출생년도는 1926년 그 해는 丙寅년으로 범띠에 해당한다.
- 브룩실즈 - 많은 총각들의 방에 이 여인의 젊은 시절 사진이 걸려있는 것을 볼 수 있는데, 그녀는 1965년생으로 乙巳생이니 뱀띠에 해당

한다.
- 종초홍 - 중국배우이다. 크게 낯설지 않은 이름인데, 이 여인의 출생년도는 1960년이고 간지로는 庚子년이다. 그래서 쥐띠에 해당한다.
- 마돈나 - 자유분방한 여인으로 대단히 활달한 사람인 모양인데, 온갖 스캔들을 몰고 다니는 장본인이기도 하다. 1958년생으로 이 해는 戊戌생이니 개띠이다.

이렇게 대충 이름난 여인들의 출생년도를 살펴봤지만, 유감스럽게도 말띠는 하나도 없다. 낭월이 생각에도 그 중 한두 사람 정도는 말띠가 있어야 공평하다는 생각을 했는데 하나도 없어서 조금 의외였다.

이런 자료를 통해 살펴볼 적에 말띠와 지나치게 활동적이어서 살림을 못 하는 것과는 아무런 상관이 없다는 것이 분명하다고 해도 될 것 같다. 물론 앞에 거론한 인물들이 신붓감으로는 실격이라는 의미는 전혀 아니다. 다만 활동적이라는 점에서만 생각해보는 것뿐이다. 혹 본인들과 연관되어 있으신 벗님들이 오해를 하시지 않도록 부탁드린다.

결국 말띠든 아니든 상관없다는 결론을 내리고 싶은 것이다. 참으로 어리석은 상식 때문에 잘못된 판단을 하는 것이 어디 이것뿐이랴만 말띠에 대한 오해는 하루빨리 없어져야 할 것이다.

말이 의미하는 것

말띠라는 것을 생각하면서 말을 직접 살펴봐야 하는데, 말은 늘상 만나는 것 같으면서도 실제로는 극히 만나기 어려운 동물이다. 실제로 말을 보려면 경마장이나 동물원에 가봐야 한다. 그래서 관념적으로 가장 먼저 떠오르는 점은 말은 서서 잠을 잔다는 깃이다. 그린 의미 때문에 불기운이 강한 것으로 선택되어진 것 같다.

이렇게 띠에 연관해서 만들어진 말들은 거의 대부분 믿을 바가 못 된다는 것을 실험을 통해서 늘상 느끼고 있다. 제대로 된 명리학이 나와서 그러한 속설을 하루빨리 불식시키고 올바른 음양오행관이 이 나라 국민들에게 정착되도록 노력해야겠는데, 이 작업이 하루 아침에 이뤄지지는 않을 것이다. 그렇다고 그냥 둔다고 해서 될 일도 아니다. 처음 시작은 미미하겠지만, 결국 어떤 변화는 생길 것이다. 낭월이 강의를 읽으시는 벗님은 여기에서 벗어날 수 있으리라는 것도 희망 중에 큰 몫을 차지하고 있다.

이치적인 연구

우리는 여기에서 보다 합리적으로 午火에 대해 연구해봐야 한다. 午月의 가장 큰 특징은 불기운이 매우 기승을 부린다는 점이다. 단오라는 명절을 보면 역시 午月이라는 의미가 들어 있는 것 같다. 명절 행사에는 항상 푸짐하게 먹고 노는 것이 끼여 있게 마련이고, 단오가 이 계절에 있는 것은 당시에 못 먹고 살았던 시대지만 더위에 지칠 건강을 위해서 미리 에너지 공급을 한다는 의미가 포함되었을 것이라 생각해 본다.

해가 가장 긴 하지(夏至)가 있는 달이기도 하다. 낮이 길어지면 활동해야 하는 시간도 길어지고, 그만큼 에너지 소모도 많아지게 마련이다. 따라서 이때에는 항상 건강관리를 잘 해야 한다.

지장간의 원리

출처	내용		
항신재 역설	丙 10일 3분 반	己 10일 3분	丁 13일 3분 반
연해자평 정해	丙 10일 3분	己 9일 3분	丁 10일 3분
명리정종 정해	丙 10일 3분 반	己 9일 3분	丁 13일 3분 반
삼명통회	丙 9일	己 3일	丁 18일
적천수 징의	丙 10일	己 9일	丁 10일
자평진전 평주	丙 10일	己 9일	丁 11일
명리신론	丙 10일 3분 반	己 9일 3분	丁 11일 3분 반
명학비해	丙 10일 3분 반	己 9일 3분	丁 11일 3분 반
사주첩경	丙 10일 3분	己 10일 1분	丁 11일 2분
컴퓨터 만세력	丙 10일	己 10일 1시간	丁 11일 2시간
적천수 상해	丙 10일	己 9일	丁 11일
사주정설	丙 10일	己 10일 1시간	丁 11일 2시간

월률분야의 사용결정표

형태	내용		
원칙적 공식	丙 10일 3분	己 9일 3분	丁 11일 3분
실용적 공식	丙 10일	己 9일	丁 11일

여기에서는 상당히 많은 오차가 벌어지고 이어서 약간 혼동이 되기도 한다. 특히 항신재 역설에서는 34일 정도가 되는데, 고인들께서 한달이 30일이라는 것을 몰라서 이렇게 적었을 리는 만무하다. 오히려 매

월 날짜 수가 정확하게 30일씩 나눠지도록 한 현재의 계산이 어쩌면 편리 위주로 정리한 것 같은 생각도 든다. 만약 그렇다면 눈 어두운 장님이 무리를 이끌고 위험한 곳으로 안내하는 것과 비슷하겠기에 이러한 점에서는 조심스러운 생각이 앞선다. 그리고 적천수나 자평진전 계통에서는 그대로 10. 9. 11로 30일 체계를 적용하는 것으로 보인다. 그러나 일단 확인할 능력이 부족하기에 도리없이 모든 자료를 밝히는 것으로 선택을 미루기로 한다.

지장간의 이치로 관찰해보면 午火 내부에 존재하는 성분들에 대해 다음과 같은 생각을 하게 된다. 우선 丙火는 빛을 내도록 도와주는 역할을 하고 이 빛은 결국 열로 이어진다는 의미를 갖고 있다. 그런데 묘하게도 다른 성분들과는 달리 午火에서 만큼은 서로 반반씩 포함되어 있다는 것이 눈에 띈다. 즉 丙火가 10일이고 丁火는 11일이다. 이렇게 균형을 이루는 것을 보면서 빛과 열이 서로 적절하게 혼합되어 존재하는 상태라고 이해해본다. 그러니까 午火는 누가 봐도 불이라는 것이고, 진정한 의미에서 음양을 골고루 갖추고 있는 완전한 불인 셈이다. 午火만 있다면 숯불일 가능성이 높고, 丙火만 있으면 단지 빛일 뿐이라고 할 수 있기에 이 둘은 완전한 불이라고 보기에는 약간 문제가 있다. 모든 것이 다 그렇겠지만, 이렇게 불을 생각하는 마당에서도 역시 음양의 의미를 생각하지 않을 수 없다.

己土의 임무

더군다나 己土가 10일간의 비율로 존재한다는 것도 매우 의미심장하다는 생각이 드는데, 丙丁火의 강력한 폭발성분을 흡수하는 어떤 완충작용을 하는 것으로 여겨진다. 이 역할은 陰土가 아니고서는 불가능하다. 만약에 이 일을 다른 천간에게 부여한다면 어떻게 나올지 한 번 생각해보았다.

甲木 - 말도 안 된다. 몽땅 불태워버리는 것이 목적이라면 몰라도 불이 보존되기 위해서라면 전혀 그 역할이 아니다.

乙木 - 역시 甲木과 대동소이한 까닭으로 불가능하다.

丙火 - 불이 불을 보호하기는 역시 어렵다. 더욱 한 덩어리가 되어서 폭발해버리려고 날뛸 것이 분명하다.

乙火 - 丙火와 같은 의미에서 일고의 가치가 없다.

戊土 - 그래도 土이므로 한 번 생각해볼 수 있겠는데, 戊土는 불을 보면 갈라지게 되어 있는 구조이다. 메마른 흙이라는 의미로 이해하면 되겠는데, 따라서 丙丁火가 치열하게 이글거리는 상황에서 戊土가 그들의 힘을 조절하기에는 역부족이라는 이야기이다. 그리고 이제 火의 기운도 절정에 달해 있는 상황이니 습토(濕土)로 다소 火의 기운을 설기(洩氣)시킨다고 해도 전혀 억울할 것이 없는 상황이다.

己土 - 그래서 습토에 해당하는 己土가 그 역할을 맡게 되었다.

庚金 - 여기에서는 庚金이 나설 상황이 아니다. 약이 오를 대로 오른 丙火가 그대로 부숴버릴 것이다. 아직은 움직일 때가 아니라고 판단하고서 잠복하고 있어야 한다는 것을 망각하면 안 된다.

辛金 - 이번에는 丁火가 뜯어먹으려고 할 것이다. 굶은 개가 고깃덩이를 본 꼴이 되어서는 자연법칙의 체계가 엉망이 될 것이다.

壬水 - 아무리 불을 다스리는 물이라고는 하지만 여기에서는 명함을 내밀 상황이 아니라고 봐야겠다. 즉시 증발해버릴 것이다.

癸水 - 壬水가 안 된다면 癸水는 말하나마나이다. 그냥 조용하게 웅크리고 자신의 전성기인 겨울이 되기만을 기다리는 것이 상책이다.

이렇게 주욱 훑어봤지만 역시 그 자리에 가장 어울리는 글자는 己土뿐이라는 결론이 나온다. 그래서 씹으면 씹을수록 묘미가 나는 것이 지장간의 이치라는 생각이 든다. 또한 자연의 배합원칙은 철저하게 공익

(共益)을 우선한다는 것을 알 수 있다. 이 정도로 이해하고서 다시 계절의 개념을 포함해 연구해보도록 하겠다.

계절적인 의미

다소 중복되는 감은 있으나, 그래도 다시 한 번 정리하는 의미에서 계절에 대한 생각을 추가해보자. 우선 午月에 양의 기운이 치열하다는 의미가 포함되는 것은 어쩔 수 없다. 특히 양의 기운이 극히 왕성한 날은 午月 중에서도 5일 날이다. 우리의 명절은 이렇게 겹치는 날에 주로 끼여 있다. 그 중에서도 5월 5일을 우리는 단오(端午)라고 부르면서 대단한 축제를 하는데, 이것은 동짓날 행사와도 유사한 점이 있어 보인다. 이제 극에 달한 양의 기운을 충분히 흡수하도록 하자는 캠페인처럼 느껴진다. 씨름을 하고 음식을 만들어서 나눠 먹고, 하루를 신나게 보내는 것은 이제부터 음의 계절로 진입하게 되므로 마지막으로 충만된 양기운을 마음껏 흡수하라는 의미가 들어 있는 것이다.

특히 쑥을 베어 말린 것 중에서도 단오에 말린 것은 약효가 가장 뛰어난 것으로 치고, 익모초도 이때 베어서 즙을 내어 마심으로써 여름의 더위를 이기라는 의미를 가진다. 이제 양의 기운은 절정에 달했다는 것이다. 이미 지난 달(巳月)에 완전하게 양의 기운을 받아버린 상황이기 때문에 더 이상 망설이지 말고 모두 베어서 저장하라는 의미이다. 이때가 지나가면 점차로 양의 기운이 빠지므로 효력이 떨어진다는 이야기이다.

卦象의 관점으로 보는 午月

	上卦는 雷가 되고	천풍구(天風姤)는 하늘 아래에 바람이 부는
☰	下卦는 天이 되어	상이니 맨 아래의 일음(一陰)이 생기는 의미
	합해서 雷天大壯이다	가 들어 있고, 다시 반복됨을 의미한다.

　괘상을 살펴보면 벌써 하나의 음이 생겼다는 것을 알 수 있다. 중요한 것은 이렇게 더운 계절에 벌써 고인들은 양의 기운이 쇠하고 음기운이 점차로 힘을 받고 있다는 것을 읽어냈다는 점이다. 참으로 대단한 통찰력이 아니고는 이렇게 더운 계절에 하나의 음기운이 땅 속에서 꿈틀거리는 것을 알아내기 어려웠을 것이다. 물론 子月의 맹추위 속에서도 一陽의 소식을 알아냈으니까 같은 의미라고 볼 수 있지만, 그래도 이렇게 표면적인 것에 마음을 빼앗기지 않고 냉철하게 자연의 흐름을 읽었다는 것에 감탄할 뿐이다.

　음의 씨앗은 午月에서 잉태되어 자라고 있는 입장일 것이다. 실은 이미 巳月에 그 징조가 있었는데, 우리는 그냥 쉽게 넘어가버린 것이 아닌가 싶다. 즉 巳月 중의 庚金이 그 암시가 아닐까 싶은데, 金 기운이 午月을 만나면서 己土 속에 숨어 호흡하고 있는 것처럼 보인다. 巳月 중의 庚金은 뭔가 불안한 모습을 하고 있는데 午月의 己土는 매우 안정을 취하고 있는 입장이다. 사실 불 속의 庚金은 자칫하면 녹아버릴지도 모르기 때문이다. 그런데 六陽의 계절에 미약하나마 一陰의 조짐(庚金)이 움트고 있었다는 것은 자연의 경이로움이라 하고 싶다. 그렇게 시작된 음의 운동은 午月이 되면서 己土로 환원되어서는 다시 구체적으로 성숙을 시키는 것이다. 이렇게 음의 기운이 안정을 취하고서 무럭무럭 자라는 것을 우리의 탁한 눈으로는 도저히 관찰할 수가 없을 것이다.

　사실 己土는 午火의 핵심이라고 해도 과언이 아닐 것이다. 여기에 戊

土가 아닌 己土가 있는 이유도 바로 불 속에서 보석을 자라게 하는 이 치라고 한다면 너무 호들갑이라고 할지 모르겠으나, 일단 '불 속에서 피어나는 보석' '연꽃 속의 보석'[45]이라는 단어에서 어떤 암시를 읽을 수 있을 것이다. 그러한 힌트가 있는 곳은 바로 이 午火 중의 己土에서 찾고 싶다. 한 점의 보석은 그렇게 담금질을 통해 탄생하는 것이 아닐까? 즉 丙火랑 丁火가 번갈아가며 열기를 발산시키면서 에너지를 충전시키면 서서히 그 己土 속에서 기운을 받고 힘을 기르다가는 언젠가 적절한 시기(물론 申月이겠지만)에 그 보석은 결실의 에너지를 가지고 이 땅에 나타날 것이다. 보석은 원래 결정체이고, 또 가을은 결실의 계절이기 때문에 서로 밀접한 연관성이 있는 것이다.

오행의 상황판단

木의 상태

午月의 木은 일단 열기에 그을리기 십상이다. 그래서 무엇보다도 시원한 물줄기가 어느 정도 뿌려주는 것이 절실한 상황이다. 이러한 조건이 성립하면 나무의 성분도 무럭무럭 성장할 것이므로 이때는 오히려 후끈후끈한 열기가 반갑게 된다. 중요한 것은 열기를 제어할 물의 상태가 갖춰져 있느냐 하는 점이다.

火의 상태

불은 이미 절정에 달해 있다. 아니 오히려 이제부터는 서서히 쇠락의 길을 걷기 시작했다고 말할 수 있겠다. 즉 절정에서 맹렬하게 기세를

---

[45] 연꽃 속의 보석은 음양의 완벽한 결합을 나타내기도 하는데, 원래는 밀교에서 최상의 깨달음 상태를 말하기도 한다. 즉 황홀한 무아지경을 표현한 것이다. 그리고 또 다른 의미로는 사랑하는 남녀의 성적인 결합을 매개체로 황홀경에 젖어드는 것을 의미하기도 한다. 완벽하다고 할 수 있는 황홀경이라고 하면 적절할 듯싶다.

올리고 있는 상황은 오히려 이제 더 이상 올라갈 곳이 없으니 내려오는 선택만 남은 것으로 이해하면 될 것이다. 그러나 지금 당장 쇠약해지는 것은 아니므로 서둘다가는 자칫 낭패를 가져올지도 모른다. 조금은 더 기다려야 한다. 비록 지는 태양이더라도 그 위력은 대단하다. 이러한 상황은 인간들이 살아가는 모양에서도 나타난다. 강력한 통치자들의 경우 그 운이 전성기를 넘어 쇠락의 길로 접어들면 일시적으로 매우 난폭해진다. 난폭이라는 표현이 거슬리면 매우 적극적으로 행동한다고 해도 좋겠다. 이것을 일러서 우리는 회광반조(回光反照)라 부르기도 하는데, 午月의 불이야말로 그러한 상황이라고 하겠다.

土의 상태

午月의 土는 그야말로 두려울 것이 없는 상태라 하겠다. 감히 어느 누가 함부로 대하겠는가. 천하에 가장 득세를 하고 있는 상태이기 때문이다. 이미 불의 입장에서는 절정에서 서서히 기울고 있는 상황이지만 반면에 土의 입장에서는 오히려 힘을 길러서 이제 일어서는 불의 뒤를 이어가는 후계자이다.

金의 상태

아직은 함부로 움직이면 안 된다. 속에서 가만히 기운을 기르고 있으면 아무 탈이 없는 상황이다. 이러한 환경에서 함부로 날뛰다가는 한 번 피어보지도 못하고 공격을 받아 쓰러지게 될지도 모른다. 그래서 무조건 기다리고 있어야 한다는 말을 다시 한 번 하게 된다.

水의 상태

사실 午月에는 물의 도움이 더욱 필요한 것이 자연계의 법칙이다. 그러나 물은 힘이 매우 허약하다. 이렇게 허약한 물을 원없이 사용하기 위해서는 확실한 수원지(水源地-金)를 확보해야 한다. 그렇기만 하면 아주 비싼 값에 거래할 수 있을 것이다. 따라서 수원지에 해당하는 金이 필요하다. 그리고 그 金은 다시 또 축축한 흙에 뿌리를 박아야 한다는 조건을 달아본다. 이렇게 까다로운 조건이 붙어 다닌다는 것만 봐도 여름의 물이 얼마나 조심스러운 상황인가를 짐작하고도 남는다.

제8장
미토

未土를 일명 온토(溫土)라고 부르기도 한다. 온토란 '따스한 기운이 포함된 흙'이라는 의미가 된다. 흙이 따스하다는 것은 차가운 흙도 있다는 말이 된다. 이렇게 차가운 흙의 역할을 맡고 있는 것이 丑土이다. 그래서 丑土와 서로 닮았으면서도 한편으로는 대립되는 부분도 있는 입장이다. 그럼 이제부터 未土에 대해서 살펴보자.

상징성

우선 벗님이 초보자 입장이라면 아마도 양이라는 동물이 먼저 떠오르실 것이다.

우선 양에서 떠오르는 생각은 창자가 길다는 것이다. 모양도 어지간히 꼬불꼬불 복잡하게 되어 있다. 그래서 소견이 좁고 괴팍한 사람을 빗대어 말할 적에는 '양 창자 같은 사람'이라는 말을 하기도 한다. 이렇게 창자가 길다는 깃은 양의 소화계통이 초식성(草食性)이라는 이야기가 된다. 창자 구조가 길게 되어 있을수록 초식성이고, 짧을수록 육식성이라고 한다. 아울러 한국인들도 창자의 길이를 볼 적에 육식보다는 채식에 더 어울리는 길이를 가지고 있다는 말도 들었다.

未土가 갖는 의미는 역시 온토라는 특성이 될 것이다. 그리고 未土를 丑土와 비교해본다면 바탕은 같은데, 조건의 차이로 전혀 다른 형태의 작용을 하고 있다는 생각을 하게 된다. 또 다른 관점으로 본다면 己土의 양면성에 대해 어떤 힌트가 있지 않을까 싶다. 즉 열기를 머금은 상태가 未土이고, 습기를 머금은 상태가 丑土라고 생각해보자는 것이다. 이것은 양면성의 사고방식인 셈이다.

이치적인 연구

글자를 살펴보노라면 未土에서 未자는 木과 매우 닮았다는 생각이 든다. 나무 위에 무엇인가 달려 있는 모습에서 착안된 상형문자라고 한다. 나무 위에 무엇이 달려 있다면 이것은 아마 열매일 가능성이 매우 높겠다. 따라서 未土라는 글자에 나무라는 의미가 포함되어 있다는 말도 된다. 나무라고 한다면 土와 가장 가까운 성분이 될 것이다. 일단 나무가 성장하려면 나무의 뿌리를 흙이 잡아줘야 가능하기 때문이다.

그럼 잠시 또 다른 의미를 생삭해보자. 그 글자를 풀이해보면 '아식 아니다'라는 의미가 들어 있기도 하다. 즉 아직은 진행중이라는 이야기로, 미완성 상태라는 말이다. 아직은 완전하지 않은 상태라는 말은 무엇을 말하는 것일까? 그럼 언제 완전해진다는 말일까? 그것은 알 수 없다. 다만 현재는 완전한 상태가 아니라는 것이다. 여기에서 다시 나무에 달린 열매를 생각해보자. 그러면 아직은 덜 익었다는 의미가 자연스럽게 떠오를 만도 하다. '아직은 덜 익은 열매.' 이 말은 얼마 있지 않으면 다 익을 것이라는 의미가 포함되어 있다.

그러나 이러한 의미가 未土를 전부 의미할 수는 없다. 뭔가 좀더 의미심장한 뜻이 있을 것이라는 생각에 들여다보니 그 안쪽에는 나무의 창고라는 의미가 대기하고 있다. 일단 열고 들어가보자. 똑! 똑! 똑!

지장간의 원리

출처	내용		
항신재 역설	丁 9일 3분	乙 3일 1분 반	己 18일 6분
연해자평 정해	丁 9일 3분	乙 3일 2분	己 16일 6분
명리정종 정해	丁 9일 3분	乙 3일 1분 반	己 18일 6분
삼명통회	丁 7일	乙 5일	己 18일
적천수 징의	丁 9일	乙 3일	己 18일
자평진전 평주	丁 9일	乙 3일	己 18일
명리신론	丁 9일 3분	乙 3일 1분	己 18일 6분
명학비해	丁 9일 3분	乙 3일 1분	己 18일 6분
사주첩경	丁 9일 3분	乙 3일 1분	己 18일 6분
컴퓨터 만세력	丁 9일 3시간	乙 3일 1시간	己 18일 6시간
적천수 상해	丁 9일	乙 3일	己 18일
사주정설	丁 9일 3시간	乙 3일 1시간	己 18일 6시간

월률분야의 사용결정표

형태	내용		
원칙적 공식	丁 9일 3분	乙 3일 1분	己 18일 6분
실용적 공식	丁 9일	乙 3일	己 18일

우선 이와 같은 공식으로 지장간의 표를 완성해본다. 丁乙己라. 우선

들어오는 느낌은 메마르다는 것이다. 丁火는 열기를 나타내고 있다. 乙木은 그 열기를 지원해주는 후원자 역할을 하고, 己土는 그렇게 발생한 열을 꾹꾹 눌러 담고 있는 욕심쟁이 모습이 떠오른다.

창고로서의 未土 역할

未土가 나무의 창고라는 것은 이미 도표를 통해 알고 계신 벗님도 많으실 것이다. 그런데 과연 나무는 未土에 저장해야 할까? 반드시 그래야 한다면 그만한 이유를 납득이 되게 설명해야 할 것이다. 그냥 '단지 그러니까 그렇게 아시오'라는 말은 참으로 맥이 풀리는 결론이기 때문이다. 그렇다면 과연 未土가 木의 창고인 이유는 무엇인가.

우선 木을 저장하려면 습기가 없어야 한다. 습기 속에 木을 저장하면 썩어버리기 때문이다. 그러면 습기 없는 곳에 저장되는 성분은 과연 어떤 것인가 살펴보자. 만약 묘목 상태라고 한다면 이때는 습기가 없으면 죽어버릴 것이다. 따라서 묘목은 아닐 것이다. 묘목은 창고에 들어갈 필요가 없다. 묘목이라면 성장해야 하는 운을 맞고 있는 상태이기 때문에 창고에 들어갈 이유가 없다.

그렇다면 목재일까? 목재를 창고에 둘 가능성은 있다. 보관해뒀다가 나중에 필요하면 꺼내 쓸 수 있기 때문이다. 그러나 단지 목재를 보관만 하는 기능 때문에 未土라는 기관이 등장하지는 않았을 것이다. 왜냐하면 목재는 이미 생명이 다한 상태이기 때문에 구태여 그것의 보관을 위해서 창고를 따로 제공해야 할 필요를 느끼지 않을 것이다. 물론 돈 많은 재벌이라면 창고를 지을 것이다. 나무를 보관해놓으면 돈이 된다는 것을 잘 알기 때문이다. 그러나 천지자연의 이치는 그런 이익 때문에 쉽게 움직이지 않는다. 천지자연은 인위적인 이득은 별로 달가워하지 않기 때문이다.

그러면 나머지는 한 가지뿐이다. 그것은 씨앗의 상태로 보관하는 것이 아니겠느냐는 것이다. 그런데 여기에서 약간 혼동이 있을 수도 있겠다. 이미 子水 이야기를 하면서 씨앗에 대한 이야기를 했는데, 난데없는 未土를 또 들고 나와서 씨앗타령을 하면 어느 것이 옳은 말이냐며 항의를 받을 만도 하겠다.

子水에서의 씨앗은 전체적인 씨앗을 의미한 것이고 여기에서는 순수한 木의 씨앗만을 의미한다. 사실 오행 중에서 씨앗이 눈에 보이는 형태로 보존 가능한 것은 木이다. 다른 오행은 특별히 씨앗이라고 할 만한 어떤 모습이 떠오르지 않는다. 불씨라고는 해도 그것 역시 불이기 때문이다. 그런데 나무의 씨앗은 나무와는 상당히 많은 차이점을 가지고 있다. 오히려 씨앗이라는 형태보다 목의 정(精)을 보관하는 기관이라고 포괄적으로 생각하자. 이제 未土에 木의 정을 보관해야 하는 천지자연의 입장을 한 번 살펴보자.

丁火의 작용

우선 丁火는 월령으로 따진다면 午月에서 넘어온 상태이다. 그러나 지장간의 이치에서 관찰해본다면 일단 木의 기운을 보존하려는 성분으로 볼 수 있겠다. 木의 기운은 辛金을 만나는 순간에 깨어져버린다. 따라서 연약한 木의 정을 보호하기 위해 辛金이 가장 무서워하는 丁火에게 맡겨서 안전을 도모하는 것이다.

丙火가 이 일을 맡을 수 없는 이유도 여기에 있다. 丙火는 辛金을 보면 그만 마음이 변해서 辛金 편을 들게 마련이다. 그렇게 되면 원래의 목적을 수행하는 데 지대한 차질이 발생하게 되는 것은 불을 보듯 뻔하다. 이렇게 되면 안 될 것이라고 생각한 조물주는 丁火에게 그 일을 부여했을 것이다. 그러면 丁火가 눈을 부릅뜨고 있는 동안에는 절대로 辛金이 다가오지 못한다. 어느 안전이라고 감히 서리가 내리겠는가. 辛金은 원래 서리의 의미가 있다. 그만큼 차가운 성분인데, 丁火는 열기가 아닌가. 그러니까, 포도원의 냉해를 제거하기 위해 모닥불을 피우듯이 그렇게 丁火가 감시를 하고 있는 것이다.

己土의 역할

이번에는 己土가 해야 할 일이다. 아마도 己土가 木의 정을 보호하기에 가장 적합한 성분이었던 모양이다. 戊土가 관리하기에는 너무 건조해서 습기를 전혀 포함하고 있지 않다. 그렇다면 木의 정이 완전히 메말라버릴 가능성이 높다. 사실 木의 정은 약간의 습도가 유지되어야 살아남을 수 있다.

그 일례를 가을걷이 무렵 정부에서 쌀을 수매하는 과정에서 볼 수 있다. 이때 곡식을 수매하기 위해서는 일정한 기준에 합격해야 하는데, 그 기준 중에서도 중요한 한 가지는 바로 건조이다. 건조에 대한 평가는 물론 첨단 정밀기계가 하지만, 예전에는 사람의 감각으로 심사한 경우가 더 많았다. 심사원의 말을 들어보자.

"어디 잘 말리셨군요. 한 번 깨물어볼까요…… 딱! 흠 15퍼센트의 수분이로군요. 1등품 합격입니다."

이렇게 심사한 경우가 많았다. 이로 깨물어서 딱 하는 소리가 난다면 충분히 건조되었다고 봐야 할 것이다. 어설프게 말려서는 그런 경쾌한 소리가 나지 않는다. 그래서 더 이상 마르지 않을 정도로 건조시키는데 그렇게 마른 상태가 되어도 수분함유율이 15퍼센트라는 것은 참으로 놀라운 일이었다. 그냥 얼핏 생각해봐서는 수분함유율이 2~3퍼센트가 되지 않을까 싶은데, 그것보다는 높은 수분함량을 가지고 있다는 것이다. 요즘은 기계로 측정하기 때문에 더욱 정확한 결과가 나오겠지만, 이렇게 마를 대로 다 마른 상태에서도 수분을 함유하고 있다는 이야기를 들으면서 未土의 역할과 그 중에서도 己土가 맡은 일이 바로 이러한 일이라고 여겨진다.

즉 戊土는 수분함유율이 0퍼센트에 가깝다는 것이고, 이것이 陽土와 陰土의 선천적인 구조이기에 未土 중에서는 戊土보다 己土가 자신의 역할수행을 완벽하게 할 수 있었겠다. 건조하면서도 약간의 보습력을 가지고 있는 상태에서 木의 정에 해당하는 乙木은 편안하게 휴식을 취하는 것이다.

乙木의 휴식

이제 본격적으로 未土의 본래 목적인 乙木의 휴식에 대해 생각해보자. 우선 甲木이 저장되지 않은 이유는 앞에서 丑土를 설명하면서 壬水가 아닌 癸水가 저장되어야 하는 이유와 동일하다고 보면 되겠다. 이 乙木은 木의 에너지가 90퍼센트의 압축률로 압축된 상태에 해당한다. 이 木은 卯木이 깊숙하게 저장하고는 丁火에게 수문장을 시켜 침입자가 발생하지 못하도록 지시를 내린 상태이다. 그래서 앞으로 다가올 亥水의 계절이 될 때까지 안전하게 보관되는 것이다.

그런데 약간의 의문이 있다. 바로 다음 계절이 결실이고 열매를 거둬야 보관하는 상태가 될 것인데, 어째서 결실의 계절을 앞두고 木의 정을 저장하게 되느냐를 생각해봤다면 뛰어난 관찰력이라 하겠다. 적어도 결실을 한 다음에 木을 저장해야 옳을 것이라는 생각은 매우 합당한 사고방식이라고 본다. 그러나 그에 대한 설명을 해본다면, 우선 가을이 되면 木 기운은 천지간에 단절된다. 그러면 그때에는 저장하려고 해도 이미 저장할 수 없는 상태가 되어버린다. 즉 완전히 탈진한 상태에서는 木의 정은 간 곳 없이 되어버리기 때문이다.

그래서 부득이 여름의 火 기운을 받고 성장하도록 혜택받은 木은 다음 계절인 金의 계절이 되면 온전하게 보존되기 어렵기 때문에 아직 기운이 있을 때 일찌감치 저장해야 하는 것이다.

그리고 이러한 원리는 사업을 하는 사람에게서도 느낄 수 있다. 자신의 사업이 전성기일 적에 지혜로운 사업가는 그 절정이 얼마 되지 않아서 시들게 된다는 것을 잘 알고 있다. 그래서 주가가 한참 올라갈 적에 모두 처분한다. 원래 비쌀 적에 팔아야 하는 것이 주식이다. 가격이 올라갈 때 조금만 조금만 하다가는 하루 아침에 폭락해버리는 경우가 허다하다. 권불십년(權不十年)이라는 말을 생각한다면 한 번 뛰어오른 상승세는 반드시 하락세를 불러온다는 것을 깨달아야 할 것이다.

그렇게 처분하고서는 나머지 여열(餘熱)로 뒷마무리를 한다. 그리고서는 막을 내리는 것이다. 이러한 상황을 통해 未月에 木의 정이 보관되어야 하는 원리를 어느 정도 감잡을 수도 있겠다. 그리고 사업체를 정리했던 사업가는 어디 경치 좋은 휴양지에 가서 한 철 잘 쉬면서 또 다른 사업에 대한 계획을 가지고 유유히 등장하는 것이다. 이것이 사업하는 사람의 지혜라고 하겠다. 결코 간교하다든지 영악하다는 말로 매도할 것만은 아니다. 더욱이 요즘같이 돈신이 활개를 치는 세상이라면 너무나도 요구되는 지혜일 것이다.

결국 未土는 움직이는 성분보다는 기다리는 분위기에 해당한다고 보겠다. 원래 辰戌丑未의 土들은 조용히 기다리는 분위기로 구성되어 있다. 그런데 未土가 丑土를 만나면서 충돌하면 삽시간에 골목이 시끄럽게 된다. 이렇게 되면 아무래도 한가하기는 어려울 것이다. 그러나 이러한 복합적인 관계는 다음 장에서 상세히 다뤄보도록 하고 여기에서는 생략하겠다.

계절적인 의미(小暑~大暑)

계절 중에서도 가장 난해한 계절이 未月이 아닌가 싶다. 未月의 살인적인 폭염(暴炎)은 누구나 별로 반갑지 않을 것이다. 일부 더위를 이용해 재미보는 분들만 제외한 나머지 대부분은 얼른 찬바람이 불어오기만 기다릴 것이다. 이미 기운으로 따진다면 더위는 저만치 물러가야 할 것 같은데 어쩐 일인지 이렇게 未月의 더위가 해마다 반복되고 있는 것은 알다가도 모를 일이다.

그런데 여기에 대한 힌트를 未月과 반대되는 입장에 있는 丑月에서 찾아볼 수 있다. 丑月의 상황은 소한과 대한을 포함하는 것을 봐도 서로 대칭되는 관계라는 점을 인정할 수 있겠다. 그렇다면 丑月도 子月보다 더 추워야 한다는 것이다. 실제로 우리는 섣달 추위를 동짓달 추위보다 더 쳐주고 있다. 그리고 섣달이 있는 양력 1월을 방학으로 처리하는 것만 봐도 능히 짐작할 수 있는 상황이다. 따라서 겨울 중에서도 가장 추운 것이 丑月이 되고, 여름 중에서도 가장 더운 여름은 未月이 되는 것이다.

그렇다면 무슨 이유로 그렇게 되는 것일까? 그만한 이유가 있어야겠는데, 여기에 대한 설명이 다소 부족한 듯싶다. 어느 문헌에서는 未月의 더위를 복사열(輻射熱)이라는 말로 설명하기도 했으나, 未月의 더위는 설명이 될지 몰라도 丑月의 혹한(酷寒)에 대해서는 뭔가 어색하다는 생각이 든다. 그래서 부연설명을 생략하기로 하고, 丑月이 가장 춥다는 것과 未月이 가장 덥다는 것만 짚고 넘어가자.

스콜 현상

열대지방에서는 하루에 한 번씩 폭우가 쏟아진다. 이 폭우의 이름이 스콜이다. 그런데 스콜은 아침부터 쏟아지는 것이 아니라 반드시 한낮이 되어서 한창 뜨겁게 달궈진 대지 위에서 발생한다는 것이다. 가끔은 예외도 있겠지만 대개는 그렇다고 한다. 이때 내리는 비는 뜨거운 열에 증발된 수증기 막에 의해 발생하는 현상이라고 볼 수 있다. 즉 물이 열에 의해 증발하면 공중에서 일정 기간 모여 있다가 그 밀도가 과포화 상태가 되어 응결하면 비로 내리는 것이다.

삼복(三伏)의 원리와 의미

아침에 잠시 심심해서 누가 보내준 책을 뒤적여봤는데 기가 막힌 대목이 눈에 들어왔다. 어느 작가가 단편을 몇 편 모아 책으로 낸 것 같은데, 그 책에서 다음과 같은 글을 보았다.

'내가 정작 바다를 찾아나설 때는 말복도 다 지나 입추가 가까울 때……' 물론 이 글에 대해 대충 늦여름쯤이려니 하고 넘어가면 아무 문제도 없다. 그리고 실제로 내용상으로도 그리 큰 비중을 차지하는 것도 아니기 때문에 별것 아니지만, 그래도 책이라는 것은 온갖 종류의 전문직에 종사하는 사람들이 읽을 수 있다는 점을 고려해야 할 것이다. 작가는 단지 늦여름에서 가을로 바뀌려는 계절이라는 정도의 기분으로 썼겠지만 무슨 맘으로 말복도 다 지나서 입추가 다가오는 계절이라고 했는지가 문제이다.

삼복더위를 단지 덥다고만 할 게 아니라 어째서 삼복인지 생각해보고 또 그럴싸한 이유라도 붙여보면 재미있는 이야깃거리가 된다는 것을 알게 된다. 우선 해마다 발행되는 대한민력(大韓民曆)을 봐야 가장 알기 쉽다. 그렇다면 1997(丁丑)년의 대한민력을 보자. 알기 쉽게 하기 위해서 다음과 같은 표를 하나 만들어서 보여드리겠다.

	날짜(양력)/ 干支	추정되는 이유
初伏	7월 17일 / 庚申일	夏至가 지나고 첫번째 庚日(丙火에게 剋 받음)
中伏	7월 27일 / 庚午일	小暑가 지나고 두번째 庚日(丙火에게 剋 받음)
末伏	8월 16일 / 庚寅일	立秋가 지나고 첫번째 庚日(丙火에게 剋 받음)

이러한 공식으로 짜여 있다. 그러니까 초복과 중복 사이는 반드시 10

일 간격이 되고, 중복과 말복 사이는 10일이 되거나 20일이 될 수도 있다. 이것은 입추가 언제 있느냐에 따라 결정된다. 그래서 30일 복이 되면 지독하게 덥고, 20일 복이 되면 견딜 만하다는 말을 할 수 있겠는데, 1997(丁丑)년에는 유감스럽게도 30일 복이 되어서 지독하게 더웠다. 이 공식은 다른 해에 대입시켜봐도 그대로 적용된다. 따라서 앞에서 인용한 책의 내용처럼 어떠한 경우든지 간에 말복이 지나고 입추가 들어올 수는 없다는 것이다. 입추가 지나고 첫 庚日이 말복이기 때문이다. 별것 아닌 것 같지만 우리의 풍속일들이 어떻게 구성되어 있는지 아는 것도 해롭지 않을 것이다.

여기에서 복날은 언제나 庚金일이 해당한다는 것을 발견하면 개고기와 전혀 무관하다는 생각을 할 수 있지 않을까 싶다. 庚金이 엎드리고 있는 것은 바로 陽火가 너무 극성을 부리기 때문에 엎드리고 있다는 의미라고 봐야겠다.

어쨌든 未月은 이렇게 삼복더위를 포함하고서 대지의 열기를 올리는 것이다. 그러나 실제로 태양이 비치는 일조량(日照量)은 하지를 극점으로 이후 오히려 짧아지고 있다. 그래서 태양과 우리가 느끼는 더위는 직접 연결되지 않는다는 생각이 든다.

이러한 찜통더위의 이치를 응용하는 학문도 있다. 바로 한의학(漢醫學)이다. 한의학에서는 未月을 또 하나의 여름이라고 본다. 즉 이름하여 '장하(長夏)'라는 것이다. 의학에서는 계절의 특성에 따라 사람의 체질도 영향을 받게 되므로 당연히 적용시킬 수밖에 없었다. 의학은 질병이 있으면 그것을 자료로 삼아서 연구하는 분야이기 때문이다. 그러나 우리 명리학에서는 未月의 더위를 크게 중요시하지 않는다는 것을 이해하고 다음 항목으로 넘어가도록 하자.

卦象의 관점으로 보는 未月

䷠	上卦는 天이 되고	천산돈(天山遯)은 하늘 아래에 산이 있는 상
	下卦는 山이 되어	이니 세상을 떠나 산 속에 은둔하여 천명을 기
	합해서 天山遯이다	다리는 모습이다.

이미 이음(二陰)이 발생했다. 지표(地表)의 열기는 오르거나 말거나 천지의 운행은 이미 내리막길로 질서정연하게 진행되고 있다는 의미일 것이다. 이렇게 표면적으로는 더위가 기승을 부리고 있는데도 전혀 현혹되지 않고 이음이 발생한다는 것을 관찰한 고인들의 통찰력이 놀랍다. 그냥 범부의 눈으로는 도저히 이러한 소식을 관찰할 수 없기 때문이다.

오행의 상황판단

木의 상태

木은 메말라 있지만 그래도 주변 상황에 따라서는 의지처가 되기도 한다. 주변 상황이라는 것은 습기가 얼마나 장단을 맞춰주느냐는 것인데, 亥子水가 도와주기만 한다면 未土는 오히려 뿌리를 뻗을 수 있는 좋은 환경으로 변하지만, 巳午火가 주변에 있어서는 전혀 도움이 되지 않는다. 즉 木의 경우에는 주변 상황에 많은 영향을 받게 된다는 의미이다.

火의 상태

火는 이제 시들어가는 상황에 처해 있다. 갈기를 밀어버린 사자나 이빨 빠진 호랑이 모습이라고나 할까? 그래도 나름대로 여력은 있는 상황이라고 본다. 물론 의지를 할 정도는 아니고, 만약 卯木이 옆에서 도와주고 있다면 상당한 힘이 되어줄 것이다.

土의 상태

土의 입장에서야 대단히 강력한 위력을 갖고 있는 시기이다. 일 년 사계절을 통틀어서 가장 왕성한 세력을 가지고 있는 시기라고 해야 할 것이다. 단지 월령을 하나 얻었다는 것만으로도 대단한 힘을 얻은 셈이다. 매우 강하다.

金의 상태

金은 바야흐로 생을 받을 수 있는 여건으로 진행되는 마지막 관문이라 하겠다. 비록 습토라고는 하지만 金을 생해주는 입장은 아니므로 조금 더 기다려야 한다. 삼복더위가 기승을 부리니 未土의 열기가 식도록 기다려야 하는 입장이다.

水의 상태

물의 입장에서는 최악의 상황이다. 숨이 막혀버릴 지경이라고 해도 좋을 것 같다. 金도 생조를 못 받고 있는 분위기이므로 더욱 답답한 것이다. 움직이는 것 자체가 무리이다. 그냥 조용히 기다리고 있어야 하는 상황이라고 보자.

제9장
신금

申金은 未土의 뒤를 잇는다. 오행의 배합관계에서 생각해보면 土生金이 되므로 좋은 그림이라고 할 만하겠다. 실은 지지에 네 개의 土가 있지만 그 중에서도 이렇게 土가 생을 받으면서 이어지는 계절은 申金이 유일하다. 丑土는 寅木에게 극을 받고, 辰土는 巳火로부터 생을 받는 입장이다. 그리고 앞으로 나올 戌土는 亥水와의 관계에서 극을 하는 입장이 되는데, 未土는 申金에게 생조해주는 형태로 연결되어 있다는 것이 나름대로 특이하다고 하겠다.

그렇지만 다른 지지와 마찬가지로 申金 역시 만만치 않은 문제를 포함하고 있다. 무엇보다도 지장간에 대한 문제를 생각하는 과정에서는 가장 난해한 구조를 가지고 있으므로 만만치 않은 면이 있다.

상징성

상징성에서부터 띠를 나타내는 명칭이 두 가지여서 특별하다. 흔히 우리는 申金의 해에 태어나면 원숭이띠라고 말한다. 그런데 또 어떤 사람들은 잔나비띠라는 말도 한다. 잔나비는 일부 지방에서 원숭이를 일

컨는 말로 원숭이의 방언에 속한다. 그래서 이 의미는 아무 문제가 없다. 그러면 원숭이에 대해서만 생각하면 되겠다.

원숭이는 한국에서 토종으로 볼 수 없는 동물인데, 중국이나 일본에서는 애완용이나 식용으로 많이 기르고 있는 모양이다. 연관된 이야기들을 한 번 생각해보자.

원숭이의 재주

원숭이의 가장 뛰어난 점이라면 사람에 근접한 지능지수를 가졌다는 것이다. 그 녀석은 생긴 모양도 사람을 닮았고 하는 행동까지 흡사하다. 그리고 지능지수도 6세 인간 정도는 된다는 보고를 본 적이 있다. 그만큼 인간을 제외하고서는 가장 뛰어난 두뇌를 가지고 있는 동물임은 분명하다.

어쨌든 원숭이에게는 다양한 재주가 있다. 그리고 또 한 가지 중요한 점이 있다면 원숭이의 출생신분에 대한 것이다. 아직도 명확하게 통일을 보지 못한 상태이지만 원숭이가 진화되기 전의 인간 모습이라는 주장이 있고, 원숭이는 전혀 다른 별개의 종이라고 생각하는 학자도 계신 것 같다. 그러나 둘 중에서 어느 것이 정답인지 단정할 수가 없는 모양이다. 그렇다면 申金과 원숭이는 어떤 연관이 있을까.

어정칠월 건둥팔월

칠월은 결실을 준비하는 시기이고 기류의 변화가 심해서인지 어물어물하다 보면 후딱 지나는 것 같은 기분이 든다. 불안정한 기류를 타고 있어선지 혼란스러운 계절이라는 느낌이다. 즉 未月의 폭염에 시달린 상태에서 갑자기 기온변화가 생겨 아침저녁은 몹시 싸늘하고 한낮에는 미월의 잔재가 남아 매우 큰 일교차를 보인다. 원래 어정칠월이라는 말이 나오게 된 근원은 농사를 짓는 상황을 기준으로 해서가 아닌가 싶다. 여름 내내 물걱정, 병풍해 걱정 등을 했는데, 이젠 여기저기 이삭이 나오면서 김을 매어줄 필요도 없으니까 그냥저냥 잡다한 일을 하면서 벼가 익기를 기다리며 지내기만 하면 되겠기에 그런 말이 나온 듯하다.

이치적인 연구

이치적으로 연구한다면 무엇보다 申金은 가을의 시작이라는 특성을 빼놓을 수 없다. 가을의 기운이 슬슬 다가오는 계절이다 보니 우선 여름철과의 관계를 마무리하는 것이 가장 중요한 일이다. 여름이라면 巳午未월의 기운들을 말하겠는데, 이제 申月이 되면서 그러한 열기는 서서히 사라져가는 것이다. 낮에는 약간 따갑다는 말도 있지만, 그것도 임시적인 상황이고 실제로는 아침저녁으로 쌀쌀하게 느껴지는 감정이 더 두드러진다고 봐야 하겠다.

巳火 중의 庚金이 땡볕을 받으면서 기다리고 있었던 것은 바로 지금의 영광을 위해서라고 해야 할 것이다. 비로소 자신의 계절을 맞이한 庚金은 기분이 좋아져서 마구 날뛰게 된다. 여기에서 바로 원숭이의 신명나는 기분을 느껴보면 어떨까 싶다. 그리고 이 기분은 원숭이만이 아니라 우리 인간도 느끼는 기분일 것이다. 사실 더위에 지쳐 기운이 다 빠질 때쯤 이제 시원한 바람이 불어오는 계절이 다가왔으니 어찌 원숭이만 기분이 좋겠느냐는 것이다.

지장간의 원리

지장간으로 들어가면 슬슬 두통이 생길 것 같다. 다른 지장간은 많아야 세 글자 정도인데, 이 申金은 네 글자나 된다. 한 자 한 자마다 그만한 의미가 있을 것은 분명하고, 그래서 마음대로 지워버릴 수 없는 상황인데, 과연 어느 것을 선택해야 할지 고민스럽다. 우선 도표를 보고 생각해보자.

출처	내용		
항신재 역설	戊己共 7일	壬 7일 3분 반	庚 16일 5분
연해자평 정해	己 7일 1분 반	戊 6일 1분 반 壬 3일 1분	庚 17일 6분
명리정종 정해	戊己 7일	壬 7일 2분 반	庚 16일 5분
삼명통회	戊 3일		庚 17일
적천수 징의	戊己 10일	壬 3일	庚 17일
자평진전 평주	戊己 10일	壬 3일	庚 17일
명리신론	戊 7일 2분 반	壬 7일 2분 반	庚 16일 5분
명학비해	己 7일 2분	戊 3일 1분 壬 7일 2분 반	庚 17일 6분
사주첩경	戊己 7일 2분	壬 7일 2분	庚 16일 5분
컴퓨터 만세력	戊 7일 2시간	壬 7일 2시간	庚 16일 5시간
적천수 상해	戊 7일	壬 7일	庚 16일
사주정설	己 7일 2시간	戊 3일 1시간 壬 3일 1시간	庚 17일 6시간

월률분야의 사용결정표

형태	내용		
원칙적 공식	戊己 7일 2분	壬 7일 2분	庚 16일 5분
실용적 공식	戊己 7일	壬 7일	庚 16일

이렇게 보시다시피 엉망진창이다. 우선 왔다갔다하는 戊土의 처리문제가 가장 골치 아픈 것 같다. 이것을 초기에 두기도 그렇고, 중기에 두기도 어중간하다. 또 어떤 곳에서는 아예 己土를 없애버리고 戊土로 대치한 곳도 보인다. 이렇게 통일성이 없다 없다 해도 申月에 오면 너무 뒤죽박죽이 되어버리기 때문에 도무지 감이 잡히지 않는다. 물론 학자님들간에 각기 생각이 있으셔서 표와 같이 배치했겠지만, 그렇게 배치한 연유는 없고 표만 덩그러니 남아 전해지고 있으니 후학으로서는 곤혹스럽기까지 한 것이다.

어쨌든 이렇게 복잡한 申月이라는 것을 알아두고 특별한 견해가 없는 한, 앞에서 결정된 도표를 참고로 戊己土가 7일을 잡고, 壬水가 또 중기로 7일을, 그리고 庚金 본기는 나머지 16일을 담당하는 것으로 보고 관찰하시기 바란다.

실은 좀더 부지런해서 申月에 태어난 사람들을 상대로 한 번 대대적인 임상을 해봐야겠으나, 이것도 객관성을 유지하면서 진행하기가 만만치 않아 보류하는 게 좋을 것 같다. 나중에 용신을 공부하는 마당에서 한 번 申月에 출생한 사람들을 잡고서 씨름을 해볼 생각이다.

己土는 未月의 잔영이다

우선 己土의 존재는 未土가 넘어온 것이라고 보면 충분할 것이다. 그리고 己土가 차지하는 날짜에 대해서는 경우에 따라 7일까지도 배당이 된다. 이것을 보면서 과연 未月의 폭염은 申月로 넘어온 다음에도 기세가 등등하다는 것을 알 수 있다. 그리고 이것은 입추가 지난 다음까지 버티고 있는 삼복이라는 것에서도 감이 잡힌다. 즉 申月은 처음에 여름 분위기를 그대로 가지고 있다. 이렇게 치열한 未月의 영상을 떠올리며 寅月의 지장간에서 己土가 생략된 이유를 알 것도 같다. 丑月의 너무나 쇠약한 己土로는 寅月 상황까지 넘어갈 여력이 없었기 때문이다.

己土에서 戊土로는 언제 넘어가나

그러나 어느 순간에 己土가 戊土로 둔갑하는지는 알 수 없다. 그래서 원숭이라는 동물을 그 자리에 넣은 것은 아닌지 모르겠다는 생각도 해봤는데, 실제로는 분류하기 애매하므로 그냥 묶어서 7일로 보자는 것이다. 구태여 나눠본다면 초기에 그대로 둬야 할지 아니면 중기로 넘겨야 할지에 대해서도 살펴봐야겠는데, 중기에 넣어놓고 생각해보려니까 중기에 있는 壬水와의 관계가 도무지 납득이 되지 않는다. 그래서 일단 土끼리만 묶어놓고 초기의 영향이라고 결정을 내린다. 한편 생각해보면 戊土가 없다고 해서 뭐가 잘못되는지 모르겠다. 뭐하러 붙었는지를 모르겠다는 이야기이다. 없어도 되는 존재가 戊土인데, 아마도 寅申巳亥는 모두 陽土가 깔려 있다는 일관성을 유지하려다 보니 쓸 데야 있건 없건 그냥 끼여든 것인지도 모르겠다.

壬水의 두 가지 역할

이번에는 壬水의 중기(中氣)이다. 원래 물은 金에게서 생조를 받는 것으로 되어 있으니까 당연하다. 庚金에게서 힘을 받고 있는 상황이기 때문에 저력도 상당하다. 힘을 받고 있기 때문에 '수생지(水生地)'라고 하는 이름을 申金에게 부여하는 것이다. 사실 壬水가 여기에서 생기(生氣)를 받고 있다고 하지만, 水의 입장에서 말할 적에 여기에서부터 시작이라고 할 수는 없다고 하겠다. 실은 이미 辰月을 경과하면서 창고에 들어가게 되었던 것을 여기에서 떠올려야 옳다.

辰土는 물창고라고 말씀드렸는데, 그 물창고에서 깨어나 이제 비로소 생기운을 띠는 상황으로 전개되는 셈이다. 그러니까 창고 속에서 숙성되는 과정이 바로 巳午未월이라고 하면 적당하겠다. 여름의 열기를 받으면서 창고 속에서 에너지를 계속 압축하고 있는 셈이라고나 할까? 마치 산소 탱크에 압축된 공기를 자꾸 주입하여 밀도를 높이는 것과 같지 않을까 싶다. 그렇게 팽창되었다가는 申月의 庚金을 받으면서 자연스럽게 밖으로 유출되어 나오는 것이다.

이렇게 된 상태가 바로 申金의 壬水라고 본다. 그러니까 들어갈 때는 癸水 형태로 압축된 상태로 들어가서는 여름을 나면서 기화(氣化)되었다고 볼 수도 있겠다. 그래서 찬바람이 불면서 金 기운이 감돌자, 이제는 더 견디지 못하고 터져나오는 것이리라. 휴식을 넉넉하게 취한 水의 정기(精氣)가 바야흐로 천지간에 등장해서 노골적으로 水 기운을 확장시켜나가야 하는 시절을 맞이한 셈이다. 그래서 申月이 되면 水가 생기운을 받고, 이러한 연관성을 나타낸 것이 바로 申子辰의 수국(水局)이 되는 것이다. 그러므로 여기에서는 壬水가 매우 활발한 상태가 되는 것이 바로 申月의 한 가지 역할이 된다.

그리고 또 한 가지 역할은, 壬水가 삼라만상의 결실을 도와준다는 것이다. 원래 水의 기운(壬水)은 차가운 의미가 있다. 그래서 金의 역할이 신속히 火氣를 제어하기에 힘이 아직은 부족하니까 壬水가 庚金을 도와서 결실의 길로 들어가게끔 유도하는 것이다. 이것은 마치 목동이 소들을 우리로 몰아넣을 적에 그냥 혼자서 동분서주하는 것보다는 개들이 도와주면 더욱 수월하게 목적을 달성하는 것과 같다. 물론 여기에서 목동은 庚金이 될 것이고, 개는 壬水가 되는 셈이다. 둘이 합심(合心)을 하게 되니까 목적달성이 쉽게 이뤄지는 것이다.

벗님도 가을이 되면 하루가 다르게 기온이 변한다는 것을 느끼셨을 것이다. 이렇게 기온을 갑자기 변화시키는 것은 단지 庚金 혼자서 그 일을 해냈다기보다는 壬水가 함께 도와주어서 변화가 빠르고 컸다는 것이 합당할 것이다. 이러한 것이 申金 속에 들어 있는 壬水의 역할이 아닐까 싶다.

계절적인 의미(立秋~處暑)

앞에서 어정칠월이라는 말을 드렸지만, 칠월은 변화가 많은 분주한 의미가 있는 달이다. 가을은 되어가고 여름은 지나갔다는 의미가 되기도 하고, 또 이제 한 고비 넘긴 인생의 여로라고 생각한다면 자신이 살아오면서 과연 무엇을 얻었는지에 대해서도 무슨 생각이 있을 것이다. 이러한 여러 가지 생각을 하노라면 괜스레 어정거리게 될 것이고, 그래서 후닥닥 지나간다는 의미가 추가되었는지도 모르겠다. 그리고 기온 변화도 심하기 때문에 더욱 사람의 마음이 심란할 가능성이 높겠다. 이러한 申月의 상황을 괘상으로 찾아보도록 하자.

卦象의 관점으로 보는 申月

☰☷	上卦는 天이 되고	천지비(天地否)라는 말은 위는 하늘이고 아래는 땅인 형국이니 서로 생성의 의미가 없다는 뜻이고, 발전이 멈춘다고 본다.
	下卦는 地가 되어	
	합해서 天地否이다	

이미 음의 기운이 절반을 차지하는 것으로 나타나 있다. 이것은 寅月의 지천태(地天泰)를 그대로 뒤집어놓은 것과 동일하다. 이 말은 계절도 정반대라는 의미가 포함된다. 즉 寅月의 삼양개태(三陽開太)라는 상

황을 생각해본다면 申月은 그 반대로 삼음폐쇄(三陰閉鎖)라고 할까? 그렇게 양의 기운은 공중에 떠버리고 대신 안방을 음기운이 차지하고 있는 상황이다. 이것을 고인들은 천지비(天地否)라는 괘명을 붙여서 이해했던가 보다. 천지비는 생성의 의미가 없고 발전이 멈춰진다는 의미가 기본이 된다. 그렇다면 삼음폐쇄라는 말이 크게 틀리지 않는다는 생각도 든다.

실제로 점을 쳐서 이 괘가 나오면 모든 일은 중단되는 상태라고 이해하게 된다. 아무것도 진행되지 않는다는 의미이기 때문이다. 그러니까 이 점괘는 바로 천지자연이 부여해준 점괘인 셈이다. 그렇다면 申月이 되면 무엇을 해야 할지 감이 온다. 이때에는 개업(開業)을 해야 할 상황이 아니라 수습을 해야 할 상황이다. 이런 상황을 바르게 인식한 도인들은 서서히 마무리를 하는 기분으로 하나하나 정리정돈했던 것이다.

그런데 세상물정 모르는 사람은 오히려 남들이 모두 그만두는 사업을 자신이 하겠다고 나서는 경우가 있다. 이렇게 생각하다보니 떠오르는 이야기가 하나 있다. 한 번 들어보시기 바란다. 낭월이가 어렸을 적에 있었던 실화이다.

당시 아버님께서는 농사일을 하다가 재미가 없다는 판단을 하시고 경남 창원의 동면이라는 면 소재지로 이사를 가셨다. 지금은 창원시 동읍이 되었다고 한다. 그곳에서 아버님은 두부를 만들어 파셨는데, 처음에는 이런저런 물건을 닥치는 대로 사다가 파는 소매업을 하셨다. 때는 여름이 막 끝나가는 계절이자 가을이 시작되는 입추가 지나고 보름이 다시 지난 시기였던 모양이다.

오늘은 무엇을 팔아볼까 하고서 도매상을 기웃거리는데, 뜻밖에도 떼돈(?)을 벌 수 있는 건수가 생긴 것이다. 어제까지만 해도 한 통에 1

만 원 하던 수박(시가는 정축년식임)이 하루 사이에 2천 원으로 뚝 떨어져버린 것이다. 처음에는 귀를 의심하고 두 번째는 수박을 의심하고 세 번째는 도매상 주인을 의심했다. 그러나 어느 것 하나도 의심을 받아야 할 혐의점을 찾지 못하자, 외상까지 달아놓고서 수박을 한 리어카 실었다. 이 녀석을 어제의 절반 값에만 팔아도 오늘 일당은 쏠쏠하겠다 판단하신 것이다.

그렇게 해서 수박을 한 리어카 싣고서는 슬슬 돌아다니면서 소리를 질렀다. 수박을 싸게 팔 터이니 사먹으러 오라는 소리였다. 그렇게 외치기를 한나절이나 했지만, 아무도 수박을 거들떠보지 않는 것이 아닌가? 이번에는 또다시 고객들의 변덕에 의심이 갔다. 어제까지만 해도 가게에 들러서 사먹던 수박을 이제는 들고 다니면서 사라고 해도 본체만체한다는 것은 있을 수 없는 일이었다.

그렇게 하루종일 외치고 다녔지만 수박값 본전은 고사하고 다리 품값도 나오지 않는 매상이었다. 아버님은 맥이 풀려 해거름에 집으로 돌아오셨고 식구끼리 남은 수박을 먹어치웠다. 아버님은 다음날 다시 그 도매상으로 가서 도대체 어떻게 된 일이냐고 물었다. 그러자 주인이 하는 말.

"아따, 참말로 모르오? 어제가 처서(處暑) 아닌교? 처서가 되문 수박이 맛도 없지마는 처서가 지나고서 수박을 먹으면 배탈이 나는기라. 내사 박사장이 돌라 카니까네 그냥 내버릴 수도 없고 해서 팔기는 했지마는 우예 그리도 모리고 장사를 하겠다꼬 하요? 참말 딱하고마. 쯧쯧."

이 말을 들은 아버님은 씁쓰레한 입맛을 다시면서 돌아오는 수밖에 없었다. 처서라는 한 절기를 배우는 값으로는 너무 많은 대가를 지불한 셈이 되었다. 그리고 해마다 처서만 되면 수박 참외를 먹지 말라고 말씀하셨다. 요즘 이러한 이야기를 한다면 아마도 넋이 나간 사람이라는 소리를 들을 것도 같다. 요즘은 계절감각이 특별히 구분되지 않으니 말이다.

처서가 지나고서 수박 참외를 먹어도 배탈은 나지 않는다. 또 처서가 문제가 아니라 한겨울에도 수박을 사먹으니까 처서 운운하는 것은 말도 안 되는 이야기이다. 이러한 변화를 申月에서 읽기 바라는 것은 쓸데없는 것에 걱정이 많은 낭월이나 하는 소리가 아닐까 싶다.

그런데 과연 그러한 풍습은 어디에서 나온 것일까? 가만히 생각해보면 풍습들 속에는 옛 어른들의 지혜가 그대로 배어 있다는 것을 느낄 수 있다. 수박은 90퍼센트 이상이 물로 되어 있다. 이 물은 체내의 수분을 보충하는 데 쓰라고 들어 있는 것이다. 그리고 수박에만 있는 특수한 성분은 더위에 지친 세포를 재생하는 기능이 있다고 한다. 그래서 더위를 먹었을 때 수박탕(수소탕이라던가)을 해먹으면 특효약이다. 방법은 간단하다. 수박을 큰 그릇에 숟가락으로 퍼넣고 소주를 한 병 섞은 다음 신나게 먹고 한숨 자면 되니 약이라고 하기에는 너무 낭만적이기까지 하다.

이렇게 수박에는 더위를 이기는 성분이 있어 복날이 되면 수박을 먹고서 더위에 지친 몸을 추스리기도 했던 것이다. 그렇다면 이것은 또한 약이 되는 까닭에 독도 되는 셈이다. 원래 독과 약은 같은 물건의 양면성에 불과하다. 수박은 더위에 먹어야 하는 것이라면 겨울에 먹으면 독이 되는 것이 분명하다. 그런데 말복도 지나 처서가 되면 이미 한더위는 저만치 물러간 상황이다. 이러한 상황에서는 폭염과 싸우는 무기인 수박은 필요 없어진 것이다. 오히려 수박의 냉랭한 성분 때문에 건강리듬에 손상을 가져올지 모른다고 생각해야 자연환경에 적응하는 사람이라 할 수 있다.

어쨌든 이제 우리는 申月을 공부하면서 더위에서 서늘한 냉기운으로 바뀌는 계절이라는 것만은 분명하게 알겠다. 하루하루가 다르게 변해가는 것은 몸으로 느끼는 것뿐이 아니다. 산천의 색깔도 점차 변해가고 벌판의 색깔도 변해간다. 이렇게 한 계절이 변해가고 거기에 적응을 하는 자연의 삼라만상도 변해가는가 보다. 다만 그 중에서 변하지 않는 것이 있다면 이렇게 계절에 따라서 모든 것이 변할 수밖에 없다고 적힌 성현들의 기록이 아닐까 싶다.

오행의 상황판단

木의 상태

木의 기운은 申月에 와서 더 이상 버틸 필요가 없고, 그럴만한 힘도 없다. 이미 木의 대왕은 지난 달 창고에 깊숙이 저장된 상태이다. 그러니까 여기에 나올 필요가 없다. 일단 申月에 태어난 나무의 사주라면 뜻을 펴기가 쉽지 않을 것이다. 무엇보다도 제 계절이 아닌 까닭이다. 그러나 사람은 시시각각으로 태어나게 마련이고, 또 자신의 의지대로 되는 것도 아니다. 그러니 申月에 태어나면 무엇보다 날카로운 金 기운에게 손상되지 않도록 불이라도 있어서 방어를 해줘야겠다.

火의 상태

木의 기운이 도움이 되지 않는 상태에서의 불이라면 피곤하기는 마찬가지가 아닐까 싶다. 그래도 혹시 木이 자라야 하는 상황이라면 金으로부터 보호를 해야 하지 않을까 싶어 열심히 관찰하기는 해야 할 것 같다. 활동할 시기가 아닌 것은 물론이다.

土의 상태

土의 입장에서는 경우가 좀 다르다. 이 계절에 태어난 사주에 土의 성분이 많은 사람은 뭔가 새로운 것을 창조하는 구조도 포함되는데, 매우 바람직하다고 하겠다. 그러나 土가 허약하게 짜여진 사주라면 좋은 작용보다는 나쁜 작용을 더 염려해야 할 형편이다. 그러니까 길흉의 작용은 申月에 있는 것이 아니라 土의 상황이 어떠한가에 의해 정해진다고 봐야겠다. 申月 자체에서도 어느 정도의 힘이 되어주는 戊己土가 있으므로 웬만하면 정체되어 있는 土의 성분이 생동감을 가질 수 있다는 점에서 좋게 생각된다.

金의 상태

金이야말로 이제 전성기를 맞이하는 상황이다. 그야말로 여름 내내 불에게 시달리면서 속으로만 성장해왔던 에너지를 마구 폭발시킬 수 있는 절호의 기회가 주어지는 셈이다. 비로소 목적달성이 이뤄지려는 시기이다.

水의 상태

물도 마찬가지로 金으로부터 새롭게 부여받은 기운을 먹고서 무럭무럭 자라나는 입장이 된다. 그 동안 부단히 괄시를 받았던 입장에서 서서히 자신의 세력을 모으고 키워가는 입장이니까 가장 행복한 순간이라고 하겠다. 어머니의 품에 안긴 어린아이와도 같은 평온이 깃든다.

제10장
유금

申金이 시작되는 金의 역사라면 酉金은 번창하는 金의 역사라고 할 만하다. 그야말로 전성기이기 때문이다. 酉金은 왕성한 힘을 자랑한다. 이렇게 단단한 金이라면 이름난 보검(寶劍)이 될 수도 있다. 잡철(雜鐵)이라면 오히려 申金 쪽일 가능성이 높다. 즉 내부에는 물도 있고, 흙도 있는 것으로 봐서 제련되지 않은 상태임을 알게 한다. 그러나 酉金 속에는 전혀 잡기운이 없다. 오로지 金 성분만 존재하기 때문이다. 그야말로 1천 번 달궈진 강철이라고 하겠다.

그렇다면 이렇게 강한 성분은 무엇을 하기 위해 존재하는 것일까? 이 땅이 그러한 성분을 만들었을 적에는 틀림없이 어딘가에 소용이 되기 때문일 것이다. 강한 성분이 필요한 분야는 여러 군데가 있을 것이다. 그 중에서도 가장 중요한 것은 땅을 지탱하는 힘이 아닐까 한다. 원래 지반이라는 것은 흙을 말하겠지만, 원래 흙이라는 것은 진동이 일어나면 요동하는 성분이다. 그렇다면 진동이 와도 끄떡하지 않는 단단한 성분의 재료가 필요하게 되고, 그러한 재료는 바로 H빔 같은 것이 될 것이다. 요즘 수십 층짜리 건물을 지으려면 먼저 이러한 구조물들이 들어서게 된다. 건물을 세울 때 가장 먼저 하는 일은 지반을 검토하는 작업이다. 그 결과 연약한 지반이라고 판단되면 지반에 쇠파이프를 박는다. 그렇게 단단하게 만들어놓고서 작업을 시작하게 되므로 쇠파이프가 없이는 일이 되지 않는다고 해도 과언이 아닐 것이다. 물론 이러한 작업이 생략되는 지역은 당연히 지반이 단단한 암석으로 되어 있다는 의미가 포함된다.

이제 이러한 점을 염두에 두고서 酉金에 대한 연구를 시작해보도록 하자. 얼마 전 보고를 보니까 고속철도 구조물이 완전히 부실공사라는 결과가 나왔다. 이것은 酉金이어야 하는데, 어찌 된 일인지 만들어놓은 것은 申金이었던 모양이다. 터널에서 물이 새어나오는 것은 申金 중의 壬水에 해당할 것이고, 콘크리트에서 흙이니 종이가 나오는 것은 申金 중의 戊己土라고 생각되었다. 그래서 酉金이 있어야 할 자리에는 酉金이 있어야 하고, 申金이 있어야 할 자리에는 申金이 있어야 하는데, 이것이 뒤바뀌면 세상은 어지러워지는 것이다.

상징성

酉金의 실체는 강철이라고 말했는데, 상징하는 것으로는 닭이다. 이 녀석이 어떻게 酉金의 자리를 지키고 있는지는 간단하게나마『왕초보사주학』에서 살펴봤지만, 여기에서는 또 다른 관점에서 생각해볼 참이다. 이른 새벽에 날이 밝아오는 것을 알리는 역할에 대해서 생각해보자는 것이다. 아시다시피 닭(그 중에서도 장닭)은 새벽을 알리는 것으로 특화되어 있다. 새벽을 알린다는 것을 확대해석하면 아무리 억압하고 탄압해도 진리는 승리하고 바람직한 길이 열린다는 뜻이다. 그런 의미에서 사용되는 말이 '닭의 모가지를 비틀어도 새벽은 온다'이다.

닭이 우는 시간은 바로 새벽이다. 새벽은 오행으로 따지면 木의 시간에 해당한다. 이러한 木의 시간을 깨어버리는 것은 金이라고 생각했음직한 선배님들이 닭이라는 동물을 그 자리에 집어넣었던 것이다. 닭의 외침은 그야말로 金剋木, 그 자체였다. 그렇게 짙은 어둠도 닭의 외침과 함께 엷어지고, 마침내 해가 솟는다. 따라서 새벽(寅卯時)의 木 기운이 가장 무서워하는 것은 바로 金 기운에 해당하는 닭의 울음소리이다. 이런 까닭으로 金 중에서도 가장 강력한 金인 酉金의 상징으로 닭을 연결하는 게 좋겠다는 생각을 했을 것이다. 여기에서 우리는 독수리나 매가 이 자리를 차지하지 못하고 연약한 닭이 차지하게 되었던 이유를 약간은 알 것 같다.

산천의 초목들은 酉金의 계절이 되면 모두 힘없이 시들어버린다. 이것은 닭의 목을 비틀어버리는 것과 같이 아무나 손쉽게 처분할 수 있다는 의미와 공통점을 가진다. 그만큼 삼라만상이 쉽게 죽을 수 있는 환경이라는 말도 된다.

닭을 생각하면 동글동글한 계란을 떠올리는 분도 많을 것이다. 그리고 열두 동물 중에서 뱀과 닭이 알을 낳지만 두 알의 느낌과 쓰임새는 천양지차라 할 수 있다. 닭의 알은 쓰임으로 보나 활동면에서 보아 결실이라는 의미가 들어 있다. 여기에서 酉金은 결실을 의미하는 뜻으로 쓰였다고 연결해도 될 것이다. 또한 계절로 봐서 팔구월은 결실을 생각하는 시기이기 때문이다. 소가 송아지를 낳는 것도 결실이지만 그보다는 종족 번식이라는 의미가 더욱 크다. 그래서 닭이 알을 낳는 것에 대해서 더욱 결실이라는 의미를 부여하는 것 같다. 동화나 우화 속에 자주 등장하는 황금알을 생각해봐도 그렇고, 금달걀이라는 말도 그렇다. 그런 의미에서 酉金의 위치에 닭을 대입시켰다는 것도 보다 의미심장하다는 생각을 하게 된다.

유천인(酉天刃)의 의미

여기에서 '刃'은 칼날이라는 의미가 포함되어 있다. 그리고 당사주

풀이로는 몸에 흉터가 있어야 한다는 뜻이 된다. 이렇게 칼이라는 살벌한 이야기가 등장하는 글자는 유독 酉金이라는 점이 의미 있어 보인다. 이 글자의 의미에 대해 생각하면 떠오르는 게 하나 있다. 바로 닭의 주둥이가 칼끝을 상징한다는 점이다.

이치적인 연구

酉金에 대한 것을 생각하다보면 가장 강하게 떠오르는 것이 庚辛金이 모두 포함되어 있다는 점이다. 그리고 자력(磁力)이 가장 강하다는 것도 짚고 넘어가야 할 것이다. 불조차 자신의 영역으로 끌어들이는 것을 보면 매우 강한 기운임을 알 수 있다. 이것은 삼합(三合)의 작용에서 나타나는 巳酉丑합을 말하는데, 여기에서 酉金은 강한 힘을 발휘하는 셈이라 하겠다. 삼합에 대한 이야기는 다음에 해보기로 하고, 여기에서는 자력이 강하다는 점을 생각해보자.

보통 다른 왕지(旺地, 子午卯)들도 왕하기는 마찬가지겠지만, 酉金은 그 중에서도 가장 강력한 힘을 소유하고 있는 느낌이다. 물론 강도로 따져서도 가장 단단하다. 酉金은 午火를 무서워한다고 한다. 그러나 실제로 午火를 무서워할지는 의문이다. 그 이유 중에 하나는 午火 속에는 己土가 끼여 있다는 점인데, 이 己土는 酉金이 가장 좋아하는 습토이기 때문이다. 습토를 좋아하는 것은 土生金의 상생관계가 유지되는 까닭이다. 건조한 흙은 金을 생조하는 데 상당한 문제를 안고 있다. 戌土나 未土는 표면적으로야 틀림없는 土라 하겠지만, 실제로 生金을 할 수가 있겠느냐는 질문에는 의심이 든다.

이런 관점에서 볼 때 습토는 무척이나 맘에 드는 성분인데, 그러한 성분인 己土가 무서운 丙丁火 속에 끼여 있다는 것은 마치 적진 속에서 밥을 담당하는 사람이 내 어머니라는 것만큼이나 여유가 있는 셈이다.

그러니까 酉金은 午火를 만나도 무서워서 벌벌 떨지는 않을 것이라고 본다.

이런 이유를 통해 볼 때 酉金이 가장 강하다는 결론이 난다. 그리고 酉金 구조를 관찰할 때 대단히 강한 자력을 가졌다고 보는데, 이러한 점은 다른 왕지도 마찬가지지만 특히 酉金에서 강조하는 것은 삼합이든 육합[46]이든 간에 무조건 酉金과 만나기만 하면 모두 金으로 화한다는 점이 돋보인다. 巳酉丑도 合金이 되고 辰酉도 合金이 된다. 어느 것도 이와 같이 철저하게 자신의 성분으로만 화하는 것은 없다. 子水는 육합에서 子丑合土가 되고, 卯木은 육합에서 卯戌合火가 된다. 그리고 午火는 육합에서 午未합은 되는데 화하지는 않는 것으로 봐서 酉金보다 힘이 강하다고는 할 수 없다. 따라서 酉金은 가장 강한 글자라고 볼 수 있겠다.

---

46) 삼합은 세 개의 지지 글자가 모여 그룹을 이루는 것을 말하고, 육합은 두 개씩의 글자가 모여서 짝을 이루는 것을 말한다. 이렇게 열두 개의 글자가 서로 짝을 이룸으로써 여섯 쌍이 된다는 이야기이다.

지장간의 원리

출처	내용		
항신재 역설	庚 10일 3분 반		辛 20일 6분
연해자평 정해	庚 10일 5분		辛 20일 7분
명리정종 정해	庚 10일 3분 반		辛 20일 6분 반
삼명통회	庚 7일		辛 23일
적천수 징의	庚 10일		辛 20일
자평진전 평주	庚 10일		辛 20일
명리신론	庚 10일 3분 반		辛 20일 6분 반
명학비해	庚 10일 3분 반		辛 20일 6분 반
사주첩경	庚 10일 3분		辛 20일 6분
컴퓨터 만세력	庚 10일 3시간		辛 20일 6시간
적천수 상해	庚 10일		辛 20일
사주정설	庚 10일 3시간		辛 20일 6시간

월률분야의 사용결정표

형태	내용		
원칙적 공식	庚 10일 3분		辛 20일 6분
실용적 공식	庚 10일		辛 20일

이렇게 결정을 본다. 가장 간단한 지장간이기도 한데, 아무래도 삼명통회에서만 약간 날짜 비율이 다르게 나타난다. 가장 현대적인 감각으로 그냥 庚金을 10으로 보고, 辛金을 20으로 따지는 게 좋을 것 같다.

이러한 날짜 비율은 앞으로 보다 정밀한 기계가 발명되어서 천기(天機)가 움직이는 것조차 놓치지 않고 잡을 정도가 되면 확인가능하리라 기대해보자. 여기에서는 더 이상 이 문제로 고민하지 않기로 하자. 생각해봐야 결론을 내릴 수 없기 때문이다.

庚金의 목적

그러면 酉金 속에 들어 있는 성분 중에서 庚金은 무슨 목적인지 한 번 살펴보자. 子午卯酉에서 모두 음양이 포함되어 있으므로 여기에서 당연히 음양이 포함되어 있다. 그리고 그 중에서도 陽金에 해당하는 庚金은 아마 자연적으로 발생한 것이 아닐까 한다. 칼이 있으면 그 칼 주변에는 검기(劍氣)가 감돌고 있다고 할 수 있다. 즉 아무래도 강력한 辛金으로 인해 저절로 발생하는 것이 庚金이 아닐까 싶다. 土에 해당하는 지지에서도 해당 비율이 18일 정도는 되므로 상당히 강한 기운이라 하겠지만, 그 외의 성분들이 서로 섞여 있는 형편이어서 기운이 순일하지 못하다. 酉金에서의 辛金은 매우 강력하고 또 다른 잡기가 섞여들지 않아서 힘이 더욱 강해지고, 따라서 金 기운(庚金)이 발생하는 것이다.

그래서 庚金은 단지 陰金으로부터 풍겨져 나오는 기운 정도로 생각해보자는 것이다. 마치 사람의 몸을 辛金으로 본다면 그 몸에서 배어나오는 기운은 庚金에 대입하는 것이다. 그리고 이것은 동시에 존재하는 것이지 구분할 수가 없는 것이다. 특히 주체를 논한다면 아무래도 물질적인 면이라고 봐야겠으니까 辛金이 주체라고 생각하고 있는 것이다.

辛金의 임무

그렇다면 酉金의 본질인 辛金은 어떠한 임무를 부여받고 그 자리에 있는 것일까? 가장 중요한 업무는 아무래도 결실이다. 삼라만상은 모두 호흡을 하고 있다. 식물이든 동물이든 각기 자신의 구조에 맞게 숨을 쉬고 있는데, 이러한 운동은 광물도 하고 있으리라는 것이 낭월의 입장이다. 이렇게 숨을 쉬는 목적은 궁극적으로 나름대로의 결실을 위해서이다. 원래 사람이 살아가는 것도 결실을 위해서이다. 이번 생의 삶을 통해 경험을 쌓고 그 경험은 다시 새로운 세계로 나아가는 원동력이 되는 것이다. 그래서 하나의 매듭을 만드는 역할을 맡은 것이 바로 辛金이라고 결론짓는 것이다.

辛金의 글자에는 맵다는 의미가 포함되어 있고, 이 의미는 고통이 따른다는 뜻으로 읽을 수 있다. 신고(辛苦)라는 단어를 생각하면 그 의미가 더욱 뚜렷해진다. 그러면 결실과 매운 것과는 어떤 연관이 있을까? 그 예로 죽음의 고통을 떠올리면 어떨까 싶다. 인간의 결실이 숨을 거두는 것이라면 그 작업은 참으로 고통스러운 것이다. 삶이야 어찌 되었던 간에 살아간다고 하겠는데, 죽음에 대해서는 어떻게 취급해야 할지 참으로 난감한 문제이다. 온갖 성현들이 죽음에 대한 이야기를 하였지만, 과연 어느 말을 믿어야 할지가 또 의문이다. 어느 것을 선택해야 후회 없는 선택이 될 것인지는 아무도 일러주지 않기 때문이다.

결실에 대한 역할수행의 담당자가 바로 辛金이라는 의미이다. 그리고 인정사정 없는 혹독힘도 그 속에서 꿈틀대고 있는 셈이다. 죽는다는 문제 앞에서는 어느 누구도 예외가 될 수 없고, 살아 생전의 모든 권력도 죽음 저편에서는 아무런 도움이 되지 않는다. 이러한 결실을 겪어야 비로소 완성된 삶의 종료가 이뤄지는 셈이다. 그러니까 피할 수도 없는 셈인가?

계절적인 의미(白露~秋分)

酉金에 대한 상황을 떠올리면서 묘하게 여러 가지 면에서 죽음과 연관이 많다는 점을 발견하게 된다. 저승에 대한 생각과 칼날과의 연관성도 그리 어렵지 않게 연상할 수 있다. 이것은 자신의 의사를 통해 선택하고 말고 하는 차원이 아니다. 무조건 누구에게나 해당되는 것이다. 다만 시기는 각기 다르다. 이러한 것을 염두에 두면서 酉金의 계절을 생각해보도록 하자.

이제 백로가 되었다. 백로라는 의미는 이제 이슬이 맺히기 시작한다는 뜻이다. 한 달 후에 오는 절기인 상강(霜降)처럼 확실하게 차가운 의미는 아니지만 이제 찬 이슬이 내리기 시작해 모든 산천초목의 결실을 유도하기 시작하는 것이다.

하얗게 내리는 서리는 바로 죽음을 나타내는데, 그 하얀 색이 酉金의 계절에 들어 있다는 것은 불교의 입장에서 보다 심오한 의미를 찾을 수 있다. 바로 백색이 서쪽을 나타내기 때문이다. 이것은 오행의 색깔을 방위별로 나타내는 것인데, 불교에서 서쪽은 서방을 상징하는 극락세계(極樂世界)이기 때문이다. 즉 이 땅에서 삶을 마감하고 다음 생으로 전개될 때에는 고통이 없다는 극락세계로 가기를 원하는 것이니까 역시 죽음의 암시가 있다는 점에서 서로 통한다.

또 서쪽은 해가 지는 방향이기도 하므로 어느 모로 보든지 결국 죽음의 냄새가 풍기고 있다는 점은 인정해야 할 모양이다. 이렇게 몇 가지의 연관된 의미, 즉 칼날, 닭 모가지, 서쪽, 극락세계, 죽음, 백색 등등은 모두 서로 공통점을 가지고 있다는 결론이고 이것들이 바로 酉金의 상징이 될 수도 있겠다.

卦象의 관점으로 보는 酉月

	上卦는 風이 되고	풍지관(風地觀)은 위에 바람이 있고, 아래에 땅이 있어서 땅 위에 바람이 부는 형상이라 만물이 흔들리는 의미가 있다.
☰☷	下卦는 地가 되어	
	합해서 風地觀이다	

주역의 괘상에서는 풍지관(風地觀)에 해당하는데, 이 괘상의 의미에서는 죽음에 대한 뜻이 없는지 관찰해봐야겠다. 단순히 위에 바람이 있다는 것과, 아래에 땅이 있는 것으로만 생각한다면 여기에서는 죽음이라는 것의 상징이 없어 보인다. 그러나 만약에 이 괘를 다음과 같이 각색해서 적어본다면 약간 느낌이 다를 것도 같다.

'땅에 고요가 깃든다. 그리고 그 위로 바람이 한 줄기 지나간다. 그 바람에 방금 장사를 지내고 떠나간 사람들이 채 사라지기도 전에 산으로 오르다가 나뭇가지에 걸려서 찢어진 상여를 장식한 종이꽃이 바스락거리면서 흔들린다. 을씨년스런 분위기가 감돈다. 이것이 바로 아래는 땅이고 그 위는 바람이 있는 괘인 풍지관(風地觀)의 형상이다.'

어떤 느낌이 오는가? 왠지 기분이 꺼림칙하실 것도 같다. 갑자기 써늘한 바람이 일어나는 것 같지 않은가? 실제로 관(觀)이라는 글자에는 황새가 창공을 높이 날면서 먹이를 찾는다는 의미가 있다고 한다. 그리고 괘의 모양에서 위의 두 양효(陽爻)가 음을 구하려고 관찰하는 모양이라고도 하는데, 이러한 의미는 주역을 깊이 연구하고 나서 이해가 될 것 같은 느낌이 든다.

그건 그렇다고 하더라도 이미 음의 기운이 싱딩히 무르익있다는 것은 어쩔 수 없는 현실이 되었다. 음의 괘가 이미 네 번째까지 도달했으니까 상대적으로 양의 기운이 많이 쇠해졌다는 말도 된다. 그러면 음은 늘어나고 양은 줄어든 것일까? 이렇게 '질량(質量) 보존의 법칙'[47]은 음이 강해지면 양이 약해지는 모습을 보여주나 실제로는 단지 체와 용이 바뀌어가면서 이 땅에서 작용할 뿐이고, 언제나 음양의 균형이 수평을 유지한다는 의미이다.

---

47) 화학반응 전후에서 반응물질의 모든 질량과 생성물질의 모든 질량은 항상 변하지 않고 일정하다는 법칙. 이것은 반야심경에서 말하는 부증불감(不增不減)과도 동일한 의미라고 보면 되겠다.

오행의 상황판단

木의 상태

木은 죽음을 기다리는 입장이라고 봐도 되겠다. 강철 위에 뿌리를 내릴 수도 없는 일이고, 한 방울의 물도 없는 입장이니까 그대로 말라죽는 도리밖에 달리 묘수가 없다. 이런 상황을 최악이라고 해야 할 것인데, 여기에서 성장을 멈추지 않으려면 물이든 태양이든 있어야 할 참이다. 물이 있다면 말라 들어가는 뿌리를 잡아줄 것이고, 불이 있다면 서리를 막아줄 수 있을 것이다.

火의 상태

봄의 불은 두려워하면서도 가을의 불은 별로 두려워하는 기색이 없다. 그만큼 불의 위력이 약화되어 있다는 의미일 것이다. 실제로 봄의 불은 여우불이라고 해서 펄펄 살아서 날뛰는 분위기를 가지고 있다. 그러나 가을에는 이미 종이 호랑이가 되어버린 지 오래된 상태이다. 힘도 없을 뿐더러 아무도 두려워하지 않는다. 더욱이 가을의 金이라면 여간 힘이 있는 불이 아니고서는 다루지 못할 것이다. 그러니 체면이 구겨지기 전에 조용하게 봄날을 기다리든지, 아니면 상당한 나무의 성분을 구한 다음에 비로소 金에게 큰소리를 해야 온전할 것이다.

土의 상태

기운이 허하기는 酉金의 계절에 土도 마찬가지라고 본다. 이미 金에게 상당한 기운을 빼앗기고 겨우 휴식을 취하고 있는 상태이기 때문이다. 조용하게 휴식을 취하면서 숯불갈비(火가 필요하다는 상징)나 뜯고 있는 것이 가장 행복한 불이 될 것이다. 이런 시기에는 앞으로 나서서 설치지 않는 것이 가장 안전한 보호수단이 아닐까 싶다.

金의 상태

가을의 金이야 그 강도(强度)에서 아무도 상대하려고 하지 않을 것이다. 그만큼 강력하다는 이야기인데, 특히 酉月에 태어난 金이라면 그 위력은 하늘을 덮고도 남을 것이다. 그래서 상당히 강한 불이 아니고서는 차라리 물에게 다스리도록 맡기는 것이 지혜로운 일이다. 가을의 金은 최강이다.

水의 상태

이때의 물은 강하기가 金보다 한 수 위라고 봐도 될 정도로 막강하다. 원래 두려울 것이 없는 물인 데다가 이렇게 金이 가장 왕성한 계절에 태어난 물은 어느 모로 봐도 건드릴 장사가 없다. 만약 土로 水를 다스리겠다고 덤벼도 土生金을 해서는 오히려 金으로 하여금 물을 생해주는 역할로 흐르기 때문이다. 매우 강하다.

제11장
술토

　이제 많은 土 중에서도 마지막에 해당하는 戌土를 연구해볼 차례이다. 그러니까 더욱 열심히 연구해야 하는데, 언제나 느끼지만 土에 대한 항목에서는 몇 가지 이해하지 못할 점도 포함되어 있다. 그러나 차근차근 풀어가다 보면 해결점이 보이리라는 믿음에서 시작하자.
　무엇보다도 戌土의 특징이라면 메마른 성질을 갖고 있다는 점이다. 그냥 메마르다고 하면 未土와의 구분이 애매해지는데, 未土에 비해 戌土는 메마르면서도 뜨겁다고 하면 어떨까? 즉 未土는 건조(乾燥)한 土라면, 戌土는 조열(燥熱)하다는 의미를 붙여본다. 여기에서 조열하다는 것은 메마르면서도 덥다는 의미가 추가된다. 즉 나무 입장에서 본다면 未土보다 戌土가 더욱 뿌리를 내리기가 어렵다고 할 것이다. 황무지에 가깝다고 할 것이다. 황무지에는 돌맹이도 많은데, 戌土에도 돌맹이(辛金)가 들어 있으니까 말이다. 그래서 이 戌土를 어디에 사용해서 가장 잘 썼다고 소문날 것인지가 고민이다.

상징성

戌土의 원리에 대해서는 잠시 보류하고 상징성부터 정리해보도록 하자. 아시다시피 戌土는 개를 상징한다. 개는 오랫동안 인간들과 생활을 함께 해온 인간과 가장 밀접한 동물이다. 수렵으로 삶을 영위하던 원시시절부터 아마도 들개를 길들여서 사용했을 것이다. 그리고 사냥이 끝나고 나면 그때는 개를 삶아 먹었다. 그래서 토사구팽(兎死狗烹)이라는 단어가 생겼는 모양이다.

개라는 동물은 그렇게 인간을 위해서 소모되어가는 동물 중에 하나이다. 그런데 戌土의 의미로 부여되어 있는 개는 설마하니 그렇게 삶아 먹을 요량으로 정해놓지는 않았을 것이다.

개를 생각하면서 戌土와 연결지어볼 때 떠오르는 것은 시간적으로 戌時는 개가 불침번을 서야 하는 시간이라는 점이다. 그리고 동물 중에서 양의 기운을 많이 머금고 있는 점에서도 조열한 戌土의 구조와 서로 공통점이 있지 않겠느냐는 생각도 든다. 또 달리 생각해보면 '개짖는 소리가 들리는……'이라는 말이 있다. 이것은 사람이 살고 있는 동네라는 의미가 되겠는데, 戌土는 그렇게 동네를 꾸미고 살아가는 마을의 형태를 닮았다는 느낌이다. 동네라면 일단 물빠짐이 좋은 토양이어야 하고, 습하면 주거지로서는 실격이다. 그런 점에서 戌土는 아주 적당한 조건을 갖추고 있는 셈이다.

메마르기 때문에 건조해서 습기로 인한 질병에 대한 염려를 하지 않아도 된다. 밤중에 잠을 자다가 문득 천장에서 지네란 놈이 돌아다니다가는 이불 위로 뚝 떨어지는 일이 발생하지도 않는다. 습한 곳에서는 독충들도 득시글거리는데, 건조하면 우선 음습한 기운이 제거되므로 곰팡이 성분도 없다. 그래서 사람이 주거공간으로 꾸미기에 좋다는 이야기가 된다. 물론 개의 소리에 관심을 갖다보니까 이러한 생각을 하게 되는데, 달리 생각해보면 개가 이러한 공간을 좋아한다는 말도 될 것 같다.

이치적인 연구

戌土는 가장 철학적(?)으로 생겼다. 그래서 위치도 뒤늦게 11위에 지정되어 있는 것은 아닐까? 사실 철학이라는 것은 그렇게 나이가 들어야 맛이 나는 부분이기 때문이다. 이런 이야기를 들려드린다. 과연 그 맛이라는 부분에 초점을 맞추고 한 번 생각해보시기 바란다.

세상이 무상해서요

절간에서 한참 공부를 한답시고 열을 올리고 있을 무렵이었다. 그때 절에는 어린 꼬마가 한 녀석 있었는데, 나이는 불과 여섯 살이었다. 주지스님의 이야기를 들어보면 세 살 때 어느 신도가 데리고 와서 키워주고 있노라고 했다. 그러니까 절밥을 먹은 지는 벌써 3년이 되는 셈이었다. 하루는 하도 심심해서 이 녀석과 농담따먹기를 하기로 했다. 그래서 낭월이가 물어봤다.

"넌 왜 절에 와서 살고 있노?"
"스님, 저도 계를 받았으니 말을 잘(높여) 해주세요."
"그래? 니가 무슨 계를 받았노?"
"올 봄에 사미계를 받았어요. 그래도 절밥을 3년이나 먹었는걸요."
"그래? 아무리 그래도 그렇지. 열네 살이 되어서 사미계를 받을 자격이 있는데 너는 계를 받았다고 해도 가짜다."
"부처님께 약속을 했으니 스님이 가짜라고 해도 소용없습니다."
"그렇군, 그것도 말이 되네. 근데 넌 왜 중이 되었냐?"
"세상이 무상해서요!"

"세상이 어떻게 무상하던?"

"사는 게 다 그런 거지요 뭐."

　주변 환경에 의해서 이런 이야기만 주워 듣다보니까 겨우 여섯 살인데도 하는 이야기는 세상을 한 60년 이상 살고 난 노인네 이야기가 되어버리는 것이다. 그런데 어린 녀석이 이렇게 이야기하면 참말로 징그럽다 못해 슬프다. 적어도 나이를 먹을 만큼 먹은 다음에 해야 할 말을 이렇게 무슨 뜻인지도 모르고 중얼거리고 있는 셈이다.

　그러나 戌土는 이렇게 어설픈 흉내나 내고 있는 나이가 아니다. 적어도 이제는 세상의 꿈맛(木의 시절)을 거쳐 단맛(火의 시절) 쓴맛(金의 시절)도 다 본 셈이니 더 이상 궁금하고 아쉬운 것이 없는 셈이다. 세상을 사노라면 꿈도 있고 희망도 있지만, 이렇게 세월이 흘러가면 결국 남는 것은 허무감뿐이라는 진리를 깨닫는 것이 아닐까? 그래서 텅 비어버린 희망과 꿈의 자리들을 공허감이 채우게 된다. 과연 이 세상에서 이뤄지는 것은 무엇이고, 또 소멸되는 것은 무엇인가? 그야말로 가장 철학적인 상태로 돌아간다고 할 수 있겠다.

　戌土가 있는 위치를 생각해보면 이러한 상황설정이 일리가 있다. 즉 戌土는 바로 지지 중에서 11번째 위치에 속해 있다는 것이 가장 유력한 증거라고 보는 것이다. 이렇게 저물녘의 해거름이 되었으니 희망을 품어본들 무슨 기대를 할 수 있겠는가 말이다. 그래서 戌土의 성분은 마무리를 하는 기분이 든다.

지장간의 원리

출처	내용		
항신재 역설	辛 9일 7분	丁 3일 1분	戊 18일 6분
연해자평 정해	辛 9일 3분	丁 3일 2분	戊 18일 6분
명리정종 정해	辛 9일 3분	丁 3일 1분	戊 18일 6분
삼명통회	辛 7일	丁	戊 18일
적천수 징의	辛 9일	丁 3일	戊 18일
자평진전 평주	辛 9일	丁 3일	戊 18일
명리신론	辛 9일 3분	丁 3일 1분	戊 18일 6분
명학비해	辛 9일 3분	丁 3일 1분	戊 18일 6분
사주첩경	辛 9일 3분	丁 3일 1분	戊 18일 6분
컴퓨터 만세력	辛 9일 3시간	丁 3일 1시간	戊 18일 6시간
적천수 상해	辛 9일	丁 3일	戊 18일
사주정설	辛 9일 3시간	丁 3일 1시간	戊 18일 6시간

월률분야의 사용결정표

형태	내용		
원칙적 공식	辛 9일 3분	丁 3일 1분	戊 18일 6분
실용적 공식	辛 9일	丁 3일	戊 18일

지장간의 성분을 음미해보면 辛丁戊의 배합이다. 이것은 다른 지지의 土에 해당하는 경우와 마찬가지로 간단하지만은 않은 암시가 포함되어 있다. 이러한 배합의 원리를 차근차근 관찰해본다.

辛金의 입장

　우선 辛金은 월령의 흐름으로 볼 적에 지난 달(酉月)의 영향으로 넘어온 여기(餘氣)라는 이름을 달고 있으니 그 위치가 분명한 셈이다. 여기라는 명칭에 구애받지 말고 그냥 그대로 戌土에 들어 있음으로 공동운명체라는 사슬로 묶어놓은 다음에 辛金이 그 속에 들어 있는 이유를 관찰해봐야 그래도 뭔가 품값이 나오지 않을까 싶다.

　우선 戌土 중에 들어 있는 9일만큼의 辛金은 아무래도 결실을 해야 한다는 의미가 포함되어 있을 것이다. 애초에 酉金에서도 말했듯이 辛金은 압축하고 응고하는 매우 견고한 성분이기 때문에 이러한 구조는 뭔가 냉정하게 마무리하는 것으로 이해해보는 것이다. 응축하고 저장하고 갈무리하는 분위기를 갖고 있는 성분이기 때문이다. 戌土는 가장 죽음의 냄새를 풍기는 성분이기도 하다. 냉혹한 성분이 되어서 일생 동안 이리저리 널어놓았던 온갖 희로애락(喜怒哀樂)의 사슬들을 냉정하게 베어버린다. 그래서 울부짖듯 외치는 한 마디는 '사랑하는 사람도 가지지 말라, 미워하는 사람도 가지지 말라. 사랑하는 사람은 못 만나 괴롭고 미워하는 사람은 만나서 괴롭다' 이다.

　이와 같은 시를 읊조릴 형편이 되려면 적어도 사랑이 무엇인지 고통이 무엇인지를 직접 맛보고 난 다음이 아니고서는 어려운 이야기이다. 그저 사랑하는 사람과 달콤한 행복감에 잠겨 하루하루를 꿀맛같이 살아가는 사람은 이러한 글을 읽으면 너무 세상을 어둡게 본다고 빈정거릴 것이다. 그런 사람은 애인과 헤어지고 난 이후에 대해서는 생각조차 해보지 않았을 것이다.

　그러다가 어느 날 문득 고통의 전주곡이 시작되면 그때는 울고 불고 난리법석을 떤다. 세상에서 자신이 가장 불행한 사람인 양 생각되고, 자신을 제외한 나머지 사람들은 모두 행복하게 살고 있는 것처럼 느껴진다. 이때에는 누군가 지나가면서 사랑의 세레나데를 부르면 코방귀를 꾄다. '흥, 그래 잘 해봐라 이 녀석들아. 그게 눈물의 씨앗이라는 것을 머지않아 알게 될 것이니까…….' 이 정도가 된 사람에게는 비로소 앞의 시를 들려줄 때가 된 것이다. 쓰라린 고통과 환희의 사랑을 모두 느껴본 다음에는 비로소 그것이 부질없다는 것을 일러줘서 자유롭게 해야 하는 것이다.

"정말 할 일도 되게 없네. 사랑도 하고 이별도 하고 그러다 보면 세상 사는 것이 그렇다는 것을 알게 될 텐데 뭐하러 또 시를 들려준담. 그냥 내버려두면 모두 제자리를 찾아갈 텐데."

이렇게 말하는 사람은 한 가지가 빠진 사람이라고 해야겠다. 그것은 바로 연민심(憐憫心)이다. 남을 불쌍히 여겨서 실연의 쓰라린 상처를 어루만져주는 것이 얼마나 큰 용기가 된다는 것을 미처 생각하지 못하는 사람임이 분명하다. 이렇게 이야기를 해줄 시기라는 것이 바로 인연이라고 봐야겠다. 어제까지는 인연이 아니었는데, 오늘 그 사랑이 깨어지고 나서야 비로소 진리와 인연이 닿는다고 할 수 있겠다. 그리고 辛金의 역할이라는 것이 이렇게 쓰리고 아린 마음을 정리하는 단계라고 보았다. 정리를 깔끔하게 하는 데에는 9일만큼(대략 30퍼센트)의 냉정한 마음이 필요하다는 의미가 아닐까?

戊土는 무엇을 위해서?

다음으로 본기(本氣)에 해당하는 戊土의 입장을 살펴보자. 戊土는 이미 辰土에서도 본기 역할을 수행하였는데, 여기에 다시 등장했다. 그리고 이것은 土이기 때문에 가능한 특혜(?)라고 볼 수 있다. 이렇게 土가 요소요소에 배치되어 있는 것은 오행의 변화를 유도하고 조절하는 기능이 부여된 때문일 것이다. 우리는 간단히 환절기(換節期)라고 부르지만, 이것은 바로 오행의 변화가 반드시 거쳐야 하는 환승역 정도로 생각하면 될 것이다.

이렇게 환승역에 도달한 천지자연의 흐름은 기차를 바꿔타는 셈이 된다. 즉 戊土의 역(驛)은 두 번 거치게 되어 있는데, 辰土와 戌土에서 이다. 辰土의 戊土는 木이 기차를 내리고 火가 올라타게 되어 있다. 그리고 여기 戌土 역에서는 金이 기차에서 내리고 대신 水가 올라타고 겨울나라로 여행을 떠나게 되어 있다. 그리고 이 스케줄은 여간해서 바뀌지 않는 배차시간표이다. 이렇게 생각하고 보니 戊土는 봄에서 여름으로 가는 역이기도 하고, 가을에서 겨울로 가는 역이기도 하다는 생각이 든다.

'겨울로 가는 열차라.' 왠지 쓸쓸한 맛이 난다. 마치 죽음을 맞이한 인생들을 한가득 싣고서 연기를 뿜으며 저승을 향해 출발하는 그런 기분도 든다. 승객들은 모두 무표정한 채로 자신의 과거를 회상하면서 먼 하늘을 응시하고 있고…… 겨울로 가는 열차이다.

丁火는 난로에 해당할까?

겨울로 가는 열차에는 스팀이 들어와야 한다. 그런데 구식 완행 열차에는 스팀은 생각도 할 수 없는 형편이다. 그렇다면 난로라도 피워야겠다. 날은 추워지는데, 온기도 없는 썰렁한 열차를 타고 먼 여행을 떠나기에는 너무도 쓸쓸하다. 이러한 기분을 너무도 잘 헤아린 천지자연은 고맙게도 열차에 난로를 설치했다. 그래서 고독한 여행객들은 난로 옆에 모여서 자신의 몸을 녹이며 함께 살아온 이야기를 듣는다. 때로는 화려한 무용담을, 때로는 쓰디쓴 인생의 패배담을 들으면서 자신은 과연 어떻게 살았는지를 회상하면서 겨울여행을 하게 된다.

丁火는 화려한 불빛이 없다. 그저 불그레한 열만 가지고 있는 탄이다. 옛날 교실에서 보던 조개탄으로 피운 불과도 같다. 그래도 열기는 상당해서 한 칸에 하나씩이면 손가락이 어는 것을 막을 만한 화력이다. 장작불 수준은 아닌 셈이다. 만약 지장간에 木이 있었다면 장작이라 하겠는데, 木의 성분은 없기 때문이다. 그렇다면 辛金은 조개탄에 해당한다고도 볼 수 있을까? 그렇게 되면 戊土는 난로가 될 수도 있겠다. 난로라기보다는 화덕에 가깝겠다. 土로 만들어진 구조이기 때문이다.

그렇다면 봄에서 여름으로 가는 열차에는 에어컨이 있지 않을까 하는 생각이 문득 든다. 그래서 辰土를 더듬어보니 과연 癸水가 그 자리에 들어 있다. 그렇다면 癸水는 에어컨 역할을 하고 있었단 말인가? 예전에 무슨 에어컨씩이나…… 그냥 선풍기 정도로 봐두자. 그래도 그게 어딘가? 찌는 듯한 무더위를 통과하면서 옆사람 몸에서 나는 땀냄새를 날려버리는 데는 너무나 훌륭한 기능을 수행한다. 똑같은 자료를 놓고 이리저리 뒤집어가면서 새로운 맛을 찾아내는 묘미를 찾을 수 있다.

나름대로 지장간에 포함된 의미를 되씹어봤다. 지장간의 이치는 아무리 씹고 또 씹어봐도 여운이 남는다. 과연 어느 눈밝으신 도인이 관찰하셨는지 항상 감탄만 하는 입장이지만, 그래도 재미가 있다. 과연 이 지장간의 본의는 무엇일까?

계절적인 의미(寒露~霜降)

이미 지장간을 살피면서 겨울로 가는 환승역이라 했는데 정말로 戊土는 뭔가 깊숙한 맛이 풍겨나는 것 같다. 그러나 그것이 전부는 아니기에 또 다른 이야기를 생각해보는 낭월이다.

무엇보다도 戊月에는 온 산천을 화려하게 꾸며주는 단풍을 생각하지 않을 수 없다. 실제로 甲木으로 태어난 사람이 戊月에 태어난 경우라면 그렇게 이야기해준다.

"이 나무는 9월에 태어났군요."
"예, 9월에 태어났습니다."
"9월의 나무는 어떻게 생겼나요?"

"9월이면…… 단풍이 들지 않나요?"
"그렇지요. 단풍이 듭니다."
"그럼 좋겠네요."
"왜요?"
"아, 사람들이 모두 구경을 하러 가니까요."
"그렇기도 하겠군요. 그런데 착각을 하면 안 됩니다."
"예? 착각이라니요?"
"선생은 단풍을 구경가는 관광객이 아니라 그 나무거든요."
"무슨 뜻이지요?"
"그러니까 실체를 관찰해야 한다는 것이지요."
"너무 어려운걸요……."
"나무의 입장을 생각해보자는 것입니다. 어떨까요?"
"그야, 나무는 이제 겨울이 오니까……."
"그렇지요. 겨울이 오니까 마음이 서글퍼지겠군요."
"그렇겠네요. 그래서 제가 늘 어두운 방면으로 생각하는 것일까요?"
"반드시 그 때문이라고는 못 하겠지만, 무관하지는 않을 겁니다."

이렇게 이야기를 나눈다. 항상 사연과 너불어서 생각하는 습관이 되어 있다보니 사주팔자를 관찰하면 자연스럽게 자연의 풍경이 그려진다. 이미 지상에는 상당히 강한 음기운이 감돌고 있다. 옷도 많이 두꺼워지고 김장도 곧 해야 할 상황이다. 나무는 천지자연의 기운을 그대로 호흡하면서 성장하고 있다. 자연적으로 나무가 동면을 준비한다면 이미 천지간에서는 생성 에너지가 운동을 멈추고 휴식하는 단계로 접어들고 있다. 어찌 나무뿐이겠는가. 그렇게 열심히 돌아다니는 뱀과 개구리 등도 이미 겨울잠을 잘 준비를 하고 자리를 잡았다. 곰도 마찬가지로 굴 속 깊숙이 보금자리를 찾아 들어가버린다. 이렇게 자연은 항상 공개적이다. 이러한 것을 놓고서 무슨 천기누설이 어떻고 하면서 쉬쉬

하는 것은 아마도 생각이 모자라는 판단일 것이다.

卦象의 관점으로 보는 戌月

	上卦는 山이 되고	산지박(山地剝)은 위는 산이고, 아래는 땅이
䷖	下卦는 地가 되어	니 땅 위에 산이 높아서 깎이는 형상을 취하고
	합해서 山地剝이다	있다.

 이러한 戌月의 상황을 괘상으로 관찰하면 이미 다섯 개의 효가 음으로 변해 있다. 마지막으로 맨 위의 하나만 겨우 양의 명맥을 유지하고 있는 상황이다. 이렇게 생성하는 기운인 양효가 소진되어가는 상황이라는 것은 참으로 의미심장한 설명이 된다. 원래가 양은 생성이고 음은 소멸이 되는 까닭에 이러한 괘상은 이제 천지의 기운이 모두 꺾이게 된다는 의미를 포함한다.
 의미도 깎아내린다는 것이다. 이것은 뭔가 소진되어가는 암시이지 결코 생성하는 의미는 아니다. 그래서 戌月은 뭔가 갈무리하는 단계라고 이해하면 되겠다.

오행의 상황판단

木의 상태
 이미 단풍이 든 나무를 이야기했으니까 어느 상황인지는 짐작이 갈 것이다. 그야말로 생기운이 모두 단절된 상황이다. 이제 내년 봄이 다시 시작될 때까지 긴 휴식을 취하는 것이 상책이겠다.

火의 상태

불은 여기에서 창고로 들어간다. 더 이상 땅 위에 뒀다가는 냉혹한 물의 성분들이 모두 꺼버릴 것이 염려되어서이다. 그래도 창고 속에서 숨은 쉬고 있는 상황이다. 원래 불도 숨을 쉬어야 꺼져버리지 않기 때문이다. 그러나 움직일 상황이 아닌 것은 물으나마나이다.

土의 상태

土는 잠시 자신의 몫을 하기 위해 자리를 지키고 있다. 그러나 무슨 일을 수행하려면 아무래도 또 다른 土의 도움을 받아야 가능할 것이다. 이때는 거둬들이는 땅의 흐름이기 때문에 생성하는 쪽으로는 전개하지 않는 土의 성분이기 때문이다. 회광반조라고나 할까? 그래도 지는 해가 장엄하다고 잠시(18일) 자신의 마지막 임무를 위해서 열심히 활동하는 상황이다.

金의 상태

金은 土에 파묻혀서 자신의 힘을 기를 만하나, 근본적인 대책은 아니라고 봐야겠다. 이미 천시산의 기운이 차가워지고 있기 때문이다. 그러나 이미 가을을 보내면서 축적한 에너지는 넉넉하다. 그래서 만약 힘을 필요로 한다면 전혀 부족하지 않을 정도로 저력을 확보하고 있다. 매우 강한 입장이 된다.

水의 상태

水의 입장에서는 그야말로 절처봉생(絶處逢生)이 되는 셈이다. 비록 메마른 戊土에게 시달림을 받고 있지만, 辛金에게 상당한 안정감을 얻고 있는 상황이기 때문에 기다릴 준비가 되어 있다. 그러나 단독으로는 역시 만만치 않은 환경이다. 주변에서 金水가 협조해주기만 기다린다.

제12장
해 수

　이제 종착역이다. 여기에서는 다시 전열을 가다듬어야 한다. 그래서 다시 한 번 재생의 길을 가려면 봄으로 가는 열차를 기다려야 하고, 그렇지 않으면 이제 하차를 해야 한다. 대합실에 더 이상 머물러 있을 필요가 없는 셈이다. 그러나 모두는 다시 대합실에서 머물고 있다. 다음 기차를 기다리기 위해서이다. 그리고 겨울나라의 승객들은 모두 자신의 나라에서 신명나게 활개를 치면서 동서남북으로 분주하게 활동을 하고 있다.

　그렇게 여름 내내 괄시를 받았던 물들은 이제 자신의 천지를 만난 것이다. 가을 내내 생기운을 받고서 힘을 기르던 물은 亥水의 구조를 가지고 강호를 휘젓고 다니는 것이다. 물로 시작해서 물로 끝내는 것에는 깊은 의미가 있을까? 子水로 시작한 여행이 亥水에서 마무리하게 되는 것이 결코 우연이라고 생각할 수만은 없는, 어떤 깊은 뜻이 있는 것 같다. 과연 마지막을 장식하는 亥水에서는 무엇을 배울 수 있을까?

상징성

이제 마지막으로 亥水를 상징하는 돼지라는 동물을 관찰해보도록 하자. 돼지는 그 상징이 장수(長壽)이다. 오래오래 살고 싶은 인간의 욕망을 한몸에 담고 있는 셈이다. 그래서 당사주에서도 해천수(亥天壽)라고 부른다. 즉 돼지해에 태어나면 오래 산다는 이야기가 된다. 그러나 실제로 돼지는 오래 살지 못한다. 그러면서도 장수의 상징이 되는 것은 무엇일까? 아마도 천지신명에게 기원을 드리는 데 쓰이는 제물이기 때문에 그렇게 추어올린 것은 아닐까 싶다.

이치적인 연구

亥水의 의미는 하나의 끝이면서 또 다른 하나의 시작을 알리는 위치에 있는 상황이다. 즉 戌月의 상황에서 한 단계 전개된 상황인데, 갑자기 상황이 바뀌어 다시 새로운 시작으로 넘어가는 작업을 전개하는 셈이기 때문이다. 그 새로운 시작을 알리는 의미는 바로 亥水가 木의 기운을 생성시키는 위치라는 점이다. 戌月에서 천지간의 기운이 모두 끊긴 것으로 생각했는데, 잠시 상황이 바뀌면 금세 봄을 준비하는 단계로 접어든다는 것을 보면서 참으로 천지자연은 부지런하다는 생각을 하게 된다.

지장간의 원리

출처	내용		
항신재 역설	戊 7일 2분 반	甲 3일 2분 반	壬 16일 5분
연해자평 정해	戊 7일 2분	甲 7일 2분	壬 12일 5분
명리정종 정해	戊 7일 2분 반	甲 7일 2분 반	壬 12일 5분
삼명통회		甲 5일	壬 18일
적천수 징의	戊 7일	甲 5일	壬 18일
자평진전 평주	戊 7일	甲 5일	壬 18일
명리신론	戊 7일 2분 반	甲 7일 2분 반	壬 16일 5분
명학비해	戊 7일 2분 3	甲 5일 1분 7	壬 18일 6분
사주첩경	戊 7일 2분	甲 7일 2분	壬 16일 5분
컴퓨터 만세력	戊 7일 2시간	甲 7일 1시간	壬 16일 5시간
적천수 상해	戊 7일	甲 7일	壬 16일
사주정설	戊 7일 2시간	甲 7일 1시간	壬 16일 5시간

월률분야의 사용결정표

형태	내용		
원칙적 공식	戊 7일 2분	甲 7일 2분	壬 16일 5분
실용적 공식	戊 7일	甲 7일	壬 16일

　지장간의 사용 결정이라고 정리했지만, 실제로는 상당한 갈등을 만든다. 우선 亥月의 본기인 壬水의 비율을 관찰해보면 12일에서 18일까지 최대로 6일 이상의 차이가 난다. 그리고 戊土의 상황도 삼명통회에

서는 아예 戊土가 없기도 하고, 甲木은 또 3일에서 7일까지 4일 정도의 차이가 발생한다. 이렇게 각기 다른 자료를 포함하고 있는 이유는 무엇일까? 여기에도 무슨 의미를 부여해야겠는데 그 근거를 찾기조차 난해한 현실이 매우 답답하다.

그래도 대개는 戊甲壬을 그대로 수용하는 것이 그나마 다행이라고 생각된다. 접근이 불가능한 것은 그대로 훗날 새로운 안목을 가진 학인의 해석을 기대하기로 하자.

戊土는 과연 있어야 할 필요가 있을까?

항상 의문이 드는 것이 亥水 가운데에 있는 戊土의 역할이다. 과연 무엇을 하겠다고 이 자리에 와 있는 것일까? 우선 월령으로 봐서는 戌月에서 넘어온 성분이므로 달리 시비를 걸 구석은 없어 보인다. 그러나 亥水에 대한 것만을 볼 적에는 그렇게 간단한 문제가 아니다. 힘으로 따지면 전혀 논할 형편이 아니다. 비록 비율은 7일 정도를 차지하고 있다지만, 亥水에 비해 관찰해보면 전혀 무력해서 쓸모 없어 보인다. 물론 이것은 火土가 의지를 할 만하겠느냐는 관점이다.

그런데 亥水의 목적을 이해한다면 亥 중의 戊土에 대해서도 약간은 납득이 가는 대목도 있다. 즉 亥水는 木을 생성시키는 것이 제일의 목표이기 때문이다. 그래서 甲木이 성장하기 위해서는 무엇보다도 물이 필요하겠지만, 그에 못지않게 뿌리를 내릴 땅이 필요하지 않겠느냐는 것이다. 이런 상황으로 볼 때 문득 戊土의 역할도 그리 만만치 않아 보인다. 물론 戊土는 주연이나 조연은 아니다. 그냥 엑스트라 비슷한 역할이 전부이다. 그러면서도 이야기의 진행상 없어서는 안 될 위치를 확고하게 가지는 것이다. 그럼 戊土의 이야기를 들어보자.

"내가 이 자리에 있는 이유는 매우 중요한 것이오."

"글쎄 그게 뭐냐니까?"

"우선 뭣보담도 일단 甲木인 주연을 잡아줘서 넘어지지 않도록 하는 역할을 하는 겁니다."

"그래 그것은 이미 이야기했으니까 다른 이유를 설명해보게."

"아, 그랬습니까? 그러면 두 번째로 내 역할이 중요한 것은 말입니 다. 부동액 역할을 하고 있는 깁니다."

"부동액? 그 말은 듣느니 첨이구먼. 무슨 이야긴가?"

"참말로 낭월 선생님도 눈치 한번 되게 느리네요. 甲木이 壬水랑 함 께 있으면 壬水의 차가운 성질로 인해 그대로 꽝꽝 얼어 빙판이 된다는 말입니다."

"그렇겠군. 그래서?"

"그러니 일단 내가 壬水의 냉기운을 제어해줘야 할 거 아닙니까? 그 래야 甲木이 얼어붙지 않고 생기를 받고서 자라게 되는 깁니다."

"흠, 그것도 말이 되네. 어쨌든 잘도 갖다 붙이는구먼. 하하하."

"그게 아니고, 사실입니다."

"그래 그럼 그렇게 알겠네, 근데 또 다른 역할은 없는가?"

"물론 또 있지요. 세 번째로 지가 해야 할 일은 바로 보험에 해당한 다는 깁니다."

"보험? 원 나중에는 별게 다 나오겠군. 왜 그런가?"

"아이고, 농담인 줄 아시는갑내요. 그래도 농담이 아닙니다. 왜냐하 면 말입니다, 甲木이 만약에 어딘가에서 불을 만나면 그대로 화기(火 氣)를 얻어 무럭무럭 자랄 수 있는 여건으로 변하는 기라요. 그런데 그 옆에서 만약 물이 넘실거리고 있으면 불이 우째 온기를 만들겠는교?"

"아마도 어렵겠지……."

"그래서 그러한 일이 발생하면 제가 나서게 되는 거 아닙니까. 그대 로 나타나서 보험처리를 해드리면 불은 물의 피해를 내가 막아주고 있 으니까 아무 염려없이 성장할 수 있는 깁니다. 이제 이해가 되십니까?"

"그러게…… 말이 되는 것도 같구먼."
"이상이 제가 亥水를 따라다니면서 맡은 세 가지 역할입니다. 그라고 부록으로 또 한 가지 설명할 수 있는데, 들어보실랍니까?"
"부록까지 있는감? 그래 내친 김에 몽땅 들어보세."
"혹시 강릉에서 잡은 물고기를 어떻게 서울로 운반하는지 알고 계십니꺼?"
"물고기 배달? 그야 산소통을 연결해 숨을 쉬게 해서 운반하는 거 아닌가?"
"하모요. 간단한 질문이라고 생각한 그 속에 태평양보다 더 깊은 이치가 들어 있을 수 있다는 것을 아신다면 아마 그렇게 쉽게 말씀을 안 하실 텐데……."
"그럼 또 다른 뭐가 있다는 이야긴 모양인데 한 번 들어보세."
"고기를 산 채로 운반할라카문 가장 필요한 것이 산소입니다. 이것은 아마도 용신(用神)에 해당하지 않을까요? 산소가 없으면 고기는 즉시 죽기 때문입니다. 즉 물과 산소는 고기를 운반하는 데 매우 중요한 주연급이라는 이야긴데요. 여기에 조연급에도 못 미치는 역을 맡은 친구가 끼여드는 깁니다."
"그기 뭐꼬? 옳거니 밥이다. 밥. 고기도 먹어야 살겠지?"
"땡입니더 땡~! 와 그리 급합니꺼?"
"그래? 그럼 가만히 있는 게 나을 것 같네."
"바로 문어가 한 마리 실리는 거 아닙니꺼. 고 녀석만 실어놓으면 요놈의 고기들이 문어에게 잡혀 먹지 않을라꼬 정신을 바짝 차리고 있는 깁니다. 그래서 고기들은 모두 산 채로 운반되는 깁니더."
"문어가 고기를 잡아묵을 텐데?"
"물론이지요. 그렇지만 한두 마리 잡아먹고 수백 마리 살려놓으마 그게 남는 장사 아닙니까? 대를 위해서 소가 희생되는 거야 고래로 있던 법칙이고예."

"그거 말이 되는 이야기네. 그런데 자네가 그 문어의 역할과 무슨 상관이 있다는 이야긴가?"

"물론이지예, 내가 바로 壬水를 극하게 되니까 壬水는 신경을 바짝 쓰고 甲木을 보호하려는 겁니다. 날은 추운데 壬水가 긴장이 풀려서 어린 木의 기운인 甲木을 내 몰라라 해버리면 내년 봄은 참말로 죽음의 기운이 감돌 깁니더. 그래서 이 戊土가 아무 역할도 없는 것 같지만, 실은 막중한 역할을 맡고 있는 거 아닙니껴. 그 바람에 壬水가 약간 손상이야 되겠지만, 그 정도로는 甲木이 성장하는 데 아무런 하자도 없는 기라요."

壬水는 무얼 하나?

왕성한 水 기운을 누리는 실세라고 해야 할 壬水는 그 역할이 더욱 중요하다. 가장 먼저 해야 할 일은 水의 세력을 흥왕하게 번창시키는 일이다. 이제 水의 세력이 亥水를 만남으로써 비로소 자신의 영역을 차지하기 때문이다. 그리고 지지의 배치를 관찰해보면 일사불란(一絲不亂)한 질서가 있는 것이 보인다. 즉 어느 계절이든지 土가 지나간 다음에 시작되는 것이 통일되어 있고, 또 시작은 양지(陽支)가 차지한다는 점이다. 木의 계절에는 寅木이 시작하고, 卯木이 왕성한 시절을 누리고 있듯이 여름에는 巳午火가 전개되었다. 그리고 가을에는 申酉였고 이제 겨울이 시작되는 단계에서는 당연히 亥子水가 전개될 상황이다. 이렇게 일정한 리듬을 가지고 있어야 기준을 세울 수 있다. 만약 이러한 것들조차 들쭉날쭉한다면 우왕좌왕하게 될 것이 뻔하다. 그렇게 되면 아마도 이 학문을 연구하는 마음은 진작에 식어버렸을 것이다.

亥水가 子水 앞에 있다는 것은 지장간의 안목으로 볼 적에 壬水가 癸水 앞에 있는 것으로 보인다. 그렇다면 이것은 역시 기질(氣質)로 설명할 수 있겠다. 물론 다른 지지도 같은 의미가 해당되는 셈이다. 즉 壬水는 水의 氣이니까 먼저 발생하는 것으로 보자는 것이다. 그리고 癸水는 水의 質이니까 다음에 나타나서 왕성한 시절을 누리게 된다는 점이다. 그러니까 앞에 있는 寅申巳亥는 모두 子午卯酉를 준비하기 위해 등장한 셈이기도 하다는 생각이 든다.

이것을 다시 확대해보면 모든 오행의 물질들은 일단 기운이 먼저 발생한다는 것으로 해석해도 되겠다. 그리고 亥 중의 壬水도 바로 그 역할을 수행하기 위해 등장한 것으로 보고 싶다. 그러니까 일단 水氣를 발생시킴으로써 그 가운데에서 물이 생겨 전성기를 누리게 된다는 공식을 만들어보는 것이다. 이렇게 무엇 한 가지도 혼자서 되는 것이 없는 모양이다. 항상 서로 어우러져 상부상조를 하면서 자신의 몫을 수행하는 것으로 이해해도 될 것 같다. 즉 壬水의 역할에서 가장 중요한 것은 장차 물을 발생시키기 위한 전초작업이라고 보면 되겠다.

또 다른 한 가지는 무엇인지 생각해보자. 무엇보다도 壬水의 역할에서 중요한 것은 甲木을 보호하는 일일 것이다. 즉 亥水 속에 들어 있는 甲木을 보호해야 하는 것이 중요한 임무이다. 마치 寅木이 丙火를 보존했듯이 亥 중의 壬水 또한 甲木을 보호해야 할 막중한 책임을 부여받았다.

즉 태아가 모체의 자궁 속에서 흔들거리면서 성장하는 것은 바로 양수 덕분인 것처럼, 甲木은 태아와 닮아 있고 壬水는 양수와 닮았다는 생각이다.

甲木은 그럼 태아?

甲木은 모체를 의지하고 성장해야 하는 木 기운이라고 봐야겠다. 그리고 甲木은 이미 未土에서 창고에 들어가 있던 乙木이 서서히 에너지를 흡수하는 형상의 상징이다. 이것이 亥月을 만남으로써 마구 꿈틀대면서 팽창되어가는 과정을 그리고 있다. 그래서 亥水는 목생지(木生地)라는 별칭을 얻고 있다. 甲木은 뱃속의 출렁이는 양수(陽水) 속에서 戊土를 먹고 성장한다. 戊土 입장에서는 甲木의 뿌리가 되어준다고 여길지 모르지만, 실제로는 甲木의 양식이 되는 것인지도 모른다. 다소 어려운 이야기가 될지 모르지만, 재성(財星)[48]은 식량이 되기도 한다. 그렇다면 甲木의 입장에서는 戊土를 식량으로 삼을 것인가? 어쨌든 甲木은 그렇게 壬水의 보호 아래에서 안전하게 겨울을 나고 이듬해 봄이 되면 세상에 나타날 것이다.

이와 같은 이치가 亥水 내부에서 일어난다는 생각을 해보지만, 역시 짐작과 추측이 대부분이기 때문에 언제든지 벗님의 탁월한 안목으로 예리하게 관찰되어서 허물어지게 되기를 기대해본다.

계절적인 의미(立冬~小雪)

바야흐로 겨울이다. 날이 추워지는 상황이라고 보면 그렇게 볶아대던 삼복더위가 그리워질지도 모른다. 더구나 없는 사람은 날이 추워지면 걱정되는 것이 한두 가지가 아니다. 입동이라는 계절은 활동력을 억제시키는 역할을 맡은 모양이다. 따라서 천지자연의 기운은 상당히 굳어 있는 상황으로 전개된다. 겨울에는 그렇게 모든 에너지들이 굳어 있는 것이다. 딱딱해지는 것은 생명력이 움직이는 것과 반대가 된다. 이러한 계절이 입동이다.

천지간에 생성 에너지는 휴식을 취하고 모두 잠들어 있다. 그리고 대지 위에는 하얀 백설이 흩날린다. 그래서 이름도 대설(大雪)이다. 눈이 많이 내린다는 의미일 것이다. 눈이 오면 부드러운 물도 딱딱해진다.

---

[48] 내가 극하는 위치에 있는 것을 재성이라 하고, 물질로 본다. 즉 음식이나 재물이 모두 여기에 해당한다.

사람도 웅크린다. 추워서 얼굴이 새파랗다. 물론 웬만한 것은 모두 내년 봄으로 미루고 우선 따끈따끈한 아랫목에 허리를 묻고 잠을 자는 것이 상책이다. 겨울은 그렇게 시작되는 것이다.

卦象의 관점으로 보는 亥月

䷁	上卦는 地가 되고	중지곤(重地坤)은 흙이 거듭 쌓여 있는 형상이니 매우 두터운 흙을 의미하게 된다.
	下卦도 地가 되어	
	합해서 重地坤이다	

괘상을 봐도 생성의 의미는 하나도 없다. 모두가 순음(純陰)으로 이뤄져 있고, 이것은 곤괘가 되기도 한다. 그리고 곤은 땅을 나타내는 것이고, 천지간에 기운이 절(絶)했다는 의미도 들어 있다. 이 괘는 巳月의 괘와 정면으로 대치되는 반대괘도 된다. 즉 巳月은 생명력이 극도로 팽창되어 있는 계절이라는 말이 되고, 이것은 午月(양력)이 여왕의 계절이라고 해서 서로 짝을 이루는 서양의 풍습과도 무관하지 않다고 느껴진다. 그에 비하면 이제 순음이 되어버린 계절인 亥月에서는 과연 무엇이 이뤄지겠는가?

너무나 대비가 되는 괘상이다. 모두 굴 속으로 들어가버린 이런 상황에서 생명력은 휴식에 들어가 침체되어 있는 시기라는 것이 분명하다. 그렇다면 생명력이 아닌 것은 어떨까? 즉 영혼들은 오히려 이러한 계절에 활동하는 것은 아닐까? 왜냐하면 음양이 서로 바뀐 상태이기 때문에 양에 해당하는 생물들은 기운이 끊어지는 대신, 오히려 영계(靈界)에서는 더욱 활기를 띠게 되는 것은 아닌지……. 그래서 한 번 관찰해봐야겠는데 영혼들의 세상을 어떻게 육안으로 살필 수 있으랴. 다만 미뤄서 짐작만 할 수 있을 뿐이다.

귀신의 천지가 되는 亥月

많은 달 중에서 하나 정도는 사람이 아닌 귀신들이 우세를 차지하여 난장판을 벌이는 달도 있음직하다. 왜냐하면 그들도 자연의 일부이기 때문이다. 그리고 만약에 그러한 달이 있다면 그것은 틀림없이 亥月이 될 것이다. 귀신들이 놀기에는 가장 적합한 계절이기 때문이다. 왜냐하면 원래 귀신은 음기로 이뤄진 성분이기 때문에 순음으로 된 亥月의 괘상과 일치한다. 귀신에게서 따스한 기운이 난다는 말을 들어본 기억은 없으실 것이다.

한밤중(음기가 가장 왕성한 시간)에 갑자기 찬바람(역시 음기)이 휘익 불더니 촛불이 꺼져(이것도 음기가 성해서 水剋火가 되어버린 까닭)버리면서 섬뜩한 기분이 들었다. 순간 등줄기가 오싹(추우면 생기는 증세와 완전히 동일)해지면서 머리털이 곤두서(부드러운 머리털이 뻣뻣해진다는 것도 음기가 강한 것과 연결됨)더니 홀연히 앞에 무엇인가 나타났다.

이렇게 말을 시작하면 이미 벗님은 그 앞에 나타난 것이 무엇인지 짐작하실 것이다. 이것은 바로 귀신이 음기를 타고 다니는 음체(陰體)임을 능히 짐작하고도 남는다는 이야기이다. 이러한 이야기를 들으면서도 그 음기의 실체를 파악하지 못한다면 아마도 오행을 연구할 체질이 아닐지도 모르겠다. 원래 귀신은 대낮에 만들어지는 것이 아니다. 깊은 땅 무덤 속에서 수천 년을 기다려서 만들어지는 것이라고 해야 실감이 난다. 귀신은 밤이 되어야 나타난다. 그 이유는 아주 간단하다. 음기 체질이기 때문이다. 반면에 사람은 양체질이다. 그래서 밤이 되면 잠을 자고 낮에는 활동하는 성분이다. 그런데 낮에 잠자고 밤에 활동하는 사람도 있다. 이들은 이미 체질이 음체질로 바뀌어가는 것인지도 모른다. 그러니까 일단은 낮에 일하고 밤에 자는 것이 가장 옳다. 亥月은 음기가 성한 계절이므로 이렇게 귀신들이 판을 치는 상상도 해보는 것이다.

이것은 또 시대와도 무관하지 않다. 요즘보다는 옛날이 더 어두웠다. 전기 소모량을 봐도 능히 짐작되고, 차량의 강력한 헤드라이트를 봐도 역시 옛날과는 비교되지 않는다. 그래서인지 귀신들이 나대던 옛날에는 여러 가지 대처를 했다.

실제로 낭월이가 어렸을 적에는 발가락에 티눈이 생겨도 굿을 해서 고쳤다. 비가 많이 와도 굿을 했고, 비가 오지 않아도 귀신에게 비를 내리게 해달라고 빌었다. 이 외의 온갖 일도 귀신들의 힘과 연관해서 해결을 보았던 시절이다. 그래선지 몰라도 효험이 상당히 있었던 모양이다. 그런데 요즘은 온 천지가 밝아지면서 귀신의 존재에 대해서도 잊어가는 상황이 되었다.

요즘은 사람의 인식이 매우 달라졌음을 느낀다. 아프면 우선 병원을 가볼 생각을 한다. 결코 귀신에게 고쳐달라고 하지 않는다. 그러다 병원에서 치료를 해봐도 효력이 없을 때면 그제서야 비로소 귀신과 한판 협상을 벌여볼 생각을 한다. 이것이 바로 현재와 과거의 차이점이 아닐까. 점차로 밝아지는 시대를 살면서 귀신들은 그만큼 발을 붙일 자리가 좁아졌다.

이상의 것을 종합해볼 때 자연히 亥月은 음기가 강한 계절임을 알 수 있다. 그래서 음기가 강한 조상들에게 좋은 일이 생기게 해달라고 기도하는 것도 바로 이 계절이고, 또 이렇게 음기가 왕성할 적에 기도를 해야 영험도 있다. 그러니까 벗님께서도 뭔가 뜻하신 일이 잘 되지 않는다면 바로 이때를 놓치지 말고 기도해보시기 바란다.

오행의 상황판단

木의 상태

잉태되어서 성장을 하는 상황이다. 영양분은 충분하므로 얼어붙지 않도록 따스한 온기를 원할 뿐이다. 매우 좋은 에너지를 얻고 있는 상황이라고 본다.

火의 상태

불의 입장에서야 죽을 지경이다. 아무것도 할 수가 없다. 바로 옆에서 나무가 도와준다면 모르지만, 그렇지 않은 경우에는 천상 아무것도 하지 말고 내년 봄이 될 때까지 기다리는 것이 상책이다. 괜히 어줍잖게 나왔다가는 어느 귀신이 잡아가는 줄 모르게 잡아먹힌다.

土의 상태

土의 힘도 약하기는 마찬가지이다. 겨울 土는 얼어서 아무 힘도 없으므로 혼자 무슨 일을 하기에는 적절하지 못하다. 그러니까 불의 신세를 져야 하는데 불도 약하므로 도리없이 기다려야 한다.

金의 상태

金은 애를 낳은 입장이다. 스스로 할 수 있는 것은 이미 때가 지났으므로 그냥 지켜보다가 丑月이 되면 창고로 들어가는 것이 상책이다. 뭔가 일을 벌일 시기는 아니다.

水의 상태

기다리고 기다리던 왕성한 계절이다. 마음대로 동서남북으로 휘젓고 돌아다녀도 말릴 자는 아무도 없다. 전성기일 뿐이다. 이렇게 물이 자신의 계절을 만나서 동서남북으로 휩쓸고 다니면서 겨울 한철을 정신 없이 만든다. 특히 현대사회에서는 차들이 길이 막혀 운행을 못 한다. 이것도 물의 힘이 왕성해서 그렇다고 볼 수 있다.

水火의 체용변화(體用變化)에 대해서

이렇게 열두 가지 지지에 대해서 관찰을 해봤다. 그런데 여기에다 간단하게나마 한 마디 해야 할 것 같은 생각이 들어서 끼워넣는다. 혹 지지에 대한 이야기를 읽으시면서 다음과 같은 의문을 가진 벗님이 계셨다면 이해하는 계기가 되길 바란다.

	體	用
子	陽水	陰水
亥	陰水	陽水
午	陽火	陰火
巳	陰火	陽火

이와 같은 표를 보면서 생각해보자. 일반적인 오행서를 보면 子陽, 亥陰으로 표시되어 있다. 그러니까 우리는 子水를 陰水로 배웠는데, 다른 책을 보니까 陽水로 되어 있다면 내막을 모르는 벗님은 상당히 혼란스러울 것이다.

이러한 점에 의문이 생겼다면 일단 이렇게 이해하시기 바란다. 水火는 체용(體用)이 바뀐다. 水火의 체용만 서로 바뀌게 되어 있기 때문에 이것만 알고 있으면 된다고 본다. 즉 육효(六爻)나 주역(周易) 등에서는 子水를 陽水로 보고 있다. 그러한 학문에서는 용을 쓰는 것이 아니라 체를 사용하기 때문일 것이다. 그러나 자평명리에서는 체를 버리고

용을 쫓는다. 이것은 지장간의 이치를 위주로 생각해보면 가장 알기 쉬울 것이다.

체용에 대한 이야기는 앞으로도 많이 등장하게 된다. 일례로 자동차를 어떻게 볼 것인가 한다면 벗님은 뭐라고 하실 참인가? 일단 체를 중시하는 입장에서는 당장 金이라 말하게 된다. 그러나 용을 중시하는 입장에서는 무엇에 쓰이는 자동차인가를 알아야 정확하게 말할 수 있다. 가령 택시는 火처럼 보이고, 경주용 F1카는 木처럼 보이고, 버스는 土처럼 보인다. 그리고 탱크나 트럭은 金처럼 보이고, 소방차는 水처럼 보인다. 이것이 체와 용의 관점에 따라서 달라지는 점이다. 과연 어떻게 보는 것이 더욱 세밀하게 따지는 도구가 될 것인가? 역시 체를 중시하기보다는 용을 중시해야 한다는 것이다.

그래서 무사의 칼을 비유로 들어본다. 칼은 오행으로 뭘까 하고 물으면 당연히 金이라 답하게 된다. 그러나 칼은 오행이 木일 수도 있고, 土가 될 수도 있다. 무사가 그 무기를 얼마나 잘 사용하느냐에 따라서 부지깽이도 칼보다 예리할 수 있고, 흙덩어리로도 사람을 살상할 수 있다. 이렇게 명리학자는 작용하는 것에서 오행을 관찰하고 음양을 살핀다.

이러한 점을 이해하면 벗님도 子水를 양으로 보는 일은 없을 것이다. 이 점만 혼동하지 않는다면 아무런 문제가 없다.

■ 낭월의 덧붙이는 글

　자평명리학(子平命理學)의 종합적인 교재로 〈알기 쉬운 시리즈〉를 계획하여 출판하였고, 그 두 번째에 해당하는 『천간지지(天干地支)』가 1998년에 초판이 나와 그 동안 오랜 세월 분에 넘치는 독자의 사랑을 받아왔습니다. 고마운 인연에 감사를 드립니다.
　이후 오랜 세월이 지나 출판사로부터 변화된 내용이 있을 경우 참고의 말씀을 추가했으면 좋겠다는 제안을 받고 생각을 해 봤습니다. 그러나 10년이 훨씬 지난 지금의 관점에서 살펴봐도 크게 바꿔야 할 것이 보이지 않는 것은 기본적인 간지(干支)의 변화는 항상 같은 의미를 담고 있기 때문이라고 생각합니다. 그리고 다시 살펴보면서 느끼는 것은, '참 여러 각도에서 생각을 해 보는 것은 그때나 지금이나 변하지 않았구나!' 하는 생각이었습니다. 모쪼록 벗님의 간지(干支)에 대한 사유(思惟)에 보탬이 되었기를 바랍니다.
　다만 제3부의 지장간(支藏干)에서 약간의 개념적(槪念的)인 관점(觀點)과 암장(暗藏)된 성분에 대해 수정해야 할 부분이 보이므로 보충설명을 드리도록 하겠습니다. 물론 일반적인 명리학자의 관점에서는 모두 그대로 적용이 됩니다. 다만, 지금의 관점에서 약간 다르게 보는 면도 있어서 의견을 첨부하려고 합니다. 이 점만 이해를 한다면 세월이 꽤 지났으나 이 책이 여전히 공부에 많은 도움이 될 것이라고 생각합니다.

1. 천간(天干)에 대한 정리

1) 인간(人間)의 100년 여정(旅程)

인생의 천간(天干)		
천간	천간의 작용	작용시기
甲 1~9세	어린아이가 활발하게 성장한다. 2~3세 해제(孩提): 어린아이가 사람을 붙잡고 흉내 냄.	성장시기
乙 10~19세	점차 목적이 생기면서 의식이 확장한다. 15세 지학(志學): 학문에 뜻을 두는 시기.	
丙 20~29세	모든 것이 자신의 뜻대로 될 줄 안다. 20세 약관(弱冠): 관례를 치루어 성인(成人)이 됨.	교육시기
丁 30~39세	이치를 알게 되면서 적응하는 법을 배운다. 30세 이립(而立): 뜻을 세움.	
戊 40~49세	위로는 부모, 아래로는 자녀를 생각하게 된다. 40세 불혹(不惑): 환경에 현혹되지 않음.	사회시기
己 50~59세	자신에게 주어진 환경을 수용한다. 50세 지천명(知天命): 자신이 해야 할 일을 알게 됨.	

庚 60~69세	자신의 영역을 구축하고 자리를 잡는다. 60세 이순(耳順):무슨 말이나 들으면 이해를 함.	완성시기
辛 70~79세	모든 것을 다 가질 것처럼 욕심이 생긴다. 70세 고희(古稀):예로부터 사람이 일흔 살까지 사는 일은 드물다[人生七十古來稀]는 의미	
壬 80~89세	삶을 돌이켜 보면서 반추하고 정리한다 80세 산수(傘壽):우산살의 모양을 의미함.	노쇠시기
癸 90~99세	몸은 기운이 빠지고 의식은 여행을 떠난다. 99세 백수(白壽):百에서 一이 부족함.	

이 표는 사람이 태어나서 점차 나이를 먹으면서 변화하는 과정을 10년 단위로 끊어서 십간(十干)과 연결시킨 것입니다. 100년을 산다고 했을 때 대부분의 사람은 이러한 흐름에 따라서 삶을 가꾸는 것으로 봐도 무리가 없을 듯합니다. 그리고 이러한 논리는 공자(孔子)의 관점(觀點)으로 봐도 타당성이 있으므로 참고할 만합니다. 삶의 모습을 생각하면서 대입하다 보면 일반적인 삶의 모습이 크게 다르지 않음을 알 수 있을 것입니다.

2) 천간(天干)의 물질(物質)과 정신(精神)

십간(十干)의 성질(性質)을 이해하기 위해서 물질적(物質的)인 면과 정신적(精神的)인 면으로 나눠서 정리했습니다. 기본적인 형태이기는 하지만 실제로 사주를 풀이하여 대입할 경우에는 상당한 위력(威力)을 발휘하게 될 것이므로 서두르지 말고 차근차근 정리하기 바랍니다.

천간(天干)의 작용		
천간	물질적 측면	정신적 측면
甲	동물(動物) : 활동적인 물체	발전(發展) : 전개, 통제자
乙	식물(植物) : 고정적인 물체	생존(生存) : 치밀, 내 소유
丙	광선(光線) : 빛이 나는 것	영체(靈體) : 난폭함
丁	열기(熱氣) : 고온성 물체	합리(合理) : 원칙적
戊	중력(重力) : 무형의 대기권	중심(中心) : 신비, 중재자
己	토양(土壤) : 초등교과서	포용(包容) : 안정감
庚	고체(固體) : 사물의 주체	독립(獨立) : 자주, 불굴
辛	흑체(黑體) : 흡수하는 물체	경쟁(競爭) : 욕구, 욕망
壬	기체(氣體) : 공기와 같음	궁리(窮理) : 창조, 돌파구
癸	액체(液體) : 응고하고 뭉침	사교(社交) : 활발, 폐쇄적

2. 지장간(支藏干)에 대한 정리

지장간(支藏干)은 크게 월률분야(月律分野)와 인원용사(人元用事)로 나뉘게 됩니다. 이 책에서는 월률분야에 대해서 충분히 고려하여 설명하였으므로 추가로 언급하지 않아도 될 것으로 봅니다. 그리고 실제로 사주(四柱)를 통해서 상담(相談)하면서도 월률분야에 대해서는 거의 언급하지 않는 점도 참고해야 하겠습니다. 기본적인 원리를 아는 것은 중요하지만 그것을 실제로 활용(活用)하지 않는다면 조금은 비중을 줄여도 될 것으로 봅니다. 다만, 인원용사에 대해서는 조금 생각해 볼 부분이 있어서 여기에 대한 의견을 드립니다.

1) 인원용사(人元用事)의 구조(構造)

인원용사의 구조		
지지		지장간의 비율
生支	寅	丙 0.3 (30%) · 甲 0.7 (70%)
	申	壬 0.3 (30%) · 庚 0.7 (70%)
	巳	庚 0.3 (30%) · 丙 0.7 (70%)
	亥	甲 0.3 (30%) · 壬 0.7 (70%)

지지		지장간의 비율		
旺支	子	癸 1.0 (100%)		
	午	丁 1.0 (100%)		
	卯	乙 1.0 (100%)		
	酉	辛 1.0 (100%)		
庫支	辰	癸 0.3 (30%)	乙 0.2 (20%)	戊 0.5 (50%)
	戌	丁 0.3 (30%)	辛 0.2 (20%)	戊 0.5 (50%)
	丑	辛 0.3 (30%)	癸 0.2 (20%)	己 0.5 (50%)
	未	乙 0.3 (30%)	丁 0.2 (20%)	己 0.5 (50%)

 표를 보면 알 수 있듯이 인신사해(寅申巳亥)에서는 무토(戊土)를 제외하고 관찰하게 됩니다. 자오묘유(子午卯酉)에서도 여기(餘氣)에 해당하는 부분은 논하지 않고 본기(本氣)만으로 관찰하게 됩니다. 진술축미(辰戌丑未)는 모두 논하게 됩니다.

2) 지장간(支藏干)의 이해(理解)

 지장간의 내용에 대해서 약간 부연(敷衍)하여 설명하려고 합니다만 이해하시는 데 어려움은 없을 것입니다. 어쩌면 오히려 더욱 단순해져서 대입하기 수월할 수도 있습니다.

① 자수(子水)

자수(子水)에서는 임수(壬水)는 논하지 않고 계수(癸水)에 대해서만 논하면 됩니다. 독립적(獨立的)으로 지지(地支)가 있을 경우에 여기(餘氣)는 의미가 없기 때문입니다.

② 축토(丑土)

축토(丑土)는 신금(辛金)이 30%, 계수(癸水)가 20%, 기토(己土)가 50%로 배합되어 있는 구조라고 읽으면 됩니다. 월률분야에서는 계신기(癸辛己)로 외우고 9, 3, 18로 날짜를 대입해서 이해했습니다만 독립적으로 살피게 될 경우에는 단순하게 축토(丑土)를 1로 봤을 경우에 내재(內在)되어 있는 성분(性分)을 0.3과 0.2와 0.5로 이해하면 되겠습니다.

③ 인목(寅木)

인목(寅木)은 인중병화(寅中丙火)의 30%와 인중갑목(寅中甲木)의 70%로 구성되어 있는 지지(地支)입니다. 여기에 무토(戊土)는 논하지 않으면 됩니다. 실제로 나중에 십성(十星)을 배워서 심리적으로 대입할 경우에도 무토(戊土)가 없다고 해서 설명하기 불편했던 경험은 없으므로 걱정하지 않아노 됩니다.

④ 묘목(卯木)

묘목(卯木)은 다른 것은 고려할 필요 없이 오직 을목(乙木)에 대해서만 전체로 보고 대입하면 되는 지지(地支)입니다.

⑤ 진토(辰土)

진토(辰土)는 진중무토(辰中戊土)가 50%이고, 진중계수(辰中癸水)는 30%, 진중을목(辰中乙木)은 20%의 비율로 구성된 지지(地支)라는 것을 생각하고 대입하면 됩니다.

⑥ 사화(巳火)

사화(巳火)는 사중경금(巳中庚金)이 30%이고 사중병화(巳中丙火)는 70%입니다. 이러한 비율로 구성되어 있다고 생각하고 나중에 용신(用神)을 대입하게 될 경우에 일주(日主)의 강약(强弱)을 저울질하게 될 때도 무토(戊土)는 논하지 않고 이 수치를 그대로 적용시키면 됩니다.

⑦ 오화(午火)

오화(午火)는 다른 성분은 제외하고 정화(丁火)만 있는 것으로 대입합니다. 병화(丙火)나 기토(己土)는 논하지 않는다는 의미이기도 합니다.

⑧ 미토(未土)

미토(未土)는 미중기토(未中己土)의 50%와 미중을목(未中乙木)의 30%, 미중정화(未中丁火)의 20%를 적용시켜서 상황을 읽으면 됩니다. 물론 좌우(左右)의 상황에 따라서 변수(變數)가 생기겠지만 기본적인 이치는 이와 같은 것으로 고정시켜서 대입합니다.

⑨ 신금(申金)

신금(申金)은 신중경금(申中庚金)이 70%이고 신중임수(申中壬水)가 30%인 지지(地支)로 대입하게 됩니다. 여기에서도 무토(戊土)는 논하지 않는다고 생각하고 간편하고 명료하게 대입하면 됩니다.

⑩ 유금(酉金)

유금(酉金)은 경금(庚金)은 논하지 않고 신금(辛金)에 대해서만 100%가 되는 것으로 이해합니다.

⑪ 술토(戌土)

술토(戌土)는 술중무토(戌中戊土)의 50%와 술중정화(戌中丁火)의 30%, 술중신금(戌中辛金)의 20%로 구성이 된 지지(地支)라고 이해하고 적용시키면 되겠습니다.

⑫ 해수(亥水)

해수(亥水)는 해중임수(亥中壬水)의 70%와 해중갑목(亥中甲木)의 30%로 구성이 된 지지(地支)입니다. 월률분야에 있었던 무토(戊土)는 논외(論外)로 생각하지 않으면 됩니다.

이상과 같이 인원용사(人元用事)에 대해서 잘 궁리한 다음에 그대로 적용하여 관찰하면 무리 없이 대입될 것으로 봅니다. 다만, 독자 스스로 기존의 방법으로 대입하는 것이 오히려 편하다고 생각한다면 그대로 하셔도 됩니다. 수정된 내용을 알고는 있어야 해서 언급하는 것이므로 문제는 없습니다.

알기 쉬운 천간지지

글쓴이 | 박주현
펴낸이 | 유재영
펴낸곳 | 동학사

1판 1쇄 | 1998년 5월 5일
1판 15쇄 | 2023년 4월 30일
출판등록 | 1987년 11월 27일 제10-149

주소 | 04083 서울 마포구 토정로 53 (합정동)
전화 | 324-6130, 324-6131 · 팩스 | 324-6135
E-메일 | dhsbook@hanmail.net
홈페이지 | www.donghaksa.kr
www.green-home.co.kr

ⓒ 박주현, 1998

ISBN 89-7190-046-6 03180

* 저자와의 협의에 의해 인지를 생략합니다.
* 파본 등의 이유로 반송이 필요할 경우에는 구매처에서 교환하시고,
출판사 교환이 필요할 경우에는 위의 주소로 반송 사유를 적어 도서와 함께 보내주세요.